向善而行

马诒均　著

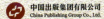
中国出版集团有限公司
China Publishing Group Co., Ltd.

现代出版社

图书在版编目（CIP）数据

向善而行 / 马诒均著. -- 北京 ：现代出版社，
2024. 12. -- ISBN 978-7-5231-1226-7

Ⅰ. K825.38

中国国家版本馆CIP数据核字第2024BY0642号

向善而行
XIANGSHAN ERXING

著　　者　　马诒均

责任编辑　　袁　涛
责任印制　　贾子珍
出版发行　　现代出版社
地　　址　　北京市安定门外安华里504号
邮政编码　　100011
电　　话　　(010) 64267325
传　　真　　(010) 64245264
网　　址　　www.1980xd.com
印　　刷　　北京荣泰印刷有限公司
开　　本　　710mm×1000mm　1/16
印　　张　　29.5
字　　数　　368千字
版　　次　　2025年3月第1版　2025年3月第1次印刷
书　　号　　ISBN 978-7-5231-1226-7
定　　价　　98.00元

张耀顺的成功

给了我们太多太多的启示……

青年时期的张耀顺 丨

张耀顺（2019 年）

张耀顺的夫人王锡英 ｜

张耀顺和夫人王锡英

张耀顺全家福

（左起：女婿钱文昌、张耀顺、外孙、外孙女、夫人王锡英、女儿张静）

与亲家相聚

（前排左起，亲家公钱洪兴，亲家母金琴珍，夫人王锡英，本人张耀顺；
后排左起：外甥钱亦宇，女婿钱文昌，孙女张倩语，女儿张静）

序　言

张纪清

　　春暖花开的时候，耀顺送来了一位朋友为他写的张耀顺传——《向善而行》，希望我能给这本书写个序言。我说我只是一个普通的老人，可以为他的传记写序吗？他说当然可以，说我是"感动中国十大人物"之一，几十年做好事不留名，感动了他，感动了江阴，也感动了全中国。我说那都是以前的事了。

　　我与耀顺相识已经很多年了。他是江阴张氏文化研究会的会长，我是名誉会长。接触多了，渐渐地彼此更加了解，便成了很好的朋友。我们几乎每天都要发信息问候。有了音信，便知道相互挂念和对方的安好。这次见到这本书的书稿，我很高兴。

　　这本书的作者马诒均先生，是一家央企的总经理。以前听耀顺说过，马总把这家企业经营得很不错，是国内某细分市场的头部企业。一家在完全市场竞争环境中生存下来，并且能做得很好的国企是非常不容易的。企业的老总我见过好多，但既能管理好一个企业，又能写书的老总不多见。马总能文能武，又是耀顺的朋友，我很好奇，也很想见见他。

　　也就是去年秋天，祝塘镇决定为我出一部书，在这部书名为

《张纪清传奇》的创作启动会上，作为江阴张氏文化研究会会长的张耀顺受邀参加。马诒均先生那时正好在江阴采访，也随同参加了这次启动会。提起写《向善而行》，马总说是几年前曾参与策划《岁月顺成》一书的创作，被张耀顺的坎坷经历、自强不息的精神和乐善好施的爱心所感动。于是，他想写一部书，把朋友的故事告诉更多的人。

会后，我们一起参观了祝塘镇为我修建的"炎黄"陈列馆。我给他们讲了一些当年隐姓埋名，为困难的人和灾区捐款的故事。当时不留姓名的主要原因是不想给被帮助的人增加精神负担。那时候，我也没有多少钱，能提供的帮助微不足道，更没必要以"恩人"自居。后来因为我有一次在邮局门口晕倒，人们发现我手上攥着"炎黄"汇款存根，才确认我就是大家一直在寻找的"炎黄"。从此，这件事便公开了，媒体给了我太多的关注，政府和人民群众给了我太多的褒奖。

我自以为对耀顺很了解，但读了这本书才发现我对他的了解还是不够全面，很多故事需要从这本传记中去慢慢地读，慢慢地品。少年的耀顺很不幸，七岁就失去了母亲。这一点，我们俩有相同之处。所以，他的很多故事，我感同身受。他从小就得做家务，别人家的孩子早上起床，吃完饭就背着书包上学去了，可他要先喂猪，然后一路跑步到校。他必须提前到校，因为他是班干部，负责点名。长年坚持4公里长跑，每次都是对体能极限的挑战，从而也锻炼出了他顽强的毅力。少年强则国强，一代人有一代人的成长环境。

高中毕业后，他回村当了团支部副书记和青年突击队队长。他说那段日子是激情燃烧的岁月。白天在青年突击队劳动，热火朝天；晚上排节目，组织文艺宣传，青春在苍山村的土地上尽情绽放，不负韶华。在"文化大革命"即将结束的时候，他当上了赤脚医生。这个职业不挣钱，但村里人很需要。他寻到了一些治病救人的秘方，也帮助和救治好了很多病人。几十年过去了，他还能一件件地讲出来，可见这段经历对他的人生影响很大。

改革开放后，饱受贫穷的人们在致富的道路上奋力奔跑。大潮涌动，滚滚向前，耀顺也只好放下药箱，从赤脚医生到赤脚下海。他胆子大，头脑灵活，更能吃苦。因为从小受苦，所以不怕苦。在家里从小小的弹簧做起，到那间简陋的汉墩五金厂，再到西石桥塑机专件厂，再到如今已成规模的江阴顺成公司，这一路摸爬滚打，他总能抢先半步。他是经商的成功者，也是民族产业的拓荒者。

作者马总本身就是一位资深的企业高管，深谙企业经营之道。书中对耀顺的创业和企业的经营得失进行了深度挖掘，在盛赞耀顺经商之道的同时，也为读者提供了商业管理的成功案例。耀顺的营销之道对于从事创业和企业经营的朋友们很是具有启发作用。

在一次接受媒体采访时，耀顺说："我从小是个没妈的孩子，我也没想到会赚这么多的钱，我现在要做的是学会感恩。"

感恩党的政策好，给了他赚钱的机会；感恩曾经帮过他的人，在他人生关键时刻，伸出援助之手。书里讲述了好多帮助过他的人，耀顺至今仍记得清清楚楚：澄西中学的体育老师盛元坤，苍山村的书记梅伟南，还有很多生意上给予他帮助的合作伙伴。当然，最让他不能忘记的是大姐网娣的牺牲和扶养之恩。因为知恩，他才能记住那一件件往事和一个个鲜活的人物。

张耀顺是一个知恩图报的人。

他不仅报答那些帮助过他的人，他还回报整个社会。所以，他把钱捐赠给学校，资助教育。从 1988 年开始在澄西中学设立"张耀顺奖学基金"，这一捐赠就是30多年，期间从未中断，即使是困难时期，他也没停止过。江阴市政府授予他"造福桑梓"的牌匾。他还到千里之外的贫困地区，捐款改善那里的办学设施，还领养贫困家庭的学生。陕西省延川县政府赠予他"千里送暖、情系延川"的牌匾。几十年来，村里筑桥修路他抢着捐款；群众有困难，他热情捐款；抗击新冠疫情，他带头捐款。人民群众称他为专做好事的张耀顺。

当今社会，不缺乏成功的老板，也不缺少有钱人，但更需要有良知的企业家和有爱心的富人。在江阴，耀顺算不上很有钱，但他捐款最积极，助人最热心。他济贫扶弱，救灾抗疫出手很是大方，自己日常生活却很节俭。在地摊上买菜，在网上买几十块钱的衣服，一顿饭只用一张餐巾纸，他觉得这样很快乐。他不吸烟、不打牌、不穿金戴银，更无其他不良嗜好。他是一个纯粹的人，一个干净通透的人。

生活的简朴不影响他精神上的"奢侈"。他喜欢字画，从小就喜欢。风雪中的骆驼、报晓的雄鸡、江南的烟雨、塞外的苍凉，民间的书画、首长的题词、朋友的墨宝，他都一一收藏起来。每一件藏品，都承载着耀顺的人生历程。每一幅字画的背后，都有一个动人的故事。为此，他出版了一本《江阴耀顺藏珍》，足见他对这些字画的重视和珍爱。更难能可贵的是，2023年10月，澄西中学新校区落成之际，他向母校捐赠150万元的奖学基金，同时将他收藏的价值数千万元的字画，悉数捐给了学校。

晚年的耀顺更注重谱牒文化的研究。在江阴，张姓有七万多人，可谓人才荟萃，其中不乏藏龙卧虎之官员、商人、文人和能人。张氏文化研究会推举张耀顺为会长，由此可见他在人们心中的威望。以宗亲为纽带，扶助贫弱家庭，奖励优秀子弟，褒奖贤德家长，热心社会公益，传承优良家风，是张氏文化研究会的宗旨。他积极奔走，出钱出力，乐此不疲。致力于民族优秀文化的传承与发展是一件功在当代，利在千秋的大事。

我为耀顺点赞。

本书展示了他跌宕起伏的人生经历和宽厚仁慈的爱心，如同一幅时代的画卷，我们都在其中，只是入场的时间早晚而已。读这本书，同龄人在读自己，后来人在读历史，仁者智者皆有所见。

祝愿本书早日出版。

2024 年 3 月于江阴祝塘

（作者张纪清系 2014—2016 年"感动中国"人物之一）

张耀顺印象

在本书编撰过程中，收到来自张耀顺身边的朋友、员工以及熟悉他的人发来的文稿，讲述他们心目中的张耀顺。现摘录部分来稿及有关资料，汇集成"张耀顺印象"。在此，我们向於燕华校长等各位领导和朋友们在繁忙之中亲自撰稿，热情支持"张耀顺印象"的圆满完成表示敬意。向所有发来稿件的朋友一并表示感谢。

江阴市澄西高级中学校长於燕华：张耀顺先生是具有"工匠精神"的企业家。他说过，专注做一件事，把这件事做到极致，就是成功。真理往往朴素，这句朴素的话也正是他自己多年人生的写照。做弹簧，做到与进口产品同样的质量；做湿帘，就做成全国居首、行业标杆。这种兢兢业业、孜孜以求的"工匠精神"造就出一家卓越的企业，成就了一名优秀的企业家。

张耀顺先生是大爱无疆的慈善家。他怀抱一种向善之志、一颗大爱之心。多年来为长江洪灾、为汶川地震、为家乡建设慷慨捐资不遗余力。作为江阴市澄西高中校友，他更是对母校怀抱拳拳感恩之心，1988 年捐资 10 万元在母校设立"张耀顺奖学基金"，此后多年不断为基金增资；30 余年来，激励众多澄中学子追寻更高梦想，成为校史上不可磨灭的闪光点。2023 年，他从自己的养老储备金中拿出 150 万元，再次增资设立"张耀顺教育发展基金"，支持母校未来发展；同时表示将把个人数十年珍贵书画藏品捐赠给母校，设立"张耀顺书画藏品馆"。

张耀顺先生是真诚睿智的朋友、兄长。企业经营有时遇到波折，他首先考虑的是，哪怕自己苦一点也要坚持，因为员工们的饭碗在这里，因为每一个员工背后都是一个家庭。每逢学校大事要事，他总是主动问询："需要我为学校做什么，告诉我一声就行！"关于人生和未来，他认为知足常乐，无愧于己，无愧于人，努力回馈社会，就是生活最大的福报！

张氏文化研究会秘书长张富裕：我与耀顺会长相识于 2017 年，是江阴张氏文化研究会成立的那一年。他是首届常务副会长，一年里只有召开会员大会的时候才能见面，当时可能他都不知道我的名字。他了解到我在 2016 年患上了鼻咽癌，当时正是术后康复的关键时期，耀顺会长富而有义，他凭着自己的医学知识，告诉我鼻咽癌是所有癌症中治愈率最高的一种，并开导我一定要有良好的心态，通过中药调整、合理饮食、适度运动，一定能战胜病魔。说实在话，我当时的心态有点消极，对未来也有点绝望。他的这番话让我重新看到了希望之光。

2019 年，耀顺会长了解到我在家休养没有收入，还要康复用药，生活比较拮据。我参加张氏文化研究会活动，每次乘坐公共交通，出行很不方便。他为了让我有一个代步工具，以 1 元钱出让了一辆桑塔纳轿车给我。这哪里是出让，分明是赠予，他是为了顾全我的自尊。这种暖心行动无异于在我饥寒交迫时给了一个热乎乎的馒头，此中滋味只有我这样处在人生低谷的人才能刻骨铭心，我想这就是雪中送炭最好的诠释。我每每对亲朋好友和宗亲讲述他捐资助学和乐善好施时，大家无不称赞他的大德至善。我为有这样的宗长、兄长而感到骄傲。

江阴顺成公司员工魏海燕： 自 2006 年进入公司以来，我已在顺成公司工作了近 20 个年头。入职前，我已久仰张总的大名，他是有名的"塑机配件大王"。其时，张总在我心目中的形象可以用"高大上"来形容。

可当我成为顺成的一员后，我感受到公司就像一个大家庭。张总就是我们的家长，一位和蔼可亲、气质儒雅的长辈。在顺成，我们员工的福利非常好，共同富裕在这里不是传说，大家跟着他都能过上安稳体面的生活。此外，哪个员工家中遇到急难愁事，张总都会亲自过问，帮忙解决。就拿我来说，每当张总听说我家买房买车缺钱时，他总是慷慨相助。前些年，我因胆结石手术住院，张总和夫人提着慰问品到医院探望，关怀备至。我孩子中考、高考被录取后，公司发给奖学金。去年我家孩子在高考前夕生病了，张总听说后，特批我带薪休假，在家陪伴孩子。

张总对员工、对需要帮助的人很慷慨，他自己生活却十分节俭。在网上购买几十元钱的衣服，教育儿孙一顿饭只用一张餐巾纸。

作为普通打工人，一生中能遇到张总这样的好老板，是我一辈子的幸运。我会永远铭记这份恩情，以更加勤奋的工作态度，来回报公司及张总的厚爱。

同学梅齐明：我和耀顺自小学三年级一直到初中毕业，始终是形影不离的好同学。他从小就表现出活泼好动、聪明伶俐的性格。我始终觉得他的思路和对事物的见解异于常人，这一点在他从小到大的成长过程中得到了充分的体现。他高中毕业后在生产队务农，脏活、累活抢着干。后来他当上了大队的赤脚医生，从对医学一无所知到精通医术，在当地小有名气，他付出了很多的努力。他全心全意为群众看病，受到了患者的赞誉，我爷爷奶奶就得到过他的关心和治疗，二位老人对他评价很高。改革开放后，他创业致富的同时，扶贫济困、修桥铺路、捐资助学，做慈善事业始终是伴随他一生的主旋律。

江阴市澄西高级中学教师徐家志：那年春天，我得了重感冒，图省事去西石桥一家私人中医诊所打点滴。一进病房，看见张总正从病床上起身，他亲切地和我打招呼，声音洪亮："你是澄西中学的老师吧，我是澄西中学毕业的啊。"

我连忙道："我们学校的师生都知道您的事迹。您怎么也在这儿呀？"张总笑着说："工作有点累，挂点蛋白。"

我对张总肃然起敬，他慷慨捐资助学，上台为学生颁奖，表面光鲜，其实重担在肩，压力很大。

去年秋天，我到张总的公司参与编写他负责的《江阴张氏牒谱》。在他的办公室里，摆满了他收藏的字画。我正在欣赏，张总指着一幅字说："你觉得怎么样？喜欢就送给你。"

我定睛一看，五个大字"家和万事兴"，王羲之后人亲笔所书。

我觉得太贵重了，不好意思接受。

张总看出我的心思，爽朗地说："我让办公室小魏给你带回去。其余的字画，我决定捐给澄西中学。"

抗日烈士后代，汉墩头村张氏家族 85 岁老人张震球：我今年已经 85 岁了，有幸与他是同乡、同村、同族的隔壁邻居，更是教过他小学五、六年级两年的老师。张耀顺读书的时候成绩也是很好的。他头脑灵活、思维敏捷，做作业特别快。由于快，字迹难免潦草，作业做好后他又去鼓捣别的东西了。我说过他，但他改不了。这其实也是他的闪光点，培养了他果断爽气，言出必行，一诺千金的性格。

耀顺在自己还未富之时就出资修筑了（苍山）村委到我们（汉墩头）村上的第一条水泥路。几十年来，他对村委的一些大事情，总是主动支持，如修桥修路、村庄整治等，谁也不清楚他总共捐出了多少钱。

我写过一篇关于他的文章——《一颗善心比厂大》。因为他的厂并不是很大，年产值也就五六千万元，利润充其量也只有五六百万元，但他用于做好事的钱估计就有一半。

他自己开销很少，因为他衣着朴素，烟酒不沾，更不会到处吃喝玩乐。他的家人——妻子、儿孙都很简朴。小到一张餐巾纸，他都会教育孙子孙女用了正面还可以用反面。但他对职工却相当大方，工资水平比同类厂高，对有困难的员工更是特别予以帮助。所以职工队伍很稳定，员工很爱戴他。

他的所作所为，满满的正能量；他的无私奉献，社会效益高，大家都想学习他。我虽然曾经是他的老师，但我的思想境界绝对不如他，应好好向他学习。受耀顺的影响，村里修桥时我也捐了两万元，修路时也捐了两万五千元左右。我的外孙沈浩宇，也是澄西高中毕业生，当我给他讲了张耀顺的事迹后，他也为新建澄西高级中学捐赠了十多万元。

著名画家祁峰：张耀顺先生与众不同的一个爱好就是收藏字画。记得在 20 世纪 90 年代初，他到兰州收藏了我的多幅作品，自此我们便成了好朋友。从张总的藏品中可以看到，不仅有全国著名书画家的作品，更耀眼的作品是中央首长的题词。从中不难看出，张总广泛的社交和收藏。张总是个一不抽烟，二不喝酒，三不入赌场之人。可见他不是普通的老板，而是有文化的老板。

闸板村村民、教师何祖幸：自顺成公司在闸板村诞生，村容村貌每年都有变化，特别是近 10 年的变化更是明显。闸板村村庄变化的背后是社会各界投入的大量资金支持，其中顺成公司张总对每项工程都倾力解囊，每年对闸板村除工程建设进行投入外，还对维护管理费用予以支持。可以这么说，没有张总的支持，就没有闸板村的整洁美丽。

顺成公司办公室主任梅珍凤：我和顺成公司的缘分是从 2000 年《江阴日报》上一则招聘信息开始的，从此，跟随老板至今已有 24 个年头。几十年来，我一直尊称张耀顺先生为老板。

在工作中，老板雷厉风行。他对每一项工作，都能够在短时间内做出决策，果断解决问题，决不拖延，坚持做到"日事日清、日事日毕"。他既是口头上的承诺者，又是行动的履行者。为了能成为老板的得力助手，我只能逼自己加快学习，快速成长。在生活上，老板对自己很节俭。他与员工一起吃工作餐；衣服破了，找个修补衣物的小店补了再穿。

常州苏川医疗科技有限公司秦娜：相信每一位在江阴市澄西中学有过求学经历的学子都知道"张耀顺奖学基金"，并且听说过张耀顺先生的大名。

作为澄西中学莘莘学子中的一员，我也非常荣幸地在当年考上澄西中学高中部时，喜获 1000 元"张耀顺奖学基金"，之后又获得过年级第一的奖学金，正是"张耀顺奖学基金"的切身受益者。当时拿到沉甸甸的奖学金，我真地非常感谢张先生对我们这群学弟、学妹的关爱和鼓励，也立志要好好学习考上大学。同时，更有一种无形的感召力，一种榜样的力量在我们澄中学子的心中播下"向善之志、大爱之心"的种子。张先生则像是一座精神灯塔，照亮了我们人生前行的道路。

在我考上大学，直至参加工作的很多年，我也一直以张先生为榜样，积极投身公益慈善事业，为社会贡献自己的一份力量。我曾在学校、在社区、在养老院参加志愿服务，更在无锡博物院科技辅导岗位上志愿服务 6 年，由此不断积小爱成大爱，让公益慈善融入生活中，影响并带动身边的家人朋友一起参与进来。

苍山查沟村孙和林（初中、高中同学）：2013 年 10 月，我夫人得了大病，整个右乳房全部大刀切除。这一突如其来的灾难，使得我们整个家庭陷入生活艰难之中。张耀顺得知后，立马携其夫人一同来江阴市中医院探望，送来了关心和温暖。这还不算，几天后，我在医院照顾老婆，突然接到张总的电话，说有一个湿帘上的配件给我加工。我听了非常激动，眼泪不听使唤地流了下来，哽咽地说了声"谢谢！"这真是雪中送炭。直到现在这种配件还一直在生产，给我带来了生活上的一笔可观收入。我代表我的家庭再次道一声谢谢张总及所有家人。张总这位优秀的企业家就是这样的人，不管他人有啥难事，总有他的身影出现。在此，我诚心地说一声："谢谢我敬佩的张耀顺先生。"

江阴顺成公司员工王峰：我是 1995 年进公司的，最让我感动的是张总帮我解决了我的人生大事——娶媳妇。因为我个子矮小，家里也不富裕，随着年龄增长，二十六七岁还未娶上媳妇，我父母都为我着急了。既然本地的女孩儿找不到，父母就找了几个外地的女孩儿来相亲（当时我们这边条件不好的就找个外地媳妇的人家很多），但我不甘心找个外地媳妇，所以也没成。当时张总知道了这情况后很关心，他发动周围的人说只要帮我做成了媒，媒人就有现金奖励。听说的人都纷至沓来，一般做媒的人弄点吃吃喝喝就可以了，哪还有现金奖励呀，所以都抢着来做媒。我也便抓住了机会终于娶到了心仪的媳妇，现如今生活幸福美满，儿子都已经工作了。在这里还是非常感谢张总，是他成就了我的婚姻大事，让我拥有了一个美好的家。

张总是一个很随和的人，他不会因为自己是老板就高高在上。我进公司 20 多年了，是他的专职司机，经常开车送他去参加一些社会活动。每到吃饭的时候，如果主家没有特殊安排，他总要让我和他同坐一桌。他总说做官、做老板的是人，司机就不是人吗？这使我特别感动！

《岁月顺成》作者董安宏：第一次见张耀顺，他一点架子都没有，一点都不做作，像一个亲切而又普通的大哥，像一个普普通通的百姓，和我之前想象中的完全不一样。也就是在这个简单的打招呼的过程中，我一下子喜欢上了眼前的这个张耀顺。几十年来，我见过的政府官员和所谓的企业家真的不少，但能让我喜欢的人并不多。我不大喜欢那种一看就很虚伪的逢场作戏和充满商业利益的所谓联谊活动，我就喜欢张耀顺这样真实、朴实、亲切、直率的人。

我和张耀顺交谈了好几个小时，这是这么多年来我与企业家之间最愉快的一次对话。一个普通的苍山村的赤脚医生，一个普普通通的农民，凭着非凡的智慧与努力，先是成为改革开放之初，中国的"塑机配件大王"，继而又把湿帘做到了中国第一。可是，他在讲述这些经历的时候，没有像我见过的其他企业家或者"成功人士"那样，无限地标榜和夸大自己，他只是想告诉我，他是怎么走过来的，怎么才走到今天的。

我家乡的名人张耀顺

张未来（12岁）

"我们老板真是够辛苦的。这次去德国组装展品，也没有人帮忙，结果脚被展品砸伤了，一个人到医院包扎了伤口……"

"这是什么？"我看到妈妈手中拿着一管精美的牙膏状的东西。

"哦，这是老板从德国带回来的护手霜，你好好用着。"

"摔伤了怎么还买东西？"我感到很诧异。

"是啊，咱们老板现在还在床上躺着，我们要找时间去看看他。"

我接过那管印着美丽花朵的护手霜，轻启圆盖，一股沁人心脾的清香，悠悠地弥漫开来。我在香气缭绕中，透过镜片仿佛看到了那个戴着金边眼镜，抿着嘴唇微笑的长辈。好奇地，我翻开了这位企业家的简历。

奔跑！

永不停歇！

坚定的步伐叩击着跑道，在澄西中学校史上，他的长跑成绩，至今未被人超越。

当过团支部副书记，做过"赤脚医生"；从小小的五金厂到耀顺塑料机械有限公司，再到顺成空气处理设备有限公司，他一步一步，跑得稳，跑得好，从不停歇。

他在母校澄西中学设立了"张耀顺奖学基金"；向村公益事业捐款捐物；建八十五亩生态园为员工提供绿色食品；生产淡季时安排员工外出旅游和培训。

他说过："诚信乃为人之本、经营之道，人与人之间的交往无非是一个'诚'字。我经常将写有'诚信'二字的书法作品送给朋友，同时勉励自己要做诚信的人。"

偶尔，我和妈妈到厂里去。一见到我，他便笑吟吟地拿来一些水果、几袋糖或是新颖的玩具，有时还拉着我看他的"珍藏"，娟秀的书法，大气的泼墨水彩，精致的红木书桌……

他是一个普通人，平平凡凡，本本真真。

他是一个名人，因为他永不停歇，心中有爱。

苍山骄子张耀顺

江阴市谱牒文化研究会会长　章文照

我与耀顺兄相知甚早，相遇近年，相交甚欢，相敬有加。

我是 1966 年于江阴县中学初中毕业，适逢"文化大革命"运动，无缘升学，于 1968 年 10 月插队至本县西石桥公社苍山大队第七生产队务农。苍山大队共有 12 个生产队，分布在闸板、杨山沟、查沟、梅家、姚家、野田、汉墩头 7 个自然村。第七生产队在梅家村，那一年，我虚岁 18。我在梅家村辛勤地劳动，艰难地生活，1974 年因右膝盖半月板损伤无法承受重体力劳动，被大队安置到苍山大队五金弹簧厂工作。苍山大队五金弹簧厂于 1972 年创办，是苍山大队唯一的工厂企业，仅有不到十个员工，设备十分简陋。我有一个女同事叫张网娣，和我同龄，是汉墩头村十一生产队的。张网娣在弹簧厂创办时就到厂工作，十分能干，是厂里的骨干。我们在一起工作，互相帮助，互相交流，知道他的父亲张裕生是一个曾在上海工作过的金工老师傅；她有两个弟弟一个妹妹；母亲已经去世。她的大弟叫耀顺，小我 4 岁，在澄西中学上高中。因此说，我与耀顺兄相知甚早，有 50 年了，但这个相知只是互相知道彼此，没有交往过。1975 年 12 月我调回江阴县城工作，耀顺兄那时刚好高中毕业，回到汉墩头生产队务农。我们俩有缘相知，无缘相见。

我回城工作后，在工厂当过工人、做过会计，后调到经委工作，再到侨联担任主席。1992 年加入民主党派，担任过三届江阴人大代表和一届政协委员。耀顺兄则作为企业界优秀代表，担任过多届江阴人大代表和工商联常、执委。2006 年人民代表大会期间，我们得以相遇，这已是相知的 30 多年后了，但我们的交往并不多。

2015 年 7 月，我退休后担任了江阴市谱牒文化研究会会长一职，与各姓氏谱牒文化爱好者广有接触。耀顺兄作为汉墩头张氏家族的贤达，担负起续修家谱的职责，我们交往开始增多。耀顺兄担任汉墩头张氏宗谱主修之职，团结宗亲，出资出力，经过近 2 年的努力，于 2017 年完成家谱续修工作，2018 年清明期间进行了宏发仪式。因我刚好去澳洲女儿处探亲，未能参加盛会，我向耀顺兄发去了贺信，由他外孙女张倩语代为朗读。2018 年 10 月 6 日，在耀顺兄的全力支持下，我作为主要组织者，在苍山村举行了苍山、柏木的插队知青下乡 50 周年纪念大会，耀顺兄亲自布置会场，邀请领导嘉宾和村民代表，安排拍照、录像、酒席，还资助活动经费，我甚为感动和感激。

2018 年，耀顺兄赠送了一本《岁月顺成》的自传式回忆书籍给我，我一口气读完。这是耀顺兄及其家庭的真实故事，书中有我熟悉的苍山村的人和事，使我对耀顺兄的坎坷经历和奋发进取的精神有了进一步了解，深感钦佩。是年，江阴张氏宗亲成立了江阴张氏文化研究会，耀顺兄是常务副会长，我则被聘为该会顾问，我们相交增多。2020 年末，耀顺兄又担任江阴市谱牒文化研究会副会长一职；

2022 年，耀顺兄经张氏宗亲一致推荐，担任了第二届江阴张氏文化研究会会长之职，我们相交日盛。我们俩都愿意为弘扬中华传统文化贡献自己的微薄之力，都是想做点事的人，我们俩相交甚欢。

耀顺兄受家族文化熏陶，勤奋努力。他们家在新中国成立后被评为中农，说明他的祖辈勤劳节俭，在农村处于一种较好的生活境况；他的父亲聪明好学，追求发展，早早就赴上海拜师学艺，成为技术精湛的技师；他高中毕业，担任过苍山村团支部副书记，当过赤脚医生。耀顺兄是一位勇者，改革开放后，他勇立潮头，从家庭作坊起始，与妻子共同奋斗，创办初具规模的五金企业。他是一位智者，在市场竞争中，发现商机，转行进入湿帘行业，并成为行业标杆。他是一位仁者，知恩图报，致富不忘乡亲，致富反哺社会，被评为江阴好人。他是苍山村的骄子，是令人敬佩的乡贤，他光耀了张氏门庭，是后辈学习的楷模。我对耀顺兄敬佩有加，为有这样的好兄弟而自豪。

在本书成稿之际，我也有感而发，记叙自己与耀顺兄的交往，以颂扬当今社会贤达之士，传承中华优秀传统美德。

目 录

第一章
沧桑的西石桥

1955 年 10 月，张耀顺出生于江阴县（1983 年撤县改市）西石桥乡（今江阴市利港街道西石桥社区）苍山村的汉墩头。

西石桥旧称后梅，因桥得名。根据《江阴地名故事》记载，明万历年间，西石桥乡绅梅怀楼、夏爱山出资在集镇西的芦埠港上建造了一座石拱形阶梯桥，方便乡民往来。石桥名为太平桥，俗称西石桥。后因集镇临桥，西石桥渐成地名。

西石桥位于江阴县西部，宋代在此设西通武进的邮铺，属良信乡。清代改为后梅镇。1957 年，周边 4 个乡的大部分地区并入，组建后梅乡，1958 年成立后梅人民公社。1959 年 9 月，更名为西石桥人民公社。1984 年 4 月改为西石桥乡。1991 年 4 月改为西石桥镇。如今西石桥镇与利港镇合并为利港街道，此处为西石桥社区。

西石桥留给张耀顺的记忆，在岁月更替中与时渐变。如今的西石桥，已经不是当初的模样，既有苍老的印记更有时代的新貌。利港河昼夜不舍，继续演绎着西石桥的后辈们生生不息的烟火画卷。

一个中秋细雨的午后，张耀顺再次来到了西石桥。当年的桥已无踪迹，河也被涵洞埋在了地下，覆盖其上的是绿化林带。一条东西走向的老街，依稀还能看到当年的沧桑。街道很窄，只能过一辆车。两边的平房修修补补，墙上挂满了线缆，提醒我们这里已经是信息时代。新贴的墙砖与古老的门板，在交谈着西石桥的前世今生。街边有一棵古槐，据说植于明代，至今有350年的树龄。如今枯枝虬曲，仍有生机，已被政府作为古树保护。当地流传着"先有槐树后有街"的说法。

街上有一家衡器店，店铺主人刘世英是一位91岁的老人，专门做老式的杆秤，已经有66年的历史。"秤砣虽小，可称人心"，由他亲手打出的"定盘星"，决定了交易的公平，他从来不做亏心秤。刘世英多次被评为"江阴市十佳好人""无锡市好人"。如今用杆秤的人已经很少，现在轮到在他儿子手里做秤了。儿子已经70多岁仍然在这里坚守，他正在低头打磨秤杆，见客人进来，很是热情。张耀顺送给他一本《岁月顺成》，并在这本书首页签上自己的名字。他很开心，"呀，你就是百乐门的老板？"他似乎想起了20世纪90年代西石桥红极一时的百乐门大酒店。

老街拐过90度，便是人民路。从它诞生之日起，便在这里上演着一幕幕公有与私有、集体与个体、喧闹与平淡的乡镇故事。这条街上曾经有过哪些商铺，发生过哪些事情，也只有经历过的人才能记起。如今还能见到粮站、银行、理发店、菜市场、邮政局等，只是门面已经更换。

40年前的西石桥渐渐远去，见过它的人和如今能记起它的人越来越少了。

西石桥境内有梁敬帝墓，曰苍墩。相传南北朝时期南朝梁元帝的第九子萧方智于公元555年即位。公元557年逊位于陈霸先。陈受命，奉帝为"江阴王"。梁敬帝 16 岁时夭折，薨于外邸，后追谥为敬皇帝，葬墓在苍墩。苍墩面积 225 平方米，高 20 余米，四周原有护陵河。南河上有小石板桥，名曰苍山古桥，过小桥可通往苍山寺。

石板桥很短，几步就能跨过去，而这一步又很长。苍山寺建于宋代。清乾隆年间，复建殿宇。道光年间，又增置寺田，换新佛像，一时香火很盛。20 世纪末重建，大殿气势恢宏、香客众、香火旺、游人多。今苍山寺现存部分护陵河、苍山寺砖额、苍山寺田碑记及古银杏树一棵。相比苍山寺的辉煌与旺盛的香火，梁敬帝墓显得冷清了许多。

苍山村没有山。

苍山村大概因苍山寺而得名，但苍山寺也不见山。整个江阴市平均海拔不到 6 米，所谓苍山又有多高呢？也许是人们见惯了水，心中希望有一座山。20 世纪 70 年代苍山大队共有 7 个自然村：汉墩头、闸板村、杨山沟、查沟村、梅家村、野田里和姚家村。汉墩头因村前有一座汉墩而得名，至于是何人的墩已无从考证。20 世纪 60 年代的汉墩有一人多高，而如今被村民盖房取土，基本成为平地，长满杂草。

张耀顺的家就在苍山村的汉墩头。老房门前是一片稻田，稻田一年由旱变水，由绿变黄。汉墩头的人们在田间的色彩变换中收获粮食。屋后是昼夜不舍地奔流的大麦河，时而汹涌，时而温顺。河水滋养了两岸的百姓，也吞噬过无数的生命，不断上演着人间的悲欢离合。

乡村的风景固然很美，但在农业技术并不发达的年代，这片土地上的人们抬头望天，低头耕田，一年到头地辛勤劳作，就是为了填饱肚子。苍山村和江阴其他乡村一样，人均不足一亩地，遇到天旱、雨涝和社会动荡的年景，日子就过得更艰难。如今的苍山村富裕了，家家是三层楼房，村落干净整洁。农田与厂房相互衬托，白墙、蓝顶、绿植、黄花被宽阔的道路装进画框。民房、湖水、阳光还有村头玩耍的孩童织成了另一幅苏绣。美丽乡村就是由这一幅幅画组成，一年四季，画面在自动微调色彩。村民们或自己当老板，或早出到工厂打工，傍晚回家种田，半工半农，生活富足。中午的村子安静得只有阳光和阳光下的老人，在远望着江阴城。

江阴市是一座历史悠久而又富有激情的城市。素有"延陵古邑""春申旧封"之称。从西晋太康二年（281）置暨阳县，古称暨阳，简称澄，至今已有1740余年的建县史。自此，江阴在不断书写着历史沿革的巨幅长卷。

据《江阴县志》，江阴城血战八十一天而誉为"忠义之邦"。1654年，江阴本已降清，但"薙发令""留头不留发，留发不留头"的命令激怒了江阴人。抵制"薙发令"的抗清守城战，面对清军24万大军携带200多门大炮围城，江阴全城百姓坚守孤城81天。江阴城内死者97000余人。城中仅存35人，全城殉节，竟无一降者。上演了一出"十万人同心死义""活人不及死人香"的壮烈故事。清末时任户部侍郎的姚文田为江阴题"忠义之邦"四个大字，道光年间，摹作南门门额以示后人。1937年日本侵略军炮轰江阴，南门"义之"二字被毁，1947年蒋介石为江阴手书"忠义之邦"四字，今刻于南门。孙中山写有"中国的文明从江阴发起"的字样还在。

历经朝代更替与战争洗礼，江阴人血脉中早已融入坚韧、刚毅与血性；而自古坐拥"三吴襟带之邦，百越舟车之会"的区位，数千年的南北文化融合、海陆文化熏陶，让江阴人敏思善学，具备兼收并蓄各种优秀文化和技艺的气度胸襟；生长在这片土地上的人，柔能养蚕织锦，刚可与敌同焚，静有管弦诗画，动有霞客远行（徐霞客为江阴人），贫则奋发图强，富则兼济天下。"人心齐、民性刚、敢攀登、创一流"的江阴精神即源于此。到了2017年，江阴已经位居中国工业百强县（市）之首。

张耀顺的祖父，名锡郎，字家骍。张耀顺的祖母姓汤，旧时称张汤氏，具体名讳已不详。张锡郎夫妇有四子三女：长子张焕生是澄西知名的教育家，社会民主人士；次子张甫生在家务农；三子张裕生，早年到上海做工，后回到西石桥；四子张金生考上大学，后在苏州地区农业局任职。三个女儿分别远嫁到利城、常州和武进。

张锡郎以务农为主，兼做贩牛生意，在西石桥一带是有名的买牛卖牛的中间商。在20世纪初期，耕牛对于农民是很重要的生产物资，也是一项大的投资和重要的家庭财产。尽管农民对耕牛都很熟悉，但如何选择耕牛，大多数人还是缺少专业知识。如何找到合适的耕牛或是避免上当，就得找中间商。张锡郎懂得什么样的牛是好耕牛，比如看牛的皮毛，要光亮、皮薄、软、有弹性；看头颈部，牛的头部要瘦而长，筋骨显露，额宽平；牛的前身要高，俗话说"前身高一掌，只听犁耙响"；看胸腹部，牛的胸腹部反映出心、肺、胃、肠等器官的发育情况，所以，胸腹部要厚大；腰要宽阔平坦，肌肉丰满，背脊要平直，胸背宜长。对于这样一些知识大多数农民是不清楚或者是心里没谱的，买牛还得找张锡郎。他通过自己的知识和经验，在当地从卖牛者手上收购，然后倒卖给买牛者，从中赚取差价。

优良的黄牛有秦川牛、南阳牛、鲁西牛、延边牛和晋南牛五大品种，都是江阴农民喜欢的耕牛。所以，张锡郎农忙时在家种地，农闲时到外地收牛。虽然贩牛的生意很辛苦，赶着牲口，一走就是很多天，而且路途有各种风险，但总体还是有赚头的。

张锡郎靠贩牛赚了钱，买田置业。家境虽不是多么富裕，但有几亩田，自耕自给，足可以养家。

张裕生就是张耀顺的父亲，新中国成立前去上海谋生，在上海一家五金厂做工。新中国成立后，这家工厂经过公私合营，张裕生一直在厂里工作，虽然当年的工资不算高，但每月的薪水维持一家人的生计还是有余的。

1950年，中国在全国范围内开始农村阶级成分的划分。即根据当年中国的土改现状和需要，以家庭土地的多少，将农村阶级划分成了"地主、富农、中农、贫农"。中农又分"上中农、中农和下中农"。贫农是指只有很少的土地，还要租种地主或富农家的土地。中农是自己有土地，能解决自家的温饱问题。富农是土地较多，除自己种一些外，还能出租一部分收取高利贷。地主土地多，自己不种地，完全靠出租土地和放高利贷生活。

所以，在土改的时候，张裕生的家庭成分被划定为"中农"。

1955年7月，毛泽东主席在《关于农业合作化问题》一文中写道："这里谈一个社员成分问题，我以为在目前一两年内，在一切合作社还在开始推广阶段或者推广不久的地区，即目前大多数地区，应当是：（1）贫农；（2）新中农之间的下中农；（3）老中农之间的下中农——这几部分人之间的积极分子，让他们先组织起来。"这就是"贫下中农"这个词的来源，随后这个词在各新闻媒体频繁出现，"文化大革命"时期达到顶峰。既然贫下中农是必须依靠的阶级队伍，那么，中农和上中农则是很尴尬的成分。在"文化大革命"时期，虽然不能与地、富、反、坏、右混为一类，却也是不受待见的。在以政审或推荐为主要渠道的招工、招干、参军等事项上，中农的子女往后站，富农和地主那就更没戏了。

张耀顺就出生在汉墩头的这个中农家庭。从此，一个在苦难中成长的少年，一个在艰难中奋进的青年，一个持续行善奉献爱心的乡绅留给了人们太多的关注和思考。

第二章

记忆中的老屋

张裕生在上海一家五金厂工作已有十几个年头，从学徒工到一个技能成熟的工人，逐渐成为工厂里技能全面的骨干。他把从上海挣的钱带回汉墩头，娶了媳妇，便开始独立门户。

张裕生在上海五金厂做工赚钱，家里的大小事情则由妻子赵巧凤打理。夫妻俩虽然两地分居，但赵巧凤勤快能干，并不让张裕生分心。他一心扑在工作上，从弹簧、五金件加工、热处理，各种工序都懂，在铸造和热处理方面更是精通。也正是张裕生的技术全面，让他在同一批工友中脱颖而出。五金厂的领导对张裕生很器重，工友们对他也很尊重。

村里的大爷大婶都很羡慕张锡郎有一个好儿子。他们把张裕生当成教育孩子的榜样，希望自己的孩子将来能到城里有一份体面的工作。儿时一起玩的发小，见到张裕生回来，总是亲切地询问外边的世界。他们接过张裕生递来的哈德门香烟，放在鼻子下边闻一闻，然后夹在耳朵上。

赵巧凤在家不仅要养儿育女，还要出工干活。心思都在孩子和家务上，只有更深夜静或是遇到难事的时候，才会想到远在上海的丈夫。

赵巧凤最疼爱张耀顺，给他起了个小名叫"顺苟"。前两个儿子相继溺水而亡，对赵巧凤的打击很大。她给大女儿取名网娣，意思是像网一样罩住弟弟，保护弟弟。二女儿取名秀娣，希望将来有一个优秀的弟弟，能出人头地，能让张家后代香火更旺。张耀顺的出生让赵巧凤喜出望外，她希望这个儿子能顺利平安，能像小狗一样始终跟在自己的身边。张耀顺小时候身体较弱，有个头痛

母亲赵巧凤

脑热，赵巧凤便格外关心，总是焦急地守在身边，生活和精神上的压力全靠她独自承受。她经常从噩梦中惊醒，梦见她的顺苟掉进了屋后的大麦河。她马上开灯，看见孩子们都在安静地睡觉，紧张的心才慢慢放下来。她给孩子们掖掖被角，把孩子伸出来的小腿塞进被子里，然后擦擦自己额头上的冷汗，告诉自己："梦与现实是相反的。"

母亲对孩子的爱细腻入微，她把孩子当成自己生命的全部。有人说"如果在鬼门关前能以命换命的话，那么，黄泉路上则挤满了母亲"。无论养了几个孩子，每一个都是娘身上掉下来的肉。孩子的心思和喜怒哀乐，母亲都看得清清楚楚。张耀顺和弟弟耀宏在屋前的场上玩耍，赵巧凤在门外捡收豆子，捡着捡着放下筛子，跑回屋拿来衣服给耀宏和耀顺加上。"有一种冷是母亲觉得你冷。"

张耀顺6岁那年夏天，大队代销店进了一批凉鞋，有几个孩子穿

着在村子里炫耀。张耀顺看小伙伴穿着新凉鞋，嘴咬着手指头，远远地看着。他已经懂事，知道那双鞋很贵，不可能向妈妈要。这一幕赵巧凤看到了，两天后，张耀顺穿着妈妈买的新鞋，和村里的孩子一起疯跑。

太阳暖和的时候，张耀顺依偎在母亲的身旁，乖乖地自己玩着。那时候的孩子没有商品玩具，火柴盒、纸烟盒、铁环、沙包、泥巴都是他们的"玩具"。

母亲在做针线，张耀顺望着门外林子里的鸟儿衔枝筑巢，偶尔听母亲讲一些他似懂非懂的故事。有时候大姐网娣抱着小弟耀宏、二姐秀娣在一边逗着大弟耀顺。母亲和几个孩子们的笑声，从简陋的窗户里传出来，穿过树林，飘过刚莳秧的稻田，飘过村后的大麦河。

这是张耀顺童年最幸福的时光。其实有时候幸福很简单，不在于有多么豪华的房子，不在于有多少财富，只要一家人和和美美在一起，大人们平平安安，孩子们健康成长，足矣。不知道是谁写了一副很好的对联："囊有钱、仓有米、腹有诗书，便是山中宰相；身无病、心无忧、门无债主，可为地上神仙。"然而，在以温饱为生活目标的年代，有米、有钱并不是一件简单的事。

张耀顺还小，不懂得世事的急剧变化。他只知道能吃饱穿暖，有朋友玩，有母亲陪着睡觉就很幸福。他晚上等着和母亲一起睡，可是母亲总是有做不完的家务，不是拣豆子，就是做针线，大多数时候他实在熬不下去了就坐在板凳上睡着了。

然而，三年自然灾害，农村和城市都处在饥饿中。正值年轻力壮的张裕生每天只有七两口粮，饿得根本无法干活儿。工厂里的工友们陆续离开上海回到各自的老家。1960 年春天，张裕生也选择了离开上海，回到了汉墩头。从此，张裕生的命运又与生他养他的那片土地丝丝相连，悲欢生息。

张裕生回到汉墩头的时候，中国正在经历一场轰轰烈烈的"大跃进"和三年困难时期。

1958 年 8 月，江阴县成立钢铁指挥部，土法上马，全县迅速掀起大炼钢铁高潮。在城区，不仅金属制造行业的工厂建设炼钢高炉，棉纺织工厂、碾米厂、化工厂等各个工厂都建炉大炼钢铁，农村也抽调 4 万名青壮劳力参加"大炼钢铁"运动，10 天内全县就建设土高炉 1100 余个。一直以铁为主角的金属加工行业更是热情高涨，职工积极投身炼钢、炼铁活动中。一个月内全县就建成农具机械修配厂1395 个、轴承厂 26 个、炼铁厂 1101 个。这些工厂实际大多仍是小作坊，还有一部分是加工点。

各地方都要把钢铁生产和建设放在首位，为"钢元帅升帐"让路。各地大搞群众运动，大搞土高炉土法炼钢，没有焦炭就砍树烧，20 小时风箱不停，那才是真正激情"燃烧"的岁月。烧焦的不仅是激情，还有脚下的那片土地。

大炼钢铁的运动过去了，但江阴全县 1395 个农具机械修配厂、26 个轴承厂、1101 个炼铁厂的灰烬与余热成为江阴工业的基础。大部分炼钢炉被拆除了，而更多的农具修配厂不同程度地改造成小工厂。特别是农业学大寨运动后，全县机械行业要为农业服务，建设农机农具三级维修网，做到小修不出社、中修不出片、大修不出县，这也为后来的"苏南模式"播下了"社队企业"的种子。

张裕生在上海五金厂的工作经历和掌握的技能，在澄西一带派上了大的用场。一方面，他在家里偷偷地干一点小五金活，如给纺织厂加工一些小配件，做一些小弹簧等，也算是家庭作坊式的五金厂；另一方面，他热情帮助公社、大队办厂。他指导苍山大队办弹簧厂，从设备、工艺、原材料全流程地运作，还指导农民怎么做弹簧，到哪里找订单。一个地方厂办起来，他又被请到另一个地方去建厂。其中，江阴五七农业中学的校办工厂就是由张裕生一手创办的。

据张震球老先生回忆，20 世纪 50 年代后期，国家的教育资源十分有限，小学升初中的升学率很低。很多学生因为名额或是经济条件所限，小学毕业就无法继续读书。时任江苏省教育厅厅长的王鹏，为了让那些上不起正规高中的学生能继续上学，在江阴试点，办了一所农业学校。学校的老师也是因材而用，有初中毕业的，甚至有完小毕业的。学校采取半农半读的办学方式，主要学习文化知识，兼学农业知识。

办学经费主要依靠学生勤工俭学和校办工厂来解决。江阴农中先办了一个玻璃仪器厂，但仅靠这个玻璃仪器厂不够维持学校的运转。于是，校长找到了张裕生，希望他能在农中办一个五金厂。就这样，张裕生爽快地答应了校长的邀请，把自己家里仅有的那点"资产"捐给了学校。1959 年，在张裕生主导下，江阴农中创办了五金厂。从此，江阴农中的教学经费基本得到了解决。

那个时期，对于人们来说，很少有机器和设备的概念。生产物资中的镢头、铁锨、犁杖等，炊具的锅、铲、盆以及日常穿戴用品等都离不开金、银、铜、铁、锡这五种金属。人们把这种与金属有关的锻造、压延、焊接等物理变形的加工厂统称"五金厂"。尽管现在铝合金、锌合金、钛合金、不锈钢，甚至塑料、尼龙、橡胶等已经是常用的材料，人们还是习惯称之为"五金配件""五金水暖"。

张裕生把从上海工厂里学到的技术都用到工作中。一些手工敲打的活儿，从下料到成型，技术的高低主要看能否做到纹丝合缝，而且不浪费材料。五金厂从最早的浇注一些铝合金的毛坯活儿，到后来添置了几台车床、刨床、电焊机，便有能力生产机械零件。五金厂在当地成了像模像样的企业了。

在汉墩头，张裕生在公家上班是一种体面的事，至少不用每天听队长打铃吆喝声；社员们夏天顶着烈日不是锄草就是收割；冬天顶着北风，不是深翻农田就是推土修堤，反正是没有闲的时候。风吹日晒下的农民和厂房里的工人是截然不同的颜色。一个两脚泥土，满脸黝黑；一个整洁的衣着，面色温和。张裕生每日上下班，每到晚上和赵巧凤安顿好孩子，就一边做着家务，一边聊一些各自的见闻。赵巧凤说的自然是关于家里的猪哇、鸡呀，孩子的吃穿还有生产队里的一些小事。而张裕生说的是关于五金厂出的新产品、质量问题，等等。

张耀顺尽管很小，偶尔也能听父母拉家常。至于什么是"五金"，他没有见过，更不懂。他对父亲的感觉，总有一种距离，不是那么亲热。家里兄弟姐妹四人，他排行老三，父亲也没有多少精力放在他身上。后来父亲虽然回到了汉墩头，但早出晚归，也很少有时间和他亲近。他有点怕父亲，似乎觉得有没有父亲都一样。但是，父亲就像是一堵墙，在你不知不觉中为你挡风遮雨。有父亲在，你感觉不到风雨。当他不在的时候，面对风雨，你才知道那堵墙的重要。

赵巧凤贤惠能干，里里外外是一把好手，把家打理得井井有条。两个女儿，两个儿子，四张嘴每天要吃饭，在她的筹划下，年景好的时候也能过得去。农村都是这样，哪家不是五个八个孩子。养儿育女辛苦，但看着孩子一天天长大，一天天懂事，便是心中最大的安慰。苦也罢，累也罢，心中有希望，便是阳光灿烂的日子。

我们每个人都是母亲用生命和血汗换来的，用泪水和忧愁喂大的。张耀顺把母亲的爱融进了血液里，长进了骨子里。如果岁月能够顺成，如果土地不受灾荒，张耀顺的童年会一直幸福下去。

第三章
幼年丧母

1962 年 8 月 2 日（农历七月初三）。

这是张耀顺一辈子都无法忘记的日子，也是张裕生和他的孩子们无法忘记的日子。

赵巧凤把自己收拾得整整齐齐，多少年来她都没有这样打扮过自己。她抱起 3 岁的耀宏，亲了亲耀宏的小脸。她不知道她走后，谁哄耀宏晚上睡觉。她抱了抱顺苟，这是她生命的希望。她希望顺苟能像小狗一样围绕在她的周围，可是，她今天要走，她不知道顺苟以后的日子怎么过下去，谁给他缝补衣服，谁给他做饭。顺苟的身体本来就弱，以后生病了，谁给她端水喂药。

赵巧凤站起身，强忍住眼泪，转身而去。

张裕生忽然感觉不对，他意识到赵巧凤可能要出事。

"网娣，赶快追你妈去。"

网娣起身跑出门外，后边跟着秀娣和耀顺。网娣一边追一边喊着："妈……"撕心裂肺的声音，划过汉墩头，一路奔向大麦河。

"妈，妈……"网娣一边哭一边追。眼看就要追上了。

赵巧凤已经跑到了大麦河边。她还没有站稳，脚下一滑，直接滑下大麦河。她抓了一把岸边的芋头叶，芋头叶断了，滚滚的大麦河水，瞬间吞噬了赵巧凤。

网娣和秀娣还有耀顺，望着滚滚的大麦河，已经看不到母亲的踪影。三个孩子的哭声，惊动了汉墩头的人们。

张裕生的大哥张焕生、二哥张甫生、弟弟张金生和闻讯赶来的张震球以及村里的男人们，一齐跳入河中，手拉手地在河水中搜寻赵巧凤。男女老少也赶到大麦河边，沿着河岸寻找。天渐渐地黑了，人们拿来手电、打起火把，焦急、紧张、慌乱、呼喊……一直到深夜。

这是整个汉墩头的不眠之夜，更是张裕生和他的孩子们悲伤的一夜。

第二天上午，在离汉墩头两公里外的王家店，人们发现了赵巧凤的尸体。大麦河在那里拐了个弯，赵巧凤的尸体正好在那里漂上了岸。王家店是她娘家的村庄，尸体停泊的地方正好是她母亲的坟地，这也算是魂归故里，母女团聚。

赵巧凤的死轰动了汉墩头。人们纷纷赶来，帮着料理后事。有人拿来急需的粮油、蔬菜；很多人尽其所有，拿来办事要用的各种东西；有体力的男人去村外挖墓；年长的准备棺材安排入殓。无论平常张裕生与村里人的关系如何，在这个时候，没有人计较过去，他们像自家人一样，主动参与其中。乡村的这种民风一直保持到现在。特别是在如今，年轻人都到城里打工，村里留下的多半是老人和孩子，一旦谁家里有红白喜事，无论贫富、无论关系远近，他们都会放下手头的工作赶回村里帮忙办事。这就是乡情、乡村的文脉所在。这种风俗一代代传承下来，还会一直传承下去。人们有时记不清曾经一起欢乐的日子，但在最困难、最无助的时候，村里人的不请自来、主动帮忙的情景会一直感动整个村庄。人世间的恩恩怨怨往往在一场灾难或苦难中化解。在一点一滴的感动中，人们学会了彼此感恩。

安葬赵巧凤的遗体是全村人的事，而后边的日子却是张裕生和他的儿女们要面对的现实生活。痛定之后却是漫长的苦难。

张裕生蹲在墙角，痛苦地抱着头，不知道下一步该怎么办。大女儿网娣 11 岁，二女儿秀娣 9 岁，耀顺 7 岁，最小的耀宏才 3 岁。眼前有四个孩子，谁给他们做饭，谁给他们缝衣？自己还得回五金厂上班，他不敢想象以后的日子。此时，他才想起赵巧凤的好，想起夫妻俩十几年恩爱的点点滴滴。"夫妻间生离死别，人间至痛"，张裕生才醒悟过来，是自己的狭隘、愚蠢、自私害死了妻子。张裕生无法原谅自己，将背负着沉重的精神枷锁走下去。

张裕生的嫂子、弟媳第二天来给孩子们做饭，看着他们吃完饭，又把屋子收拾了一遍，把一些零乱的东西归整到一起。

连续做了几天饭，她们觉得这也不是长久的办法。

"网娣，来，婶子教你做饭。"

婶子一边做示范，一边给网娣讲要用多少米，怎样淘米，加多少水。切菜要注意不要切到手，炒菜放多少盐，等等。

网娣平时也帮妈妈打过下手，只是没有独立操作过。在婶子的指导下，经过几次实践，基本上能做饭了。

日子还得过下去，孩子们心灵的伤痛渐渐沉淀下来。一切回到常态，做饭、洗衣、打扫卫生，晚上关大门，早上起来孩子们要去上学。可是，耀宏怎么办？起初的几天，网娣照顾耀宏吃饭，然后领着一起去学校。姐姐背着弟弟上学，这在学校也成了稀奇的事。老师们也知道网娣没有了妈，面对可怜的孩子，大家都表示同情。可这也不是长久的办法。

有人给张裕生建议，耀宏还小，没有人照看不行，不如寄养到常州的小姑姑家。开始张裕生舍不得，自己的儿子在身边习惯了。无论在外边多忙多累，回到家只要看到小儿子扑向自己，一切烦恼都烟消云散。孩子总是与自己血脉相连、心肝相通，谁愿意轻易送人。对于3岁的幼儿，换一个家庭环境，换一个照管的人，对孩子来说需要有适应的过程。这个过程有可能对孩子的性格造成严重的影响。可是，不送走又有啥办法，现在谁来照看他？网娣才11岁，给两个弟妹做饭都够难为她了，每天还要背着耀宏去上学。

好在是孩子的姑姑家，寄养大了还可以接回来。孩子的姑姑也是觉得自己娘家哥遇到这么大的难处，不帮一把日子咋过呢？

也就是在赵巧凤去世后的两个月，耀宏寄养到小姑姑家。

尽管姑姑、姑父对耀宏很疼爱，但在最初的几天甚至几个月内，耀宏幼小的心灵经历了怎样的折磨是可想而知的。他先是失去了母亲，接着又被带到陌生的家庭，面对陌生的面孔。他恐惧、无助、孤独。他一度睁着大大的眼睛注视面前的陌生人，高度紧张，希望姐姐哥哥来接他。他大声地哭，企图唤起人们的注意，但是哭是徒劳的。他可能在梦中会回到自己以前的屋子，有妈妈，有爸爸，还有姐姐抱着他玩。当一切都无望的时候，他渐渐地接受了现实。这也许对他一生的性格和命运都会产生影响。

我在江阴，在汉墩头曾经两次采访过张耀宏夫妇，耀宏的妻子尧琴聪明伶俐，谈到过去的一些经历，她总是滔

弟弟张耀宏

滔不绝，看得出来，她是一个很喜欢与人沟通的人。相比之下，她的丈夫耀宏却显得沉默寡言，不太善于表达，我在和尧琴交谈的时候，耀宏总是静静地坐在一旁，像一个很守纪律的小学生一样，你如果不提问，他是绝对不会插话的。——摘自《岁月顺成》

大姐网娣承担起了母亲留下的全部责任和义务，她用稚嫩的肩膀扛起照顾妹妹和弟弟的重担，扛起了本该不属于她这个年龄的责任。

在这之前，网娣也曾经拥有无忧无虑的快乐童年。尽管三年饥荒，却并不影响她的快乐。生活的忧虑是父母的事，母亲从来不会把艰难的情绪传递给儿女，哪怕是自己半夜睡不着，也是自己想办法化解。她和妹妹弟弟们只要乖乖地不惹妈妈生气就行了。

网娣很聪明，喜欢学习。她是弟弟妹妹的榜样，自上学以来，几乎每年都被评上"五好学生"。放学了，她和小朋友们在路边玩一会儿游戏，比如踢沙包、跳方格和跳绳等，这些好玩的事让网娣的童年丰富而又快乐。她曾经有过美好的梦想，她要好好学习，将来进城去上班，成为公家人，吃商品粮，"做社会主义接班人"。如果不是家庭的变故，她也一定会有美好的人生。但是，现在这一切都不敢再想了。要照管弟弟妹妹们的吃喝拉撒睡，还有很多家务，喂猪养鸡。网娣学习的时间越来越少了，几乎没有和小朋友玩的时间，话也越来越少。生活的车轮拽着网娣往前奔，无论她是否情愿，是否会做到，是否能做到，都由不得她。她必须去努力接受，为了弟弟，为了妹妹，为了他们都能活下去。她的性格与年龄被拽得脱节了，已经不像是十一二岁的小姑娘。她的天真和烂漫在七月初三的那个黑夜，随着母亲一起，被汹涌的大麦河冲走了。

张耀顺每次提起大姐网娣，心中就有太多的亏欠和感激。

长姐如母，恩重如山。

2023 年秋，我到江阴采访，第一次见到大姐网娣。也正是之前对大姐有所了解，心中有太多的敬仰。见到大姐的时候，我以为我会流泪，但大姐平静可亲地拉着我的手。"妈死的时候，他们（指着耀顺）还小，我带着耀宏上学，上到第二节就回家做饭。我先回家把饭做好，等他们回来就有饭吃。那时候小，屋子里的蛇多，见了蛇怕得要命。还怕鬼，房后边是大麦河，夏天涨水，河水声很大，好像河里有鬼似的。房子东边是祠堂，那时候大人们说祠堂里晚上经常有哭声。一刮风，窗户就呜呜地响，吓得我们晚上不敢出门，坐在床上不敢关灯。"

"那时候苦哇，苦得很。"

大姐说苦的时候，语气很低，轻描淡写似的，有点漫不经心。随即，大姐却掏出手机，让我看他孙子的照片。她给我讲她的孙子在南京一所大学读大三。照片是孙子在新生开学典礼上，代表高年级大学生发言时拍的，一表人才。一提到孙子，大姐眼里充满了光芒。

往事如雨、如烟、如风。生活再难，没有迈不过去的坎儿。总有烟消雾散的时候，总有云开日出的一天。当我们无路可退，当我们必须担当起那份责任的时候，只有勇敢地面对，才能蹚过那不堪回首的泥泞。当晚霞满天的时候，我们再回首那段日子时，只能算是人生一段丰富的经历。

右大姐网娣，左二姐秀娣

第四章

苦涩的成长

没有母亲的日子，那种苦涩的滋味，张耀顺和他的姐姐们永远不会忘记。

在农村除了一天三顿饭，还要养一头猪、几只鸡或鸭；一小块儿自留地，种点菜或其他农作物，这是当年农村家庭的标配。

当然，不同时期、不同地区农村家庭的配置各不相同。有一段时期，养猪养鸡都是自己杀了吃，不允许到集市上去卖，说是要割"资本主义尾巴"，打击投机倒把。1961 年，中央通过了"农业六十条"，农民可以把多余的农副产品拿出来交易。到了 20 世纪 80 年代，实行土地承包经营之后，土地经营权归农民，谁愿意经营什么那是农民自己的事。到 21 世纪，养猪养鸡已经是专业化、规模化、工厂化，农村已经很少见到家家户户养猪养鸡了。

关于家务和农活，张耀顺首先要学会的是打猪草，剁猪草，喂猪。

野地里到处是草，不是每一种草都能割回来喂猪。他得跟姐姐或村里大人们学习辨认猪草。农业的很多种植和养殖技术是通过言传身教的方式传授的，比如什么时候种豆、什么时候种麦子，怎么种，大人在耕种，孩子跟着学。跟着大姐割了几次猪草，渐渐地张耀顺认得了几种常见的猪草。构树叶是猪最喜欢吃的，刚开始嫩的小叶子割回去直接喂猪，老的叶子可以晒干磨成糠。不过这种构树，只有田边沟坎偶尔有几棵，大的构树会结果。夏天构树果子由绿变红，就可以摘下来吃，只是很难洗干净。

老鸦眼、青藤、浆班头、毛力菠等植物都是西石桥一带的猪草名称。这些野生的草本植物，各地的称呼都不尽相同。老鸦眼在教科书上其实是旱半夏，一种中药。"打碗花"开着薄薄的小花，主要是茎和叶子，是常见的猪草。"打碗花"与"喇叭花"这两种花长得特别相似，但打碗花的颜色一般比较偏白和粉，且花朵不太大。喇叭花则大多颜色比较偏暗紫，花朵比较大。两种花在农村都可以被当作猪草。还有一种草叫野臊子，长得像野豌豆一样。它们开着粉红色的小花，结的果实就像豌豆一样，只是比豌豆小一些而已。

张耀顺不仅学会了识别猪草，还熟悉哪里有猪草，哪里的猪草好打。时光已经流失了半个世纪，年过七旬的张耀顺，闭上眼睛都能记得当年的田埂地头。他甚至能清晰地记得哪条小路，从哪拐弯，有几块大石头，有几棵构树。他仿佛看见那里有他走过的足迹，甚至记得是怎样留下这些足迹的。这就是童年的记忆，故乡就是这样雕刻在记忆中。如果我们不曾回到故乡，或者偶尔回去，那么故乡就永远长在我们心中，无论历经多少沧桑，故乡没有变，也不会变。记忆中河很宽，路很远，坡很陡，一筐猪草很沉。童年的世界很大，因为那时候，张耀顺很小，肩膀很嫩。

第一次剁草，他很紧张。地上放一块垫板，他学着母亲的样子，把打回来的猪草整成一把，左手按着，右手举起笨重的菜刀。当他要往下剁的时候，他有些害怕，生怕剁到自己的手上。他曾经看母亲剁猪草的动作很熟练，手起刀落，"嚓"的一声，剁开的猪草露出整齐的茬口，剁下来的猪草很短，菜刀落下去离左手虎口很近。母亲剁猪草的动作一气呵成，右手执刀剁，左手再依次往后移，直到最后剩余的一点点再和下一把猪草并在一起剁。可是，他不行，也不敢。他第一次只能粗粗地剁几下，然后又把草堆到一起，用双手举起菜刀在那一堆草上补几刀。

他把剁得粗细不匀的猪草放进铁盆里，把洗锅的潲水和一瓢谷糠倒进去拌匀，这就是日常的猪食了。

张耀顺第一次独立完成全程猪食的配制。看见猪吃得两只耳朵上下抖动时，他很有成就感。他觉得自己在一天天长大，能为大姐分担一些家务了。

有了喂猪的成功案例，张耀顺觉得自己应该干一些更费体力的活。

给猪圈垫土是经常要做的事。垫上土，猪就有干的地方卧。而后猪的粪便又会把干土泡湿，因此，出粪也就成了必然的活。这是一个星期天，父亲有事没有回来。上星期父亲从猪圈里清出来的粪，一星期时间，差不多晒干了。张耀顺打算自己把这些粪推到自留地里去。

家里有一种老式的独轮推车，用槐木做成。车架是木头的，轮子也是木头的，看起来就很笨重，推起来就更笨重了。推车上放着一个柳条筐。张耀顺试了一下，他没敢把筐子放满。第一次他只放了多半筐粪。

在农村，像推单车这样的农活算是重体力活，是成年男人干的。

同时，它也是一种技能活。推单车需要掌握平衡，否则车就会翻。

的确，在这样一条坑坑洼洼的田间小路上，推一车粪，对于只有十岁的张耀顺来说，有点太为难。他有点晃，有点掌控不了，几次都差一点翻车。他走几步，得停下来喘口气，望着还有很长一段距离才能到他家的自留地，他虽然觉得很累，但还是坚持下去了。

突然间，单车的木轮子陷进一个小坑里。他的力气实在太小了，试了好几次都没有推上来。他站起身，环顾了一下四周，希望有人路过，能够帮他一把，但是这个时候路上没人，只有几棵树在远处静静地伫立着。

没有任何指望，怎么办？他有些紧张。一个人在遇到困难的时候，要么放弃，要么想办法解决问题。可是张耀顺没有办法放弃，这一车粪总不能扔在半路上不要了吧？一方面，粪是地里庄稼需要的肥料；另一方面，把粪扔在半路上怎么向大姐交代，村里人会怎么看？人生有些时候没有选择的余地。

张耀顺有点想哭，第一次陷入这样无助的境地，他又一次想起了妈妈。他想起妈妈推车时的背影，躬着背，很吃力地一步步向前挪动。如果妈妈在，绝不会让他自己干这样的重活。他抬头望见远处的土丘，那是一片坟地，妈妈就埋在那里。他每年都要和姐姐一起去给妈妈上坟烧纸。每当他累了，孤单的时候，受到委屈的时候，他都会想起妈妈。在这荒野无人的路上，张耀顺放声大哭起来，这是他对妈妈的思念和压抑了很久的委屈，像溃堤的洪水喷涌而出。

他哭了一阵，感觉妈妈在不远处看着他，仿佛在说："顺苟哇，遇到难事的时候，你要学会想办法，要坚持。你不用害怕，每个人都有遇到困难的时候。你必须学会独自面对困难，即使妈妈还活着，也不能永远护着你。这个世上没有过不去的坎儿，最大的坎其实是你自己。你只有战胜了自己，才能强大起来。放弃很容易，若人生一开始就轻易选择放弃，你将会成为一个懦弱的人。坚守绝不放弃的信念，你离成功就不远了。顺苟啊，从今天起，你要学会成为一个勇者。当你知道这个世界受苦的不只是你一个人的时候，你就会减轻痛楚，而你人生的希望也将从此升起。"

张耀顺从悲伤中缓了过来，他擦干了眼泪，起身想办法把推车弄出来。是的，他必须要实现今天的目标，把粪送到地里去。

他先把柳条筐从单车上推了下来，把猪粪倒在地上。接着，他拽着车往后猛力一拉，单车的轮子出了小坑。他把柳条筐再一次在单车上放好，回家取来铁锹，把猪粪重新装进柳条筐，并且铲了些土把那个坑填上。

做完这一切，尽管已经累到了极限，但张耀顺的脸上却充满了喜悦。与其说他人生第一次靠自己的智慧和力量渡过了难关，不如说他懂得了战胜自己的意义。

张耀顺开始明白，生活不仅是打猪草、推粪这些体力活。能挣钱才能有饭吃、有衣服穿、有学上，才能过上比别人更好的日子。

妈妈不在了，永远不会回来了。三年过去了，他经常想起妈妈。可是，自从上次推粪车时车轮陷入坑里之后，他就不再指望妈妈了。他要像一个男子汉，帮父亲、帮姐姐撑起这个家。

虽然全国三年困难时期已经过去，但张耀顺家的日子依然很艰难。一家四口人的吃饭穿衣，他们兄弟姐妹的上学读书以及看病吃药，就靠父亲一个人在五金厂上班那点工分钱。

父亲在家里也干一点私活。用一个小煤炉，上面架上坩埚，把铝锭化成铝水，浇注进做好的模型里。这种家庭式的小铸造作坊多少能贴补一点生活所需。父亲有时候在家里绕制弹簧，把钢丝在做好的模具上绕，然后按图纸尺寸截断。张耀顺有时候替父亲跑腿，到苍山村的弹簧厂去给弹簧淬火。在父亲的耳濡目染下，张耀顺多少有了一点五金作坊的概念和金属加工的意识。

然而这种家庭式的小作坊，在那个"割资本主义尾巴"的年代是不被允许的。有几次大队民兵连长带着人来家里搜查，发现了干活儿的小坩埚。但一看到张裕生一个男人带着四个孩子，生活确实很困难，也就睁一只眼闭一只眼。

张耀顺不止一次地看到，父亲回到家里，一个人坐在堂屋愁眉不展。有几次，大姐想买几尺布头，给弟弟妹妹们做双布鞋，他问父亲要钱，父亲只是答应，但迟迟拿不出来。

该过年了，家家户户都在准备年货，可他们家没有一点动静。一直到了腊月三十，父亲才去了西石桥，买回来一点点年货。已经有好几年两个姐姐没有穿过新衣服了，父亲给姐姐仅有的一点钱，大姐只给两个弟弟各做了一身新衣服。村里大多数家里过年要贴对联、放鞭炮、挂灯笼、做年夜饭，可张耀顺家都没有。前三年说是母亲不在了，门上不能贴红色对联，可三年已过，他们家过年仍然冷冷清清。张耀顺很羡慕那些红红火火的大门大户，羡慕人家风光体面的日子。农村的大年初一，谁家的鞭炮放的时间长，说明这家人比较富裕。整个初一，他们不扫地，留下一地的鞭炮纸，路过的人都能看得出他家放的鞭炮多。当然，初一不扫地的原因还有一种说法是柴（财）不能往外扫。母亲在的时候，即使日子再困难，也要给他买一挂50头当地生产的鞭炮。他舍不得一次放完，每次拆几个点着零星地放。可是，父亲现在没有这个心思，好几年了张耀顺没有放过鞭炮。他暗自下决心，等他长大了，他要成为汉墩头最富的人，而且他还要让全村人都能张灯结彩地过大年。他甚至幻想燃放烟花，五颜六色的礼花在高空绽放，照亮整个汉墩头甚至整个西石桥。

又是一年春天，张耀顺和几个同学来到西石桥镇上玩。他们先是到了百货商店。百货商店有四间平房，柜台上摆满了各种货物，布匹、床上用品、食品等，分布在不同的区间。柜台里边靠墙的货架上摆满了各种各样的东西，有本子、铅笔、文具盒等。东边是副食区，有水果糖、酥饼等。他们来到卖文具的柜台前，看了很久。柜台里的文具像磁铁一样吸引着他们的目光。钢笔、铅笔刀……最吸引张耀顺的是那个漂亮的铅笔盒，盖子是红色的，上面印着一幅很好看的画。男男女女几个小学生，背着书包，戴着红领巾，高高兴兴走在上学的路上。这些文具盒虽然很漂亮，也只能装文具，张耀顺没有几件文具，有没有文具盒倒也无所谓。他最想要的是一本《新华字典》。他已经10岁了，还在小学一年级。和他同龄的人已经上小学三年级了。8岁的时候，他和大姐一起上学，作业有大姐帮他做。没上多久，母亲去世后，大姐辍学了，学习上的事情只能靠张耀顺自己。可是他不认识字，回家问大姐，可大姐也认识不了几个字。张耀顺想，要是有一本《新华字典》，他就能自己查了。

张耀顺和伙伴们从百货商店出来，来到西石桥集市。集市上卖菠菜、蒜苗、芹菜、韭菜……市场上人来人往熙熙攘攘，好不热闹。

"茭白，茭白，谁要茭白。"

"哎，多少钱一斤？"

"便宜了，一斤一毛二分钱。"

一个卖茭白的大爷吸引了张耀顺，他站在这位大爷的篮子旁边，看着这位大爷是怎样一笔又一笔卖茭白的。这位大爷卖完了一篮子茭白，盘腿坐在地上，把卖茭白的钱从怀里掏了出来，认认真真地数了起来。他记清楚了，一个上午，这位大爷足足卖了三块多钱，这让张耀顺很是羡慕。

在西石桥看到的这一幕，张耀顺激动万分。从集上回来，他一个晚上都没有睡着觉。那野生的茭白不是到处都有吗？张耀顺打猪草或是和小伙伴们在田间河边玩的时候，脚底下到处都能看到茭白的叶子。那个时候，他只知道这个东西是一种蔬菜，挖回来自己吃，却从来没有想过这东西竟然能够换钱。

他也想挖茭白卖钱。他想了一些细节和面临的问题。他知道哪里有茭白，把挖出来的茭白洗干净这不难，可是他不认识秤，他也没有秤，怎么卖成了他面临的难题。按个数卖或是按堆卖还是整篮子卖？想着想着，他睡着了。

说干就干，第二天一早，张耀顺就提着篮子、带上铲子出门了。

来到小河边，他蹲下身，用铁铲小心翼翼地在挖一颗茭白，他恐怕不小心把茭白挖断了，把叶子弄得不好了。

他在大麦河边不到一个上午，已经挖了满满一篮子茭白。

于是，西石桥的街道上，有了一个卖茭白的少年。

一个小男孩儿，蹲在蔬菜市场的边上，眼前放着满满一篮子新鲜的茭白。他的目光紧紧地盯着来来往往赶集的男男女女。他想吆喝却吆喝不出声。毕竟是第一次，人生第一次做生意。

一个小男孩儿，一篮子茭白，自然引起了过往人的注意。凡是从张耀顺面前经过的人总要好奇地看看这个卖茭白的小男孩。

终于等到了第一个买主，看年龄应该是一位大妈。这位大妈蹲下来，一边问着张耀顺价格，一边手伸进篮子里开始挑菜。

"一毛钱一斤。"张耀顺有点激动也有点紧张。

"给我称一下，看是多少？"这位大妈的语气显得很亲切。

张耀顺没有秤，他也不认识秤。他请旁边一位卖芹菜的大爷帮他称。

其实，一街两行卖茭白的有好几个人，也许人们是出于好奇，张耀顺的面前一下子来了好几个买主。

不到半天的工夫，满满的一篮子茭白便卖完了。张耀顺也像那位大爷一样，盘腿坐在地上，把衣服口袋里的钱都掏了出来，认认真真地数了一遍，一共是一元二角钱。他掏出一角钱给旁边的大爷表示感谢。那位大爷笑了笑，摸了摸张耀顺的头，把钱放回孩子的口袋，夸这孩子真懂事。

张耀顺想的第一件事就是给自己买一本《新华字典》。走出西石桥，他想哼首歌，但他没好意思哼出来，一路上熟人太多了。他走进街西头的新华书店，给自己买了一本《新华字典》，算是对自己的奖赏。出了书店，他舍不得买吃的，尽管他已经很饿了，但还是想忍一忍。从西石桥到汉墩头有六里地，他想跑快点，半个小时就能回到家。可他又不敢走得太快，他怕钱会从口袋掉出来。他走几步就要用手压一压口袋，感觉硬硬的还在就放心了。从早上出来到中午12点没有吃一口东西，也没喝一口水。他开始是忘记了饿，可现在走着走着感觉有些头晕。他要把钱全部交给大姐或者父亲，他们一定会感到意外和惊喜。

"我赚钱了，我能够赚钱了！"

张耀顺第一次卖茭白成功赚到了钱，让自己充满了喜悦和成就感。一块二毛钱，对于当时的一个农家来说，也是不小的一笔钱啊。这笔钱能够办成不少事情呢。这笔钱对于张耀顺来说，更重要的意义则是父亲和两个姐姐给予他的那种感动和激动。

父亲接过钱时那颤抖的双手和含泪的双眼，并不是因为钱的多少，而是因为儿子懂得为他分担压力。看到儿子长大了，想办法挣钱，父亲的心里是多么的温暖。生活和精神上的双重压力，张裕生没有时间也没有心情去欣赏儿子的成长。自从妻子死了以后，看着孩子们过着没娘的日子，张裕生有深深的愧疚感。儿子越懂事，他的心越痛，如果不是自己错怪了巧凤，哪能让孩子受这么多的苦？

后来，张耀顺又挖了几次茭白，姐姐也帮他挖了几次。一个暑假，他攒够了二姐和他的学费。卖茭白的事在村里传开了，村里的孩子成群结队去挖茭白。卖茭白的人多了，也就卖不上价钱了。

卖茭白，让张耀顺明白了挣钱的机会和挣钱的不易。他发现从开始卖到茭白不值钱，前后也就赶了那么几次集。这也许就是后来人们所说的"商机"。

家里的老母猪，一年能下两窝半猪。在西石桥农村，老母猪下猪崽要"过三朝"，请村里乡邻喝喜酒。可是老母猪每次产崽的多少不一样，多的时候十五六个，少的时候七八个。下的猪崽还有成活率的问题，有小猪崽生病死的，有被老母猪自己睡觉压死的。最终能长到上市卖的猪崽总是比猪的奶头数量少。如何提高老母猪的奶水利用率，增加收入呢？张耀顺想出了一个办法。

他到集市上买小猪崽，逮回来放在猪圈让老母猪喂奶。可是，老母猪对买回来的猪仔能闻出味道不对，它会拒绝喂奶。张耀顺想出了个办法，给母猪的鼻子上抹些煤油，再给猪崽的嘴上抹上煤油。抹了煤油的猪崽老母猪就区别不了啦。第一次张耀顺买了五只小猪崽，让老母猪带，猪崽大了拿到集市上去卖。赚了钱后，张耀顺觉得这个办法好，第二次本来给老母猪补足到 15 个猪崽就可以了，他却补到 25 个，怎么办？大多数母猪的乳房数量是 5～8 对，也就是 10～16 个，因为猪的乳头都位于腹下，在耻骨至胸骨部的腹两侧呈对称排列分布，所以乳头数都是成对的，但要是母猪的乳房数量是单数，那么这样的母猪就不能留种。种母猪的乳房数量是不一样的，比如内江猪多为 7 对乳房、太湖猪是 8~9 对乳房、金华猪 7—8 对乳房。

也就是说，一头母猪产十五六个猪崽是正常的。而张耀顺到常州卜戈桥购回 25 个小猪崽，网娣见张耀顺弄回来这么多猪崽，又生气又好笑："你这不是胡来吗，自己产的猪崽能养好就算是不错了，你弄回来这些别人的猪崽，替别人家养啊？没有奶饿死了怎么办？"

张耀顺已经想好了办法才这样做的。他给购回来的 25 只猪崽分两批吃奶，但得给老母猪增加营养，多喂些豆饼、麸皮以保证奶水充足。当天，他告诉周边 4 个公社畜牧站，他家有小猪崽，需要的可到汉墩头找张耀顺。就这样"调包代养"，张耀顺赚的钱足够给老母猪"过三朝"的酒席钱。

张耀顺让和他一起养猪的张兴仲也这样操作。张兴仲不敢，要是猪崽卖的时候价格跌了怎么办，万一逮回来养几天死了那不赔本了吗？当然，这种事情偶尔试试，对张耀顺这样的少年，何尝不是一种经商的尝试。

人生有各种各样的第一次。第一出远门、第一次上学、第一次获奖、第一次挣钱都会给我们留下深刻的印象。人生大多数经历在时间的洪流中会被冲刷得支离破碎，只是偶尔会在我们内心深处，露出远逝的桅杆。但有些刻骨铭心的经历，经过岁月打磨后，反而历久弥新。少年时所有的经历都在潜意识地影响着我们人生的轨迹，大多数只是不知不觉而已。

第五章
奔跑的少年

20 世纪 60 年代初期，我国教育实行小学 5 年、初中 3 年、高中 3 年的学制。1966 年春天，"文化大革命"开始停课闹革命后，就没有招生了。1968 年开始复课。所以，人们把 1966 年至 1968 年这三届高中生称为老三届。1969 年复课后学制改为初中二年制、高中二年制。

那时候学校的设施条件很简陋，有些小学将村里的庙宇、祠堂作为教室，课桌则是用砖砌成的台子。大一点的村子有独立的学校。村子小一点就几个相邻的村联合组成一所学校。教师队伍更是稀缺，初中毕业甚至高小（新中国成立初期，一年级至四年级为初级小学、五年级至六年级为高级小学）毕业就可以当小学老师。一个学校的老师数量根据学校的规模不等，有一两个的，也有两三个的。上课的时候一间教室坐两个年级，一年级上课二年级做作业，二年级上课一年级做作业。国外有一篇论文认为这样的教学有好处，认为低年级学生可以提前预习高年级的课程；高年级的学生还可以复习低年级的课程。

张耀顺8岁开始上学，学校是设在张氏祠堂里的新街小学。

张耀顺和夫人王锡英，是新街小学时的同班同学。提起小学时的张耀顺，王锡英印象特别深刻。

她回忆道："我和张耀顺坐同桌，他在桌子中间画一条线，胳膊肘不能过线，你坐的时候也不能过中线，如果你过线了，他就会不愿意，会动手推你。坐在他前排的同学，千万不能往后靠，如果靠到了张耀顺的桌子，张耀顺也会不愿意，还会用拳头捅你一下。坐在后排的同学，桌子不能太靠前，太靠前了，张耀顺就会不愿意，他不打你，就用自己的背使劲扛后面的桌子，让后面的同学站都站不起来。"

张耀顺对当年小学时的表现解释说："母亲在的时候，两个姐姐和我在外面受到了欺负，母亲总会找到人家讨个说法，让我们不再受欺负。自从母亲不在后，父亲又经常不在我们身边，突然之间，我就觉得姐姐和我一下子失去了保护，于是，我那时候认为要想不再被别人欺负，自己就得厉害起来。"

这是单亲家庭孩子的特点，失去了母爱或父爱，他感觉自己与别人不一样。心理上会产生自卑感，自我保护意识会增强。

农村孩子放学后三五成群一起拾柴、割草、玩游戏、打群架。在这些游戏中会自发地产生组织者或领导者。这些孩子群体的组织者或领导者与其组织能力有关，往往也与家庭有关。谁厉害谁就有地位，如同猴群的生存规则一样。

有一次张耀顺出校门着急回家，因为人多，不小心撞倒了一个大一点的同学。大一点的同学身边跟着几个同学，他们仗着人多，指着张耀顺骂："有娘生没娘教的……"

这几个同学在骂张耀顺的时候充满了蛮横、侮辱和蔑视，他们看张耀顺的那种眼神带有明显的挑衅和欺负。

"你们才是没娘教的！"

张耀顺反击了一句，心里却充满了委屈与愤怒。那几个同学先是一愣："这小子还敢还嘴？打这个野孩子。"他们没有进行任何语言上的较量，就一起冲了过来。

这一年，张耀顺不到 10 岁，这是他人生最屈辱的一个日子。这几个同学打了他，打得非常狠，打得他鼻子出了血，血抹得满脸都是，手上、衣服上都是血迹。当大姐和二姐赶来的时候，张耀顺还被那几个同学压在地上，用脚乱踢。张耀顺的上衣扯开了一个大口子。

那几个打张耀顺的同学被大姐二姐吓跑了。张耀顺从地上爬了起来，他拍了拍衣服上的泥土，抹了一把脸上的血。他的眼睛里汪着泪水，但却没有哭出来，他的心里充满了委屈与仇恨。

大姐和二姐领着弟弟找到打张耀顺的一个同学的家里，那个同学的父母走了出来，面对满脸血迹的张耀顺，只是敷衍了几句，就算了事。

张耀顺知道，自己没有母亲，父亲又不在家，只有姐姐和他，人家当然不把他们当回事。自己被人欺负了，还要让姐姐跟着受委屈。也就是从这一次被打开始，张耀顺突然间变得天不怕地不怕。如果有同学再敢欺负他或者两个姐姐，他都会不顾一切地冲过去，哪怕对方再强大，只要对方不道歉不服软，他绝不善罢甘休。在学校里，他算不上身高力壮，但他能挨打的狠劲渐渐地出了名。

其实打架需要一种胆量。实力强固然胆大，但实力弱，敢打，敢下狠手才是一种勇气。打过一次架，就有了打架的底气。下过一次狠手，就打出名了，正是"打得一拳去，免得百拳来"。当然，我们倡导文明礼貌，人与人应和谐相处，反对打架的野蛮行为。

事情往往从一个极端走向另一个极端。张耀顺跟人打了几次架，胆子大了起来。他跟人打架，没有父母批评，姐姐又管不了。他不惹事但也不怕事，有同学找他帮忙出面摆平事情，他是有求必应，有一次，张耀顺和几个孩子把人家打了。那个孩子的家长带着孩子找到家里来，大姐听了很生气，让张耀顺给人家道歉，他不道歉反而顶撞大姐。大姐抡起扫帚打他，他说："你敢打我，将来你出嫁了，不准你回娘家。"

张耀顺有个外号叫"一分钟"。汉墩头的村头河边有一块地方，地下三米深能挖出黑色的炭泥，不是煤也不是土。据说这里几万年前是一片森林，被海水淹没，树木在地下碳化，形成了黑色的淤泥。汉墩头村组织劳力把炭泥挖出来，晒干分给社员，用来烧火做饭。虽然这种淤泥比煤的质量差一些，但是，没有柴火做饭的时候，还是能派上用场的。

每次挖淤泥的时候，场面总是很热闹。村里的男劳力下到泥场挖淤泥，老人和孩子们在周围看热闹。看谁挖得快，看什么时候能挖出炭泥。上面两米深的稀泥一篮篮地往上挑，脚下软软的泥正好是孩子们闹着玩的好地方。可是，这些孩子们打闹就会影响大人们干活。他们追赶孩子，孩子们就像鸡群，赶一下飞了，停一会儿又来了。

比张耀顺大8岁的张国平决定"教训"一下这群以张耀顺为首的孩子们。他把铁锨往地上一插，指着张耀顺说："来，你们几个一起上，要是你们输了，你们就从这泥池滚出去，不许在这儿捣乱。"

张耀顺说："行，给我一分钟，我们开个会再打。"

他把六七个孩子召集到一起，给大家分工，个子矮的负责抱腿、个子高的负责摁头。有人抓张国平的裤裆，有人抓张国平的裤带。一分钟分工完毕，几个小家伙一字排开。干活的人们都停下手头的活，在一旁看热闹。泥池上边的老人和妇女也围了过来，看看张国平怎么制服这帮小子。

张国平弯下了腰，把重心下移，准备来个擒贼先擒王。

张耀顺往前一扑，喊一声："上！"一群小孩子一起围住了张国平。有一个小孩儿抓住了张国平的裤裆，痛得张国平直叫唤。几个小孩儿一起把张国平压在了泥地上。

现场看热闹的人们笑成一片。

从此，在汉墩头，张耀顺有了自己的绰号——"一分钟"。

因为和其他同学打过好多次架，被老师拉去批评、罚站，再加上学习成绩一再下滑，从校长、班主任到代课老师对他都有了一些看法。星期一早上，在全校的师生大会上，校长有几次点过他的名。在班上，就更不用说了，他成了班主任经常批评的对象。于是，他害怕星期一的全校师生大会，也讨厌班会，一次又一次地被点名，让他在同学面前抬不起头，内心非常苦闷。那段时间，张耀顺心情特别不好，他以为没有人敢欺负他就是扬眉吐气了，但学习成绩下降、老师批评、同学们也认为他是个淘气的孩子。学校没有人在乎他，自己觉得"上学太没有意思了"。

张耀顺开始逃学。

第一次逃学是为了逃避周一早上的全校师生大会。他怕校长点名或不点名地把他作为反面教材，"个别同学打架、上课不认真听讲、学习成绩下滑"，大家一听就知道在说谁。

班上除了几个学习成绩差、不好好学习的同学跟他来往，学习好的、听老师话的同学都渐渐疏远他。

冬天的一个早晨，他装模作样地背着书包，跟姐姐打声招呼出门上学去了。他拐过巷子放慢了脚步，他不想去学校了。没有意思，不是被训斥就是被罚站。

可是，他能去哪儿？冬天的汉墩头村是很冷的。太阳没有出来，他没有目标地向前走，不知不觉走到了村头徐奶奶家。徐奶奶一个人，与儿媳们分开住着。张耀顺进屋的时候，徐奶奶正在烧火做饭。灶台前的火正好给他暖暖手。

在徐奶奶眼里，顺苟小小年纪没了妈，太可怜了。她知道该是上学的时间，可顺苟没有去学校，而是在她这里烤火。她没有赶他走。饭做熟了，她让顺苟和她一起吃饭。

一个上午，他都在徐奶奶家，他需要温暖。徐奶奶对他很关心，快到中午放学的时候，她把张耀顺拉到身边，帮他整理了衣服，对他说："顺苟哇，你在学校遇到了不开心的事，不想上学了吧？"

张耀顺点点头。

徐奶奶说："你在学校不开心，你就不想去学校。你在家要是不开心就不回家了吗？你在奶奶这里，只是暂时逃避上学，如果让你一直待下去你也会不开心的。"

徐奶奶把张耀顺揽到怀里，摸着他的头说："顺苟哇，这个世上没有一直开心的事。遇到难事，只要你熬过去，就会开心的。你在学校时不开心，即使逃到了别的地方，也解决不了你的苦恼，还会有新的不开心。去上学吧，奶奶相信你是一个好孩子。"

"可是，老师批评我，同学们也疏远我，我觉得上学没有意思。"张耀顺说。

徐奶奶语气很温和地说："想想你大姐吧，她很想上学，可是为了你和秀娣，她只能在家喂猪、做饭、洗衣服。你不好好学习，你大姐会伤心的。将来你没有文化就没有本事，你用啥报答你的大姐？你长大后会明白，人活着不光是为了自己开心。听奶奶的话，上学去吧，不能这样逃学啊。"

张耀顺从 8 岁开始上学，到 1965 年已经 10 岁了还在小学一年级。提起那段日子，张耀顺心里很愧疚。他 7 岁那年，母亲没了。这对于一个正处在启蒙时期的孩子来说是严重的打击，其影响不仅是身心健康，智力上也会受到影响。但他并不笨，只是没有家长管，大姐也管不了他，上学也耽误了。

父亲也没有指望他学到什么知识，把他放在学校的唯一愿望是不要乱跑，别像他哥哥那样淹死在大麦河里。

又是一个新的学期开始了。

"同学们，我叫张焕生，从这个学期开始，我是你们的班主任，也是你们的数学老师。"

这位新来的班主任中等身材，穿一身黑色的中山装，脚上穿着一双自己家做的圆口布鞋，左胸前的口袋里插着一支钢笔。说话声音不是很高，微微有点沙哑。

张焕生，1914 年 5 月出生。1929 年考入了江苏无锡师范学校。1932 年毕业后，先后在江阴芦墩小学、肖家垫小学任教。他热心教育，克服一切困难，把一座破旧不堪的校舍修复起来，在申港季子庙创办了一座完善的申港中心小学，1946 年至 1969 年，连任 24 年校长。1969 年 9 月回到家乡汉墩头新街小学任教。

在职期间，于 1957 年加入了无锡民盟组织，当选为江阴第一届人大代表，江阴政协第一、二、三、四届政协常委。

"我现在点一下名，叫到谁，谁就站起来，答声'到'。"

　　新来的老师都是这样，点名就是为了和自己的学生先认识一下。当点到张耀顺的时候，这位班主任停了片刻，多看了一下张耀顺。张耀顺以及班上所有的同学都知道这是为什么。新老班主任交接的时候，老班主任对张焕生介绍说："张耀顺这个孩子比较调皮捣蛋，对他得严厉一些。"

　　另一个更重要的原因，张焕生是张耀顺的伯父。

　　伯父一直在申港中心小学教学，一年也只有放假能见到张耀顺。他知道孩子从小没娘，也知道张耀顺很顽皮。他到了新街小学，听了前任班主任的介绍，才知道张耀顺如此顽皮，学习状况令他担忧。

　　听到伯父的点名，张耀顺起初很紧张。他本来学习成绩就差，过去的班主任对他已经是放弃的态度，现在这个班主任，竟然是自己的伯父。伯父长期在外边工作，加上校长的气质，已经让他够怯的了。如今伯父亲眼看见自己的学习成绩，不知会怎样收拾他。

　　课后，张焕生把张耀顺叫到他的办公室，他想多了解一下这个在别人眼里调皮捣蛋的学生。面对张焕生的问话，张耀顺不知道该说什么，他只是想，要批评就批评，打一顿都很正常。

　　"耀顺，你不用回答我，你也不用怕。说实话，你很聪明，你也一定会学好的。"

　　"调皮捣蛋的孩子一般都很聪明，学好了就是一个很好的学生和有出息的孩子。耀顺，伯父相信你是一个好孩子，将来也是一个有出息的孩子。"

　　批评，除了批评，还是批评。在张焕生出现之前，张耀顺在学校跟老师的关系就是批评与被批评。从那些老师的目光中，张耀顺看不到肯定、鼓励、认可、关怀、温暖。自从张焕生来了之后，张耀顺感觉一下子不一样了，他张耀顺依然是张耀顺，可张焕生老师对他的看法和态度却与所有的人都不一样。他第一次听到一个老师，他的班主任这样鼓励他和肯定他。那些天，张焕生老师的这番话像电影回放一样，无数次响在他的耳际，他感到了一种温暖和一种希望。他希望自己像伯父说的那样，自己并不笨，一定会成为一个有出息的人。

在课堂上，张焕生点名张耀顺回答问题，这是很久没有的事了，大概老师习惯张耀顺答不上来，也懒得理他。哪个老师不喜欢学习好的同学？有问有答，再表扬几句，班上的气氛立马就能活跃起来。点学习差的同学名，他们半天答不上来，不仅耽误时间，还影响老师和同学的情绪。

今天，张耀顺没想到张焕生第一个点他的名，他毫无准备。只好站起来，还是低着头闷了半天，没有答出来。他想着，完了，又是一顿批评。张耀顺做好了准备，他习惯了老师的批评和同学们的嘲笑或同情。

"不会没有关系，下课后努力补上，你坐下吧。"

这要是过去的老师，还让你坐下？先是数落一番，"一天天不好好学习，吊儿郎当，打架、旷课，像你这样将来有啥出息？真是烂泥扶不上墙……"然后语气温和地叫另一位学习好的同学回答，就是要给他做个样子。意思是别人都会，你为啥不会。更让张耀顺没面子的是他一直站着，等学习好的同学回答完了，老师也表扬完了已经坐下了，才极不情愿地让张耀顺坐下。

张焕生老师平和的语气，让张耀顺的自尊心得到了保护。张耀顺逆反的心理一下子变得顺从了。他没有理由反抗，他不应该让老师失望。

在张耀顺的心里，张焕生首先是老师，其次才是伯父。正是张焕生的出现，改变了张耀顺的顽皮。他在学校找到了依靠，找到了温暖，他不再感到因为失去母亲而被同学歧视。

在张焕生的眼里，张耀顺首先是学生，其次才是侄儿。张耀顺有性格上特点，也有心理缺陷。优秀的老师总是善于因材施教的，对于这种单亲家庭的孩子，更需要爱与教并举。

人是需要鼓励和提醒的，而不是批评。从社会行为学角度，优秀的教育者、管理者更应该懂得如何去激发人的上进心。批评是负面行为，不会有好的结果。

有一句名言："给点阳光就灿烂。"张耀顺是一个急需阳光的孩子，如今，他得到了一缕阳光，心里灿烂起来了，他眼前的世界也灿烂了。这束阳光，穿过密林，照在张耀顺的前方。在他人生迷惘的时候，阳光牵引他通往宽阔的道路。沿着光线走，就能走出丛林。

在张焕生的鼓励下，张耀顺在迅速变化。同学们看到了他的变化，老师也看到了他的变化。这一学期结束，张耀顺赶超了班上大多数同学。1971年，他考上了初中。

初中是在离汉墩头5千米外的五七农中。

这类干校一般选址在偏远、贫穷的农村。干校里学习的人无论资历深浅、级别高低，都按部队编制，将学员称为战士。

但张耀顺所上的五七农中与五七农场没有任何关系。

五七农中的前身就是前文提到的张裕生帮助办校办工厂的江阴农业中学，是1958年由江苏省教育厅厅长王鹏创办的。当时的江阴农业中学在全国属首创。非洲以及当时社会主义阵营的国家，如保加利亚、罗马尼亚等前来参观考察。

"文化大革命"期间，江苏省教育厅厅长王鹏已经靠边站了，五七农中也解散了，成为一所初级中学。学校生源是新街一带的孩子，他们被按片划分到五七农中上学。汉墩头的子女正好在五七农中片区。

但五七农中也和五七干校一样，所有的班级是按部队编制，分为排和连。一个排10人，1个连由5个排组成。

张耀顺是二连副连长，相当于现在班级的副班长。副连长的主要任务是考勤点名和负责教室的卫生。仅点名这一项就要求张耀顺必须每天提前到校。

可是，对于成长中的孩子，早上起床是一件很困难的事。尤其是冬天的热被窝，多一分钟就多一分幸福。张耀顺不仅要早早地起床，还有家务等着他，这是他与其他孩子的不同之处。等他把猪喂了，把自己收拾干净，背着书包，匆忙出门的时候，村里很多学生已经走在半路上了。

这个时候，张耀顺开始了他一天的"马拉松长跑"，初中生活给他的特殊要求就是，最后一个才走，最早一个到校。

从汉墩头到五七农中大约有5千米的路程，蜿蜒在乡村田间，不像现在这样的大路。道路坑洼不平，有些路就是稻田的田埂，田埂上还有引水的沟渠。遇到雨天，路上到处是积水和泥，张耀顺早上跑着去上学，下午放学走回家，一天两趟，风雨无阻。张耀顺日复一日，坚持跑了近2年。一开始，他跑到1千米的时候就已经精疲力竭了，感觉到了极限状态，上气不接下气，心脏扑通扑通地跳得像起飞的鸟翅膀扇动一样，腿也发软。他真想停下来喘口气，或者歇一歇甚至放弃。可是，一想到不可以迟到，还必须第一个到校，除了坚持，他别无选择。

"说实话，那个时候，我特别想停下来，坐在地上，歇息一会儿再跑。"

100 米、200 米、拐过一个弯、前边那棵大杨树……张耀顺忍着，咬紧牙关超过一个个意念中的目标。一百米一百米地跑下去。身体慢慢从极限疲惫中恢复过来，他又可以加速了。

后来，他发现了一条规律，那就是遭遇"极限"的时候，只要坚持下去，身体又会恢复力气，又会像"极限"之前一样。张耀顺就这样在汉墩头至五七农中的路上，年复一年地经受 5 千米的考验，重复那个"极限"时刻的挑战。在一次又一次考验中，学会了坚持，懂得了不放弃的意义。

张耀顺的经验就一句话："极限之时不放弃。"

他知道，如果走着去学校，大约需要 1 小时。他跑着去学校，大约需要 30 分钟，可节省一半时间。他要么提前起床半小时，要么跑步到学校。他觉得早起半小时，天不亮，影响姐姐和弟弟睡觉，猪也不好好吃食，他只能选择跑步。开始也有同学跟张耀顺一起跑，可跑不了几里路就放弃了。选择做一件事情很容易，坚持做一件事情却不容易。一星期、一个月、一年下来，张耀顺的体格发生了变化。初中 2 年下来，身体的耐力就不是原来的张耀顺了。

张震球是张耀顺小学时的语文老师，尽管张耀顺上初中了，但作为本村的老师，还是很关注张耀顺的。他说："初中时代的张耀顺，特别能跑，成为上学路上的一道风景，成为张耀顺的一个突出特长。"

1971 年 6 月 10 日，毛泽东主席亲笔题词："发展体育运动，增强人民体质。"全国迅速掀起了体育运动热潮。1972 年 5 月，西石桥公社隆重举办首届田径运动会暨江阴县运动会资格选拔赛。会场设在澄西中学。

运动会开幕式非常隆重。最前边是毛主席的巨幅画像；第二排是毛主席的题词"发展体育运动、增强人民体质"的巨幅标语；第三排是五十人组成的鼓乐队，鼓手们身着礼服，头戴礼帽，脚穿白色球鞋，手戴白色手套；第四排是五十人组成的红旗方队，后边是各代表队。

这是西石桥公社的一件大事，不仅是响应伟大领袖毛主席的号召，也是西石桥公社把社会主义建设推向高潮、夺取无产阶级革命胜利的一次群众大会。围绕运动会，公社还在西石桥举办了为期两天的"社会主义大集"，各大队把自己的农副特产推到集市上交易。同时，江阴县剧团在西石桥唱三个晚上的戏，都是老百姓喜欢的现代京剧——《智取威虎山》《红色娘子军》《沙家浜》。生产队放假三天，男女老少可以到公社赶集看运动会。

从西石桥东头开始，通往澄西中学的路被堵得水泄不通。路两边有炸油糕的、炸麻花的，有卖甘蔗的，有卖棉花糖的。叫卖声、吆喝声好不热闹。生产队的芦苇、木头、蔬菜等生活物资摆在集市的西头。集市东头有牲口，犁、耙等农用生产物资等。

第二天下午三点是运动会的闭幕式。在闭幕式上除了一些舞蹈队的表演，还有一个压轴的体育项目就是3000米长跑决赛，这样设置也是参照奥运会的惯例。奥运会闭幕式上都有马拉松比赛和颁奖项目。运动会的个人跑步项目一般分为短跑：50米、100米、200米、400米；中跑：800米、1500米；长跑：3000米、5000米、10000米和马拉松。公社领导和组委会考虑到人民群众和中学生都是业余运动员，为防止过量运动，把长跑最大运动定为3000米。

3000米只有决赛，没有预赛。来自各中学的师生以及驻地企事业单位共31人参加角逐。其中不乏身强力壮的民兵连长、退伍军人和体育老师。张耀顺代表五七农中出场。在一大群运动员中，张耀顺个头不高，年龄最小，显得很单薄、很不起眼。

下午的比赛，澄西中学书记兼革委主任牟达也来到现场。因为运动会本身就设在澄西中学，他一直忙着为运动会做好保障服务工作，有时还要陪公社、县上的领导。下午有他们学校的师生参赛，牟主任是来为澄西中学的队员加油的，也想看看全公社有没有优秀体育苗子可选拔。西石桥五金厂下午也放半天假，张裕生是特意来看儿子比赛的。张耀顺的大姐网娣和二姐秀娣领着耀宏也来看耀顺比赛。

澄西中学的体育老师盛元坤是这次运动会的总裁判长。压轴项目的决赛自然是由他来当裁判。随着盛元坤的发令枪响，比赛开始。张耀顺起步不是很顺利。他在人群中被绊倒了，观众席上一片唏嘘声。他赶紧爬起来，但已经落在了后边。前一圈张耀顺位居第三梯队，但他并不着急，步伐很稳，跑得很轻松。澄西中学的操场是400米标准跑道，运动员一共要跑7圈半，冲刺线就在主席台的正前方。

运动员跑到1000～1500米是一般人的极限点，开始体力下降，呼吸加快，速度下降。张耀顺也感觉到体力下降，但他保持匀速，调整呼吸，放松脚步，稳住状态。从第四圈开始，他感觉体力明显缓过来了。张耀顺开始加速，超过第二梯队，速度越来越快，越来越有信心。这时，被追赶的运动员反而有了压力，有压力就会消耗体力。

最后一圈的铃声响了，张耀顺进入加速冲刺阶段。张耀顺的前边还有8个人、6个人、3个人……操场上响起了"张耀顺，加油！"的声音。这声音来自大姐网娣、二姐秀娣和弟弟耀宏，来自五七农中的师生，来自苍山大队的大叔大婶，来自全场的观众。最后200米，前边只剩下澄西中学高二（3）班的刘凯，他是澄西中学的冠军，人们都认为冠军非他莫属。只见张耀顺爆发出了惊人的毅力和速度追上了刘凯，开始领先，拉开距离，最后冲刺。操场上的呐喊声、加油声、鼓掌声把整个运动会推向了高潮。公社革委会主任、县主管文教卫生的副主任以及在主席台上的领导都激动地站了起来，为一个年纪小小的初中生、为默默无名的张耀顺热烈鼓掌。

盛元坤看到运动场上的这一幕，大为震惊。张耀顺的心理素质、耐力和最后的爆发力，让他很兴奋。他认为这样的体育苗子一定要想办法招到澄西中学，为学校培养几个体育健将。牟达也看到了张耀顺最后冲刺的瞬间。他看中的不是名次，而是一个在乡间小路上奔跑的少年；一个风雨无阻、自觉挑战自己极限的励志故事。作为一个资深的教育工作者，牟达心中暗自感叹："后生可畏，必有作为。"他暗自决定，"只要学习成绩尚可，这个学生我要定了"。

第六章

走进澄西中学

江阴市澄西中学始建于 1938 年，原址在璜土前栗山。1946 年春，学校搬迁至西石桥。汉墩头的学生在澄西中学高中招生范围内。

1972 年底，张耀顺将要结束 2 年的初中学习了。尽管他多次被评为"五好"（即学习好、身体好、思想好、劳动好、能力好）学生，尤其在体育方面，获得了西石桥公社 3000 米长跑冠军，并代表公社参加江阴县运动会。但能否上高中，命运并不掌握在他自己手上。

在"文化大革命"时期，升高中不是通过考试择优录取，而是由生产大队和学校联合"推荐"。而推荐不仅看学习成绩，更重要的是看学生本人的家庭成分。当时的政策是，地主和富农是"打击对象"，上中农和中农是"团结对象"，贫下中农是"依靠对象"。贫下中农的子女根正苗红，是优先推荐的。其他成分的子女只能依次往后排。张耀顺的家庭成分是中农，不在优先之列。

那一年，澄西中学给苍山大队的名额非常有限，只有9个。苍山大队给汉墩头2个名额。2个名额对汉墩头已经够照顾了，全大队有7个自然村，这就意味着大多数自然村只有1个名额。对于队长来说，2个名额恰到好处，少1个或多1个都难处理。

这次具备推荐资格的学生中，张怀琴，是生产队会计的女儿，中农成分。张惠凤，贫农成分。张建兴，中农成分。张耀顺，中农成分。

其实在名额下来之前，关于推荐谁家的小孩儿上高中，队长心中大概有数。尽管这是他每年都要面临的难题，但每年都得解这道难题。汉墩头以张姓为主，在队里红白喜事上，大家都能齐心。但涉及各家的利益时，每个张姓的背后都有一个支系，又各自有一些暗流涌动的势力，只是平常不便说开而已。今年很好平衡，一个贫农，三个中农。一个名额或两个名额都好办，如果是三个名额就不好看了。所以，今年村长对推荐谁上高中的事没有什么为难的。

说是由各队推荐，怎么推荐没有规定的程序。每个学生的背后有几十双眼睛盯着，便有几十张不同的脸色，队长闭着眼睛也能想象得出来。农村就是这样，一是政治组织的社会结构，二是家族关系的成员结构。如何把握平衡，既是各方势力的较量更是对队长能力的考验。

傍晚时分，村会计准备了一桌饭菜，特地买了一瓶江阴白酒。这是他和队长几天前就约好的，两个人喝一杯。

队长心里明白，这是会计为他女儿上高中的事请客。农民对于涉及自己利益的事绝不含糊，他们不会拐弯抹角，常常为一点小事争得脸红脖子粗。如房檐水从谁家门前过，修路占了谁家的地，盖房谁家高一寸宽一尺等，甚至会大打出手。至于这次推荐上高中的事，除了张惠凤是贫农，占一个名额，另外三个孩子都是中农，给张怀琴也是能说得过去的。他们并不避讳张怀琴是生产队会计的女儿，农民都知道当官是有好处的。这很正常，没什么奇怪的。

张耀顺自然是不在推荐之列。

在张耀顺能不能升入高中这个问题上，父亲和两个姐姐并不抱什么希望，在他们看来，村子里贫下中农的孩子都不能全部保证，怎么会轮到他家耀顺的头上呢？

张裕生在上海见过世面，回来也一直在五金厂工作，与公社干部打过一些交道。他为苍山大队弹簧厂给予过技术支持，解决过很多技术问题。只要张裕生向大队队长何锡银或公社干部说句话，他儿子没准能上高中。可是，张裕生没有这样做，一方面是他不想开口求人；另一方面，上不上高中，似乎也没那么重要。

就在队长和会计商量谁上高中的时候，五七农中的推荐会议也在认真地进行。

"张耀顺同学虽然出身于中农家庭，但各方面都表现得很出色。尤其是体育方面，曾经为我们学校争得了很多的荣誉，应该给这个同学上高中的机会。"

好几个老师又把张耀顺能否推荐上高中的问题摊在了桌面上，争论得特别激烈。

"是的，张耀顺同学的确不错，但是，我们得把有限的机会先留给贫下中农的子弟，我觉得这不仅仅是一个简单的升学问题，而是一个阶级立场问题……"

张耀顺回到汉墩头的这些日子，白天随着队里的男劳力上工干活。他已经17岁了，每天能挣6分工（全日劳动一天最高是10分，最低4分，半天按一半算）。每天干啥活，由队长派工。张耀顺毕竟才从学校回到队里，重活和技术难度大的活都干不了，只能做一些轻松的，比如打农药、除草之类的活。

参加劳动是他的无奈之举，眼下也别无选择，只能跟着社员们日出而作，日落而息。他回到家很少说话，默默地帮姐姐做家务，打猪草，给猪圈垫土。

尽管学校教育毕业生要一颗红心两手准备："到农村去接受贫下中农再教育"，"广阔天地、大有作为"。可是张耀顺生在农村、长在农村，父母是农民，上溯几代都是农民，能教育出什么人才？这一段时间是他最难熬的，他知道没有希望，但心里还是抱着一丝幻想，只要结果没有出来，他就会一直幻想奇迹的出现。

牟达，澄西中学书记兼革委会主任（"文化大革命"期间，校长的职务被革委会主任代替）59 岁，个子不是很高，身材有点消瘦。新中国成立前毕业于国内一所著名的师范大学，是一个处事非常严谨的人。他从事教育工作几十年，这是他任职的最后一个学期，过了春节，他就将退休。今天，牟校长（我们还是称他校长吧）的心情看起来不是很好，脸上的神情有点凝重。桌面上放着体育老师盛元坤提交的一份报告："张耀顺，中农，西石桥公社的长跑冠军，五七农中的五好学生，难得的体育苗子……"

牟达在办公室里来回踱着步，他的脑海里浮现出张耀顺在运动场上长跑决赛的身影和领奖台上的印象，也听说过关于这个学生坚持长跑的故事。

自古以来，学生都是以学习为主，升学考试历来都是按照考试成绩录取。可是现在，因为取消了升学考试，学生能不能升入高中，学习成绩竟然成了参考。这位澄西中学的校长，资深的教育工作者，对这样的教育怎能不忧心忡忡，但是在当前的形势下，他不敢说，也不能说。办公桌上是澄西中学片区各个初级中学送来的推荐名单，五七农中送上来的推荐名单在最上面。他把五七农中的名单翻了好几遍，没有发现张耀顺的名字。为什么会没有张耀顺呢？张耀顺不仅体育非常出色，而且，据说这个学生在其他方面也很不错啊，难道只是因为他的家庭是中农成分吗？如果是这样，不仅对张耀顺不公平，澄西中学也失去了一个优秀的体育特长学生。不能这样，他得想办法给张耀顺一个机会，否则太可惜了。

在牟达的提议下，学校召开了一个特别校务会议，专门讨论几个特殊学生的录取问题，其中就有张耀顺。

"张耀顺这个学生大家都有印象吧，就是那个长跑冠军，无论是苍山大队还是五七农中，都没有推荐他，太可惜了。"

在谈到张耀顺的问题时，盛元坤老师激动得站了起来："这个学生不仅体育方面突出，其他方面也是不错的。"

"张耀顺，除了家庭成分外，还有别的原因吗？"牟达看了看盛元坤，也看了看负责招生的几个工作人员。

"那倒没有。"

"是的，别的方面没有问题。"

"没有就好。"牟达清了清嗓子，提高了声音像是要拍板了。

"张耀顺这个学生学习成绩很好，多次被评为五好学生，可以说是品学兼优、又红又专，尤其是在体育方面的突出表现，是难得的体育特长生。咱们澄西中学最需要一批有体育特长的学生，今后在公社、全县的运动会上为咱们学校拿分争光。这也是响应伟大领袖毛主席的号召，把'发展体育运动，增强人民体质'的最高指示落到实处。至于张耀顺的家庭成分，中农，是'团结的对象'。我们教书育人，就是要把这些优秀的孩子团结到革命队伍中来，将他们培养成德智体美劳全面发展的人才，为社会主义建设事业添砖加瓦。"

恩师盛元坤

"我建议做个特别处理，招录这个学生，不占苍山大队的指标。后期由盛元坤老师负责重点培养和考察。就这个提议，请各位发表意见。"

张耀顺在体育赛场上的突出表现给澄西中学的老师们留下过深刻的印象。牟校长的一番话无论从人才、政治和学校的角度，都是无可反驳的。大家一致同意录取张耀顺。盛元坤老师出现在苍山大队，向大队干部传达了澄西中学的这一决定。"张耀顺同学被澄西中学破格录取了。当然了，张耀顺同学不占你们大队的名额，你们也不用承担任何责任。"

1972年的腊月，汉墩头在寒风中期待着新年的到来。

这是一年中最寒冷的日子，但这一天却是张耀顺和他的家人们最温暖的日子。

大姐听说张耀顺被录取的消息时，激动得眼睛里含满了泪水。自从母亲不在了之后，大姐就一直扮演着一个母亲的角色，为全家人做饭洗衣服，管理着弟弟妹妹们的吃喝拉撒睡。她放弃了自己的学习，就是为了弟弟妹妹能有一个好的前程。弟弟如今被澄西中学录取了，她百感交集。在她的心里，如果弟弟妹妹们将来都有出息了，她作再多牺牲和付出都是值得的。

当然，包括父亲和两个姐姐在内，谁都没有想到会有这样一个结果，他们更不会知道是那个盛元坤老师和那个开明的校长牟达在张耀顺人生的重要关口助了他一臂之力。

张耀顺更不明白，这就是命运的安排。直面苦难，善待苦难，你才能从苦难中崛起。别人帮你，是因为你有崛起的希望。

1973年的新年刚过，张耀顺走进澄西中学。

天气虽然寒冷，却是最后一段阴冷的日子。虽然乍暖还寒，但其实万物开始感觉春天的临近，他们在以各自的方式孕育生机，呈现着凋零与绽放、死亡与复活的交织时刻。蛰伏了整整一个冬季，只等春雷炸响。

张耀顺所走进的高中并不是今天人们看到的澄西中学，而是充满了黑与白、红与绿的校园。"黑与白"就是白纸黑字的大字报，无论是在校园还是在街上，没有大字报专栏的地方就没有无产阶级专政的气氛。贫穷的乡村如同海边的礁石，海浪在这里撞击，卷起"千堆雪"，革命运动大有惊涛拍岸之势。而"红与绿"就是校园里到处是红色的革命，红宝书、红袖章、红像章、跳忠字舞、样板戏、宣传队、红旗招展，山河一片红，那个年代的人们对此都记忆犹新；绿就是到农村去、到田间地头去参加劳动，接受贫下中农再教育，走又红又专的道路。

自从 1973 年出现了张铁生这样一个白卷英雄，校园里出现了学习无用论，学生不比学习成绩，而比劳动、比手上茧子的厚度。高考取消了，又实行推荐工农兵上大学。正值求知时期的学生在半工半读中缺乏知识的营养，自由地生长与荒芜。

他们这一届高中生本该在 1974 年底毕业，但是，国家教育部门决定，从 1975 年开始实行秋季招生，所以，这一届高中生在学校再读半年。这也是有史以来唯一一届两年半的高中毕业生。

1975 年 7 月 20 日，澄西中学七五届高中生毕业了。此时，澄西中学的状况和全国各个学校的状况一样，正在忙于批林批孔，学工学农，没有精力管学生的学习，老师也不敢抓学习。张耀顺和他的同学在教室接过班主任发给他们的毕业证，就不声不响地回家了。

澄西中学七五届（4）班的胡志才回忆说："在校期间，最苦的事是我们用扁担挑出来一个操场；最不可思议的事是我们用双腿量着地球去常州学工；最难忘的，还是那个七月流星的日子，一个没有毕业典礼的毕业，正值青春年少、风华正茂的我们，却没有梦想和追求的希望，也没有像电影里出现的分别时的拥抱和恋恋不舍的泪水，只是带着迷茫和失落走上'修理地球'的小路，这就是我们那个年代的印记。但是，虽然在这样的历史背景下，我还是学到了人生追求梦想的基本知识、技能和做人的启蒙道理及规矩，这对我后来的人生轨迹起着决定性的作用。"

张耀顺在《澄西中学七五届同学毕业40年聚会》的纪念册中写道："回忆在母校的两年半学习，有很多同学们难忘的事情，在此我列举三件小事，与同学们共勉。第一件：'抢'饭盒。由于当时家庭生活条件一般，早饭就是两碗稀饭，经不住上学8里路途中的颠跑，到校时就把早饭的能量消耗得差不多了。当上午第四节上课钟声敲响时，我早已饥肠辘辘，有相当一部分注意力已转移到食堂去了，所以临近下课前几分钟，书入台肚，笔进笔盒，万事俱备，只等铃响。由于食堂放置饭盒的地方太小，学生拿饭盒十分拥挤，所以下课后必须一路奔跑抢先拿到自己的饭盒，才能排到队伍前面买到菜。要知道早些买到菜，食堂老李盛的那半勺咸菜血丝汤里'内容'会丰富些。几十年过去了，人们再也不会'饿得慌'，但每餐吃饭我都会盯着孙儿孙女的饭碗，碗内碗外不许剩一粒米，慢慢他们就习惯了。'节约'就成了我生活和职业的操守。第二件：做纪检。记得当时有几个坐在前排的小同学，常逢一些老教师上课就较散漫，一会儿说要上厕所，一会儿故意大声咳嗽，一会儿与后排同学拉桌子搞摩擦，严重影响了课堂秩序。我作为副班长看在眼里，急在心里，老师也希望我能站出来协助抓课堂纪律。我密切配合老师，找有关同学谈心，与他们约法三章，要求他们必须改掉不良习惯。有时我也会摆一摆以大欺小的架势，工作收到了效果，得到了老师的肯定。后来我与这些同学都成了好朋友，因为他们也因此得到了学习成绩和思想上的共同进步。多年后我们偶遇回忆起这些琐事还会会心地嬉笑。搞企业几十年，我体会到企业要发展，经营要有成就，就必须具有一支正能量的员工队伍，使企业有股浩然正气。第三件：当'秤'官。在全校同学搬迁完大操场后，由于要打围墙而又不舍得用新砖铺墙基，学校要求我们去野外拾取碎石碎砖铺墙基。同学们都分到了任务，他们肩挑土箕，赶到几里外的村头才能拾到一定数量的碎砖。他们不嫌粪坑边上的砖块脏、不怕村头野狗叫，兢兢业业拾砖块，挑到学校已是气喘吁吁，两肩红肿。而我负责为同学们称量每担砖的重量，以此确定同学是否完成任务。我当时是那么严谨，那么细致，不偏不倚，为每位同学称量，认真记录哪些同学完成了任务，哪些同学超额完成任务，哪些同学因超额量多而表现突出，为老师表扬、批评提供事实依据。我感到这是老师给予我莫大的信任，我必须为每位同学负责。后来我在企业管理中也十分注重奖罚分明、用好人才、善于发挥员工的积极性。"

第七章
担任团支部副书记

　　1975 年农历七月二十，张耀顺高中毕业，回到了汉墩头。也就是从这一天开始，如果没有特殊的变化，张耀顺的身份不再是学生，而是农民。他的命运将与脚下那片黄土地粘连在一起。

　　这是人生的一个转折点。

　　从呱呱坠地到一天天成长，儿时的方向是向上，哪怕是你站在原地。只要在长高，会笑、会爬、会翻身、会站立、会起步、会跑，这就是那个时期的人生目标。每一个微小变化都是父母的喜悦，他们从中感受到养儿育女的艰辛换来的成绩。儿时不需要我们思考，只要长大成人就是了。

　　从上小学到读中学，一条明确的路径在引导着我们，那就是学习。那段时光，人生如同牛群，你尽管跟着头牛沿着现成的路往前走，不能回头，不能出列，哪怕是路边有多么丰盛的水草，只要你探头就有人赶过来训斥一顿，"走，跟着走，往前走"。

尽管那时候还不明白学习是为了什么，但必须学习，就如同每天必须吃饭一样。小学读好了就可以上初中，初中学好了就可以上高中，高中学好了就能考上大学。当然，张耀顺所处的时代不一定要学习好，但一定要有好的家庭出身，这是特殊时期的错乱。少年时期这一段路就是"十年长征"，你不用选择，你也没得选，只管往前走就可到达所有人向往的地方。只是有些人走着走着就停止了，停止的原因各不相同。

而如今，20岁的张耀顺回到了汉墩头。汉墩头是他再熟悉不过的地方，每一条路，每一条河，每一座村庄和房屋，包括房前屋后的树木和野草，他闭着眼睛都能在脑子里浮现出来。但是，这一切都是静态的，真正的汉墩头不仅是那一方水土和草木，更主要的是那片土地上的人。

苍山大队有1200多人，7个自然村，革委会是苍山大队的领导和决策机构，他们通过高音喇叭向全体社员传达上级指示，宣布大队的决定，播放革命歌曲。革委会办公室设在大队中心水墩上。革委会由主任、副主任以及革委会委员共7人组成。这些人在社员心目中是大队干部，掌握着全大队社员的命运。苍山大队团支部直属西石桥公社团委领导，在苍山大队党支部的领导下开展团的工作。这是一支革命的后备力量，也是一支充满朝气和活力的青年先进组织。大队还有红卫兵中队，由初中生组成，主要由学校负责管理，"文化大革命"后期的红卫兵只是一种身份的象征，已经没有实际活动了。红小兵主要是由小学生组成，由小学负责管理，在农忙时节站岗放哨，防止阶级敌人破坏。革委会下边还有一支人民武装力量——基干民兵连。由民兵连长负责日常训练和维持大队社会秩序。苍山大队有一支业余文艺宣传队，他们在劳动之余排练节目，到工地慰问演出和宣传毛泽东思想。大队还有妇女联合会，设有妇女主任，各小队有妇女队长，负责组织妇女参加劳动和其他革命活动。还有贫管会，设主席一职，给学生们讲一些"忆苦思甜"的故事。这就是1975年苍山大队的政治生态。

苍山大队有一所新街小学，周围几个邻近村的孩子都在这里上学。大队有医疗站，由2名赤脚医生为群众看一些头痛脑热的小病，大病还是要到西石桥的澄西医院或江阴县医院。大队里还有一个代销店，从公社或县上运回日用百货供给社员。这就是当年苍山大队的经济生态。

苍山大队有20名上山下乡知识青年。他们带来了城市的生活气息，让农村人感到新奇，比如男女之间可以在大庭广众之下勾肩搭背，而且在村里人眼前走过毫无害羞感。上山下乡的知识青年既有有文化、有觉悟、有理想的一面，让农村青年羡慕，也有个别青年暴露出一些不良习气，比如打架、偷鸡摸狗等行为。

知识青年上山下乡始于1955年。这年的8月9日，北京青年杨华、李秉衡等人向共青团北京市委提出到边疆垦荒，11月获得北京市团委的批准与鼓励，随后引起城市知识青年到农村和边疆垦荒的热潮。毛主席作出"农村是一个广阔的天地，到那里是可以大有作为的"，"知识青年到农村去，接受贫下中农的再教育，很有必要"的指示，于是，政府组织大量城市知识青年到农村定居和劳动。"文化大革命"中上山下乡的知识青年总人数达到1600多万，十分之一的城市人口来到了乡村。这项运动直到20世纪70年代末才结束。这是人类现代历史上罕见的从城市到乡村的人口大迁移。在苍山大队插队的知识青年，后来有好几位在当地结婚生子。医疗站梅医生的丈夫就是知识青年。

张耀顺作为生产队的一名新社员，对大队里的政治、经济和文化摸不着门。他也没想太多，只是刚踏进社会，惘然不知所措，只能机械性地跟着走。

老队长吹着哨子，这是上工的时间到了。秋收后的汉墩头，没有耕种的农活，队里只能找一些建设农田、兴修水利的活。平整土地是农民的主要任务，上上下下抓得很紧。不仅本村要修农田，大队和公社每年冬天还要搞大会战，集中力量大搞农田基本建设。

张耀顺跟着大姐网娣、二姐秀娣，扛着铁锹上工了。其实农村的活他都知道，也干过，不过那时是业余的，而从今天开始，他将正式成为农民，干农活将是他的职业。

张耀顺见了长辈主动打招呼，村里人也热情地招呼他。

"顺苟今天也上工了啊？"

队长招呼了一声，急忙往前走，他要去安排今天的任务。

今天的任务是接着昨天的活，继续平整土地。队里的人在这里已经干了一个冬天。把坡上的土挖出来，用担子挑到低处，这样使整块地填平，便于浇灌。干活的流程就是用镢头挖土，用铁锹把土装到担子里，挑到前边倒到低处。对于张耀顺来说，每个工序都挺累。这种重体力活是男劳力干的，而妇女们用肩膀挑着两只担子搬运土方。我们在影视作品中看到过，一群姑娘们挑着土筐，肩膀上搭一个白毛巾，满面笑容，健步如飞，扁担上下晃动，嘴里唱着："公社是个红太阳，社员都是向阳花……"

队里干活分上午和下午。每半天中途有歇火和吸烟，也就是中途有两段休息时间。利用这点休息时间，离家近的妇女们可以回去给孩子喂奶，路远的就地坐一起纳鞋底、补衣裳，做点针线活，少不了要扯些闲话。而男人们坐在一起掏出烟袋锅，装一锅烟叶点着抽上，也有人把烟袋递给旁边人，卷根纸烟。吸烟是农民解乏的最好办法，当农民首先得学会吸烟。

张耀顺还没有融入农民之间，他坐在一群男人堆里，看别人吸烟。

"来一根？"张建兴关心地问。

"嗯不会，不会。"张耀顺有点不好意思。

张建兴是张耀顺的小学、初中同学，在五七农中初中毕业后他跟着大人们一起出工挣工分，从最初的4分工到现在的9分工，过了年就能挣10分工。他的脸已经在风雨中磨得粗糙而暗红，完全打上了农民的底色。个子已经停止向上生长，而是在横向扩展，身上的肌肉根据不同的劳作而局部发达。特别是那双手，自从劳动以来，手上茧子长厚后，指头就显得短了。如果把他的手和张耀顺的手放在一起，你一眼就能看出他们各自的身份。从生物学上讲，这也是一种进化，肢体要能适应野外的劳动。

他现在不仅能干各种农活，吸烟的样子也很老到。

张耀顺曾经救过张建兴的命，所以，他俩在村里的关系一直特别好。

那是上小学前一年的时候。有一天，张耀顺和张建兴一起到大麦河钓鱼。小孩子钓鱼，不像成年人或钓鱼爱好者那样专业。他们在一根竹竿头部系一根线绳，在线头上绑上鱼钩，在田边挖几个蚯蚓作为鱼饵就可以钓鱼了。大麦河就在汉墩头村的北边，走不了几步就到河边了。正好那一天是梅雨过后月初潮汛期间，河堤湿滑。张耀顺和张建兴来到大麦河边，准备下到河堤他们经常钓鱼的地方。张建兴在钓鱼时脚下一滑，连人带鱼杆掉进了河里。雨后的大麦河水流很急，张建兴没有抓住救命的树枝，瞬间就要被湍急的河水冲走。

张建兴只喊了一声救命，嘴里就呛了一口水。张耀顺没有多想，马上一只手抓住岸边的一根柳树枝就跳下河，另一只手抓住了快要被河水冲走的张建兴。两个人都在水里，由于情急，都很紧张，张建兴还在水里扑通。岸边很滑，张建兴又抓不到救命的枝条，一时上不了岸。张耀顺紧紧抓住柳树枝不敢松手，如果此时柳枝断了，两个人都会被水冲走。汹涌的大麦河，吞没过不少生命，张耀顺的两个哥哥和母亲都是溺亡在这大麦河里。两个人在河水中稳定下来，张耀顺让张建兴踩在他的腿上，他把张建兴推上了岸。

救与被救都是一生无法割舍的情感，把两个人拴在了一起。被救的人有一种感恩的心理。张建兴时常想起，他这条命是张耀顺给的。如果没有张耀顺那天拼命相救，他早就成了大麦河里的水鬼。而张耀顺觉得张建兴是他救起来的，他并不是想以恩人自居，而是这条生命已经与自己有关，他希望这条生命能好好地活下去。

"地里的活很重，刚开始干，不要太使劲，要不然你的手到下午就会起泡的。"张建兴很有经验地告诉张耀顺。

张耀顺看了看手，有些泛红，好像还不要紧。

有人笑着对张耀顺说："顺苟高中已经毕业了，是有文化的人，赶紧给你说个媳妇吧，过年就二十出头了。"

"咱顺苟不愁找媳妇，人长得好，又有文化，将来一定会有出息的。"

"咱村的女孩儿能配得上顺苟的没几个。"

大家你一言我一语，话题转到了张耀顺娶媳妇上。

也是，在农村，二十出头的男女青年是该谈婚论嫁了。张耀顺是汉墩头为数不多的几个高中生，这在当时，在苍山村，在西石桥也是屈指可数的青年才俊。找媳妇对张耀顺来说并不是难事，家庭经济条件在张裕生做点手工挣点小钱的日积月累下，加上网娣的精心打理，在汉墩头并不算差的。只是家庭成分有点高，而且没有妈，多少是有点缺憾。

中午放工的时候，张耀顺往家走，经过大队部正好碰见苍山村团支部书记梅伟南。

梅伟南，1951年出生于闸板村。他与张耀顺，是两个不同年龄段的人，但却有着相似的童年。

梅伟南18岁那年没有读完高中就成了一个农民。他干的第一件事就是在苍山大队水墩上从事"学习班"的警卫工作。"水墩上"原来是一座寺院。因为四周是水，中间是一座土墩，所以，人们把这里称为"水墩"。水墩上有庙，香火极盛。"文化大革命"开始后，寺庙被当成"四旧"，塑像被砸毁，水墩上成了"社教""解决问题"的地方。那些曾经有过小偷小摸行为的村民被集中到了这里，"社教"并没有组织过任何教育，每天上演的就是一帮打手玩着打人的"游戏"。做警卫工作的梅伟南就站在大门的外面，院子里不时传出撕心裂肺的哭喊，这哭喊声重重地撞击着梅伟南的心。他忍受不了，他觉得自己再干下去，就变成了这伙人的帮凶。

离开水墩上，梅伟南成为大队科研站的农业技术员，主要是培育良种，人工授粉。两年后，即1971年，梅伟南当上了大队的民兵连长。他经常带领全体民兵战士参加苍山村多项重大活动，防止"敌人"破坏，维持治安等，特别是在公社组织的大型练兵比武中，苍山大队民兵连取得了优异的成绩。1973年，苍山大队团支部改选，梅伟南当选为苍山大队的团支部书记。

1975年，公社党委书记张俊成在苍山大队驻队，对梅伟南的能力和品行很赞赏。老支书何锡银知道自己年纪大了，即将卸任。梅伟南是苍山村培养的接班人。

梅伟南叫住了张耀顺，询问了他近期的一些情况，以及回来有何打算。张耀顺回答得很坦率："刚回来，先适应工地上的活。"

梅伟南鼓励道："回来就好，咱们村最需要你这样有文化的年轻人。毛主席说，年轻人到农村去，广阔天地大有作为。政治上要严格要求自己，积极进步，工作上要多向贫下中农学习，早日和农民打成一片。"

有一位年长的人鼓励，尤其是和像梅伟南这样村里年轻人崇拜的偶像贴近地交谈，对张耀顺来说无疑是一股动力和温暖。张耀顺回到汉墩头，还没想好究竟如何走、往哪走，他最需要一个指路人。在上小学困惑的时候，张焕生老师鼓励了他，把他从旷课逃学的淘气捣蛋的边缘拉了回来。当上高中的门槛挡住了张耀顺的时候，是澄西中学的盛元坤老师和牟校长破格把他从被淘汰的大门外拉进了高中的校门，让他成了西石桥少有的高中生，成了如今的知识青年。

其实，张耀顺哪里知道，梅伟南早就关注到了他。梅伟南从张耀顺身上看到了一些自己的影子。张耀顺少年吃过苦，意志坚强，这一点，梅伟南最清楚。张耀顺多次获得长跑冠军，是西石桥公社有名的长跑健将，在青年人中具有良好的形象，而且张耀顺的文化程度比较高。梅伟南认为，这个孩子是个可塑的苗子，要好好引导。

梅伟南与苍山大队老支书何锡银沟通，建议在明年的团支部改选的时候，把张耀顺纳入团支部委员，提议张耀顺为团支部副书记。何锡银也看好张耀顺，所以，梅伟南的建议得到了何锡银的支持。

而且据可靠消息，何锡银听说自己明年可能要卸任苍山村党支部副书记。起因是上级组织部门来了解梅伟南的政治表现，顺便问了何锡银在苍山大队党支部副书记的位置上干了多少年。其实，担任支部副书记多少年，组织上是有档案的，这样的问话里，显然是让何锡银有思想准备。何锡银在苍山大队担任党支部副书记10多年了，虽然他兢兢业业，任劳任怨，可始终没有转正。究竟是组织上忘了他还是个副书记，还是没有合适的人选让他一直代书记呢？反正是他主持着苍山大队的工作。与其他村相比，苍山村这些年变化不大。据群众反映，何锡银没有突出的政绩，也没有明显的错误。可贵之处是，他很听上级的指示，能很好地完成上级交办的任务。

如果何锡银明年卸任，很大可能是梅伟南接任苍山大队党支部书记，团支部的工作就得有新的人选。苍山大队后备干部的培养就已经很迫切了。

何锡银对梅伟南说："你的这个建议，我个人没有意见，下次在支委会上你提出来，提交支委们议一议，如果大队革委会通过了，可以将候选人名单报公社团委，批复后召开团员大会进行选举。"

经过上级的批复，苍山大队团支部的改选方案通过了。

1975年秋天与往年并没有什么不同。

苍山大队团支部的换届选举工作由原团支部委员们筹备，具体工作由梅伟南负责。为了保证选举工作顺利进行，选举前几日，梅伟南分别与部分团员骨干进行了沟通，征求大家对上届团支部工作的意见和建议，听取大家对上届委员个人的意见，顺便问问大家对高中毕业刚回村的张耀顺的意见。一切准备就绪，梅伟南专门向大队支委会做了书面汇报，确定选举日期和选举程序。

苍山大队团支部的换届选举大会在水墩上举行。水墩上的大门上方悬挂着红底白字横幅，上边写"热烈祝贺苍山大队团员大会隆重召开"。大门两边、水墩上的树干上，墙上贴了许多红、黄、绿不同颜色的标语。会场主席台设在大队办公楼前边，由五个课桌拼成，桌子上边盖着绿色灯芯绒布。台布上放着五个白色茶杯，中间位置放着一个由红布包裹着的麦克风。主席台正后方在两棵大树之间，用绳子拉着一条横幅，上边是"苍山大队团支部换届选举大会"的会标，字是用白纸剪成的宋体字，是由几个女团员用大头针扎上去的。

张耀顺走进会场时已经有不少人在那里。孙和林见张耀顺进来，便主动上前打招呼，并拉张耀顺和自己坐在同一条板凳上。

他已经知道今天的选举候选人有张耀顺，便上前凑近了低声说："放心，今天选举没有问题。"

张耀顺被说得莫名其妙，选举怎么会有问题？

上午十点，换届选举大会正式开始。大会由团支部组织委员李卫国主持，苍山小学的少先队代表向大会献词。梅伟南代表上一届团支委作工作报告。他在报告中总结了 1972 年以来，苍山大队团支部取得的成绩和存在的问题，分析了当前面临的国内国际形势，提出了苍山大队团支部下一步工作思路。梅伟南的报告得到了团员的热烈掌声，大会高呼了当时流行的口号。

大会主持人宣读了应到团员人数、实到团员人数、因病因事请假人数，根据共青团章程和本次换届选举办法，符合法定人数，可以选举。本次选举推荐出监票人、计票人，现征求意见。

"大家有没有意见，有意见请举手"，主持人宣布完后环视了一下会场，没有人举手和发表意见。

"大家鼓掌通过"，随后主持人宣布选举事项和投票办法。

本次选举采取差额选举的办法，从 6 名候选人中选取 5 名团支部委员。在同意的候选人名下画圆圈，不同意的不画，也可另写其他候选人并在下边画圈。

当张耀顺看到自己的名字也在候选人名单时，他简直不敢相信自己的眼睛。怎么可能，是不是弄错啦？

"我能当选吗，谁会投我的票？"张耀顺为这突如其来的候选人提名感到意外。

与张耀顺关系最好的发小扔过来一个石头蛋，做了个鬼脸，竖了个大拇指。后排有几个女同学也在窃窃议论："投张耀顺，张耀顺是高中毕业生，长跑冠军……"

台下有小声议论的嗡嗡声，主持人提醒大家不要相互商量，注意会场纪律，填好选票的开始投票。

在计票这段时间，参会的青年们三三两两地在一起说着各自的见闻，也有人谈论苍山村老支书要调走了，更多的男青年在谈论村里的姑娘，眼睛还不时地向那堆女孩子瞟去。而那边的女孩子也在谈论村里的男生，有人说梅伟南是她们的偶像，另外一个说可惜人家结婚啦。也有人议论张耀顺，另一个说要不要给你介绍一下，嬉笑声、打闹声在操场交织着，没有几个人在乎选举结果。张耀顺自然惦记选票统计进程，但他不好意思近前去看。无所谓，反正他也没想过要当选团干部。

"喂，喂，请大家回到会场，咱们继续开会。"高音喇叭里传出主持人的声音。

会场在主持人反复催促下才安静下来。主持人清了一下嗓子，"下边请监票人宣布选举结果。"

在宣读完每位候选人的得票数后，主持人庄严宣布："根据大会选举结果，梅伟南、张耀顺等五位同志当选新一届团支部委员。让我们以热烈的掌声向他们表示祝贺。"会场爆发出热烈的掌声。

"下边请新当选的委员到主席台就座。"

　　张耀顺感到有些惶恐。虽然他在五七农中当过副连长，在高中担任副班长，也在公社运动会登上过领奖台，但今天，在苍山村当着这么多团员的面走上主席台还是第一次，他既紧张又兴奋。在主持人的催促中，张耀顺顾不上多想，机械般地走上主席台，他的表情不自在更不老练。他望着台下一片人头，不知道自己眼睛该往哪看，手该往哪放，表情该怎么做，他第一次感觉当领导也不容易。

　　梅伟南代表新一届团支委做了表态性发言。

　　苍山村支书何锡银做了讲话。

　　何支书的讲话慷慨激昂，很有高度。他分析国际形势、国内形势、苍山村的形势，强调了当前和今后一个时期苍山村青年们的主要任务，最后总结道："在此，我希望新一届团支部委员会能够在大队党支部的领导下，团结一致，齐心协力，带领苍山大队的全体团员青年投入农业学大寨和农田基本建设大会战的第一线，为改变苍山大队贫穷落后的面貌作出更大的贡献……"

　　大会结束后，新一届团支部委员会召开本届第一次会议。会议由何锡银主持。他提议由梅伟南任团支部书记、张耀顺任团支部副书记，其他委员作了具体分工。大家举手表决通过。

　　在团支部会上，各支委们要表态发言。轮到张耀顺时，他有些腼腆，也没有准备，但他毕竟在学校当过班干部，开会发言也是经常的事。张耀顺说："感谢何书记，感谢梅书记对我的培养和信任，我会加强学习，提高工作能力，全力支持梅书记的工作，配合各支委，把咱们村团的工作搞得更好。"

　　梅伟南讲话："咱们苍山村新一届团支部已经产生了，其他各位都是上届的委员，具有一定的工作经验。耀顺同志是我们团支委的新鲜血液，必将给我们团支部带来新的活力。耀顺同志在澄西中学担任过班干部，在学校和公社运动会上多次夺得长跑冠军，是一位德智体美劳全面发展的优秀青年。这次担任团支部副书记，是大队党支部和全体团员对他的信任。一方面希望耀顺同志加强学习马列主义毛泽东思想，加强劳动锻炼，尽快从学校生活转化到劳动实践中来，融入劳动人民当中，带领团员青年，为改变苍山村贫穷落后的面貌作出贡献；另一方面希望各位委员积极支持耀顺同志的工作，相互配合，分工不分家，把咱们团支部建设成为既有集中，又有民主，团结紧张、严肃活泼的集体。"

梅伟南还讲了一些其他工作上的事。

各委员都能听得出来，梅伟南在给张耀顺树立威信，为张耀顺开展工作铺平道路。

会议结束已经是下午三点，张耀顺告别了梅伟南和其他几个委员，心情仍未平静地往回走。他对今天的事情很意外，他从来没有想过当什么团支部副书记，他甚至不知道自己回到苍山村下一步该作何打算，如同从半空落到地面，不说是摔痛了，至少也是蒙的。是梅伟南给他指引出了一条道，这条道是人们所关注的，是更多人羡慕而不能企及的道路。

当天晚上大队放映电影。1975 年新上映了一部电影《春苗》，这是一部由谢晋、颜碧丽、梁廷铎执导，李秀明等人主演的电影。讲述了江南某大队妇女队长田春苗响应毛主席号召刻苦学习医学知识，成为赤脚医生为乡亲们治病的故事。影片讲述了 1965 年，春苗看不惯医疗卫生大权把持在有资产阶级思想意识的人手中，她主动请缨到公社卫生院学习，经历种种困难后成为一名赤脚医生。影片以真实的历史背景为基础，生动地展现了春苗在艰苦环境下的奋斗和成长，深刻地反映了中国农村的社会生活和人民群众的生存状态。

张耀顺和社员们看了这场电影，女一号赤脚医生春苗给张耀顺留下了深刻的印象。

四十年后，在张耀顺积累了很多社会经验的今天，他仍然不得不敬佩梅伟南的工作能力、组织原则和人格魅力。无论是何锡银还是梅伟南，在提拔张耀顺的时候，两个人都没向张耀顺通风报信，也没有给出过任何暗示。他们不像现在社会的某些官员明里暗里地显示自己的关照、提携。有些单位，还没有上会，人事任免已经人人皆知了，在人事变动中，对于当事人来说，好事都是在意料之中，坏事却是在意料之外。有人开玩笑地说，"天上没有掉馅饼的，只有掉砖头的"。而当年的张耀顺却是意外。

在采访过程中，张耀顺一再强调多写写梅伟南，这是他人生的贵人。

2023 年秋天的一个下午，我在张耀顺的会客厅见到了梅伟南。在我的印象中，梅伟南应该是一个农村老头。虽然是大队支部书记，但毕竟是农民。然而，坐在我面前的梅伟南，却是老干部的气场，很稳重，很有内涵。梅伟南在苍山村支部书记的岗位上干了 20 年。1995 年，升任西石桥镇副镇长，并在此岗位退休。

就在苍山村团支部改选的当天下午三点，也就是社员们正在吃午饭的时候（那个时期农民的作息时间与现在不同），高音喇叭准时播放。早上九点、中午两点半到三点，下午是六点，这三个时间段是村头高音喇叭响起的时候，有中央人民广播电台的《新闻和报纸摘要》节目、有县广播站的新闻节目，最后是村里播放的革命歌曲或样板戏唱段。有特殊事情，大队干部也会通过高音喇叭通知，比如大队干部开会、开社员大会、重要事项的通知等。那个时候通信靠喊，只要喇叭一响，田间地头，街道屋里都能听见。

回到家，大姐网娣已经做好饭等着张耀顺回来一起吃。饭桌上大姐听到喇叭里的声音，停下筷子愣了一下。

"大弟，我听喇叭里好像提到你了，是什么团，你不会在外边惹事了吧？"

大姐有些紧张。因为那年头经常开批斗大会，他们家的成分又是中农，父亲一再教导，少说话、多劳动。

大姐小学只上到三年级就回家承担起全部家务、照顾弟弟妹妹了。所以，她听不懂广播里的一些名词，她也没有时间关心那些大事，弟弟妹妹们能吃上饭、有缝补好的衣服穿是她最操心的事。如今弟弟高中毕业回到村里，她不知道弟弟下一步怎么走。这段时间她一直在发愁，可又不敢当着弟弟的面说。张伟兴在医疗站当赤脚医生了，听说顾国平可能被推荐上大学，可是她的弟弟怎么办？她家的成分是中农，弟弟上高中都是破格录取的，不可能还有什么好事能落到她家顺苟的头上。

张耀顺本不想炫耀自己当上村团支部副书记一事，看大姐如此紧张，便兴奋地把今天在选举大会上的一切给网娣和耀宏细说了一遍。

大姐虽然不懂政治上的事，但她相信这一定是好事，是弟弟有出息了，当上领导了。将来也能像梅伟南一样，穿着干净的四个兜的衣服，上衣口袋上插一支钢笔，走在学大寨的工地上陪公社领导检查工作，或是领着社员们学习"老三篇"。至少不用干那些一镬头一铁锹的挖地铲土挑担的重活了。

"顺苟哇，你要好好干，不要让大家失望。"

"姐，你放心。"

"你有出息了，姐高兴，明天是周末，等爸回来姐做顿好吃的庆祝一下。"

网娣已经含着激动的眼泪，只要弟弟妹妹好，她所有付出都值得。从母亲去世到现在已经 13 年了，她从一个花季少女到了该出嫁的年龄。可是她嫁人了，弟弟怎么办？秀娣过继给了二姑，在常州过上了城里人的生活，这当然是好事。二姑没有孩子，待她如亲生的，将来会有个好出路。耀宏从小姑姑家接回来后，正在村里学做木工活，将来有个手艺，总能养活自己。她最放心不下的还是大弟耀顺，心高志大，在这苍山村会困住他的。

第八章

青春燃烧的日子

苍山大队新一届团支部履新，正是 1975 年的秋冬。这个时候的苍山村显得很忙碌，一方面社员们忙着准备冬季农田基建大会战；另一方面，要开展"评水浒批宋江"。全国农业学大寨会议于 1975 年 9 月 15 日在山西省昔阳县（大寨大队所在县）开幕，于 10 月 19 日在北京闭幕。而此时的华西村书记吴仁宝带领华西人，用了 7 年时间，把原来村里 1300 多块七高八低的零星土地，改造成了 400 多块沟渠成网的高产大田。"农业学大寨，江苏学华西"，对于苍山大队来说是"形势喜人，形势逼人"。

张耀顺从学校回到苍山村已经几个月了，如今已经是团支部副书记。他带着几个人往墙上贴标语，这次彻底搞明白了"农业学大寨"。上初中那阵儿，他还以为是"学大赛"呢，差一点闹出笑话，犯政治错误。因为体育方面突出，脑子里全是比赛的事情，加上工地上红旗招展，总是在强调比赛，不能落后。

大寨是山西省昔阳县大寨公社的一个大队，原本是一个贫穷的小山村。农业合作化后，社员们开山凿坡，修造梯田，使粮食亩产增长了7倍。1964年2月10日，《人民日报》刊登了新华社记者的通讯报道《大寨之路》，介绍了他们的先进事迹，并发表社论《用革命精神建设山区的好榜样》，号召全国人民，尤其是农业战线学习大寨人的革命精神。此后，全国农村兴起了"农业学大寨"运动，大寨成为中国农业战线的光辉榜样。

根据这一时期的形势和任务，苍山大队团支部决定做好三件大事：第一件事是成立大队广播站，第二件事是加强大队文艺宣传队的工作，第三件事是加强青年突击队的工作。

梅伟南首先讲了成立广播站的必要性。苍山大队七个自然村相对比较分散，各村的情况不同，生产和斗争形势进展也不同。汉墩头比较大，青年人多，而杨山沟就相对落后一些。既然是一个大队，就有必要让大队社员了解各队的生产情况，整体一盘棋。

这几年学大寨运动如火如荼，苍山大队的大会战集结了7个自然村的劳力，集中力量平整土地。今年学大寨的形势和任务会更加艰巨，把宣传工作前移到阵地现场，宣传政策，鼓动社员，这是宣传队的重要职责，也是发挥团组织作用的关键时刻。很有必要设立现场广播站，及时报道好人好事和人民群众的革命热情。

谁可以担任播音员呢？团支部犯难了。本村的年轻人不会讲普通话，上学也是跟老师讲当地方言。不像20世纪90年代以后中小学推广普通话，现在每个年轻人都会讲普通话。

俗话说江阴十八蛮，意思是说江阴辖区方言就有十八种，虽说十八并不是精确的计数，但也是用相对夸张的数字来形容江阴的方言杂而多。据《江阴县志》，江阴的地理位置，决定了江阴方言独特的韵味。东临苏州的常熟、张家港（张家港有近半地区是 80 年代初从江阴县划过去的），南临无锡，西临常州，北临（长江北望）靖江、泰州，在过去若干年的民间交往中，各相邻地区之间的语言相互交融和影响，使得周边的乡音各有各的特色。江阴话分为城里、东乡、西乡、南乡四大方言。东乡人（如江阴新桥镇）讲话，近常熟口音，"我""你""他"叫"俄""嫩""给"。而西乡人（如璜土镇、西石桥镇）讲话近常州人口音，说"藕锅""坭锅""达锅"，而往南乡，如青阳这里又略带无锡口音，但是词汇受苏州常熟影响，叫"俄里""嗯嗒""伊嗒"了。江阴城里人讲话梗呛、嗓门大，所以说，"宁和苏州人吵架，不与江阴人说话"。东乡在地理位置上接近常熟，却没有常熟那么拖。发声为阳平，称小女孩儿为"小细娘"，尾音部分拖音比较明显。同属南乡的青阳、月城、徐霞客镇，在方言的发音上有着各自的特点。青阳人把"青阳"发成"亲娘"音，颇有几分音律美，月城语言优雅，哪怕指责别人"你这个人怎么这个样子"，也发成"嫩机个宁囊为色港样子个啦"，细声细气，即便是被说的人听了也不觉得十分刺耳。徐霞客镇的口音则是柔中带刚。

古籍记载澄西"犟派"西乡话，总体语调类似常州话。西乡人的发音很犟，听起来有一股子牛劲。"你咕""我咕"，咕哩咕噜。

大家认为村广播站总不能用方言广播吧，这也显得太土了。再说了，上级领导或是别的乡的人到咱们苍山村来参加会战，都听不懂广播里说的啥，不是很尴尬吗？张耀顺想到了那几个插队的知识青年，虽然他们也说江阴方言，普通话不太标准，但至少能听懂，好好跟广播学一学还是可以的。

广播站的设备是现成的，一个麦克风，一个扩大机，有线的高音喇叭，每天都在响着。把这些设备搬到现场指挥部，广播站也临时设在指挥部。

播音员有了，新闻稿从哪儿来？

苍山大队共有7个生产队，每个队又有若干个生产小组。一个生产队至少也有10来个团员青年。把这7个生产队分成7个新闻报道组，每个组选一名组长，要求每个组每周要提供新闻稿，并把新闻报道作为一项工作对各团小组进行考核。张耀顺邀请公社广播站的宣传干事专程到大队来给团员青年讲课，教大家怎么写新闻稿件。梅伟南在大队部办了个宣传栏，将报道出来的好人好事写在宣传栏里。经过一段时间的运行，苍山大队广播站已经办得有声有色了。村里的老百姓也喜欢端着饭碗边听边聊，谁家的孩子落水了被谁救起来了，谁在工地多干了几小时……

其次是加强大队文艺宣传队的工作。虽然说宣传队成立已经两年了，但工作没有常态化，三天打鱼两天晒网，有活动了临时拉出来排练两天，演出的质量不高，群众也不是很满意。经过会议讨论，重新组建苍山大队文艺宣传队（简称宣传队），由梅伟南担任队长。张耀顺担任副队长，具体负责编剧、舞蹈等工作。宣传队提出年度目标，每季度要举办一次演出，每个月派出小分队轮回到各生产队进行慰问演出和宣传上级的指示精神，在公社年度文艺汇演中要进入前三名。

团员青年们对文艺宣传队活动非常积极，这不仅是宣传毛泽东思想，更是青年人的精神文化生活，能进入大队文艺宣传队是一种光荣。据梅伟南回忆，文艺宣传队有20多人。

宣传队分为器乐组、舞蹈组、说唱组。每个团支部委员根据个人特长分别进入各组。器乐组由本村的中青年组成，有二胡、笛子、唢呐、锣鼓等民族器乐。这些乐器都是爱好者自带的。舞蹈组女演员多，男演员找不出几个。张耀顺在学校参加过舞蹈队的演出，所以他主动加入舞蹈队。说唱组包括唱歌、戏曲、快板、相声、三句半。这个组人最多，专业也最多，是整个宣传队的主要力量。梅伟南亲自挂帅说唱组。

宣传队还有一件重要的事情是营造一个农业学大寨的氛围。要组织新街小学的学生参加一次劳动，把河里的石头背到地里，摆成大字，内容主要有"农业学大寨""深挖洞、广积粮、不称霸""愚公移山、改造中国"等。要让人民群众老远就能看到这些宣传标语，要让人们感受到苍山大队"与天斗、与地斗、与人斗"其乐无穷的革命热情。

还有人提出会战现场的红旗有点少，气氛不够热烈。要求再增加几面红旗。

团支部决定，在大型节目排练成熟之前，先演出一些快板、三句半、对口词，也可以说相声。

最后是加强青年突击队的工作。青年突击队是一项有着光荣历史的青年工作的"品牌"，在我国社会主义建设时期是青年队伍的一面旗帜。1954 年 1 月，气温低至零下 10℃。北京苏联展览馆（现在的北京展览馆）的建设正如火如荼。但是，因为工期紧、要求高，工程进展没能达到预期。在工地上苏联专家的建议下，工地模仿苏联组织青年的方式，组建突击队、推行生产竞赛、提高劳动生产率。工地上 18 位青年木工组成了"胡耀林木工青年突击队"，针对当时木工方面遇到的技术难题展开攻坚，劳动生产率提高了 146%，提前两天完成了相关施工任务。

由于这支青年突击队在带头克服困难、学习先进经验、推动开展竞赛、提高劳动生产率等方面发挥了大作用，在第一支青年突击队成立一个月之后，展览馆工地又建立了瓦工、抹灰工、混凝土工等6支青年突击队。"青年突击队"这个新事物得到了北京市委、团中央和党中央的高度重视，展览馆工地组建青年突击队的成功经验开始在全国推广。到1955年9月底，全国工矿企业、建筑行业等建立青年突击队1597个，参加人数31518人。

苍山大队的青年突击队主要任务是配合农业学大寨运动，在冬季农田基本建设中发挥青年的积极作用。决心把苍山村的青年突击队建设成为西石桥公社的一面旗帜。

有了目标就有了奔头。张耀顺作为新任团支部副书记，正值青春旺盛时期，激情一旦被点燃，必将燃烧起来。

秋收结束，进入冬季，农田基本建设大会战开始了。这一年的主战场在查沟村。主要任务是像华西村那样，把零散的地块修整成平地，为农业机械化创造条件。在初冬的阴冷中，人们推着车子，挑着筐子，扛着镢头、铁锨，从各个村汇集到查沟村。公社蹲点包片的干部、苍山大队的领导以及全体社员，在这里召开誓师动员大会。

会场由大队团支部负责布置。张耀顺带领几个团员在工地搭了一个临时主席台，就像电影里的指挥所。棚子的顶上用芦席盖着，侧面用帆布遮住，正面的两侧用木板做成门框，他亲自拟了一副对联："苍山儿女多壮志、敢教日月换新天"，是由学校朱老师写的。朱老师的毛笔字在苍山村是有名的，尤其是欧体小楷，很见功底。指挥所的上方拉了一面红色会标，上面写着"农业学大寨誓师动员大会"。主席台的正面两侧和上方扎了一些柏树枝，既起到装饰作用，又显出革命战争年代的气氛，仿佛隐蔽起来，防止敌人轰炸似的。在工地的边缘，插了二十多面红旗，在寒风中猎猎作响，现场的氛围顿时热烈起来了。十几个基干民兵，腰上勒着武装带，手里提着枪，警惕着周边的动静，随时反击阶级敌人的破坏。宣传报道组正在调试广播，准备通过有线高音喇叭向全大队进行实况转播。

上午九时许，人们陆续向主会场聚集，喇叭里在播放《大海航行靠舵手》等革命歌曲。大会由何锡银主持，公社包片干部传达了农业学大寨的会议精神，梅家村、查沟村、青年突击队、铁姑娘突击队等代表上台宣誓。大会在高呼"农业学大寨、江阴学华西"等口号中结束。

誓师大会圆满结束，人们四散分开，奔向各自的工地，迅速开展了热火朝天的劳动竞赛场面。他们肩挑车推，仿佛重现了当年的渡江战役。

梅伟南向包片的干部介绍："这就是我们新当选的团支部副书记，张耀顺同志，今天的会场就是他带领团员青年们布置的。"

包片的干部对张耀顺的策划能力大加赞赏："今天的会场布置得很好啊，你看这红旗招展，歌声嘹亮啊，革命群众的热情被充分调动起来了啊。特别是这次的实况转播，在咱们公社啊还是第一次，值得表扬啊，我要把这个典型经验向全公社推广啊。下一步要把阵地宣传跟上，宣传队要抓紧排练啊，尽快到工地慰问演出。"

张耀顺第一次接触最高级别的领导就是这位公社下来的包片干部。他只是聆听，不停地点头。他觉得包片干部很神气，特别是那个带"啊"字的口头语很有特点，不像村里的干部说话跟吵架似的。

宣传队是业余时间排练，不耽误白天劳动生产。

据张耀顺回忆，1975 年虽然不像三年困难时期那么艰难，但粮食仍然不充足。晚上吃过饭大家都自觉地到水墩上排练，没有报酬，没有消夜吃。从天刚黑到晚上十一二点，排完了饿着肚子回家。但那时候人们热情很高，一遍又一遍地排，没有任何怨言。排练的节目大多是当时的革命歌曲，如《十送红军》《咱们的领袖毛泽东》《南泥湾》《夫妻识字》《老两口学毛选》《逛新城》等小剧目。舞蹈节目有《白毛女选段》、"样板戏"片段、《洗衣歌》等，宣传队还请来了几个年龄稍大一点的男女特邀演员，他们是村子里的锡剧爱好者，也曾经是方圆几个村的锡剧名角。自从"文化大革命"开始，江阴锡剧团被改唱京剧后，锡剧这个传统剧种就停演了。过去的那些戏衣、道具都装箱封存起来了。锡剧不能唱，但这些业余爱好者的基本功在，他们改唱京剧照样能唱好。他们根据演员的特长，决定排演一些现代折子戏，《红灯记》里的"痛说革命家史"，《沙家浜》里的"智斗"和《智取威虎山》里的"控诉"。

张耀顺不仅要为宣传队做好服务，还要和舞蹈队的演员们共同排练。经过商量，决定排演一首广泛流行的藏族民歌《北京的金山上》。但这首歌无论是演唱还是舞蹈难度都很大。有人提出反对的意见，理由是宣传队没有这方面的人才，无论是歌手还是舞蹈都没有这方面的经验，特别是藏族舞蹈，连服装也没有。还是革命歌曲和样板戏大家熟悉，好排练。

张耀顺坚持要排《北京的金山上》。他认为对于群众来说，"样板戏"大家看得太多了，应该出新戏，不能总是围着那几首革命歌曲生硬地蹦啊跳啊。《北京的金山上》舞台效果好，场面丰富多彩，而且这首歌深受群众欢迎。要演就演一个难度大的，让别人难以超越。这首歌排练后不仅在苍山村演，还要作为年底公社会演的参赛节目。经过张耀顺这么一说，大多数人表示同意，梅伟南拍板，排《北京的金山上》，由张耀顺具体负责，抽调十名女演员开始排练。

张耀顺是一个不怕困难的人，只要他认定的事，就要想办法做成。

《北京的金山上》是一首藏族民风的歌曲，据说其原曲是一支古老的酒歌，一般用于宗教仪式。新编歌词以后，《北京的金山上》在中国大地的每个角落唱响，是当年老百姓很喜欢的一首歌。1972年，中央人民广播电台到西藏录音，建议此歌由藏族歌唱家才旦卓玛来演唱，并建议再增加一段歌词。于是，才旦卓玛又在第一段词的基础上填了第二段词。才旦卓玛这时已是著名歌唱家，经她演唱的《北京的金山上》就成了西藏的经典歌曲，从百万翻身农奴的心里飞出来，传遍大江南北。

> 北京的金山上光芒照四方
> 毛主席就是那金色的太阳
> 多么温暖 多么慈祥
> 把我们农奴的心儿照亮
> 我们迈步走在
> 社会主义幸福的大道上
> 哎 巴扎嘿
> ……

正当张耀顺和他的团员青年们以饱满的激情准备载歌载舞地奔向社会主义大道上时，一个又一个的重大事件发生，打碎了他们的青春幻想，也浇灭了正在燃烧的激情。1976年，中国历史进程在这一年发生了重大转折。张耀顺和很多人一样，他的人生也在这一年发生了转折。

1976年1月8日周恩来逝世。3月下旬至4月5日北京、南京等地爆发悼念周恩来，反对"四人帮"的群众运动。苍山村不知道外边的世界，依然在绷紧阶级斗争这根弦。

7月28日河北唐山丰南地区发生里氏7.8级强烈地震，并波及天津、北京等地，24.2万多人罹难，16.4万多人重伤。张耀顺和很多同龄人第一次知道了地震的威力。

特别是1976年9月9日毛泽东逝世。中国人民伟大领袖和导师，人们高呼了几十年的毛主席万岁，"他是人民的大救星"，怎么就突然去世了呢？天空阴沉，人们心情沉重，不知道毛主席去世了，中国咋办、苍山村咋办？

水墩上的大队部布设灵堂，正中挂着毛主席巨幅画像。画像两边摆满了花圈。灵堂里播放着哀乐。

张耀顺和村里的人一样，臂挽黑纱，胸戴白花，排队到灵堂前吊唁。

他们整齐肃穆地站在灵堂前，低着头，听追悼大会的实况转播，以表达对伟大领袖的哀思。前排的老年妇女开始哭泣，年纪大的老汉也开始哭泣，这哭声在灵堂前感染开来。

张耀顺的鼻子也有点酸。从他记事起，就知道毛主席是人民的大救星，为人民谋幸福。可是，现在毛主席不在了，中国人民怎么办，我们每个人怎么办，以后由谁指引我们前进呢？他想起了母亲的死，遗体从王家店拉回来的时候，肚子胀得鼓鼓的。从那时起，他就成了一个没有妈的孩子。当他懂得母爱的时候，却享受不到母爱了。他想起可怜的大姐，小小年纪便担起照顾一家人的重任。张耀顺越想越伤心，越伤心哭声越大。当吊唁结束的时候，他是满脸泪水走出灵堂的。

10月6日"四人帮"被一举粉碎，大快人心，人们载歌载舞上街游行，整个国家从阴影中走出来。过去很多的提法不一样了，要改变。

可是张耀顺呢？从去年高中毕业，回到苍山大队当起了农民，农田基建大会战，手上起泡了，胳膊疼，腿疼，他熬过来了，练出来了，成了真正的农民。秋天的时候，他被选为团支部副书记，虽说不是什么大官，但总是被认可，被推选，也是自己人生历程中精彩的一页。在文艺宣传队的那些日日夜夜，辛苦与快乐同在，饥饿与充实共存。通过学习，他懂得了舞蹈是一种人体动作的艺术。经过提炼、组织和美化了的舞蹈动作，能够表达出语言文字或其他艺术手段所难以表现的深层的精神世界。舞蹈的人体律动艺术与精神层面的美让自己有一种难以言表的美感。如今，文艺宣传队解散了，不再排练了，一切归于平静。现在，他的两个小伙伴，一个当兵去了，一个被推荐上了大学，而自己因为家庭成分，什么也轮不着。痛苦来自对比。别人能天高任鸟飞，而自己只能困在苍山村，这就是命。

他能做什么呢？张耀顺很苦闷，留给他的机会太少。

张伟兴上大学去了，医疗站有了空缺，他想当一名赤脚医生。不光是为了那每月8元钱的工资，更是因为他看到医疗站每天那么多人在痛苦中求医治病，很多人因为疾病而使整个家庭陷入更贫穷的境地。他从小没有妈，是村里的大娘大叔给了他们姐弟帮助和照顾。贫穷不是他们的错，生病更不是他们的错，他应该为村里的老百姓做些事情。村里人年年都有流行病，年年有新生儿夭折，年年有孩子溺水而亡。一幕幕痛苦的场面，一个个悲惨的故事不应该重复发生。

第九章
初进医疗站

1976 年底，苍山村似乎有了一丝改变，却并未脱离原有的轨道。

村里几个与张耀顺年龄相仿的青年，各自有了前程。张伟兴被推荐上了工农兵大学，从生产队把户口转走，进城吃商品粮，成为公家人，不可能再回到汉墩头了。顾国平参了军，穿上军装，走的那天，胸戴大红花，苍山村的社员们敲锣打鼓送他到苍山村的水墩上，目送接兵的卡车远去。

这两个青年人在村里的时候，跟张耀顺没有什么关系，生活本来就是这个样子，相安无事。但他们走了以后，张耀顺心里空荡荡的，如同门前两棵大树被挖走之后，留下两个树坑，很不习惯。他知道自己的家庭成分是中农，无论是当兵还是上大学都没有资格，政审过不去。上高中是澄西中学破格录取的，给了他学习的机会。但上大学、参军，包括聘用小学教师这样的事，就不可能推荐他了。梅伟南不能也不敢破格推荐张耀顺，即使推荐，政审也是一道无法逾越的红线。他心里不止一次地质问，为什么自己是中农成分。从他记事开始，所吃的苦一点不比别人少，这顶戴在自己头上的帽子什么时候能摘掉？

他能去哪儿呢？只能继续当农民修理地球，和张建兴一样，在工地上拼命地挑担干活，背躬得像一只虾。一双长满茧子又粗又短的手，高喉咙大嗓子的声音，抬着高脚走路的姿势，这是劳动农民的典型特征。张建兴只用了几年的时间，已经在土地上被塑造定型了。

张耀顺似乎看到了自己未来的影子。

他还听到一些妇女们在背后议论："读高中有啥用，还不是照样回队里干活。"

自从张伟兴走了以后，医疗站的岗位就空缺了。当一名赤脚医生，虽然没法与上大学或参军比，但至少不用下地干活。可以穿上白大褂在室内给人看病，太阳晒不着，雨淋不着，每个月还有 8 元钱的工资，这也是很多人羡慕的岗位。

村里有几个年轻人已经盯上了这个位子。

"赤脚医生"一词最早出现在 20 世纪 60 年代。1968 年 9 月，当时中国最具有政治影响力的《红旗》杂志发表了一篇《从"赤脚医生"的成长看医学教育革命的方向》的文章，随后《人民日报》《文汇报》等各大报刊纷纷转载。"赤脚医生"的名称走向了全国。

"赤脚医生"是农村社员对"半农半医"卫生员的亲切称呼。根据当时的报道，中国有 102 万名乡村医生，其中近 70% 的人员为初、高中毕业，近 10% 的人员为小学毕业。"赤脚医生"是中国卫生史上的一个特殊产物，即乡村中没有纳入国家编制的非正式医生，他们掌握一些卫生知识，可以治疗常见病，能为产妇接生，主要任务是降低婴儿死亡率和根除传染疾病。赤脚医生通常来自两个方面，一是医学世家，二是初、高中毕业生中略懂医术病理者，其中有一些是上山下乡的知识青年，挑选出来后，到县一级的卫生学校接受短期培训，结业后即成为赤脚医生。他们没有固定薪金，许多人要赤着脚荷锄扶犁耕地种田，赤脚医生名称便由此而来。

张耀顺也想进医疗站当一名赤脚医生，唯一能帮他的只有梅伟南。好在这几个月来，他在团支部副书记岗位上的表现，梅伟南是满意的。而且，他和梅伟南已经很熟悉了，只要他张口，应该不会有太大的问题。这一天下午，大队部里办事的人都走了以后，张耀顺把他的想法告诉了梅伟南。

其实，梅伟南也在考虑赤脚医生的人选。如果不是家庭成分的问题，他是倾向推荐张耀顺上大学的。现在，张伟兴上大学去了，那正好让张耀顺去医疗站。

在大队医疗站当一名赤脚医生不需要政审，大队干部说了算，只要这个人在大队干部社员中有一些好的印象，具备一定的文化知识，愿意从事赤脚医生工作，就是适合的人选。张耀顺在苍山大队是团支部副书记、青年突击队的队长。他的工作态度和取得的成绩干部社员都是有目共睹的，所以梅伟南自己就可以决定让张耀顺进入医疗站。不过他还是要征求一下梅彩芹的意见，她在医疗站工作了 8年，资历老，群众认可。医疗站可以没有张伟兴，但不能没有梅彩芹，征求意见也是对梅彩芹的尊重。

苍山大队医疗站是 1968 年成立的。出生于 1949 年，初中文化程度的梅彩芹成为苍山大队医疗站的第一人。她凭着刻苦与努力，不到一年的工夫，就能够独自坐诊，治疗一些常见病，基本上解决了苍山村人的头痛脑热的小病。由于她在赤脚医生这个岗位上的突出表现，1970 年，她受到了江阴县召开的赤脚医生工作大会的表彰，成为全县"赤脚医生"学习的榜样。

梅彩芹比张耀顺大7岁，和网娣是同年的。可惜，网娣没能继续读书，为了弟弟妹妹，早早就辍学了。梅彩芹看着张耀顺一天天长大和进步。张耀顺从小没有妈，只有姐姐照管，靠他自己的努力，跑步上学、干家务、回生产队劳动、当团支部副书记，这一路走来，他给梅彩芹留下了很深的印象。所以，当梅伟南找梅彩芹谈话，想把张耀顺安排到医疗站的时候，梅彩芹没有任何异议而且非常认可，立即同意了。

1977年的春节过后，这个季节的江南正是阴冷天气，人们很容易患感冒。梅彩芹一大早就来到医疗站，正在翻看昨天的病历。才看了几页，就有人来看病了。她询问病人哪里不舒服，咳嗽几天了，量体温，将听诊器伸进病人的衣服里，看喉咙，写处方，抓药，叮嘱病人回去按时吃药，注意休息，多喝水。就这样连贯性的动作，很熟练，很快就完成了一个病人的诊断并开好处方。村里人甚至相邻村子的老百姓对梅彩芹很信任，有病就找梅医生。

张耀顺对医生这一行是一张白纸。他见过医生看病，但究竟怎么诊断，是什么病，用什么药，他一无所知。学医不像农民挖地，一镬头下去好歹也能挖个坑，只是深浅不同而已。他多么希望有一天也能像梅医生那样熟练地问诊治病。他不知道这个过程需要多长时间，但他相信，梅医生是初中毕业都能学会给人治病，他张耀顺也一定会做得更好。

第一批来看病的人都走了，医疗站只剩下张耀顺和梅彩芹。梅彩芹这才有点时间给张耀顺讲一些简单的医学常识。如怎么用听诊器、看体温计、量血压等一些基本的诊断和操作知识。其他的，梅彩芹没有多讲。她知道讲也没用，张耀顺听不懂。医学是一门学问、一个学科，哪是几句话就能讲明白的，是需要专业的培训和长期的行医积累经验的。她打算让张耀顺在医疗站先体验一段时间，有一个感性认识，再安排他到大医院去参加培训。

一个月后，张耀顺被派往澄西医院学习。这是公社组织的赤脚医生培训班。

"正规医学院的学生在临床上需要学习的课程有人体解剖学、病理学、药理学、诊断学、妇产科学、儿科学、医学心理学等30多门课程，咱们这个培训班不可能学这么多这么深的知识。这里面每一个课程都需要一学期或两学期才能学完。大家都是从基层来，很多同志没有医学基础，从零开始。而且培训班时间有限，主要是解决大家在乡村医疗站经常接触到的一些常见的流行病的诊断和治疗。遇到疑难疾病还是要到公社卫生院或县医院进一步地确诊和治疗。大家回去以后需要通过自学医学知识并在临床实践中不断提高自己的医术水平。"在培训班的开幕式上，主讲老师的一番话，已经让有些人产生了畏难情绪。

在这里，张耀顺第一次接受系统的培训，认识人体结构；了解人体各系统的功能和常见病的症状；学习中药的分类和常用药的功效以及注意事项；实习一些基本的临床操作。学员们对很多东西压根听不懂，有一些是似懂非懂，还有一些听懂了但没实践过，看来学医太难了。这也很正常，医学本科需要五年时间，而要在短期内学会行医治病谈何容易。一同来参加培训的，有几个人已经打退堂鼓了，中途不来了。一大堆的专业课程，如听天书般。所谓隔行如隔山，如果没有人讲解，医学书看都看不懂。有些人见了血都晕，别说动刀子了。张耀顺是高中毕业，文化基础在学员中是比较好的，况且张耀顺的性格就是不服输，越是艰难越是要往前闯。当年上学每天坚持长跑 5 千米，这种毅力一般人是做不到的。

　　张耀顺请老师给他列了一些书籍名单，分批买回来晚上熬夜自学，不明白的第二天问老师。白天上课认真做笔记，比读高中时认真多了。上高中那几年正是半工半读、又红又专的时候，多半时间不是在劳动就是在去劳动的路上。可现在培训班上老师讲的每一个细节都是将来要用到病人身上的，人命关天，马虎不得。培训班后期几个月是临床实习，张耀顺随身总是带一个小本本和钢笔，跟着医生查房。每到一个患者床前，主治医生都会询问病人的情况、用药的效果。医生有时会给学员讲一些病人病情进展情况、此类病的特征和常规的治疗指南。

　　有时候指导老师在查房的同时教导学员："医生应该做个有心人，要有爱心，患者是我们最好的老师，要与患者建立良好的关系。"在如何学习医学时，老师教育大家："打好基础最有效的办法就是背教科书、背诊疗指南，再把它们用于实践中。"

　　张耀顺把老师的话详细地记在本上。有些来不及记，回到医生办公室他也会补上。有些不明白的地方，等医生有空了，张耀顺会主动请教。

　　经过一年多的培训，张耀顺对医学方面有了基本的认识，至少是半只脚跨进门槛了。教育的作用并不是教人们怎么解决具体问题，而是教给你一种方法，遇到问题如何思考、到哪查资料，通过什么方式去解决。他背着一箱子医学方面的书籍，还有他记的两大本临床笔记，离开了澄西医院。

　　张耀顺回到苍山村医疗站上班的第一天，他很兴奋。经过这一年的培训，他增长了很多见识，已经不再是去年刚进医疗站时的"小白"。他心中有底气了，一大早就来到医疗站，跃跃欲试。他打扫完卫生，烧好一壶开水，换上衣服，准备接诊。

医疗站在苍山村的水墩上，周围没有人家，离汉墩头有一里多路。汉墩头的人都知道张耀顺，但其他自然村的人并不是都知道这个年轻人。虽然他担任大队团支部副书记，但那是青年人的事，中老年人搞不懂，也不参与。中老年人对这些年轻人的称呼总是与其父母的名字相关联，比如裕生家的儿子，金生家的老大，胖嫂的大女儿等。这样称呼是便于同辈人凭印象在记忆中查找参照物。古代人取地名都是用这种方式，比如核桃坪、陈家沟、水磨坊等。

医疗站没有人来，张耀顺在翻看自己的学习笔记。一年多的学习内容，他都认真地记在笔记本里，这些都是他今后看病时能用得上的。他正在复习感冒常见的症状和用药后的注意事项，一个中年妇女进来了。张耀顺赶紧把学习笔记放进抽屉里，随后让这位妇女坐下。

张耀顺主动询问："你哪儿不舒服？"

那位妇女面无表情地说："梅医生呢？我找梅医生。"

尽管张耀顺穿着白大褂，桌上摆放着听诊器，但这位妇女似乎不认为张耀顺是医生。他告诉这位妇女梅医生晚点来，有什么情况可以告诉他，但这位妇女表情很僵硬，不再说话。

张耀顺本来兴致勃勃地赶早到医疗站接诊，算是他行医生涯的第一次开张，没想到却遇到了认死理的女人。要是放在一年前，那时候他初到医疗站，不要说是主动询问，就是人家主动找他看病他都不敢接诊。可是，他现在"学成归来"，还是不让他看病。张耀顺涉世不深，他不知道乡村是一个靠生活圈子维系的社会。他们祖祖辈辈靠口口相传而延续生活，口碑在乡村更有传播力。他们相信熟人介绍，不轻易自己去摸索。比如，哪家的公猪配种配得好，人们就会舍近求远地赶着自家的母猪去配种。谁家木工手艺好，他们宁可等上十天半个月，也要找那个木匠给他做家具。病人相信梅彩芹，是因为梅医生在苍山村一带有口碑。张耀顺是个新人，大家是不敢轻易让他看病的。

总得有让他看病的第一个人吧，难道要永远这样坐冷板凳？

因为是初夏季节，这个时候感冒发烧的人相对少，加上农民非必要不看医生的习惯，除了早上那个妇女，再也没有病人来看病。空闲时间，张耀顺向梅医生请教一些医学上的知识和经验，也说了今天早上他主动给人家看病遇到的尴尬。

梅医生说下次有病人来了，让张耀顺先给患者诊断，她在一旁指导。梅医生也想让张耀顺早点上手。一年多了，自从张伟兴上大学以后，虽说是配了个张耀顺，可张耀顺出去一学就是一年多。医疗站没有个帮手，梅彩芹有事就脱不开身。特别是夜间急诊，行走在各自然村之间，路上黑灯瞎火，路边都是庄稼地，一个女人晚上确实很害怕。

他们俩正在说话的时候，跑进来一个人，气喘吁吁地喊叫："快，有人淹死了，快救人。"

张耀顺立即站了起来，背起药箱就往外走。回头对梅医生说："我去，你在医疗站值班。"

"落水的人在哪儿？"

"在野田里。"

野田里是苍山村的一个自然村，也是苍山村最穷的地方。早年一些拾荒的人落脚在这里，渐渐形成了这样一个自然村落。因为这里多是沟坡地，大小河流纵横，也只有外来人在这里开垦定居。

张耀顺是澄西有名的长跑冠军。他背着药箱一路快跑，把前来报信的人甩在了后边。当他赶到现场的时候，溺水者已经被救上岸，四周围了一堆人，大家七嘴八舌，没有人敢下手救人。

只见张耀顺拨开人群，将溺水者的头偏向一侧，解开衣扣、领口。将其嘴巴打开，拉出舌头，清除其口鼻的淤泥和分泌物。然后抱起溺水者腰腹，使其背朝上，头下垂进行倒水，将胃里的水往外排出。只见溺水者哗哗地吐了几口水，但没有肢体动静。现场所有的人都很紧张。

张耀顺不慌不忙。因为他在澄西医院学习期间，老师专门讲过急救落水者的方法。如果抢救及时是能救活的，但如果时间长了，可能有危险。此时，溺水者处于昏迷状态，张耀顺把手放在溺水者的鼻孔下，试探后发现已无呼吸，他搭了一下脉，感觉还有微弱的脉搏。

他用一只手捏住溺水者的鼻孔，另一只手拖住其下颌进行口对口吹气，吹了两次气，将手掌放置在溺水者双乳头连线中点处，手指抬起，手臂垂直于患者胸部进行按压。按压几十次以后再吹气两次。这样重复了若干次仍无结果。

溺水者的父母见抢救不过来，急得直哭。围观的村民也是无奈地干着急。时间一分一秒地过去，每个人都表情凝重，似乎已经回天无力。

张耀顺仍然没有放弃，还在不停地按压溺水者的胸部。他一边按压，一边大口地喘着气，汗水滴在溺水者的身上。已经重复几十遍，但他还在努力。"二十八、二十九、三十。"他像当年五公里长跑一样，再做到三十下，依照抢救指南，如果再没有呼吸恐怕就希望渺茫了。他还在坚持，相信能救过来。又是三十次，溺水者终于有了一丝呼吸，人们紧张的心放下了。

此时的张耀顺已经是筋疲力尽，瘫坐在地上。他听见有人在窃窃议论："这个小伙子是谁呀，不怕脏，不怕累，还真有两下子。"

"他就是汉墩头裕生家的老大，顺苟，大队团支部副书记。"有年轻一点的人认出了张耀顺。

张耀顺救人的事半天就在苍山村传开了。其实苍山村几乎过一两年就有人淹死。因为临水而居，大人小孩免不了要到河边玩水、钓鱼，发生溺水是常有的事。村民们也懂得一些救人的常识，但这一次救起的落水者溺水时间有些长，张耀顺从正规医院培训回来，抢救的流程和动作是教科书式的标准规范，让村里人看到了什么是科学抢救法。

抢救现场的人们见识了张医生口对口做人工呼吸，苍山村的人们在传说中将其演绎得更神奇。

第十章
医者仁心

自从抢救野田里那位溺水者之后，大队赤脚医生张耀顺的事迹便在苍山村传开了。

张耀顺回忆说他在最初给人看病的时候，就如同小学生考试，先要辨认病症，然后给出治疗方案。比如拉肚子，这是农村最常见的疾病。由于农村人卫生习惯不好，导致肠胃感染是常有的事，人们大多是自己扛几天，扛不住了才不得不上医疗站。这种病好辨认，用药也简单。首先是得找到引起腹泻的原因，吃没吃不干净的食物或饮用不卫生的水，如果有呢，那要用一些消炎药，或抗生素。或者是由于感冒，胃肠性感冒也可能出现拉肚子，或者是病毒性的肠炎，也可以引起拉肚子，如果考虑有细菌感染，则一定要用抗生素。

如果是一个功能性的，不是由于细菌感染引起的，那就是对症治疗为主，像常用的蒙脱石散、氯霉素、黄连素等，这都是减轻腹泻的药物。腹泻的人，往往可能合并肠道菌群的紊乱，也可用调整肠道菌群的药，比如双歧杆菌的一些制剂等。还有从中医中药角度来说，像葛根芩连汤等，也有改善腹泻的作用。这些很容易辨认，也容易记，更容易开药，他当着病人的面就开好了处方。

但有些病把握不准，比如乡村常见的皮肤病：特应性皮炎、过敏性皮炎、接触性皮炎、神经性皮炎、脂溢性皮炎、荨麻疹、血管性水肿、白塞氏病、疱疹、疥疮、痘疮等。这么多怎么辨认，有些他也拿不准，只好检查完病人，装作到里屋去洗手，然后抓紧翻笔记，看看这是什么病，要用什么药。

经过一年多的时间，张耀顺的医术大有提高，可以轻松地给人看病了。每次出诊，张耀顺显得轻松自如了许多，不像刚开始那么紧张。

野田里是苍山村的一个自然村。村里有位妇女叫朱金娣，生了一儿一女。在她女生完女儿后，月子里就落下了头痛病。张耀顺发现她经常来买止痛片，就关心她怎么不看病，只吃止痛片不能解决根本性问题。朱金娣诉说自己头痛了十几年，之前到江阴、常州看过很多医生都治不好，只能轻的时候忍一忍，重了忍不住了就吃点止痛片。张耀顺觉得这样下去也不是办法，他想试试。

张耀顺说："婶婶，我给你治治。"

她满脸疑惑地看着张耀顺，心想很多老医生都治不好，你一个年轻赤脚医生还能治好？还是算了吧。

张耀顺见她很犹豫，就说："让我试试，也不要你的钱，治好了算我的本事，治不好也不影响你。我保证不会加重你的病情。"

朱金娣半信半疑，反正"死马当活马医"，万一治好了呢。

张耀顺让她躺在治疗床上，从药箱里取出银针，给她做针灸。

张耀顺曾专程向一位老中医拜师学习针灸、推拿、按摩等治疗方法，也已经用针灸治好了不少病人。

张耀顺跟她说先试着连做三次针灸，如果有效果就继续做，如果没有效果就终止。

几天后，朱金娣兴奋地来找张耀顺，说是本该上周要犯的头痛病没发作，比以前延后了几天。她让张耀顺再给她针灸几次。就这样，张耀顺利用医疗站空闲时间给她做针灸。医疗站如果上午有人看病，她就下午来，如果下午有人看病，她就上午来。坚持做了几个月，头不再痛了。张耀顺又给她做了一周的时间，用来巩固。从此，在野田里，人们都知道张耀顺治好了长期头痛病。甚至传得神乎其神，大医院都治不好的病，找张医生。

梅家村有个妇女叫单珍大，患坐骨神经痛，也是很多年了。常州、江阴的大医院都去过，治不好，连马桶都没法蹲，更不用说到地里干活。农村的活也重，经常要弯腰、下蹲，得了这种病不仅影响家务劳动，本人也受罪。听说野田里有人头痛了十几年的难症被张耀顺治好了，便找到医疗站，要求张耀顺给她也治治。

"张医生，听说你针灸本事大，我这个能不能看好？"

"我尽力试试吧，不过你得听我的安排。"

张耀顺仔细检查了单珍大坐骨部位的疼痛情况，确定了针灸方案。通过针灸加热敷的方法，连做了几次，就能坐马桶了。单珍大特别高兴，逢人就夸张耀顺厉害，简直是神医。可是，过了两天，坐骨神经痛又犯了，只是没有以前那么重。张耀顺又给她做了几个星期的针灸，巩固治疗效果。就这样还没要钱就给治好了。

汉墩头有一个徐奶奶，已经80多岁了。手上长溃疡已经多年。儿子推着老太太到澄西医院，还去了申港、江阴等地，跑了好多家医院。医院也开了药，敷上一段时间，伤口好了，但过一段时间就会复发，痛得徐奶奶整夜不能睡觉。村里人都说张耀顺能治病，徐奶奶的儿子找到张耀顺，抱着试试看的心态，问张耀顺能不能治。

张耀顺本不想管他家的事，尤其是他家的那个媳妇，是个长舌女人。但张耀顺作为医生，以治病救人为本，在他的眼里只有病人，不应该有私念。更何况徐奶奶为人善良，对张耀顺总是有一种特殊的疼爱。张耀顺长大以后才听村里人说徐奶奶是他母亲的干妈。由此说来，徐奶奶还应该是张耀顺的干奶奶。

徐奶奶这么严重的溃疡，一些大医院都没有彻底治好，难道就真的没有更好的办法了吗？他想到了伯父给的一个专治溃疡的秘方。

徐奶奶已经是疼痛得无法忍受，而且去了很多大医院，就是绝不了根。她让张耀顺放心大胆地治，反正在别的地方也治不好。自己已经是这把年纪了，总不能烂着手到阴间去吧！

张耀顺配好了药，第一次给徐奶奶敷上并包好，口服消炎药，又打了消炎针，他几乎一夜没有睡着，想着可能会发生的情况。他在迷迷糊糊中梦见溃疡扩大了，肉也化掉了，老太太痛不欲生，徐奶奶的儿媳妇找到他家算账，他吓得一路狂奔，但他使出全身力气就是跑不动，最后被吓醒了。

第二天，张耀顺就来到徐奶奶的家，打开纱布，发现手背上的腐肉软化了，有脓血水渗出。张耀顺用药棉把渗出的脓水和腐肉清理干净，继续敷上配的药。让药进一步把溃疡部位腐蚀干净，让溃疡部位的肌肉多腐蚀一些，只有下猛药才能彻底消除病根。

三天后，张耀顺发现徐奶奶的溃疡部位陷下去了一个坑，马上彻底将其清理干净，换上生长肌肉的药。

张耀顺每天为徐奶奶查看伤口处，每天换药。溃疡部位已经开始长出鲜红色的嫩肉。这是从里往外长起来的，这时候伤口不能用纱布包了，只能敞开，有利于吸收空气，但不能接触其他物体，以防擦伤。张耀顺每天早晚到医疗站经过徐奶奶家，他就去给徐奶奶用碘酒清理伤口表面。

经过一个多月的护理，溃疡的伤口已经长平了新肉。张耀顺叮嘱徐奶奶，这段时间手不能沾水，一定要保护好新长的肉。表面上看肉长平了，但表皮嫩得像婴儿的皮肤。要想彻底恢复到原来的状态得几个月。

徐奶奶看着张耀顺每天早晚来给她换药，手很轻，心也细。她仔细看看张耀顺，面前这个小伙子，个子不是很高，蛮精神的。圆圆的脸，很有人缘，说话嗓音清脆，底气很足，说明体质好。徐奶奶知道眼前这个小伙子是赵巧凤的大儿子，每次见他总是格外亲切，但她从来没有提及过她和巧凤的关系。都怪她那个长嘴的儿媳妇惹的祸，徐奶奶哪好意思再去张裕生家。巧凤跳河自尽的时候，张耀顺才 7 岁，长辈的事情他未必清楚。

有一次，张耀顺告诉徐奶奶，这次给她换药，以后就不用来了。徐奶奶拉着张耀顺的手，好像有话要说，却又没说出口。后来张耀顺才知道，她是想把她的外孙女介绍给张耀顺。

有一天半夜，张耀顺听到一阵急促的敲门声。这是他这些年来经常遇到的事情，不知道又有谁家有急重病人了。

张耀顺打开门一看，是汉墩头张桂娣的儿子。

"张医生，我妈半夜突然痛得打滚，你赶紧去我家救救我妈吧。"

张耀顺穿好衣服，背起药箱，一路小跑来到张桂娣家。

"我这里一阵一阵地痛。痛起来要命，过一阵又不痛了。"张桂娣指着自己的腹部。

张耀顺用手压了压张桂娣所指的腹部，用手指敲打了几下，未发现肝部有啥异常。询问有无恶心、腹泻情况，张桂娣说没有，只是一阵阵地痛。

张耀顺说拿一点醋来，让张桂娣一口喝下去。"好了，安心睡觉，保你十多分钟就不痛了。"

其实，张桂娣的腹痛是因为蛔虫往胆囊里钻引起的剧烈疼痛。蛔虫怕酸，喜欢碱性环境。用陈醋 30～50 毫升，一次服下，可治胆道蛔虫病。

在谈到为什么现在患蛔虫病的人比以前少了。张耀顺解释说，主要还是环境和卫生习惯。过去农业用肥料主要是人畜的粪便产生的有机肥。这些肥料未经无公害处理，一些虫卵经过粪便传播出去。成虫寄生于人体小肠，雌虫产的卵可随粪便排出体外，在适宜环境下发育成熟，极具感染性。虫卵进入人体后，在小肠孵出幼虫，穿入肠壁移行至肝脏，经右心进入肺泡腔，沿支气管、气管到咽部，然后重新被吞咽到小肠并逐步发育成熟，成为成虫。成虫寄生在空肠及回肠上段，引起上皮细胞脱落或轻度炎症。大量成虫可缠结成团引起肠梗阻。幼虫也可随血流移行至其他器官，一般不发育为成虫，但可造成器官损害。成虫也可向别处移行和钻孔，可引起胆道蛔虫症、蛔虫性肠梗阻，如果阻塞气管、支气管可造成窒息死亡，也可钻入阑尾或胰管引起炎症。蛔虫卵和蛔虫碎片也可能与胆结石形成有关。现在直接用人畜粪便作为肥料的已经很少，大多数粪便经过发酵处理，做成商品有机肥。

另外一个原因是饮用水，过去的饮用水多为浅层井水、河水、雨水等，这些水容易被污染。人们饮用了被污染的水，不仅是蛔虫病，其他传染性疾病也会发生。还有个人卫生习惯，过去因为缺水，饮水做饭都很困难，别说洗手洗衣服了，有些缺水的地方，一年也洗不了几回澡。所以，那时候的赤脚医生，有一个重要的职责就是卫生宣传，动员村民打扫卫生，开展爱国卫生运动。

1933 年，毛泽东同志在《长冈乡调查》一文中指出："疾病是苏区中一大仇敌，因为它减弱我们的力量。如长冈乡一样，发动广大群众的卫生运动，减少疾病以至消灭疾病，是每个乡苏维埃的责任。"从这个时期起，中央就一直重视爱国卫生运动。各地卫生防疫专业人员和爱国卫生运动工作者，深入实际，进行卫生科学知识宣传，努力改善环境卫生面貌。在农村，解决好管水和管粪这两个基本问题，改造环境卫生条件所采取的各项措施受到农民群众的欢迎，并将其概括为"两管、五改"，即管水、管粪，改水井、改厕所、改畜圈、改炉灶、改造环境。"两管、五改"已成为组织指导农村爱国卫生运动的具体要求和行动目标。各乡村的赤脚医生在爱国卫生运动中起到了宣传、指导和带头作用。

有一天上午，张耀顺在医疗站上班，汉墩头村的丁浩兴的妈妈来到医疗站。之所以称为"丁浩兴的妈妈"，是因为张耀顺只知道丁浩兴的姓名，不知道他妈妈叫什么。一代人只知道同代人的姓名。同样，丁浩兴的妈妈只知道张耀顺是张裕生的儿子。

浩兴的妈妈来到医疗站说是胸口痛，让医生给她打一针止痛针。这也许是乡村医生或农村人解决疼痛常用的办法。似乎止痛针或止痛药是治病的万能药。人们一旦痛起来，首先想到的是打止痛针。

张耀顺详细询问疼痛的部位、疼痛的状况。发现患者右下腹有压痛点，只有一个部位疼痛。张耀顺用听诊器听到肠鸣音有些弱，预示着患者的病情比较严重，要立即给予患者抗感染治疗和手术治疗。

但医疗站不具备做阑尾炎手术的条件，必须到澄西医院。丁浩兴的妈妈希望张耀顺给她打一针止痛针，以缓解疼痛。张耀顺说不能打，只能忍着。可此时，村里的男劳力都到工地开河干活去了，患者必须立即送往医院，耽误了时间可能引起化脓、坏疽，甚至会出现阑尾穿孔引起腹膜炎。一旦导致患者的腹腔感染就会非常严重，而且有可能会出现弥漫性的腹膜炎。如果到这个程度，不仅患者本人受罪，而且治疗的费用大，会给家庭经济造成压力。

从汉墩头村到澄西医院的直线距离也就五里多路。可当时没有一条像样的公路，只有田间小道，而且有很多地方被水渠从中割开，人们赶集连推车都很困难。

张耀顺因为这条路烦恼过很多次。每次遇到急重病人，特别是下雨和夜晚，要抢救一个生命太不容易了。晚上黑灯瞎火，高一脚低一脚，车走不了，只能靠人抬。雨天路上泥泞不堪，每前进一步都很困难。不知道苍山村有多少人的生命被耽误在了这条路上。

张耀顺向村里建议过多少次，希望修一条直通西石桥的路，方便村民的来往。大队干部也知道修路的好处，可是，修路涉及苍山村的几个自然村。土地对苍山村的人来说如同命根子，平均每人只有一亩多地。一亩地能打几百斤粮食，公粮一交，村里人的口粮很紧张。要是遇到三年困难时期那样的年景，日子就更困难了。虽然村民们都知道修路的好处，但要修一条路到西石桥，占哪个村的地，哪个村都不愿意。更主要的原因是修路要钱，可是钱从哪儿来？没有钱就没办法修路。张耀顺感叹，治病救人，还是要先修路。

此时，村里没有男劳力，没有车，也没有路。张耀顺只好叫上村里几个妇女，用蒲篮把丁浩兴的妈妈抬到医院。

澄西医院的医生看到几个妇女用蒲篮抬着一个病人，疲惫不堪地进了急诊室，就知道这个病人的病情比较重。问她们是啥病，她们说是张医生说的急性阑尾炎，要赶快做手术。

做完手术，医生告诉家属，幸亏及时送到，已经有脓了，差一点就要穿孔，再晚一点就比较麻烦了。澄西医院的医生表扬张医生诊断水平高。

乡村的赤脚医生成了百科全书。

人们常说，牙痛不是病，痛起来要人的命。几乎所有人一生中都要经历牙痛。

从专业的角度表述，牙痛是指牙齿内或牙齿周围的疼痛，可以是持续性疼痛，也可以是刺激后产生疼痛。

引起牙痛的主要原因，最常见于龋齿、牙髓炎、牙周病、创伤等，另外，心绞痛、三叉神经痛也可引起。

导致牙痛的因素有牙源性牙痛、神经性牙痛，多是由于感染、物理化学刺激等导致牙髓内充血、水肿、炎症因子浸润，作用于牙髓内的神经末梢，并传入高级神经中枢而产生的疼痛感。牙源性牙痛，如上颌窦炎、颌骨骨髓炎等可通过上牙槽神经、眶下神经反射性引起侧上颌牙齿阵发性疼痛。神经性疼痛是指如三叉神经一个或多个分支区域的颌面部神经病理性疼痛，其发病机制可能与三叉神经局部产生异位有关。

就是这么一个虽然不要命的病，甚至不是病，但痛起来却让人很难受。吃不下，睡不好，甚至让人头痛欲裂。如果有人说他能治牙痛，也许没有人相信。即便是医学发展到今天，市面上能治牙痛的药恐怕最常用的是甲硝唑，但也未必能治各种牙痛。到正规牙科医院，常见的方法是做根管治疗。

张耀顺有治疗牙痛的秘方。

梅家村有一个老人叫梅荣大，也就是今常州富商刘灿放的外公，牙痛得三天都没吃东西了，躺在床上，烦躁不安。他在家里站也不是，坐也不能，双手抱着脸，紧锁眉头。家里人让他上医院，他知道上医院也就那样，除了拔牙还能有什么办法？"身体发肤，受之父母，不敢毁伤，孝之始也。立身行道，扬名于后世，以显父母，孝之终也。"老头子觉得发肤尚且如此，何况牙齿。拔牙很容易，瞬间的事。可是，从此再也没有那颗牙齿了。他想忍受痛苦，保住牙齿，但三天过去了，他所承受的疼痛是他大半辈子都没有遇到过的。

梅荣大在梅家村也是有名望的人，儿女亲戚很多。因为牙痛折磨了老先生好几天，闹得子女、孙子们都回去看望，家里挤了一堆的人，搞得梅荣大更烦躁。他把儿孙都赶回去，让自己安静下来，牙痛或许还能轻一点。有人提议，说张耀顺能治牙痛，不如把他请来，也有人说张耀顺是个赤脚医生，也就看个头痛脑热的小病。梅荣大觉得尽管疼痛难熬，但也不是第一次牙疼，找医生也不管用，忍几天就过去了。还是老太太心疼老头子，有没有用，请张医生来试试嘛！

家里人请来了张耀顺。

他问了梅荣大牙痛的症状，用手扳着梅荣大的脸，确认这是一种神经性的疼痛。张耀顺问道："几天没吃东西啦？"

梅荣大："痛得我三天没吃东西了。别说吃饭，喝水都痛。大半辈子，这回算是遭大罪了。"

张耀顺对梅荣大的夫人说："赶紧煮几个鸡蛋，好好补补。"

梅荣大："张医生啊，别说是鸡蛋了，连米汤都喝不成，见热凉都痛得我头想往墙上撞。"

张耀顺让梅荣大躺在床上。他取出银针，在合谷、颊车、下关以及手阳明经、足阳明经的穴位分别进行了针灸。过了一会儿，张耀顺拔出银针，收好放入药箱。梅荣大坐起来，动动上下颌，又摸了摸脸，不痛了，就这么神奇吗？梅荣大兴奋地问老婆蛋煮好了没，他感到很饿。

张耀顺给梅荣大配了一服药，里边由几味中药组成。叮嘱家人煎好后，每天口含，一日三次，每次不少于 5 分钟，三天左右可痊愈。

对于牙痛这样的算不上病的处理，每个患者牙痛的症状不同，针灸的部位不同，但所开的药大体上是消炎之类的药。这是张耀顺自己总结出来的专治牙痛的秘方。加之他祖传的专治溃疡的秘方，张耀顺想把这两个秘方分别制成中成药，更方便为人治病。

从进入医疗站到 1982 年，张耀顺在赤脚医生这个岗位上已经 5 年了。5 年对于一个医生来说，时间还短，也可以说是才开始。但对张耀顺来说，对于苍山村的老百姓来说，张医生已经是可以治各种病的名医了。因为在农村，人们对赤脚医生的要求并不高，小病找村里的医生看看，能治好自然是好事，治不好也不能责怪，毕竟没有包治百病的神医。和以前相比，张耀顺的出现，已经很大程度上解决了苍山村群众治病难的问题。比如单珍大的坐骨神经痛、张荣章母亲十几年的头痛病、徐奶奶的手溃疡等，这些都是长期不能根治的老毛病，很多大医院都治不好，让张耀顺给治好了。这些病例从苍山村传到梅家村，传遍西石桥。关于张耀顺能治疑难杂症的传说越传越神乎，找张耀顺治病的人也就越来越多，很多人迷信张医生。

有一天，梅家村的范有根找到张耀顺，说自己带父亲到常州看过病，医生说他的父亲患了胃癌，已经到了晚期，没得治了，让回家能吃啥就给做啥。可他父亲非要找张医生开几服药试试，能治好了最好，治不好口眼也闭了。

老人对张耀顺的迷信，如同今天的人们，不远千里到广西巴马。那里有一个长寿村，离村不远处有一百魔洞。据说这里的空气质量好，水好，可以治百病，大批的癌症患者来到这里，他们买票进入山洞，在这里住上十天半个月。有没有作用，他们不在乎，在乎的是还有多少活下去的希望。面对死亡，面对生命最后的救星，在别无选择的时候，只能选择自己内心的信任。

生命的脆弱和人间的悲苦常常拷问着张耀顺的心灵。他治好过一些人的病，他也曾延长过一些老人的生命，但更多的病人是在他的救治下死去的。村里几乎每一个老人在离世前，他都去看过。他如同生命的检验者，知道谁还有多长时间，他会尽力，却无能为力。

第十一章
苏醒的大地

1978 年的春天，对于苍山村的老百姓来说，感觉不到有什么特别之处，桃花依旧红，梨花依旧白，柳树和往年一样吐绿纳翠。农民还是农民，集体耕作在大麦河两岸的土地上。可是，水墩上大队部的报纸却在更新着每天的内容，广播在讲一些农民似懂非懂的事情。

人们都很清楚地记得，去年的 2 月 7 日两报一刊社论《学好文件抓住纲》："凡是毛主席做出的决策，我们都必须拥护，凡是毛主席的指示，我们要始终不渝地遵循。""两个凡是"讲了好长一段时间，可是今年又有新提法。1978 年 5 月 11 日，《光明日报》发表本报特约评论员文章《实践是检验真理的唯一标准》，由此引发了一场关于真理标准问题的大讨论。

汉墩头的农民不关心什么是真理，也不知道什么是标准，怎么检验真理也由不了他们。他们只知道过上好日子，特别是那些"地、富、反、坏、右"不再被批斗那才是真理。

这一年，全国科学大会召开，可是，这与苍山村的农民有什么关系？在靠天吃饭的年代，在以粮为纲的时代，科学只是一个抽象的名词。相信科学，就是要打倒"四旧"。人们亲眼见过"四旧"是怎么被打倒的。那些寺庙里高大的神像，脖子上套根大绳，几个壮汉吆喝着拉倒，神像就被摔得四仰八叉，然后被砸得粉碎。但农村没有见过科学是怎么建立起来的。多养一头猪，多增一车肥，多打一担粮，这也算科学吗？

但接下来的事情，让人们大开眼界。曾经被批斗的"臭老九"正式回归劳动人民中。也就是从这天起，人们才听说知识就是生产力，知识可以改变命运。与村里的同龄人相比，张耀顺也是一个有知识的人。既然知识能改变命运，他觉得自己的命运也有可能发生改变。至于将来的命运往哪里去，现在还看不清楚。他所能做的是每天接待来看病的村民，但他相信，改变命运的日子不远了。

国运的改变，人民的命运也随之改变。

就在这一年的最后几天，报纸和广播上说，停止使用"以阶级斗争为纲"的口号，把工作重心转移到经济建设上来，实行改革开放的历史性决策。

对于汉墩头的人们来说，好像也不太理解这些词汇。但他们明显感觉集市上热闹了起来。年轻人的服装已经不满足黑白蓝三色，大街上的青年男女穿出了各种款式。外出做生意赚钱不用再偷偷摸摸了，水墩上的基干民兵不见了，很久没有听说谁被抓去劳教了。

这些微小的变化在不知不觉中扩散开来，如同大麦河边的两岸，先是柳树发芽，然后是迎春花零星地盛开，用不了多久，这里就会是一片春色。

而这一年的冬天，在安徽发生了一件令人们不敢相信的事情，如同冬雪里的雷声，新奇而又隐隐地滚过江南的上空。经世的人们推开窗户，仰望天空，预感要有大事发生。

1978年12月的一个冬夜，安徽省凤阳县小岗村18位村民，在一纸分田到户的"秘密契约"上按下鲜红的手印："我们分田到户，每户户主签字盖章，如以后能干，每户保证完成每户的全年上交公粮，不在（再）向国家伸手要钱要粮。如不成，我们干部作（坐）牢杀头也干（甘）心，大家社员也保证把我们的小孩养活到十八岁。"

当时的小岗村，"吃粮靠返销、用钱靠救济、生产靠贷款"，是远近闻名的"三靠村"。因经常闹灾荒，农民大多外出乞讨。"绝密会议"开了3个小时，他们共同立下这份契约，18位农民以中国最传统的方式按下了鲜红的手印。

由于煤油灯光线昏暗，加之当时气氛紧张，这份具有历史意义的"生死契约"写得歪歪扭扭，句子既不连贯，也没有标点符号，还有多个错别字。但是，这18位村民万万没有想到，他们因饥饿而被迫立下的这份"生死契约"，竟成了中国农村改革的第一份宣言书。

第二天，他们把生产队的土地、农具、耕牛等按人头分到了各家各户，催生出第一个家庭联产承包责任制，实行包产到户。

如果说这件事情起初在农村还只是传说，汉墩头的人们依然听着吹哨子声上工，过着集体劳动的生活。那么，接下来的政策，让汉墩头的很多人感到兴奋。

1979年1月29日，《关于地主、富农分子摘帽问题和地、富子女成分问题的决定》指出，除极少数坚持反动立场至今还没有改造好的，凡是多年来遵守法令，老实劳动，不做坏事的"地、富、反、坏"分子，经过群众评审，县委批准，一律摘掉帽子，给予人民公社社员待遇。地、富家庭出身的社员，他们本人成分一律定为公社社员，与其他社员享受一样待遇。凡入学、招工、参军、入团、入党和分配工作等方面主要看政治表现。

张耀顺的家庭是中农，汉墩头很多家庭是中农，甚至是富农和地主。这次摘帽子，如同脱掉人们身上厚重的破棉袄，这破棉袄里面长满了虱子和病菌，曾让他们感到恶心又无奈。多少次机会，如招工、招干、招兵、上学都是这件不该属于他们的"破棉袄"阻碍了他们。如今，他们换上一身干净的衣裳，崭新而又扬眉吐气地迎接新生活。

比这更快乐的事情是，张耀顺有了自己心仪的人，小学同学王锡英。

王锡英小时候在新街小学读书，与张耀顺是同班同学。在班上，她学习特别好，经常得到老师的表扬。小学毕业之后，张耀顺在五七农中上学，而王锡英就读于利港中学，他们从此再没见过面。高中毕业后，张耀顺当上了苍山大队的团支部副书记，而王锡英当上了红光大队的团支部书记。

自从张耀顺治好了徐奶奶的手，徐奶奶就认定张耀顺这个小伙子能干。于是，给外孙女王锡英介绍张耀顺，希望他们能结合成一对。

王锡英一听说是汉墩头的张耀顺，脑海里立即浮现出张耀顺小学时调皮、打架、旷课等恶劣形象。她把头摇得像拨浪鼓一样，没有商量的余地。

"哼。他呀，怎么可能？嫁给谁也不嫁给他。"

可是，外婆有的是耐心。只要王锡英来家里，外婆就要念叨张耀顺多么好，多么能干，家庭条件也不差，村里人都是这么评价的。外婆还把对张耀顺的好印象告诉儿媳妇徐梅大（王锡英的舅妈），好像不成全这门婚事就死不瞑目似的。徐奶奶还会走到曹祥桥女儿家，训斥女儿张秀凤：

"你不把锡英嫁给裕生家的大儿子，想要嫁给谁呀?!"

就这样，徐奶奶一有空就去训一通女儿，连续去了十多次。一次两次王锡英不在乎，可时间长了，外婆对张耀顺的赞美渐渐地改变了他在王锡英脑海中固有的印象。

王锡英有点心动，毕竟张耀顺也是赤脚医生，还是受人尊重的。每个月多少还有点补贴，总比村里一般青年好些。既然外婆这么认可他，肯定有点道理。外婆是疼爱她的，绝不会把她往火坑里推。

媒人夏菊秀、徐梅大安排王锡英到张耀顺家去相亲，让她看看家庭情况，也见见张耀顺。王锡英心想，如果相中了就谈下去，如果不行就不听外婆唠叨了，也好让她断了这个念想。总之，王锡英没抱多大希望，就想走个过场，给外婆和舅妈一个交代。

张裕生对这门亲事很重视。他的儿子顺苟已经 26 岁了，村里像顺苟这样年龄的人好多已经成家了，甚至孩子都满地跑了。以前也有人提过亲，都是顺苟不上心。他不成家，网娣就不愿意出嫁。说是她出嫁了，没人给她弟弟做饭。

网娣为了这个家已经错过了最佳的订婚年龄。在一位媒人的撮合之下，网娣和比她小两岁的符林才相识相爱了。网娣迟迟不愿意出嫁，是因为弟弟没有成家，她走了，这个家也就没人照管了。张耀顺的婚姻不仅是他个人的终身大事，也关系到大姐的谈婚论嫁。所以，张裕生对王家这门亲事很重视，请了一天假，回来接待媒人和那个没见过面的女孩子。网娣和耀宏前一天就打扫卫生，把屋里屋外收拾得干干净净，整整齐齐。网娣做了一桌饭菜，要热情招待客人。

王锡英第一次以相亲对象的身份，近距离地审视张耀顺。长脸、五官端正、身材挺拔、声音洪亮，有活力。跟她印象中的小学时候的形象完全不一样。但也没有让她眼前一亮的惊喜，毕竟顽劣印象太深，可是，也没有其他可挑剔的地方，具体哪儿不满意，她也说不出来。

她对张耀顺的家庭状况还比较满意，答应媒人留下来吃顿饭。一般来说，能留下来吃饭，表示基本同意。媒人当然高兴，成全一对姻缘是不容易的。

随后的一段时间，王锡英心中有些纠结。一是张耀顺没有母亲，将来没有人帮着带孩子。二是对张耀顺小时候的印象总是让她挥之不去。她一直犹豫不决，更让她无法接受的是张耀顺身上仍有顽皮个性，感觉张耀顺好像不太在乎她。有一次他们一起在利港看戏，看完后走到大麦河边就分开了，张耀顺竟然没有送她回家。从大麦河到曹祥桥村也有一段路，田间小路两边都是庄稼。她一个女孩子独自走在这样的夜路上，心里充满了恐慌。王锡英有一个哥，三个弟。她在家排行老二，是父母的掌上明珠，从小有哥哥弟弟护着，哪受过这等委屈？她对张耀顺仅有的一点好感，被这黑夜里的秋风吹得荡然无存。她决定放弃这门亲事。

王锡英性格泼辣，父母根本管不了她。她想做的事，谁也挡不住，她不想做的事，谁说也没用。

王锡英决定在家里请张耀顺吃顿饭，算是了结。她不愿意让张耀顺认为她吃过他家的饭，然后又不同意，她不想欠这个人情。有来有往，一断两清。

张耀顺看完病人，换了一身蓝色涤卡上衣，路过供销社，买了两盒点心和两瓶罐头，直接去了王锡英家。媒人早就到了，正在和王锡英的父亲拉家常，他们对王锡英这次主动邀请张耀顺到家里来吃饭感到很满意，觉得这桩婚姻大有希望。

听到狗叫声，王锡英的父亲王忠顺迎了出来。他热情地招呼道："耀顺来了，快到屋里坐。"

王忠顺是大队的会计，小队的队长，在村里也是位能人。王锡英的母亲张秀凤是妇女队长，负责安排妇女出工干活，有时也出面调解一些家庭矛盾。在农村，这一家也算是"干部家庭"，能培养出王锡英这样精明能干的女儿也就不足为奇了。桌上摆着瓜子和糖果，看得出来，王锡英的父母对张耀顺是很满意的，对这个准女婿第一次上门很重视。张秀凤从厨房出来，用围裙擦擦手，热情地招呼张耀顺，并用丈母娘的眼光打量了一番，然后微笑着招呼张耀顺喝茶嗑瓜子，自己进厨房继续忙着做饭。

"锡英，你下来吧，耀顺来了。"王忠顺在喊女儿出来招呼客人。

阁楼上没有回音。张耀顺坐了一会儿，觉得和王锡英的父亲也没什么话可说，便来到王锡英的阁楼上。

张耀顺见了王锡英，两个人客气地说了几句话，就尬聊了。

张耀顺突然冒出了一句："入芝兰之室，久而不闻其香；入鲍鱼之肆，久而不闻其臭。"他想给王锡英表达的意思是，相处久了，好也罢，坏也罢，也就分不清了，时间可以改变一切。

王锡英今天本来就是给张耀顺设下的还情宴，吃完饭两不相欠。什么"香啊，臭啊"的，她想顶两句，还是忍了。毕竟张耀顺是上门的客人。

这顿还情宴顺利结束，王锡英没有提分手的事。她想即使是分手，也不能在她家提，更不能当父母面提。毕竟她的父母对这门亲事还是满意的。吃了这顿饭，她和张耀顺从经济上算是两清了，至于分手的事，以后找机会再说。临走的时候，她和父母一起把张耀顺送到村口。

张耀顺的夫人王锡英

113

　　然而，张耀顺对王锡英也不是完全满意。他除了没有妈，自认家里的经济条件并不差，自己又是赤脚医生，村里谁见了医生不恭敬，人吃五谷杂粮，谁不生病？没准哪天就要用上医生。给他提亲的大有人在，可他不在乎。当年在文艺宣传队，比王锡英个头高、脸蛋儿漂亮的女孩儿也不少，可他都没心动过。他的心思全在给人治病上，没想谈恋爱找媳妇。如果现在真要找个媳妇，难道非得找王锡英吗？

　　他有些犹豫不决。这场爱情一开始并不是那么心动，他也没有见过激动的爱情是什么样子。汉墩头的爱情就是男女一起过平常的日子。第一部关于爱情的电影《庐山恋》是在两年以后才演给人们看的。

　　两个年轻人以同样的心理在审视对方，既没有特别心动的地方，也没有让人过分挑剔之处，然而一场完美的爱情和婚姻就在这平淡的岁月中孕育了。

　　1980年的早春季节，张耀顺挽着恋人王锡英，走在泛绿的田埂上，此时，油菜花正含苞待放。江水初暖的大麦河边，杨树梢上传过阵阵呼啸，这是大地回春、万物复苏的征兆。一种美好的向往在两个人心中升起，他们携手奔跑，唱起了《在希望的田野上》。

　　这是20世纪80年代初期最为流行的歌曲，时任《歌曲》月刊编辑的陈晓光在安徽、四川等地体验农村生活，亲身感受到了人民群众发自心底的喜悦，深切体会到了祖国大地日新月异的活力，于是他激动地写下了歌词《在希望的田野上》。施光南，这位来自重庆的作曲家，同样饱含着对农村的热爱和对新时代的向往，他只花了半天就完成了谱曲。

我们的家乡

在希望的田野上

炊烟在新建的住房上飘荡

小河在美丽的村庄旁流淌

一片冬麦，（那个）一片高粱

十里（哟）荷塘，十里果香

哎咳哟嗬呀儿咿儿哟

咳！我们世世代代在这田野上生活

为她富裕为她兴旺

……

40 年后，每当响起这欢快的旋律，想到歌词中一幅幅画面，张耀顺总是饱含热泪。那是苦尽甘来的甜蜜；那是青春勃发的岁月；那是他脱下厚重的"棉袄"，迎接大地回春的畅快与欢庆。

"没有改革开放，没有党的政策，就没有我张耀顺的今天。"他经常这样对人讲。

第十二章
父亲的工厂

20世纪40年代，只有十几岁的张裕生，和当地的几个年轻人去上海闯生活，在一家五金厂当学徒。在师傅的带领下，经过几年的学习，张裕生能看懂图纸，学会操作车、铣、冲床等设备，尤其是钳工的水平超出同批学员。一些复杂、质量要求高的产品，张裕生都能干得很好，成了当时他们那一批中最为优秀的员工。

在三年困难时期，张裕生和其他工友一样，离开了上海这家五金厂回到了苍山村。先是在家里干一点小五金，后来，五七农中邀请张裕生加入校办工厂。五七农中解散后，他帮助公社组建了西石桥五金厂。在一个又一个的办厂中，张裕生亲身经历了工厂从无到有，从小到大的发展历程，为自己办厂积累了经验。特别是在西石桥五金厂这么多年，张裕生从技术、质量到承揽订单，全过程地负责和参与。在业务上与合作企业的厂长及业务人员建立了很好的私人关系。

父亲张裕生

张裕生在西石桥五金厂上班，中午在工厂食堂吃过午饭，习惯性地在厂门口的报栏旁看一会儿报纸。一方面消化刚吃进去的食物，站着看看报总比饭后立即回宿舍躺下要健康一些；另一方面，在没有其他信息来源的时代，不看报还能看什么？

报栏里有两张报纸，一张是《人民日报》，另一张是《江苏日报》，用玻璃夹着，前后两面都能看。厂办公室的文书负责每天更换报纸，职工们每天都能读到最新的消息和有关的社论。

1979 年 2 月 19 日，《人民日报》发表了《靠辛勤劳动过上富裕生活》的文章，报道黄新文通过劳动成为中国第一个万元户。黄新文是广东中山小榄镇人。他不仅参加生产队的集体劳动，还用贷款买了 25 头小猪，通过精心饲养，在半年内长到 150 多斤。他还养了一些小鸡，种植荔枝和木瓜，另外把养猪养鸡产生的肥料卖给公社增加收入，这些都是黄新文的副业。全家三口劳力在队上个个都很勤劳，在生产队挣工分。1978 年黄新文全家年总收入达到了 1.07 万元，除去各项成本，纯收入 5900 元，成了农民中第一个"万元户"。黄新文的事迹一经报道在社会上引起了强烈反响，人民群众羡慕并以他为榜样，劳动致富光荣。

1980 年 4 月 18 日，新华社播发的通讯《雁滩的春天》中提到，1979 年末，甘肃兰州雁滩公社社员李德祥，从队里分了一万元钱，社员们把他家叫"万元户""村里的高干"。各地政府也大力挖掘当地的致富能手，树立典型。一时间，"万元户"如雨后春笋般地出现，他们受表彰，披红戴花，游街夸富，成为一道亮丽的风景线。

张裕生敏感地觉察到身边人的变化和行动。政策在支持个体经营，鼓励农民挣钱，一部分先富起来的农民得到了政府公开表彰，受到了人们的羡慕和赞扬。他现在家庭成分也和所有贫下中农一样平等。分田到户的消息也在传播，据说很快江阴也要实行包产到户。村里已经有一些人去了上海、南京，进回新潮服装、电子表、明星画，西石桥的集市已经是五颜六色，各类商品让乡下人眼花缭乱。特别是年轻人，他们扛着录音机，穿着喇叭裤，戴着蛤蟆镜在西石桥的集市上招摇过市。村里的张茂生过去是个木匠，会做家具，也能盖房，前几天组建了一个建筑公司，在县城给人盖楼房。

有一天，张裕生收到一封从上海来的信，拆开一看是原来在上海五金厂时的师弟，邀请他去上海。那位师弟在上海办了一家五金厂，生意不错，就是急缺人手。

张裕生正好也想去上海看看。自从回到西石桥，上海他也就去过两次。一次是给西石桥五金厂买设备，从一家国营工厂里买的淘汰下来的二手设备；另一次是前几年去一家钢厂买钢材。每次都是匆匆去又匆匆地回，没有时间去以前工作过的五金厂，也不知道原来的那家工厂还在不在。

到了上海，师弟亲自开车去车站接他。师弟在上海创办了一家五金厂，这几年生意一年比一年好，产品供不应求，活根本干不过来。师弟正准备扩大产能，想让张裕生到他的工厂工作，工资待遇优厚。

张裕生在师弟的带领下参观工厂，与其说是工厂，不如说是作坊。在上海郊外一处城乡接合部，这里是一片低矮的石棉瓦平房，各种各样的小企业沿着路边摆开。有五金冲压厂、金属压铸厂、电镀厂、弹簧厂、模具厂、注塑厂，可以说这里就是一个乡镇工业园区，只是环境和条件十分简陋。这就是中国个体企业和乡镇企业起步时期的摇篮。在全国，各个大城市的城乡接合部都有这样的小厂集聚区。他们主要集中在一些大的企业周围。厂房是村里利用集体土地集资盖的简易厂房或是临时违建，甚至水电由租户自己建，但厂房租金便宜。30多年前，闵行区的光华路上曾汇集了数百家企业和商铺，一度被称为"颛桥镇工业经济的发祥地"。宝山区，因为靠近宝钢，所以周围都以钢铁加工和钢结构工厂为主，主要集中在蕴川路、沪太路和同济路这几条主要干道周围。浦东新区的每个镇都有些工业园区，在外环附近比较多。

随着城市发展，这些临时的小型工业区从二环迁到三环，再从三环迁到四环、五环一直到外环高速。城市的演变就是从农田到简易厂房再到拆迁改造，最后呈现的是高楼林立的商品住宅和写字楼。中小企业园区的存在为那些起步时期的小厂提供了廉价的厂房，从而以低成本进入市场，促进了中国经济的起步和发展。

张裕生师弟的工厂有六七台小型冲床，五六台钻床，一台下料机，这就是全部设备。这些设备是从二手设备市场淘来的，颜色混杂，新旧成色各异，其实这在当时也是一种普遍的做法。国营企业开始更新改造，淘汰下来的设备经过翻新或维修，就流入了个体企业。这种现象一直持续到21世纪的前10年，全国都有二手设备交易市场。不同的企业有不同的需求，只要能做出合格的产品就是可用的设备。

晚上师弟在一家高档酒店宴请张裕生。酒席上还有当年上海五金厂的其他两位师兄弟。看着他们一个个神采飞扬，张裕生感到有些落寞。他在西石桥也算是个名人，厂里大小谁见了不尊重他？可是，今天在上海，这一桌饭钱值他半年的工资。人家谈论的话题他都插不上嘴，感觉自己真的是从乡下来的。师弟原来也是在乡下，政策放开才几年，变化这么大，张裕生感觉自己已经落伍了。

"师兄呀，你来我这儿吧，比你在公社企业收入高十倍。我们这是计件工资，工人干得多拿得多，你来负责技术，或者管理生产，你自己选。"师弟在劝张裕生。

坐在旁边的一位师兄说："师弟要是真有难处，不如自己干。以师弟的手艺，绝对没问题，咱不能端着金碗要饭吃。"

"过去政策不允许，现在放开了，咱自己为啥不干？"

"万一政策哪天又变回去呢，再来一次割'尾巴'呢，即使不割尾巴，赔了怎么办？"

"不是说了嘛，摸着石头过河，咱们也是边摸边过吧。"

"这年头，撑死胆大的，饿死胆小的。白猫黑猫抓住老鼠就是好猫。"

……

酒桌上大家乘着酒兴，你一言我一语，发表着自己的高论，引用一些当时流行的名句，对办厂挣钱兴趣浓厚。几个多年不见的师兄弟，在经历了三年困难、十年动乱和三年的改革开放，世事沧桑，几度离合，如今把酒言欢，直到深夜。

这一顿饭对张裕生触动很大。如果在西石桥，他还是和厂里的人谈论产品质量，抱怨工资太低；向公社领导汇报今年的任务和明年的计划，表示决心要为"四个现代化"而努力奋斗；回到村里依然要摆弄那三分自留地，和村里的老大爷聊一聊明天会不会下雨。可是，在上海这一顿饭桌上，谈论的却是另一个话题，为张裕生打开了一扇窗户，让他看到了外边的世界比苍山村变化得更快。这就是人们所说的圈子，在不同的圈子有不同的命运。中国人最容易形成圈子，也最容易形成圈子经济或者是圈子产业。所谓"一村一品""一城一产业"的现象，就是圈子的带动作用。

回到苍山村，张裕生开始筹划办厂的事。

首先是干什么，自然是自己最熟悉的业务。西石桥五金厂专门从事各类电气开关零部件的生产，主要是冲压件，也生产各种各样的弹簧。其中弹簧的生产最是简单，不需要大的设备，可以手工绕制。主要的工序是：按图纸要求加工一个弹簧内径尺寸的钢棍→在钢棍上缠绕钢丝→按弹簧长度截断→磨平弹簧两端→调整尺寸→淬火→回火。只要有一台炉子，几台砂轮机就可以干起来。这里边的淬火与回火属于热处理工艺，不同的弹簧所用的钢丝不一样，热处理的工艺参数也不相同。这些工艺张裕生都掌握了，干起来没有问题，初期可以委托苍山大队的弹簧厂进行热处理。

张裕生决定先从弹簧干起。他首先想到了江北电器厂，那是西石桥五金厂长期合作的关系户。张裕生对江北电器厂的人最熟悉，关系最近。只要他提出自己干，赚钱了大家一起分，估计问题不大。这是当年个体户起家的通常手法，而那些能揽来活的人被称为"能人"。"能人"在技术不发达、经济落后的时期，如同冷兵器时代的英雄。他们可以让一个厂起死回生，也可以让一个厂倒闭。

打仗亲兄弟，上阵父子兵。张裕生自然想到和自己的子女一起办厂。大儿子张耀顺是村医疗站的赤脚医生，这些年通过自己努力，已经能给人看病，在邻近几个村都有些名气了。如果让他放弃现在的职业有些可惜，当医生毕竟是一种行善积德的正当职业。在农村，医生和老师是最受人尊重的职业。再说了，当年为医疗站，梅伟南没少帮忙，梅彩芹也是精心带他，现在为了挣钱，怎么能说走就走呢？毕竟赤脚医生每月还有8元钱的工资，家里的基本生活开支还是可以的。办厂的事还是有风险的，万一赔了，办不下去了，张耀顺再想回到医疗站也是不可能了。所以，张裕生决定办厂的事暂时不告诉张耀顺，免得他分心。

大女儿网娣婚后日子过得还可以，在村里算是中等水平。女婿符林才是个木匠，前几年凭手艺还能挣点钱，现在患上了乙肝，干不了木工活，日子过得越来越紧巴。从农村的眼光看，网娣毕竟是嫁出去的人，女婿和女儿可以来厂里干活挣工资，但不能合伙办厂。

二儿子耀宏虽然也靠木匠手艺过活，但性格比较内向，不擅长与人交往，日子过得也不怎么样。自从张耀顺结婚后就分家过日子，现在张裕生和二儿子张耀宏一起生活。办厂的事自然是以张耀宏为主，如果两个儿子都参与，将来免不了起矛盾。

二女儿秀娣在常州有工作，不用他操心。

张裕生想了几个晚上，唉，手心手背都是肉，叫谁不叫谁都难。他决定还是带着耀宏先干起来。

1981 年的秋天，在江北电器设备加工厂，张裕生见到老熟人，江北电器外协科科长夏光明。中午在镇上饭馆里，二两酒下肚，张裕生说明来意。

夏光明先是愣了一下，思索了三秒钟，"老张啊，咱这么多年的交情，有啥不可以。只要质量能保证，这活给谁不给谁还不是咱说了算吗？不过加工费上略降一点，我也好给厂长有个交代。"

就这样，有了活，就可以开张了。

加工厂就设在利港村的猪桑场（村里原来的饲养室），那里有几间瓦房。还有三相电，房租也便宜。

张裕生把这几年攒的钱都拿出来，加上儿子耀宏的积蓄，一共1000 元钱作为本钱。张裕生也没有想到，办厂会这么简单，仅江北电器厂一家的弹簧都够他干的。

1981 年底，厂里放假准备过年。张裕生背着挎包，到江北电器厂分别给厂长、外协科长、检验科长、仓库管理员一一表示心意，拜个早年。回到厂里，他盘算了账目，给每个人发了工资。扣除材料款、房租、电费，不到半年时间竟赚了一万块钱。张裕生留足了经营资金，过年前给耀宏分了一笔钱，算是他们的投资收益，也可以说是分红。

第十三章
五十元起家

1981 年腊月，人们正在兴奋地准备年货，新年的脚步一天天临近，活泛起来的人们更有心情去迎接新的春天。

王锡英和张耀顺的家庭生活已经不是花前月下，也不是甜言蜜语，而是油盐酱醋，是做不完的家务和紧紧巴巴的日子。每个月 8 元钱，王锡英要筹划着用。春节过后孩子就要出生了，给孩子买奶粉，家里的开支，人情往来，还想攒点钱以防家庭急需。王锡英很会理家，也体贴丈夫。她知道张耀顺是一个很有上进心，能刻苦钻研的人。这几年积累了一些行医的经验，找他看病的人越来越多。有时深更半夜，哪怕是刮风下雨，只要是有病人需要，张耀顺必会出诊。王锡英觉得只要自己丈夫能有出息，能得到人们的认可，能给乡亲们治病，自己苦一点累一点都没啥。她没指望跟张耀顺会大富大贵，只希望两个人和和睦睦地在一起，过着和村里人一样的平常生活。

可是，父亲办厂的事扰乱了王锡英的心情。张耀顺、张网娣、张耀宏都是父亲的儿女。家里有事的时候找张耀顺，可是办厂怎么没找张耀顺？手心手背都是肉。想当年，她嫁给张耀顺的时候，床上用品都是她娘家给置办的，张耀顺没有妈，父亲也弄不了。

这一天，张耀顺的心情不错，有一个病人专程到医疗站感谢他。张耀顺回家时顺道去看了村南头的张惠菊。张惠菊也是苍山村的人，20多岁的姑娘，脚上的溃疡已经几年了好不了。张惠菊的母亲很着急，20多岁的姑娘，正是闺中待嫁的年龄，得了这个难治的病，连路都走不成，不要说嫁人了，连日常的生活都受到影响。她听说张耀顺治好了汉墩头徐老太太的手，便找到张耀顺，希望张耀顺能给女儿治脚。起初张耀顺没有答应给张惠菊治病，一方面是张惠菊的哥哥带她到好几家大医院去看病都没有治好，张耀顺也无法保证能治好。另一方面，张惠菊与徐老太太不一样。徐老太太80多岁了，本身是黄土埋到脖子了，即使治不好甚至治坏了，也不会有太大的事。而张惠菊才20多岁，万一治出医疗事故，张耀顺担不起责任。可是，张惠菊的母亲一再恳求，说她们跑了好多家医院，都说治不好这种病，一定要救救她的女儿。经过一周用药治疗，张惠菊脚上的伤口处开始长新肉了。张惠菊一家人很开心，张耀顺也很开心。

张耀顺回家坐到饭桌前，拿起筷子还没有夹菜，便兴奋地讲起今天在医疗站的事和张惠菊的脚。他迫不及待地向王锡英分享他的成果。可他的话还没出口，王锡英脸一沉，眼泪就掉下来了。

"你一天到晚就知道医疗站那点破事，现在都啥年代了，家家都在想办法挣钱。做生意的做生意，办厂的办厂，你就守着你那个破医疗站，每月挣8块钱。你看看你爸、你弟、你姐，你哪里不如他们，你也是你爸亲生的，他们办厂为啥不叫你，我们哪里对不起你爸？

"我每天挺着大肚子给人家干活，累死累活一天才挣一点点钱。

还要喂猪、给你做饭，我容易吗？你要是有本事挣钱，我至于这样吗？你不考虑我，你也该考虑肚子里的孩子。"王锡英边哭泣边诉说。

张耀顺被王锡英唠叨得无言以答。其实他也感到憋屈，是呀，在办厂这件事上，父亲怎么也不跟他招呼一声。从小到大，他没有跟父亲顶过嘴，家里的事他能承担的都承担了，该得好处的时候没有自己的。作为长子，张耀顺可以怨而不言，但王锡英却不一样，她不和公公说理可以找丈夫撒气。

可是张耀顺能怎么样，除了安慰王锡英之外，他总不能去找父亲讨说法吧？再说，父亲办厂愿意要谁那是他的权利，作为长子，总不能因为这事与父亲红脸、与兄弟反目吧。尽管心里不舒服，但有怨言却说不出口。

王锡英的抱怨，给张耀顺出了一个很大的难题，如同一块大石头，压在他的心里。对每个家庭来说，发家致富不是一两句话的事，而是一辈子的奋斗目标。这一夜张耀顺没有睡好，他在思考着社会形势的变化和自己今后的路该怎么走。

1982 年 2 月，王锡英生下女儿，取名张静。

女儿的出生给张耀顺夫妻带来了快乐，也带来了生活上的压力。王锡英既要带孩子，还要做家务，没有人帮她。自从女儿出生，买奶粉、孩子的衣服、玩具，偶尔给孩子看病，家庭经济支出增加了，夫妻俩感觉到手头拮据。原来计划置办的缝纫机、自行车这些大件只能暂时搁置。

1982 年，江阴的经济发展已经在各乡镇全面开花，社队企业出现了"村村点火、处处冒烟"的迅猛发展势头。江阴县鼓励全民、集体和个人投资，改革开放的形势让人们的目光关注到挣钱上。有钱就是能人，没钱就是没本事。以前，人们对赤脚医生是高看一眼，张耀顺每到一处，人们总是招呼他到家里坐。村里谁家办喜事，都会邀请他去喝喜酒。有一次，张耀顺为一病人出诊，碰巧这家人正盖房上梁。农村人盖房上梁是大喜事，都要置办酒席，招待匠人和亲朋好友。张耀顺给病人开完药，叮嘱服药的事项后，已经是中午酒席开宴的时候了，张耀顺背起药箱出门，主人却没有招呼他吃席。这是以前没有发生过的事情，以前甚至有人还会专程来他家里邀请。这次深深地伤到了张耀顺的自尊心。

"以前为大家看病服务受尊重，现在我放弃赚钱机会辛苦付出好像是应该的了。如今在有些人的眼里，没本事的人才会当赤脚医生。"时代真的变了，一切都在向钱看。

在家里，王锡英的唠叨没有停止。办厂挣钱，这是王锡英的梦想，也是王锡英的心病。从小到大，王锡英没有输给谁，"你还不想着怎样挣钱，看病有那么重要吗？现在谁还会把你这个赤脚医生放在眼里？"王锡英的话更加刺激张耀顺。

"你要是不办厂，我自己想办法。"

王锡英不是那种一哭二闹三上吊的女人。她是一个很要强、很讲道理的人，只是在用自己的方式逼老公张耀顺去做一番事业。她要用事实证明，嫁给这样的男人是正确的选择。

有很多男人的成功，是女人逼出来的。

1982 年夏天，张耀顺和姐夫符林才一起到常州青山桥卖猪崽。因为常州猪崽的价钱高，西石桥一带的农民经常到常州或苏北去卖猪崽。

张耀顺在市场卖猪，有一个叫张德才的青龙乡人来买猪。在谈猪崽怎么卖的时候，这个人问张耀顺是做什么的，张耀顺说自己是做弹簧的。其实他哪有弹簧，是他父亲在做弹簧。张耀顺这样说，是因为他只知道弹簧，别的他说不清楚。顺便想找加工弹簧的机会。

他问那个买猪崽的人："你是做什么生意的?"

"我在武进青龙公社的一个村办钢窗厂工作。钢窗上需要弹簧，我们都是通过外协加工的。"张德才是钢窗厂的销售员。

拉拉关系，总是好谈生意。张耀顺给张德才优惠了几块钱，张德才答应把他引荐给钢窗厂的厂长。

张耀顺天生就有一种与人打交道的能力。在张德才的引荐下，他与钢窗厂的厂长一来二去就成了熟人。厂长答应把钢窗厂的弹簧让张耀顺加工。

张耀顺没有工厂，没有设备，也没有工人。他请来了村里两个在苍山弹簧厂上班的工人给他干活。一个叫张伟群，另一个叫张晓明。这两个人白天在苍山弹簧厂上班，晚上到张耀顺这里加班挣点外快。加工地点在队里的一个仓库，只有几十平方米。这里原来是队里放家具和杂物的地方，现在分田到户了，仓库也就空了。张耀顺借用这里，作为他的弹簧加工厂。弹簧用的钢材是张耀顺从苍山弹簧厂那里买来的，因为他用的量很少，钢材厂家不卖给他。

有了做弹簧的经历，也就有了做弹簧的底气。到哪里揽活，至少可以拿出自己干的弹簧样件。而且张伟群和张晓明在苍山弹簧厂是很有经验的工人，做出来的产品没得挑剔。

西石桥文化站办了个胶木厂，专门做接线板。接线板上有很多插孔，每一个插孔需要两个弹簧，一个多孔接线板需要几个甚至十几个弹簧。文化站的站长朱扬大（他丈母娘家也是汉墩头的）的小姨子是张耀顺的同学，朱扬大也知道张耀顺是汉墩头有名的赤脚医生。正是这样一层关系，朱扬大给了张耀顺一款 JDO 接线板上的小弹簧生意，数量是 1 万件。

这是张耀顺第一次大批量接触弹簧。在此之前，他见过苍山村弹簧厂生产弹簧，他也给武进青龙钢窗厂加工过弹簧，但他对弹簧的性能、要求和加工工艺方面的了解却是皮毛，甚至可以说是门外汉。揽点零星的活，挣点小钱，能干出像样的东西就算应付了，但要办一个弹簧厂，那就得对弹簧做深入地研究。

其实，弹簧的生产具有悠久的历史，可追溯到青铜器时代。随着文艺复兴时期钟表精度的提升，精密弹簧的发明成为技术发展的必然要求。火器的出现也推动弹簧开发。随着工业革命的到来，弹簧得到大范围使用。

弹簧的发明者严格意义上说应该是英国科学家胡克（Robert Hooke），他提出了"胡克定律"——弹簧的伸长量与所受的力的大小成正比，而只有符合"胡克定律"的弹簧才是真正意义上的弹簧。法国人贝勒维尔发明了碟形弹簧，是用金属板料或锻压坯料加工而成的锥形截面的垫圈式弹簧。在近代工业出现之后，除了碟形弹簧之外还出现了橡胶弹簧、涡卷弹簧、模具弹簧、不锈钢弹簧、空气弹簧、记忆合金弹簧等新型弹簧。

大多数机械设备上所用的弹簧是厂家根据设备需要而设计的，它不像标准件在市场可以买到，只能是定制。而弹簧在设备企业里又是小种产品，产值小、工序多，跨越冷加工、热加工等多个专业。一般的厂家都不愿意组建自己的弹簧车间，因为用量有限，维持不了一个车间的正常运转。但工厂又离不了弹簧，所以，只能委托专业的弹簧厂来生产。

专业的弹簧厂可以集中设备、材料和人工等生产要素形成产能优势，可广泛地为设备企业提供各种型号的弹簧。随着弹簧需求量的不断增加，特别是单一型号的弹簧需要批量生产，弹簧也由原先的手工制作向自动化生产发展。在中国20世纪90年代以后，自动绕簧机进入市场。

为了提高弹簧的使用寿命和保证性能要求，对生产出来的弹簧要进行表面处理，如发蓝、电镀等，以提高材质的抗腐蚀能力。

一家正规的弹簧企业还应提供弹簧性能的检测报告。所以，正规的弹簧企业有自己的检测中心，如拉力试验机、压力试验机、扭力试验机等。

如果知道弹簧有这么多性能要求，你还敢做弹簧吗？如果按正规工艺的配置，仅热处理一项就难倒了很多人。我们的农民兄弟正是因为不懂，先干起来再说，在干的过程寻找解决的办法。这也就是很多读过大学的人做不了大事，而那些没有文化的人却先富起来的原因之一。

生产这1万个弹簧就得有工装夹具。张耀顺找到在西石桥五金工艺制笔厂工作的堂哥张耀祖。这个五金制笔工艺厂是上海金笔厂的一个分厂，而张耀祖是这个分厂的技术主任。在张耀祖的帮助下，通过私人关系，给张耀顺做了一套加工弹簧的夹具，费用是35元。

张耀顺又从苍山村弹簧厂买了15元的钢丝。这就具备了加工弹簧的条件了。可是工人呢？这1万个弹簧，虽说数量大，但每个弹簧只有一分五厘钱，总产值才150元。他掏不起工钱，只能和王锡英自己干。

虽说王锡英在张裕生的弹簧厂里干过一段时间，但对弹簧的制作过程还是一知半解。就在张耀顺和王锡英摸索弹簧怎么加工的时候，大姐网娣来了。于是大姐指导他俩制作弹簧，教了几遍还是做不出合格的产品。大姐急了："怎么这么笨，教了几遍还不会。"

大姐已经很多年没有教训张耀顺了,训几句反而亲切。

可是,手工绕制这1万个弹簧谈何容易,开始他们夫妻俩在家一小时才绕100多个,已经是手痛臂困。细钢丝用手拉紧,在手上会拉一道印,反复拉,手指的皮就受不了。几天下来,王锡英的手上已经有几道血痕。用胶布包上接着干,胶布便和血粘在一起。她还要照顾孩子、洗衣服、喂猪,手一见水便钻心地痛。而张耀顺白天要去医疗站接诊,只能晚上和王锡英一起干。1万个弹簧,他们用了一个月的时间才交货。

1个弹簧一分五厘钱,扣除材料钱,1万个弹簧总共挣了100元。挣钱不容易,但只要有钱挣,苦和累都不算什么。这就是农民的质朴和勤劳善良。也正是这种不畏辛苦、拼命赚钱的劲,才催生了改革开放初期快速发展的中国经济。

当张耀顺把加工弹簧挣来的100元钱交给王锡英的时候,他们喜出望外,一切辛苦,所有的伤痛,那都不是事了。想想张耀顺在医疗站一年忙到头才挣96元钱,这100元钱他需要一年多才能挣到。

这一年,汉墩头村分田到户,张耀顺三口人,分了两亩多地。种点水稻和小麦,平常也不用常在地里干活,王锡英多半时间在家做家务带孩子。

"我们也自己办厂吧,父亲不帮,咱们自己干,趁咱俩年轻能干的时候抓紧拼一把。"王锡英对张耀顺提出办厂的想法。

张耀顺不是没想过这个问题。能干什么、怎么干这些问题一直在他的脑子里盘算。开一家个体诊所,现在政策已经允许了,把自己这几年治病的秘方用上,将来成为一代名医,再办一家医院。国内已经有这种先例,陕西有个人发明了一种给小孩儿治拉肚子的"神功元气袋",广播电视上到处是它的广告,至于功效怎么样,宣传上说得很好。张耀顺手上也有一个秘方，他想把这个秘方做成药，对治疗溃疡效果显著，也一定会有很好的经济效益。但制药的审批手续太烦琐，仅临床试验就得很多年。陕西的那个"神功元气袋"是保健品，不是药。

还是跟父亲一样办一个五金加工厂？可是，自己不懂，资金从哪来？活到哪里找？这是所有办厂人面临的问题，张耀顺同样绕不开。要么维持现状，走一步看一步，可妻子王锡英天天在催。特别是这一万个弹簧之后，王锡英感受到挣钱的快感。办厂的事已经是必须的选择。

在很多重大事情上，女人的直觉比男人强，她们更有行动力。

还有，张耀顺对他的赤脚医生这个职业越来越喜欢了，随着经验的不断积累，人们需要他，他也愿意为乡亲们服务。梅医生是他的师傅，这几年可以说是全心全意，把自己的医术毫无保留地教给了他。现在，张耀顺的医术已经超过了梅医生，尽管梅医生有时也感觉到有点失落，但毕竟青出于蓝，何况张耀顺对梅彩芹很尊重。如果自己屁股一拍说走就走，怎么好意思开口？村书记梅伟南当年推荐他进医疗站也是用心良苦。自己当年家庭是中农成分，当兵无望，上大学没门，只有进医疗站一条道。要不是梅伟南帮忙，他张耀顺还不是每天东日头背到西日头，在庄稼地里刨食。

多少个夜晚，张耀顺无法入眠。经济大潮已起，汹涌向前不可逆转，他必须做出选择。

当然并不是赤脚医生不好，它只是特定时期的一个产物。随着经济的发展，国家对教育的重视，三五年就会有大量的医学院校的专科生涌现。将来的医生需要科班出身，需要更高级的人才，张耀顺想到自己的文化程度，觉得自己也许做不长久。现在形势变了，人们不再固守在土地上，而是在更广阔的城乡之间寻求发展的空间。人要适应外界环境的变化才能更好地生存，不能抱着以前的旧思想、过去的思维观念一成不变，否则会跟不上形势，继而被社会环境所淘汰。

分田到户后农民把主要精力都放在挣钱上，用过去的话说"形势逼人"，王锡英也在逼他必须做出决定，张耀顺已经没有退路。如果不是赤脚医生这个职务在身，他早就想办法挣钱去了。他的父亲是做弹簧的，他从小就接触弹簧，算是弹簧世家出身，在经历了生产青龙钢窗厂的弹簧和 1 万个 JDO 接线板上的小弹簧后，他决定办一个五金厂，先从弹簧做起。

1982 年的下半年，张耀顺以每年 300 元的承包费，承包了汉墩头村里的小五金厂，用来加工弹簧。这就是当年张耀顺创业时期的

当年的汉墩五金厂

第一个工厂——汉墩五金厂。

在江阴，这样的队办企业几乎每个村都有。

不是所有的队办企业都能生存下去。有些企业还没有活到改革开放就死掉了。汉墩五金厂也是名存实亡，只剩下这个空壳。

张耀顺租用汉墩五金厂的目的是借壳经营。当时称为"带帽"经营。对外是集体企业，实际是个体户。汉墩五金厂有五间平房，为了省钱，他只租了两间，除了三相电，没有任何设备。

> 40 年后，张耀顺回到汉墩头，再一次回顾了当年的"厂房"。一排平房，门口打扫得很干净，里面堆放着杂物。当年就是从这里走出了"圆织机配件大王"，孕育了"江阴顺成"。

1983 年农历正月初三，张耀顺和王锡英提着礼品，抱着女儿去给小姑姑拜年。小姑姑家在常州的青龙公社朱家村大队典前村。

饭桌上，姑姑问张耀顺："顺苟，现在都放开了，没有想着干点啥？"

以前过年见面时，人们的问候是"年过得好吗""吃了没"，今年却突然变了，"在哪发财呀""生意好吗""什么时候回来的"，人们谈论的话题已不再是吃好喝好，而是张三办了啥厂，李四做啥生意。

张耀顺见小姑姑这样问，就直接回答："我们在做弹簧。"并且还问了小姑姑和姑父，知道哪里需要弹簧，帮忙介绍一下。

小姑姑很支持地说："这就对了，姑姑一直看好你。你从小就有赚钱的意识，记得那年你才 10 岁在大麦河边挖茭白，还有你倒腾猪崽的事，现在政策放开了，一定要抓住机会。"

张耀顺当然没忘记当年倒腾猪崽的事，那是穷得没办法，被逼出来的。可是现在，日子稍能过得去就有了惰性，不想去拼。要不是父亲办厂，惹得王锡英逼着他去办厂，也许自己还会安于现状，待在医疗站继续当一名赤脚医生。

姑姑的儿媳妇吴小琴，听了张耀顺计划办厂做弹簧，便热情而又自豪地说："我舅舅你知道不，是常州钟表厂的厂长马寅，说不准他能帮上你哩。"

听吴小琴这么一说，张耀顺很是激动，他正需要找门路。

张耀顺回忆说，当年正是小琴的一句话，把他的思路带到了常州、带到了城市、带进了工业领域。

第十四章
借鸡下蛋

1984 年，过了正月十五，张耀顺就来到了位于常州市迎宾路上的常州钟表厂。

这是一家创建于 1971 年，占地 40 多亩，鼎盛时期有 1000 多名职工的钟表大厂。曾经生产的双喜牌电子石英钟，达到了国际先进水平。工厂还生产双喜牌机械座挂钟、双喜牌指南针式和电子式石英表。这里也是第一个为香港及国外来料加工、组装电子手表的企业，当年为常州创汇作出了重要贡献。能在这个厂当厂长是不简单的。

门卫挡住了张耀顺。"你找谁，有啥事？"

张耀顺说："我找马厂长，他是我舅舅。"

听说是马厂长的外甥，门卫的态度立即温和了。他让张耀顺到值班室的长椅上坐着，然后拨通了马厂长办公室的电话。

不一会儿，马厂长来到门卫室，环顾了一周，哪有他的外甥？

门卫殷勤地上前向马厂长汇报:"马厂长,他说他是您的外甥。"

张耀顺见是马厂长出来接他,立即站起来,上前向马厂长作自我介绍:"舅舅,我是张耀顺。你的外甥女小琴,是我姑的儿媳妇,她介绍我来找您的。"

马厂长听着绕了这么大一圈,既然是外甥女小琴让这个陌生的小伙子来找他的,不管咋样,先问一下。

"你找我有什么事吗?"

张耀顺说了他做弹簧的事,这次来找马厂长的目的就是看能不能给常州钟表厂加工弹簧。

马厂长问了张耀顺生产弹簧的情况,又好气又好笑。气的是这个小伙子自不量力,钟表弹簧是多么精密,哪是你这样的个体作坊能干得了的。笑的是,无知便是无畏,眼前这个年轻人还是挺有勇气的,敢想敢闯。

马厂长告诉张耀顺:"我们钟表厂的弹簧太精密了,你干不了。你去常州圆织机厂问问,圆织机上的弹簧多,也许你能干。"

张耀顺查阅了一些资料才知道,圆织机是用于编织筒布的机器,像村里人常用的装化肥的"蛇皮"袋子就是用圆织机织成的。

圆织机起源于英国。英国人威廉·李发明了一种长筒袜织机,优点很多,一直在欧洲各地被应用。但这种织机织出来的长筒袜有一个避免不了的缺点,就是每只长筒袜都有一条从顶到底的长长的缝线,这既影响美观,穿着又不舒服。1798年,法国人德克普瓦向政府申请了一项可以织出无缝线长筒袜的圆形织机的专利,但他没有做出机器。里昂的奥贝尔根据这项专利制出了这种机器,并参加了1802年的工业展览会。直到1830年,法国才慢慢普及起来,之后又进行了一系列的改造。一位钟表匠雅坎在1837年成功地改造出一部小圆筒经织机，不过他的圆织机并不织袜子，而是织一种尖顶小圆的传统睡帽，这种睡帽投入市场后非常受欢迎，不久就脱销了。圆织机就这样得到了人们的认可，迅速地在工业国家发展起来。

因为这种机器上的弹簧特别多，一台大型机器上有上千只弹簧，所以有人也戏称这种机器叫"弹簧织机"。

既然这种机器上需要这么多的弹簧，对张耀顺来说，如同钓鱼竿伸到鱼窝里，他感谢马厂长的指点，当然更要感谢小琴。只要路走对了，肯定会有收获。过去采药人上山采药，满山遍野跑断腿，一天下来一无所获。偶然找对了地方，便是一窝子的药材，很快就能装满一背篓，这就是运气。运气这种事情真的不好说，不能视为迷信，也不能说是科学，有时候不知道好事是怎么来的。他很激动，满怀希望。

然而，事情没有张耀顺想象得那么顺利。

常州圆织机厂的门卫打量了一下张耀顺，问了几句话，挡住他不让进。"全进口的，你干不了，进去也没用。"

这门卫说的没错，20世纪80年代中国还没有国产的圆织机。常州圆织机厂当时引进的是日本萩原的产品，所有的零配件都来自日本，常州圆织机厂只是组装而已。

这时，门房来了个人，听说可以做圆织机弹簧，就问张耀顺："你们有没有给常州塑料编织袋厂做过修修补补的事情？"

这句话让张耀顺得知，常州还有个塑料编织袋厂，他们也有这种设备在生产编织袋，目前有100多台，是全国进口最多的厂家之一。

张耀顺从邮局黄页上了解到地址，找到了常州塑料编织袋厂。这个厂不生产圆织机，是使用圆织机生产塑料编织袋。随着设备使用年限的延长和使用频度的增加，易损件需要更换，这个厂经常为买圆织机的配件犯难。国产配件没有，买进口的不仅贵，而且外汇使用审批程序复杂、待批时间长。

张耀顺找到了这个工厂的设备科。科长王福宝只是简单地问了几句，便知道这是一个揽活干的，估计是个什么都没有、什么都敢干的个体户。那年头，经济刚放开，人们的思想也放开了，夹着一个公文包，印一盒名片，就是一家公司。一时间，社会上皮包公司满天飞，真假难辨。

王福宝也没有完全拒绝，万一这个人真能提供配件，那不是解决了圆织机维修难的大问题吗？于是，把他张耀顺介绍给主管圆织机配件采购的吴隆奎。

"这是从江阴来的张厂长，他们厂可以做圆织机配件，你们谈一谈。"说完王福宝便转身走了。

吴隆奎能看出王科长的态度。工厂经常因为从日本买配件头疼，原因是这种进口的设备要求很高，国内的小企业做不了，大企业看不上配件这项业务。为了解决圆织机配件问题，他能找的厂家都找过了，没有一家能解决。江阴离常州这么近，没听说有哪家能生产圆织机配件。不过，吴隆奎也不敢轻易打发走张耀顺。对这个人的底细没摸清楚，若他真能加工出圆织机配件，那当然是好事。即使不能生产也得了解清楚是怎么一回事，将来科长问起来也好有个交代。否则，人被自己轻易打发走了，配件问题又解决不了，就是他吴隆奎的事了。

"你是做弹簧的？都做了哪些弹簧？有没有圆织机上的弹簧？"

"我们主要是生产通用设备上的弹簧，圆织机上的弹簧没生产过，这次来就是看我们能不能生产。"

张耀顺哪里生产过通用设备上的弹簧，充其量是和王锡英在家里手工干过 1 万只插线板上的小弹簧，还有苍山弹簧厂两个工人私下给他干了一点儿钢窗上的小弹簧。至于什么是通用设备，是张耀顺刚听到的一个名词。具体哪些是通用设备，恐怕在企业干过几十年的人都无法说清楚。当然，张耀顺这样回答已经显得很专业了，言外之意，圆织机是特种设备，更确切地说是特殊设备。不得不佩服张耀顺的应变能力。一个农民、一个赤脚医生，第一次出门揽活，竟能说出这样的内行话。搁在一般的农民身上，恐怕早已慌张得无言以对。但不管怎么说，张耀顺接触过弹簧，能与吴隆奎沟通。

吴隆奎说："我看看你们生产的弹簧。"

张耀顺说："我这次走得匆忙，忘了带样品。"

张耀顺哪里有样品？就他手工干的那些弹簧，怎么能拿得出手？

"我们的圆织机都是从日本进口的原件，这种配件很多厂家干不了。"吴隆奎说。

张耀顺说："能不能给我一个样品？让我回去试试？"

吴隆奎说："这样品很贵不说，关键是买不来。"

吴隆奎说的是真话。他对张耀顺不了解，不可能把样件给张耀顺。他只是看在是科长带来的人，稍微应付一下了事，希望眼前这个人尽快走。

"我还有事，我们以后再说吧。"吴隆奎站起身，有送客的意思。

张耀顺只好起身，极不情愿地告别。从江阴到常州，倒几趟车才找到常州塑料编织厂。见面不到十分钟，只说了几句话就被打发了，连一杯水都没有给喝。

这是张耀顺第一次求人，也算是第一次做销售。从小到大，张耀顺的性格倔强，从来不屈服于人，更不用说求人。上小学，他与同学打架，哪怕被人打得满脸是血也不会服软。上中学，他是班干部，负责班里的考勤，安排劳动卫生，同学们都听他的。回到苍山村，当团支部副书记、青年突击队队长，青年团员都围着他转，都叫他张书记。到了医疗站，患者对他很尊重，见面都客气地称他为张医生，甚至有患者的病好后，提着鸡蛋到他家里来感谢。但今天不一样了，比他想象的要糟糕得多。张耀顺想，如果他是吴隆奎，怎么也给倒杯水，甚至留下来吃顿饭，毕竟从那么远的地方来。

城里人或是商人比农民要刻薄得多，或者说农民比他们要厚道得多。

在回常州小姑姑家的路上，张耀顺给自己做思想工作。他这次决定下海经商，人生无疑是一次革命。过去自己是学生、是农民、是医生，从今天起，他要成为商人。"慈不带兵、善不经商"，所谓商场如战场，以后的路会更加凶险。他想起毛主席在《湖南农民运动考察报告》里写的："革命不是请客吃饭，不是做文章，不是绘画绣花，不能那样雅致，那样从容不迫，文质彬彬，那样温良恭俭让。"

放下面子才能成就里子，张耀顺决心要让吴隆奎接受他，不拿到圆织机上的弹簧样件绝不罢休。

就这样，张耀顺经常出现在吴隆奎的办公室，甚至帮吴隆奎做一些事情。向吴隆奎讲自己过去的苦难与光荣，谈现在的处境，谈未来的理想。尽管张耀顺拿不出像样的产品，但他有一股子韧劲，他要让吴隆奎相信，只要给他机会，他肯定能做出和国外一样的产品。

吴隆奎觉得这个人只是嘴上功夫，要啥没啥，不想让他在这里耗下去。可是，吴隆奎又是一个善良的人，他不想直接拒绝张耀顺，怕伤害了他，毕竟出来做事也不容易。吴隆奎找借口躲着不见，张耀顺就在厂门口等。有一天，吴隆奎中午十二点从外边回来，见张耀顺还在门口等他。一问才知道，张耀顺生病发着高烧，冒着雨从早晨一直等到现在。

吴隆奎被感动了，他没有见过这么意志坚强的人。经过这一个多月的接触和了解，吴隆奎觉得张耀顺是一个干事的人。以前接触的推销员，只要表现出不欢迎，他们就再也不来了。吴隆奎想着不妨给张耀顺一个产品样件，让他回去测绘和仿制。如果成了，解决了配件进口难的问题，自己也为工厂立下一功。

吴隆奎给了张耀顺一个样件，让他回去照这个做。没有材质成分、没有图纸，只是一根弹簧。不是吴隆奎不给，而是吴隆奎手上真没有。任何卖设备的企业，都不可能提供零配件的图纸和材质报告。

通过这次与吴隆奎的接触，张耀顺体会到，在销售员拜访客户的过程中，销售员与被拜访者之间其实是一种心理博弈。第一次拜访，销售员的心理负担重，他会想很多将要发生的可能性和应对方案，比如会不会被拒绝，会不会被应付了事，会不会谈得很糟糕等。当第一次被拒绝后，第二次去拜访如果还是被拒绝，那么，第三次被拜访者的心理防线开始松懈，成功的可能性很大。但一般的销售人员在第一次碰到钉子后就止步不前了。

香港富商李嘉诚在创业之前也是给人打工，他在一家五金铁筒厂做销售。铁桶的销售一般对准的是杂货铺，这样一次的销售额很大，还能建立长期客户关系。这个销售思路很省力，它的不足之处也很明显，很多同行都按照这个路子做销售，数量有限的杂货铺成了被各家争相抢夺的目标，竞争很激烈。一番权衡后，李嘉诚决定转变思路，向客户直销。他先是把目光放到了酒楼、旅店这些"吃货"大户身上。

绕过了零售商这一环节，酒楼、旅店这些客户从李嘉诚这儿拿货，价格肯定要低很多，可是，李嘉诚所在的公司是一个名不见经传的小厂，没有品牌背书，李嘉诚连这些大客户的门都很难进。第一次，李嘉诚将目标锁定在君悦酒店。因为是五星级高档酒店，李嘉诚首先遭到了门口侍应生的刁难。好不容易搞定了侍应生，李嘉诚又遇到了老板女秘书的阻拦。后来，女秘书被李嘉诚的诚心打动，终于帮忙通报了，老板却直接拒绝了跟他见面。这时，李嘉诚仍旧不肯放弃，他在大厅死守，终于等来了老板。面对老板挥苍蝇一般的拒绝手势，李嘉诚做出了一个让对方颇为惊诧的行为：在道歉打扰之后，他向老板虚心请教自己的不足之处。李嘉诚的耐心和努力让老板刮目相看，他决定停下来，听听这年轻的小伙子有什么话说。李嘉诚抓住机会，把自己提前收集到的信息说了出来：君悦酒店"御用"的某大牌厂家，在用料上有瑕疵。老板将信将疑，派人一调查，果然一切正如李嘉诚所说，酒店在用的铝桶质量差，价格还高，于是，他爽快地在李嘉诚这儿下了500个铁桶订单。

李嘉诚认为，一个推销员，在推销产品之时，更应注重推销自己。因此，在推销工作中，他有意识地去结交朋友，先不谈生意，而是建立友谊。做推销的人，对公关费用都不陌生，很多人认为拉拢客户关系少不了金钱开路，要做朋友就得花钱。李嘉诚当时的收入不高，家庭负担很重，他还要攒钱办大事，因此，结交朋友，他不允许自己花太多的钱，这种君子之交，反而更加真诚。

张耀顺当时也是没有太多的钱，只有那1万个弹簧赚来的100元钱，是他下海赚的第一勺金，少得可怜。他只能靠真诚来感动吴隆奎。他非常珍惜这次机会，没用多久就向吴隆奎提供了第一批样件。产品的尺寸和表面质量与进口的一样，经过试用，产品尺寸可以替代进口配件。

样件做出来了，但能不能批量供货，决定权不在吴隆奎，而在工程师严傲德的手上。所以，张耀顺要想进入常州塑料编织厂，成为这个厂零配件供应商，还必须要得到严傲德认可。

严傲德是常州塑料编织厂机械方面的工程师，涉及机械维修技术问题，都是由他来解决。此人四十来岁，很严谨，做事认真。他戴着一副眼镜，仔细地看着张耀顺送来的弹簧，又仔细打量张耀顺："弹簧钢的牌号是多少？淬火温度是多高？回火多长时间？弹簧的拉力是多少？"

工程师不像采购员，凭一张嘴决定行还是不行，而是依据制造过程的工艺参数、检验数据说话。尤其是像弹簧这样既有机械加工又有热加工的产品，其内在质量不是肉眼能看得见的。

张耀顺接触弹簧的时间不长，哪能了解这么清楚？面对严傲德的质问，显然是无法回答。不要说是张耀顺这样才入门的农民，就是在弹簧厂工作多年的厂长也未必答得上来。纯技术问题，还得由技术人员来回答。

"严工，这些技术问题，我回去让技术员来答复，您先看看弹簧的表面质量和尺寸是否能满足要求。"张耀顺诚恳地央求。

"弹簧的表面质量还是不错的，与日本原厂的弹簧看起来差不多，尺寸也能满足装配要求。"吴隆奎先表态，给张耀顺一个台阶，也缓解一下现场紧张的气氛。

其实吴隆奎也没有料到张耀顺真能做出基本满足要求的弹簧，这等于是帮工厂也帮他解决了大问题。以前吴隆奎也接触过一些厂家的业务员，口头答应得很好，回去就没有了下文。这次遇上张耀顺，竟真的解决了弹簧问题，不仅科长高兴，估计厂长还会表扬设备科。

所以，在严傲德面前，吴隆奎与张耀顺结成了统一战线。他希望张耀顺成功。张耀顺开发的弹簧成功了，也是他吴隆奎的功劳。但他必须把握分寸，不能太明显地偏向张耀顺，否则，别人会认为他拿了张耀顺的好处。他只能巧妙地配合和暗地里使劲。

这次，张耀顺特地请吴隆奎吃了顿饭，两个人趁着酒劲敞开聊。吴隆奎向张耀顺讲他的过去，讲他是如何进入常州塑料编织厂的、如何从一名工人调到供应科当上采购员的，讲了常州塑料编织厂的历史。说到圆织机，吴隆奎讲了国内圆织机的进口现状和存在的配件问题。张耀顺也真诚地讲自己的处境，说他做弹簧也是因为想争口气，被逼到这个份儿上了。

两个人成了好朋友，朋友的事就是自己的事。男人之间，碰过杯、讲过故事便可拍着胸脯称兄道弟。吴隆奎告诉张耀顺，万事俱备，只等严傲德一句话。

他给张耀顺说："严傲德最近给家里盖房，买不到钢材，如果能帮他买到钢材，严工一定会感激的。当然，不是让你白送啊，那样会犯错误的。只是现在市场上压根买不到平价钢材。"

张耀顺几经周折，花高价买到了盖房急需的钢材，并雇车运到常州严家村。从此，他与严傲德也成了很好的朋友。张耀顺通过苍山弹簧厂，提供了所需要的产品质量报告和相关的工艺参数。从此，张耀顺生产的弹簧第一次用在了圆织机上。

经过常州塑料编织厂使用了一段时间，没有发生什么质量状况，一切运行正常。张耀顺生产的弹簧可以替代进口配件，这件事为吴隆奎解决了大问题，不用再为买弹簧配件发愁了。为此，常州塑料编织厂厂长在大会上表扬吴隆奎不仅为公司解决了配件难的问题，还节约了外汇，降低了成本。厂长用了当时最流行的两句诗——"世上无难事，只要肯登攀"来号召职工向吴隆奎学习。同时，也表扬了严傲德，不墨守成规，敢于创新，设备科被评为"流动红旗"先进单位。

吴隆奎诚心诚意想帮张耀顺。他把自己厂里所需要的弹簧全部交给张耀顺生产。但是，常州塑料编织厂一年的配件需求量也就是几万个，仅凭这一家的需求量还满足不了张耀顺的基本业务。

自从张耀顺帮助严傲德解决了钢材问题，严傲德就觉得张耀顺这个人讲义气、够朋友。他想找个机会感谢张耀顺。但他是技术人员，与外界打交道的机会少，不像吴隆奎交往的社会面那么广。他的权限只是把好质量关，至于订货的数量和价格不归他管。何况，他是个知识分子，做事总是要有据可依，有章可循。人情归人情，制度归制度。

正在严傲德考虑如何帮张耀顺的时候，厂长通知他到办公室。厂长很认真地对严傲德讲，因为常州塑料编织厂使用"日本萩原"圆织机数量最多，国内同行希望由常州塑料编织厂牵头，承办一个引进"日本萩原"圆织机备品备件国产化全国性会议（以下简称国产化会议）。工厂接受了这个建议，决定由严傲德作为会议的召集人。

严傲德与厂长商量了一些开会的细节，决定春节后在常州召开国产化会议。具体的筹备工作由严傲德负责，厂办公室、技术科、设备科配合。

严傲德把会议通知告诉了张耀顺，并建议他参加会议。当然，参加会议的50元赞助费由张耀顺自己出。会议在常州东方红旅馆召开。

张耀顺很想参加这个会议，在会上可以结识圆织机行业的人，对进一步拓展市场会有很大帮助。

可是他以什么名义参加呢？汉墩五金厂虽说是可以生产弹簧，但是显得不够专业。况且他那个五金厂，只有两间平房，一台钻床躺平用来绕弹簧，工人也只有王锡英一个人。万一人家要来参观怎么办？这次参加会议的都是省市级的国营企业。他们对个体户、皮包公司不信任。张耀顺必须找一个挂靠单位，他想到苍山大队弹簧厂。这个弹簧厂在最初创建的时候，父亲曾经给予了很多帮助。厂长叫邱林宝，就是他们本村人。堂姐张玉琴是厂里的一个车间主任。堂兄张耀康是这个厂里的工人。熟人好办事，何况还是沾亲带故的。

尽管这个厂是队办企业，但有一些年头了，关键是这个工厂的主要产品就是弹簧。自建厂以来，做过各种各样的弹簧，生产能力没有问题。邱林宝的父亲邱大斗是一家国营企业弹簧分厂的八级钳工，在技术上给苍山弹簧厂以很大的支持。

张耀顺向邱林宝提出自己以分厂名义挂靠在苍山弹簧厂，对外承揽业务。如果有客户提出要来考察，希望邱厂长能提供方便，并给予支持。

邱林宝答应了："没问题，需要什么支持，你尽管提。"

当然，苍山弹簧厂也不是没有人反对张耀顺挂靠的事（实际也没挂靠），特别是副厂长，他找到邱林宝说："万一张耀顺在外边以苍山弹簧厂的名义招摇撞骗怎么办，惹出乱子谁负责？"

邱林宝很不高兴地批评这个副厂长："张耀顺是什么人你还不知道吗？我信得过他。再说，当初大队建弹簧厂的时候，张裕生给予了很大帮助。现在，张耀顺需要我们支持一把，有什么不可以帮的？出了事由我负责。"

于是，张耀顺以汉墩五金厂苍山弹簧分厂厂长的名义印了两盒名片，用于会上发给参会代表。他想起当初严傲德提出来的一系列关于弹簧的技术问题，如果会上其他厂家提出更多问题，他怎么能答得上来呢？于是，他向苍山弹簧厂借了一个人——邱文禄，苍山村弹簧厂的销售副厂长，对外称他为张耀顺的工程师。有了邱文禄在身边，张耀顺心就不虚了。

1985 年春天，常州东方红旅馆，国产化会议在这里如期举行。

会议第一天，张耀顺早早就来到宾馆报到，安排好自己的住处，就主动到大厅帮助会务组接待参会的代表。他在签到桌上放了一盒自己的名片，参会代表办完手续后，张耀顺便把会议资料连同自己的名片一起递给参会代表。报到的人少的时候，他还会帮参会代表拿行李，陪着到房间，边走边问代表从哪里来的，以前是否来过常州，有没有名片给一张……很多客人还以为张耀顺是会务组的。张耀顺不忘顺便介绍自己是苍山弹簧厂的分厂厂长，专业做圆织机弹簧配件的。

一天下来，很多人对张耀顺有了一点印象。

第二天上午是开幕式和三个主题报告。三个报告分别是《圆织机国产化的出路与思考》《圆织机应用技术探讨》《圆织机常见故障分析及解决的办法》。上午的会议有十五分钟的茶歇时间，参会代表可以在走廊上吸烟和相互交流。其实有一些代表对报告的内容不感兴趣，他们在走廊上相互递烟、相互交谈。一个上午，走廊上的人就不断。这些报告对张耀顺更无所谓，他关心的是怎样抓住机会多认识人，多结识几个朋友。

这天晚上是由常州当地一家大型企业赞助的招待晚宴。酒过三巡，大家开始走动，相互敬酒。张耀顺在严傲德的陪同下，从主桌开始逐桌敬酒。有些代表一见张耀顺过来了，忙站起来说："咱们已经认识了，你是那个做弹簧的小张，来来，干一杯。"

更多的人是第一次见面，张耀顺一边介绍自己一边递上名片。严傲德在一旁帮腔："是啊，我们厂就是用的他们厂生产的弹簧。"

有了严傲德的站台，张耀顺生产的弹簧更有可信度了。大家对张耀顺的印象挺不错的，为人热情，精明能干。江阴有了一家生产圆织机弹簧的企业，对今后配件国产化有很大的推动作用。

晚宴过后，张耀顺仍不放过机会，到参会代表的房间继续交谈，看能不能促成实质性的订单。其中有几家代表很有兴趣，特别是安庆燎原化工厂的刘建设，显得对国产配件需求很迫切。部分会议代表提出到张耀顺的厂里考察。张耀顺满口答应，表示热情欢迎。

当张耀顺在各房间走访的时候，邱文禄在旅馆里看着电视、抽着烟。他很享受张耀顺给他提供的这个出差的机会，能参加这样高规格的会议，有吃有喝，还有会议纪念品和差旅补贴，多美的事。他哪里懂得这是一次发财的机会，更不会理解张耀顺此时为何分秒必争地寻找机会与人交流。

人与人的差别就在于此。

会议第三天上午是到常州两家大的企业参观，下午返程。

邱林宝前一天晚上已经接到张耀顺的电话，说是第二天下午有一批客人来厂参观。他早上一上班就把工人召集到一起，讲这次客人来参观的重要性，要求大家停下手头的工作抓紧打扫卫生、整理环境。工作服太脏的回去换干净的，头发乱的回去洗个头，精神饱满地热情迎接客人。他最后大声强调："客人到现场参观的时候，你们只管干活，不要围观，该说的说，不该说的不要乱说。"

苍山弹簧厂的大门上方拉了一条横幅，"热烈欢迎各位代表莅临指导"，准备好会议室，等着客人来参观。

下午，一辆大轿子车拉了几十位客人来到苍山弹簧厂。邱林宝向客人介绍了苍山弹簧厂的发展历程、主要产品、技术能力、产品质量和服务。张耀顺对圆织机弹簧的研发过程以及使用的效果进行了详细的介绍。会议代表对圆织机弹簧的质量、产能以及价格等方面的问题进行了提问和沟通。大家在座谈会上围绕圆织机弹簧的具体问题谈得更具体、更直接。会后，张耀顺给每位代表赠送了礼品。

这次的常州会议取得了意想不到的效果，尤其是获得了每位参会者的通讯录。会后张耀顺与一些有意向的代表进行再一次联系，很快就得到了几份小批量订单。

张耀顺"借鸡下蛋"的故事发生在中国20世纪80年代，那时候信息不发达，国家没有出台公司法和合同法，中国还没有提出市场经济。张耀顺也承认，如果放在今天，很难做成。

第十五章
抱着女儿出差

1982 年下半年，张耀顺租用汉墩头村的两间库房，以汉墩五金厂集体企业的名义开始对外承揽业务，是为创业元年。

1984 年结识常州塑料编织厂的吴隆奎，从此开始为该厂加工圆织机弹簧。1985 年，在常州塑料编织厂严傲德的引荐下，参加了在常州东方红旅馆召开的引进"日本萩原"圆织机备品备件国产化全国性会议。如果说吴隆奎给了张耀顺做圆织机弹簧的机会，严傲德则是把张耀顺带进了圆织机行业。

不过，此时的汉墩五金厂仍然是初始阶段。全部设备只有一台从市场淘来的二手钻床，把钻床躺平可绕制弹簧。员工只有王锡英和张菊芬二人，忙不过来的时候，苍山弹簧厂有几名工人利用业余时间来干点临工。张耀顺是厂长并兼销售员、采购员等一切职务。

在常州会议上，张耀顺结识了一些圆织机用户和圆织机厂的业务人员。有了这些人，就找到了一条通往客户的路。如今，他知道客户在哪，但能不能达成交易，还需要踏上这条路去争取订单。

张耀顺走访了一遍各地的圆织机厂、塑料编织厂，也拿下了一些订单。这些订单一年能挣几万元钱，对家庭生活有很大的改善。这不是张耀顺办厂的目标，他要办一个企业，挣更多的钱，任何能揽来订单的机会他都不想放过。

安庆燎原化工厂，是国家 1979 年建成的一家大型化工产品深加工企业，塑料编织袋是这个企业的包装物之一。因为生产编织袋，就需要大量的圆织机，所以，这个厂对圆织机配件的需求量很大。在常州开会的时候，他认识了这家企业设备科的刘建设，此人三十来岁，很和气。在常州会上，他俩聊得很投缘。刘建设还去了苍山弹簧厂考察，并在张耀顺家吃过一顿饭，对张耀顺两口子印象很深。

张耀顺虽然刚踏入销售这个行业，但他知道有燎原化工厂的刘建设，在安徽就有了落脚点，便可以此建立根据地。就像当年毛主席说的，"星星之火，可以燎原"。所以，他要去一趟燎原化工厂，首先要把业务的"根据地"建起来。

听说张耀顺要到安徽出差，王锡英不同意。自从常州会议之后，弹簧订单量急剧增加，而干活的只有她一个人。他们的女儿静静才 3 岁，王锡英只能把女儿带到厂里，一边干活一边照顾，或送到隔壁孙银妹家让她帮忙照顾。带到厂里这本身就是危险的事，现场的设备、材料还有电源、电线，万一女儿碰伤了就是大事。以前张耀顺到常州周边办事，只是早出晚归，一半天的时间。如今他提出到外地出差，这一走就是十天半个月，她一个人既要带孩子，又要干活，还要做家务，怎能忙得过来？

王锡英回忆说，汉墩头当年对外没有柏油公路，只有机耕路。外地客人来了，只能从水墩上走过来。老远看到有外地人来，多半是来她家的客户。她除了干活，还得给客人做饭。不像现在出行这么方便，开车带客人到西石桥或是利港镇吃顿饭是很容易的。那时候女儿很小，实在顾不过来了，有时候邻居帮忙看管一会儿，有时就把孩子关在屋里，任她哭，嗓子都哭哑了。

张耀顺提出让静静的外婆照看几天，王锡英一口否决了。他妈身边有4个孩子，再加个静静，那不是乱套了吗？

在关于照看孩子的问题上，张耀顺没有话语权。王锡英当年与张耀顺谈恋爱的时候，就考虑过将来没有婆婆照看孩子，日子会艰难。"当年戏言日后事，如今都到眼前来。"王锡英既要干活，还要管孩子，确实不易。

但是，不出差是不行的。那时候通信很不发达，只能靠长途电话或电报联系，很多具体的事情得当面谈。张耀顺懂得，做生意不光是订单的交易，人情是生意的润滑剂。刘建设来过他家，礼尚往来，他应该回访一次。燎原化工厂的刘建设说过他们厂里需要这种弹簧，这是多好的机会，十有八九能拿回来一批订单。如果不去就会错过机会。

那怎么办？差必须出，孩子也得有人管。张耀顺决定抱着女儿去出差。

"静静，爸爸带你去坐大轮船好不好，还要坐火车。"他先哄着女儿同意跟他走。

女儿一听坐轮船，还要坐火车当然高兴。静静3岁，去过最远的地方是常州的二姑家，也才二十几公里。她没有见过火车和轮船，听说爸爸要带她坐轮船，自然兴奋。

于是，他计划抱着3岁的女儿，白天从江阴到南京，当天下午从南京坐轮船到安徽的安庆。

从南京到安庆，这条路现在走起来是很容易的，高铁、飞机、自驾汽车，都很方便。可是在 80 年代的中国，交通是什么状况，也只有那个年代过来的人才深有体会。码头治安状况堪忧，小偷小摸时有出现。船上脏乱，空气污浊不堪，有吸烟的，甚至有小孩儿大小便。

张耀顺背上背着包，里边有静静和他的换洗衣服，孩子的食品，还有几袋给刘建设带的江阴特产萝卜干。这么远的路去拜访人家，总不能空着手吧。体量大的东西，他也带不动，只能多少表示点心意。他一手牵着女儿，如同牵着他的命根子，丝毫不敢松手。一手提着水壶，女儿随时要喝水，再苦不能苦孩子。广播里还没有通知检票，候船大厅里的人开始骚动，人们站起来往前移动。大多数人提着大包小包，扛着装满蛇皮袋子的行李，个别洋气一点儿的人才拉着行李箱。女儿被淹没在人群中，只能看见前边人的脚。张耀顺只好抱起女儿，随着人流移动，等待检票。这段时间很长，他抱一会儿女儿，又放下来让女儿站一会儿；过一会儿又抱起来，焦急地望着前边的队伍，希望早点动起来。

过了检票闸口的人，如同打开了牢笼，拼命般地向前奔跑，为的是占个行李架上的位置。张耀顺背上背着包，怀里抱着女儿，手上提着水瓶，怎么能跑得过他们。人们从他身边挤过去，谁也顾不上谁，脚步匆匆。呼喊声、喇叭声、汽笛声，场面慌乱不堪。更要命的是，要上很多个台阶，然后又要下同样多的台阶才能到达自己乘船的码头。张耀顺的衣服已经湿透了，比这更累的是船舱里已经塞满了人和大包小包的行李，无处下脚，走不过去。后边的人在着急地往前拥，前边挡着，张耀顺抱着女儿几乎要被挤倒。静静没有见过这种场面，吓得快哭了。船快要启动时，张耀顺才找到自己的座位。

接近傍晚，一轮残阳照着江面，女儿很兴奋地望着船外的江水泛起的浪花。不时地有轮船从对面缓缓开来，静静的小手指着各式各样的轮船，好奇地问这问那。他给静静讲着轮船是怎么动起来的，讲长江是从哪里发源的，流经哪些地方，还有关于长江的故事。静静时而认真地听着，时而吃零食，时而在座位上玩儿。他觉得带女儿出差挺好的，就当是带女儿出来旅游一次。

可是，夜深了玩儿累了，要睡觉了，女儿吵着说想妈妈，要回家。

张耀顺哄女儿："我们现在是坐在船上，船在长江上，下不了船也回不了家。"

静静哪管你能不能下得了船，她就是要回家，要妈妈。在家静静一直和妈妈睡。白天和谁在一起玩儿都可以，但晚上必须回到妈妈身边，只有她睡过的那张床才能让她踏实。静静只有3岁，她不知道什么是旅游，以为是出来玩儿。过去爸爸也带她出来玩过，天黑就回去了。可现在天黑了怎么就不能回家了呢？不让她回家，她不高兴，她见爸爸没有带她下船的意思就开始哭，哭声越来越大。

张耀顺用尽办法，还是哄不了女儿，他已经手足无措了。船上相邻的妇女看孩子哭得可怜，看着一个男人抱着孩子无奈的状态，纷纷从包里找出零食给静静。静静哪有心思要零食，她就是要回家找妈妈。

张耀顺此时才感到后悔了，孩子的话是不可信的。早知道这样，就不带女儿出来了。他努力地安慰着静静，答应她办完事就回家。静静闹腾到半夜，终于睡着了。

整整一夜，张耀顺没睡好。他怕自己睡着了，谁把孩子抱走了。关于轮船上丢小孩的事情在各地都有传说，尤其是轮船到站，人贩子和小偷正好在这个时候动手。张耀顺小心地搂着女儿，紧盯着自己的行李。

第二天早上到了安庆轮船码头，张耀顺一下船就向人打听燎原化工厂的地址。

看到"燎原"这个名字，就知道带有明显的时代烙印，不是一般的企业。因为军品任务减少，他们响应保军转民的号召，塑料编织袋是他们开发的一项民品。也正是由于企业的特殊性，所以建在离安庆市区十几公里的山沟里。

刘建设很热情，像是见到老朋友一样，把张耀顺领到家里。刘建设的夫人是南京人，见到老乡更是亲切。她热情地抱起静静，让静静叫她阿姨，把家里的糖果找来给孩子吃。刘建设的女儿和静静一般大，两个孩子能玩儿到一起。有了小伙伴玩儿，静静很开心。

刘建设的夫人安排好他和孩子，赶紧给这父女俩做饭。这是张耀顺两天来吃的第一顿热乎饭。

多年后，张耀顺回忆起在刘建设家的那顿饭，仍感慨万千。人在旅途、在困顿的时候，一瓢水，一碗饭，足以知恩。老乡的朴实、自然和坦诚，是值得我们去尊敬的。

有很多的三线企业，他们是建在大山深处的。员工曾经也是城市里的工人、市民甚至是大学毕业生，为了国家建设，他们放弃了城市的生活，来到了群山之间。有些人从此再也没有出过大山，他们渴望外面的世界，渴望与外面的人交流。他们与大山相处太久，变得与城市的生活格格不入。一条河沟、一线天空、两峰山峦，就是他们的世界。他们说话的腔调有了山里人的拖腔，走路的步子抬得很高。因为是石头路，不像城市的柏油马路那么平坦，步子抬不高是会碰到脚的。厂房后边是一片墓地，埋着厂里牺牲的、老死的职工或家属。

后人来到这里，不由得肃然起敬，也有太多的感慨。

张耀顺抱着女儿出差，这一趟行程一千多公里，走访了三家企业，拿回来了二十多万件弹簧订单。虽然路途带着女儿辛苦一些，但还是很有收获，苦一点、累一点值得。当人们看见张耀顺挎着背包，抱着女儿一副艰辛的样子，无论是门卫还是业务员都是以同情或敬佩的态度接待他，也让张耀顺体会到这个世界善良的人还是很多的，人情的温暖无处不在。

在初创的路上，张耀顺所经历的艰辛与许多创业者一样，有讲不完的故事。

那年，他出差十几天。从上海坐火车到重庆，路上要三天四夜。白天坐在座位上，晚上到座椅底下睡觉。座椅下边的味道混杂着脚臭味、小孩儿的小便味甚至大便味。如果不是过度劳累，躺在下边一分钟也待不住。

到了重庆，转车经自贡到富顺县，那里有一家引进日本萩原圆织机企业要召开一个关于萩原圆织机配件国产化协作会。开完会，连夜坐火车赶往湖南岳阳氮肥厂。白天办完事，晚上又坐火车到长沙转车到常德塑料五厂。在这里办完事，立即赶往湘潭怀化县塑料四厂。

这一趟的奔波，让张耀顺的体力消耗巨大。在湖南岳阳氮肥厂联系业务的时候，正在下雨。张耀顺没有带雨伞，淋了点雨，加上路上也没有好好休息，在赶往湘潭怀化塑料四厂的路上就发烧、咳嗽。因为要赶路，也没有时间治病，以至于后来落下了慢性咳嗽。

张耀顺在两年多的时间，日夜兼程，跑遍了全国圆织机相关企业，无论是生产圆织机的企业还是使用圆织机的企业他都去过，甚至包括加工圆织机配件的 100 多家企业。他从最早常州塑料编织厂使用的萩原到后来的日本鸟居、德国的 W.H，还有俄罗斯的不列尔罗夫圆织机。他不仅熟悉了各种圆织机的性能，还知道全国各地有哪些企业在使用哪种型号的圆织机。这些信息是张耀顺一个脚印一个脚印在全国各地标记出来的圆织机分布图。这张图对张耀顺推销自己的圆织机配件起到了重要作用，也许将来还有其他更大的用途。

当年江阴县提倡"四千四万"精神，即"踏尽千山万水闯市场、吃尽千辛万苦办企业、说尽千言万语拉客户、历经千难万险谋发展"。张耀顺的行为正是这种精神的真实写照。

第十六章
外协加工

离汉墩头 10 公里便是武进县焦溪镇（今常州市天宁区郑陆镇）。焦溪又名焦店，地处常州、无锡、江阴三市交界，是一座有 700 多年历史的古镇。焦溪镇内有一座山，名舜过山，也称舜耕山、舜哥山，因舜帝曾路过并亲耕于此，故而得名。春秋时，吴王寿梦第四子季札三让王位，避耕于舜山脚下，受封于延陵，号称"延陵季子"。吴公子光（阖闾）篡位，季札愤而"去之延陵"，直至 92 岁终老。如今常州市武进区与江阴市还保留了舜过井、季子墓等遗迹。

万寿禅寺，该寺原称舜庙，建在舜过山主峰，南北两座，相对而立。在北峰山脚下东北方向，有一个村子，取名庙前村。

张东青在庙前村干了十几年的会计，又干了几年的农机员。在庙前村人的眼里，张东青是个能人。他既会算账又懂机械，为人又活泛，所以，大办社队企业时，社员们推举张东青牵头办厂。

政府出面组织土地、资本和劳动力等生产资料办企业，并指派所谓的能人来担任企业负责人。这种组织方式将能人和社会闲散资本结合起来，很快跨越资本原始积累阶段，实现了苏南乡镇企业在全国的领先发展。不可否认，在计划经济向市场经济转轨初期，政府直接干涉企业，动员和组织生产活动，具有速度快、成本低等优势，因而成为首选形式。这就是 20 世纪 80 年代"苏南模式"的主要特征。

1984 年，费孝通教授首先提出了"苏南模式"这一概念，即苏州、无锡、常州等苏南地区大体相同的经济发展背景和现实发展的路子。苏南地区位于太湖之滨、长江三角洲中部，人多地少，但农业生产条件得天独厚。这里毗邻上海等发达的大中工业城市和市场，水陆交通便利。苏南地区的农民与这些大中城市的产业工人有密切的联系，比如张裕生就是从上海回到汉墩头，在西石桥公社创办社队企业的过程中发挥了很重要的作用。所以，这里接受经济、技术辐射能力较强。同时，苏南地区还是近代中国民族资本主义工商业的发祥地。早在计划经济时期，苏南地区就有搞集体经济的传统和基础，为发展乡镇企业积累了宝贵的经验和必要的资金，华西村就是当年最有代表性的集体经济体。

在 1958 年人民公社化时期，苏南各地在集体副业基础上办起了一批社队企业，主要为本地农民提供简单的生产资料和生活资料。到 20 世纪 70 年代，这些小型社队企业逐渐发展成为农机具厂，为集体制造一些农机具。1979 年以后，它们利用这一地区整体工业薄弱的特点，抓住市场空隙，迅速壮大起来。同时，上海大量技术工人节假日到苏州、无锡等地，给苏南带来了信息、技术和管理经验。因此，历史的积累和上海的辐射为苏南地区工业化的起步创造了良好的条件，而当时的短缺经济，以及一些偶然因素，对工业化的发展也起了推动作用。至 1989 年，苏南乡镇企业创造的价值在农村社会总产值中已经占到了 60%。

张东青果然没有辜负庙前村人的期望，工厂很快就办起来了。他先是做五金配件，后来认识了做圆织机配件的张福京，工厂有了源源不断的订单，这些订单虽然赚不了太多的钱，但能保障工厂的基本运行。后来又通过张福京认识了常州塑料机械总厂的总工程师，于是，他和常州塑料机械总厂就有了直接的合作，订单也越来越多。

常州塑料机械总厂是当时国内为数不多的一家专门从事圆织机生产的厂家。他们生产的机型虽然不是很先进，但在国内短缺经济环境下，产品却销售到国内十几个省市，售后维修的配件需求量也非常大。张东青通过常州塑料机械总厂认识了国内很多圆织机的用户，他生产出来的圆织机配件不仅供应给常州塑料机械总厂，还供应给圆织机的使用企业。曾经有一段时间，他的工厂白天黑夜不停地干，还是供不应求。

张耀顺是在常州塑料编织厂认识张东青的。张东青给这个厂提供圆织机尼龙配件。有一次，他俩同时去交货，吴隆奎把张东青介绍给了张耀顺。

张东青有干不完的活，张耀顺希望能给张东青代工生产弹簧。两人见过几回面，张东青总是用"下次再说吧"来敷衍。他知道张耀顺的工厂才起步，能不能加工圆织机上的弹簧，心里有些怀疑。尽管张耀顺一再给他讲已经为国内很多厂家提供圆织机弹簧，包括常州塑料编织厂、燎原化工厂等一大批企业，但张东青始终没有松口。

张耀顺又表现出不达目的不罢休的韧劲。他经常去张东青的工厂，有时能见上张东青一面，有时去了也见不上。20 世纪 80 年代的通信主要靠写信，见面靠等。等上了就见一面，等不着就下次再来，如同刘备三顾茅庐，能否见上一面，主要看运气。张耀顺坚持不辞劳苦地去登门拜访，他相信只要见张东青一面，机会就会更近一步。

张东青有时见张耀顺来了，就坐在办公室和张耀顺聊几句。他不烦张耀顺，甚至内心还有些敬重张耀顺，这不仅是因为其是吴隆奎介绍的朋友，更是他从张耀顺身上看到了锲而不舍的精神。有时他在想，换个位置，他不一定有张耀顺那样的执着。

这是一个大雪纷飞的冬天。按理说江南的冬天不会太冷，但在极端天气，也会有大雪。农村人的习惯，下雨和下雪天都是给自己放假的最好机会，不用下地干活，不用出门办事，美美地睡一天，睡得天昏地暗。整个庙前村都在大雪中寂静下来，似乎是上苍按下了暂停键。张东青这段时间很辛苦，在这个下雪天，老婆孩子热被窝，正是难得的清闲和享受。他知道今天厂里应该不会有什么事，吃过饭，正准备在热被窝里睡个回笼觉。这时候，厂里的会计来请示买材料的事，随后说苍山村的张耀顺在办公室门口等他。

张耀顺知道今天雪大路滑，可他更知道这是堵住张东青的最佳时机。他知道张东青经常往来于客户之间，很少有时间坐在办公室。他经常辛苦而去失望而归，比三顾茅庐还难。他料定，这么大的雪，张东青今天不会出门。于是，他推着那辆"永久"牌自行车准备去庙前村。

王锡英想拦住丈夫。她知道昨夜大雪，这一大早路上很滑，而且庙前村的路不好走，坡大弯多，车子在雪路上根本刹不住。万一摔倒了，有个三长两短怎么办？她建议雪消了再去，见张东青也不在乎这一时半晌，用不着在这个时候出门。再说了，没准张东青也想借下雪天睡个懒觉，放松一下自己。

张耀顺不想失去这个机会，但他没料到今天路这么难走。出了汉墩头，跨过大麦河，整个田野白茫茫一片。此刻，他想起了柳宗元的《江雪》，"千山鸟飞绝，万径人踪灭"。不要说人迹了，就连动物的足迹也没有。只因地里的庄稼隆起了积雪，分不清哪里是路。

他上车骑了一段路，感觉车轮打滑，控制不住。他只好下车，一路推着走。在快到庙前村的坡路上，他脚下一滑，差点滚到舜河里。

冰天雪地竟然还要出门来揽活，张东青被张耀顺的精神感动了。他赶紧起床来到厂里，见张耀顺正在办公室外边搓着手跺着脚来回走动。张东青心里有些内疚，他把张耀顺请进办公室。

"不好意思，大雪天应该是你休息的时候，打扰了。"张耀顺表示歉意。

"你的精神让我佩服哇，带样品了吗？我看看。"张东青一边招呼张耀顺喝茶，一边询问样品的情况。

这是张东青第一次向张耀顺要样品，这意味着张东青可以考虑让张耀顺干活了。张东青看完样件，和张耀顺围着火炉对坐，品茶闲聊。外边是雪地，整个天空和大地都是白色的。雪落无声，相识有缘。张耀顺讲着他的人生经历，张东青讲着他办厂的过程，有故事的人才能品出茶的味道。

自从和常州塑料机械总厂建立起合作关系，张东青购买了几台先进的加工设备，技术水平与同类企业相比，超前了好多年，生产能力更是大幅提高。有的厂家要求来工厂考察，只有见了设备和生产能力他们才肯合作。作为一家企业，没有厂房，没有设备，没有员工，这算什么企业？你就是讲得天花乱坠，也消除不了别人的疑虑。更何况，有些外资企业要求质量体系认证，没有生产条件就无法取得认证，没有认证，就不能成为合格供应商。

有了这些先进的设备，订单急剧增加，工人加班加点都干不过来，怎么办？后来有人出主意，把一部分订单委托出去，依靠其他企业的资源，扩大自己的赢利空间。张东青把这种经营模式称为工贸结合。

一场大雪、一杯热茶、一次推心置腹的交谈，张耀顺收获的不仅是张东青给的弹簧订单，更重要的是从张东青那里学到的企业经营思路。很多人背着包东奔西跑，做着空手道的营生，眼前老有一个大饼，总是咬不着。从事工业生产，就得有实体。你的企业有什么能力，你能为客户提供什么产品，这才是你揽订单的关键。否则，只靠关系、靠信息能赢得了一时，却赢不了长久。张耀顺现在的汉墩五金厂的设备只有几台旧钻床，产品只有弹簧，没有固定的工人，苍山弹簧厂的几个工人业余时间来干点活，日常主要是王锡英自己干，这种企业别人凭什么把订单给你？就凭自己这种死缠烂打地求人，换来的是别人的感动与同情。别人感动的是你这个人，而不是你的制造能力。找客户是企业弱小的初创阶段，而只有客户找你，那才是一个企业成功的标志。

张东青的工贸结合让张耀顺醍醐灌顶。他原来以为钱都是干出来的，所以，他没日没夜地和王锡英在家里干活。订单多了他干不出来，不敢接；没有订单，他得四处求人。他到张东青的库房里一看，吓了一跳，几百个品种的零件，大多数并不是张东青自己加工的。库房管理员告诉他这些配件是谁家生产的，进货的价格，卖给谁家，出货量有多少。张耀顺心里一盘算，原来张东青倒卖配件的利润率比那些生产配件的企业利润率还要高。

所以，完全没有生产能力不行，但完全依靠自己的生产能力也不行。用朴素的话说，就是要有一定的生产能力，取信于客户，还要有整合外部资源的能力。所谓整合外部资源，主要是指订单的来源、技术支持、外部的加工能力、产品的交付和质量保证的各要素形成有机整体，为我所用以提升赢利能力。

张耀顺现在要做的事情，一方面是提升自己的生产能力，增加设备投入，多雇一些工人，把厂做大，这叫内强筋骨；另一方面，随着江阴制造业这些年的快速发展，他可以利用这些资源，来进行圆织机配件的生产，这叫外借资源。而自己的核心能力是圆织机配件的需求信息和这几年来开发的客户资源。从此，张耀顺的赢利模式成为以销售为主，自主生产与外协加工相结合。

第十七章

重盖新房

20 世纪的农民，最大的愿望莫过于盖房。这是大多数人奋斗的目标，也是一个家庭除了满足居住之外的财富象征。乡村如此，城市也如此，谁家的大楼气派显示谁家的财力雄厚。如果不是以高楼大厦象征经济实力，我们很难想象城市的高度。

1985 年，张耀顺决定异地重新盖房。因为他是医生，在村里有威望，加之梅伟南对张耀顺一直很器重，关于异地盖房的庄基地很快就批了下来。新庄基地在村前的稻田，门前宽阔，房后也没有房屋或其他建筑物，是非常理想的地方，也是村里一些人眼红的地方。这块地一共划给了四户人家。其中最东头一户庄基地离河近，而且东北方向是张氏祠堂。张耀顺选择了第二户，紧邻他西边的是张耀宏的。在划定庄基地这样重大事项上，张耀顺心里想着弟弟，他能办下庄基地，也一定要给弟弟办成。按照当地风俗，房屋排列是哥东弟西，而且是哥先盖弟后盖，如果同时盖房，弟盖的房子进度不能比哥的快，新房不能比哥的高。

如果一个人一生不盖一次房，算不上是完满的人生。如今城里人如果一生没买一次房，也算不上是完满的人生。家庭的基础是房子，安居才能乐业。

张耀顺和王锡英结婚时的房子是父亲盖的两间瓦房，后边带两间附房，这是汉墩头村庄基地的标配。前面两间正房是住人的，后院两间附房是养猪或放杂物的。

这两间房在当初结婚时还算是宽敞。自从1982年开始办厂以来，偶尔有客户来访，住宿就成了问题。周边没有旅馆，最近的也在五六里外的西石桥公社。在没有私家车的年代，来回很不方便，更何况那时候还不通公路。

虽说有个汉墩五金厂，但那个厂也就是"带帽"作坊，很多活都在家里干。家里方便，王锡英一边照看女儿，一边干活，还要喂猪、做饭。晚上女儿睡觉了，王锡英一干就是到半夜。

不需要理由，房子是一定要建的。村里很多人在建房，西石桥到处是建房的人家。砖瓦厂、楼板预制厂、有手艺的泥瓦匠都很红火。有些名气大的匠人手上的活要排到半年以后。刚刚建起的楼房，在一大片老式瓦房中显得鹤立鸡群。张耀顺还挤在那两间平房里，这不是他夫妻俩的性格。

要建就建最好的，别人建两层，他建三层。这才是张耀顺的性格。盖两间三层加上两间两层附房，加上装修，预算需要2万多元。可是，钱从哪来？虽然汉墩五金厂赚了一点钱，可两三年的时间，也没赚多少，加之对外交往、买材料、欠的货款，有点钱都花在"路上"了，盖房的钱不够。

大姐网娣有点钱。这几年跟着父亲干弹簧，每年能发一点工钱，虽然不多，但家里的开销不大，省吃俭用习惯了，积少成多。知道弟弟要盖房，大姐尽其所能地帮一把。

二姐秀娣在常州，前两年二姑退休，秀娣顶替进厂当了工人。那时候，商品粮户口对农民来说是很有诱惑力的，是绝大多数人无法跳跃的龙门。子女能顶替进厂当工人已经是难得的机会，在当时看来，是端上铁饭碗，成了公家人。可是，秀娣刚参加工作，每月工资只有几十块钱，她想帮也没有能力。

秀娣的性格与母亲巧凤的性格相似。她不忍心看着大弟因为缺钱而盖不成房，她也不希望大弟去求别人。大弟抹不开面子，他不会去找父亲要钱。都是儿子，凭什么办厂赚的钱都给了二弟，大弟在困难的时候就不能帮一把？

大弟盖房需要钱，秀娣又没钱借给大弟。他知道爸有钱，可大弟的性格不会向爸开口，爸也不会主动借钱给大弟。于是，秀娣去找爸。

"爸，我大弟盖房需要钱，给一点钱吧。"秀娣向父亲要钱，她没说借。她没打算让大弟还这个钱。

"你大弟怎么不来？"

张裕生知道儿子盖房，他没有主动提出借钱。自从带耀宏一起办厂以来，大儿子一家特别是王锡英的态度明显与以前不同。他也很少去顺苟家，但他内心还是惦记着顺苟。在顺苟自己办厂的过程中，只要他开口，他肯定会尽力去帮他们，可是，这几年顺苟没有向他开过口。

按照农村的习惯，张裕生与二儿子一起生活，将来也就指望耀宏养老送终。他与耀宏是一家人，经济上也就是一体的。他得维护这一家人的关系，不能让二儿媳妇徐尧琴有挑理的地方。

其实，这几年办厂也没挣多少钱。说是有个五金厂，就几台二手设备，干点小活。开始上边支持社队企业办厂，鼓励个人投资。后来又提出整顿，很多小厂关闭了。但这次秀娣专程从常州回来，替顺苟向他借钱，出乎他的意料。他们姐弟之间的关系这么亲密，他这个父亲应该高兴才是。

"要借多少？"张裕生问。

"你能给多少？"秀娣问。

"我只有五六百元。"张裕生说。

"600 就 600。"

秀娣本来打算至少要 1000 元，她看父亲好像真没有，那就有多少算多少。

"这是爸给你的盖房钱。"秀娣把 600 元交给张耀顺。

张耀顺很意外："你去借的？过一阵有钱了我还给爸。"

秀娣很平静地说："不用还，爸挣的钱都给了二弟。你这几百元还用还？"

每个人的一生，都有借钱与被借钱的经历。借钱首先想到的是亲戚，其次才是身边最亲近的朋友。

由于张耀顺的庄基所处的位置特别好，村里个别人眼红不服气，于是向梅伟南举报张耀顺占用农田，违规多占等不实之事。梅伟南派人现场调查，没有发现违规问题。为了避免个别人继续上访，张耀顺决定先盖二层楼房。

在建房期间，张耀顺忙着弹簧业务，现场是二舅在工地帮忙照看。二舅单身一人，正好给张耀顺帮忙。白天按照匠人的要求，准备随时需要的材料，晚上就睡在工地，以防材料丢失。

上梁封顶的那天，张裕生、张耀宏、二姐夫谢兴宝，还有王锡英的两个弟弟（雪刚大弟不在家），娘家的亲戚以及汉墩头张姓本家的人都来了。亲戚们给最后一块楼板搭上红色的被面，另附多少不等的礼金以示祝贺。周边邻近的朋友也来帮忙。

此时的徐尧琴如同女主人，忙里忙外招呼着村里妇女们洗菜、淘米、烧火做饭，应付厨房里需要的盘子、碗筷、油盐酱醋等物品。大哥盖房就是她家的事，她没有理由往后缩。在大事面前，一家人毕竟是一家人。

在农村盖房上梁，不同于结婚、生子等喜事，后者主人不请，一般不去，但上梁既是祝贺也是帮忙。亲戚朋友需要帮忙，难道还用请吗？所以，能来多少人只能预测大概，这对厨房准备菜量的多少就提出了难题。

中午时候，梅伟南也来了。村里有重大事项，村干部一般都会出面，以示重视，更何况是张耀顺盖房。村里重要人物到场，意味着上梁仪式可以开始了。

新砌成的大门洞两旁贴着朱老师写的对联："喜居宝地千年旺，福照家门万事兴。"横批是："上梁大吉。"随着最后一块楼板抬起，现场的鞭炮噼里啪啦地响起，顿时散发出浓浓的火药味。据说火药味可以驱赶瘟神，带来吉祥。

1985 年，两间二层的楼房建起来了，一个月后，又在二层的基础上加盖了一层，这就是现在看到的老房子。楼房在稻田的前边，因为盖房取土，屋后稻田被挖成荷塘。如今的荷塘夏天开满荷花，成为汉墩头村的一处景观。

建成后的两间三层楼房为张耀顺生活、生产和接待客户提供了场所。两间二层附楼外楼梯下有个配制亚硝酸钠固体的铁锅，工人在这里对弹簧进行淬火和表面处理。如今，在附房的楼梯下，还能看到当年热处理时烧过的痕迹。

我们可以想象，当年在这里王锡英给外地来的客人做饭，有时邻居们来帮忙，家常饭，家常菜，主妇的厨艺，一次家宴，胜过高档酒店。

外地来的客商，在江南的乡村，接受这一家人的款待是一生难忘的经历。屋后荷塘里的蛙声诉说着丰年；门前的蝉鸣在吟唱夏与秋的交替。如果客人能喝两杯，最好是江阴的黑杜酒，把梅伟南也请来。

张耀顺决定请张东青来家里喝酒。这年冬天，又是一场大雪。江南的雪如同江阴人的性格，一旦下起来，洋洋洒洒一点儿也不输塞北。用不了一会儿，干枯的树枝，就如同开满梨花。他骑着自行车前往庙前村，可是，不多久自行车就被泥沾满了。他只好扛起自行车向庙前村走。

脚上沾满了泥，头上落满了雪，肩上还扛着一辆自行车。张东青见到张耀顺这副狼狈的样子，又好笑又感动。

"你不是上午才来过了吗?"张东青好奇地问。

"我是来请你吃饭的。"张耀顺回答。

张东青又一次被张耀顺诚恳的态度感动了，答应去他家里喝酒。

第十八章

挺进主机厂

市场如同战场，拿下客户如同攻城略地、开拓疆土。

张耀顺的主要业务是圆织机配件生产和销售。订单多，批量小，客户分散，这是他的业务特征。这种特征造成生产批次多，配件型号繁杂、销售成本高、管理费用高。一个外地小客户，不去拜访，信息沟通不畅，可能导致客户流失，但拜访一次，销售费用占销售额的比重又很高。但是这种小而分散的客户也有好处，一是小客户话语权小，议价能力弱，对价格的敏感度低；二是资金回笼快，带来更高的现金流速；三是风险低，不至于因某个客户的流失而给公司带来风险。

张耀顺面临的不是大客户与小客户之别，而是主机配套与维修市场两个不同性质的需求。在维修市场找来再多的订单，哪怕是工厂现在供不应求，但这种配件仍然被称为"山寨版""高仿品"。在人们印象中，"山寨版""高仿品"的质量就是不如原装的，如果和原装的一样或比原装的还好，那为什么原厂家不用呢？张耀顺的企业面临的正是这样的局面，总是以替代品的身份，存在于"坊间"。圆织机的使用者在保修期内不用配件，保修期过后，经营状况好的厂家用原装的，经营状况一般的企业才考虑替代品。他们半信半疑，抱着试试看的态度。与这些企业打交道自然是困难的。

不是张耀顺不想进入主机厂，而是国内能自主生产圆织机的厂家太少，而且销量不大。就是这仅有的几家圆织机厂也已经有自己的配套商，此时张耀顺要想为他们供配件，很难进入。国外圆织机制造企业在中国没有建立供应渠道，所有的配件都是从国外运到国内，在国内组装和销售。要想进入国外圆织机制造企业的供应名录涉及的问题太多，不是当时的经营环境和他的能力所能解决的。

20世纪80年代，中国对国际形势的总体判断是以和平为主，世界不会爆发大的战争。在裁军和压缩军费开支的形势下，军工企业开始"保军转民"和"找米下锅"，利用自身的技术优势和资金优势，纷纷开发民品。从冰箱、彩电等家用电器到摩托车、纺织机，各行各业，只要市场需要的或国外有制造的，就有企业去仿制和开发。

原中国航空航天工业部在兰州有一家工厂——兰州飞控仪器总厂（简称兰飞厂），在"保军转民"的形势下，他们成立了一个民品研究所准备开发民品。研究所刚成立，至于研究什么还没有明确的方向。他们前期务虚性地讨论过各种方案，比如彩电、冰箱、空调等。经过了解，很多家用电器已有企业先行一步开始预研或已经立项，考虑国家不会同意重复上项目，也就逐一排除了。兰飞厂周边有大型的化工企业，他们发现圆织机在化工方面的应用很广泛，但这些设备都是从国外进口的，价格高、维修难。经过调研，当时国内还没有完全自主知识产权的圆织机，他们认为此时进入圆织机行业正当其时。

王滨是这个研究所的所长，兰飞厂为甘肃轻工机械厂配套电气件，他知道一些关于圆织机的情况。他得知编织机械行业要在宜昌举办一个有关圆织机国产化的全国性会议便报名参加了，想通过这次会议，对圆织机开发立项做进一步的分析论证。王滨知道，兰飞厂要想开发圆织机，就得向部里提交可行性研究报告。可行性研究报告必须数据翔实、论证充分、结论明确。但是，当时的信息并不透明，政府或行业协会（当时还没有圆织机行业协会）并没有现成的数据供他们采用。市场上圆织机的类型、生产厂家、性能特点、适应性也各有特点，究竟从哪里入手，王滨的团队还摸不着门路。

张耀顺在圆织机行业已经有一些名气了，他接触过很多企业，也掌握了不少的信息。这几年，只要有全国性的圆织机行业会议，张耀顺都想方设法参加。这一次也不例外，他赶到了宜昌参加会议。

当年开会或出差都是两人或多人共住一个房间。报到时，会务组把张耀顺和王滨安排在同一个房间。三天会议，给了张耀顺和王滨认识、交谈和交朋友的机会。两个人从自我介绍到共同关心的圆织机，从兰飞厂打算开发圆织机到张耀顺走南闯北销售圆织机配件的经历，两个人很快就成了相谈甚欢的朋友。兰飞厂想生产圆织机，苦于对圆织机行业不了解；张耀顺早就想进入圆织机主机厂，两个人一拍即合，张耀顺答应尽自己所能，帮王滨提供市场信息，促成开发；王滨承诺只要圆织机开发成功，优先使用张耀顺生产的配件。

张耀顺是个凡事喜欢琢磨的人。这几年，在从事圆织机零配件生产的过程中，他对这个行业已经有了比较全面的了解。在中国境内，引进了多少家国外圆织机生产技术的企业，这些企业都分布在哪个省的哪个城市甚至哪个县，这些圆织机生产厂家的产品类型、技术水平、价格等，全国圆织机使用企业有多少家，大部分在使用谁家的圆织机，市场拥有量和每年的总需求量估计是多少，张耀顺讲起来如数家珍。

在张耀顺的心中，有一张中国市场圆织机分布图。这张图，对王滨开发圆织机具有重要的参考作用。通过张耀顺的介绍，王滨心里大概有数了。他和张耀顺一致认为日本鸟居三代是当前最为先进的机型。但怎么能搞来一台样机，王滨犯了难。他们没有购买的渠道，即使有渠道买到，作为一家航空企业的民品研究所买一台圆织机，厂家肯定会怀疑购买的目的。而且一台圆织机价格也不菲，对当时经济效益困难的国企来说，是一笔不小的开支。

王滨正在为研发经费发愁，张耀顺建议找一家编织企业，想办法让他们免费提供一台鸟居三代圆织机用来测绘。张耀顺通过配件生产供应已经成了中国圆织机行业的名人，在很多圆织机的生产厂家和使用厂家，只要提起"张耀顺"这三个字，几乎无人不知。张耀顺与很多企业的厂长已经是朋友了。

宁波塑料三厂是宁波市塑料编织行业最大的一家国营企业。就整个行业来说，很多编织企业使用的是国内企业组装的进口设备，唯独宁波塑料三厂引进的设备是日本鸟居公司的原装设备，而且是鸟居公司最先进的第三代产品。张耀顺答应王滨，愿意从中牵线，并说服宁波塑料三厂，允许兰飞厂对鸟居三代进行测绘和仿制。

兰飞厂与甘肃轻工机械厂有业务往来。得知兰飞厂欲开发圆织机，甘肃轻工机械厂也想加入。如果两个企业合资，一家是央企，一家是甘肃张掖的地方国企，审批手续很复杂。于是，这两家分别开发圆织机，在某些零配件上可以互补。双方达成口头协议，兰飞厂生产四梭机，甘肃轻工机械厂生产六梭机。

　　在张耀顺的精心协调下，宁波塑料三厂、兰飞厂、甘肃轻工机械厂三方签订合作协议，宁波塑料三厂同意提供一台鸟居三代圆织机用于测绘，兰飞厂、甘肃轻工机械厂对其样机进行测绘、仿制。完成测绘后将其样机归还宁波塑料三厂。兰飞厂和轻工机械厂在研发成功正式投产后，无偿赠送两台圆织机给宁波塑料三厂。张耀顺促成了这次合作，这两个厂承诺将部分零配件交给张耀顺生产。

　　在对样机进行测绘和仿制的过程中，张耀顺也在跟踪圆织机配件的设计开发，以保证的圆织机研发成功和顺利投产。

　　自从张东青给张耀顺讲过关于工贸结合的路子之后，张耀顺就从圆织机配件厂家大量收集产品，通过自己的客户关系进行销售。这期间也不是那么简单地收集，而是要掌握各种配件的性能和使用的方法，能甄别产品的质量优劣。不到一年的时间，张耀顺的汉墩五金厂的销售规模迅速扩大，除了弹簧外，圆织机配件的生产和销售已经达到30多个品种。

　　兰飞厂和甘肃轻工机械厂同时开发生产圆织机，这标志着国内具有权威的两家大型企业进入圆织机行业。特别是兰飞厂是一家央企，从事军品生产，其技术实力和质量体系在国内是领先的。对于航空工业来说，"质量第一"，这是20世纪50年代，朱德考察航空工业部时提出的要求。"质量是航空人的生命"，这种质量观一经形成，他们会把航空工业的质量文化传承到民品生产中，所制造的产品质量是有保证的。

　　兰飞圆织机是在仿"鸟居三代"的基础上加以改进的。日本人自己说过，所谓开发就是"仿制加改进"。人类的文明也正是在一个个阶梯上小步前进的，但这一小步要付出很大的努力。仿制加改进并不完全是捷径，在把蓝图变成产品的过程中，是摸索和修改的过程。仿制不能全部照搬，否则会引起知识产权纠纷，必须做适当的改进。在对产品使用性能没有充分了解的前提下，改进不仅不能取得优化的效果，反而很有可能弄巧成拙。在这期间，所有参与研发的企业都需要密切配合。张耀顺在兰飞圆织机的研发中也同样付出了很多。对弹簧钢扣的结构、材质和工艺都进行大量的改进，在设备和生产管理上加大投入。要想与央企和大型的地方国企合作，你就得有合作的能力。因为你的质量问题会影响整机的运行。每一个零部件都如同水桶的一块木板，短板理论在产品质量上是最能体现的。张耀顺心里很清楚，如果自己作坊式的工厂不能尽快升级改造，不能跟上主机厂的质量和产能要求，就会有第三者"插足"，被淘汰是必然的。尽管他与王滨私人关系很好，在"鸟居三代"开发时也立过功劳，但如果质量保证不了，一切都是空谈。

兰飞圆织机一经推出，首先在当地石化领域的企业试用，经过改进和完善，继而推广到纺织、农业以及其他行业。该圆织机以其性能、质量、服务以及价格，与国外同类型的圆织机相比具有明显的竞争优势。随着中国经济的发展，化工、纺织、建筑等行业的需求日趋旺盛，兰飞圆织机出现供不应求的局面。张耀顺的零配件销量也发生了"井喷"。他为兰飞厂和甘肃轻工机械厂提供的配件不仅有弹簧，还有跳杆、钢扣等。汉墩五金厂的销售收入由当初的几万元增长到六百多万元，其中兰飞厂和甘肃轻工机械厂两家就占到收入的三分之一还多。

张耀顺与兰飞厂的合作模式，是一个值得借鉴的经验。配件企业进入主机厂，最可行的办法是从主机型号开始研发的时候就介入。特别是大型复杂的高精密设备，因为设计人员不可能对每一个配件都搞得很清楚，而往往配件厂家有更专业的知识和经验可提供参考。

配件厂家可提供自己熟悉和可靠的技术标准并参与试制，并随时调整自己产品的技术参数，从而达到与主机的匹配性。设计一旦确定了技术标准并完成了工程样机的开发，其他配件企业再想介入就为时已晚了。

在中国经济发展的初期，没有适合中国国情的教科书，正是像张耀顺这样的初创企业家凭着直觉摸索出了中国民营企业的经营之道。

这一次"井喷"也让张耀顺完成了他最初的原始积累，奠定了他快速发展的基础。当绝大多数人还在对"万元户"津津乐道，认为其是一种梦想时，张耀顺已经在百万元户的大道上狂奔。

与兰飞厂合作的成功，提升了张耀顺的制造能力，加快了资本的原始积累，这是显而易见的。用一句民间最简练的话说，就是张耀顺发了。汉墩头的人知道，西石桥人知道，江阴很多人也知道，但这都不重要，更重要的是圆织机行业里的人知道有一个张耀顺。知道张耀顺生产的圆织机配件是兰飞原装的。兰飞圆织机是国产最先进的，质量要求很高，兰飞厂能选用张耀顺作为配套商，其他同类型的国外品牌圆织机用户在采购维修配件时还有什么顾虑呢？他们会直接选用张耀顺生产的配件。随之而来的是源源不断的业务，可以让张耀顺持续赚钱。

张耀顺实现了华丽转身。他从一个筚路蓝缕的跋涉者，脱掉乡下人那件"破棉袄"，登堂入室，与航空企业并肩而立，共同打造出中国制造的"航空品质"圆织机。尽管张耀顺的产品在圆织机上只占了极小的位置，但它如同一个支点，足以触动人们仰慕的神经，足以提升张耀顺的企业形象。兰飞厂选中的、兰飞厂制造的"鸟居三代"这两张名片把张耀顺领进了中国圆织机的主战场，与国家队站在了同一条跑道上。

第十九章

设立奖学基金

据《江阴志》记载，1991年6月12—16日、6月30—7月3日，江阴地区的暴雨更是以"漏天"之势张开血盆大口，降雨量达728.1毫米，江河湖水位暴涨，超过历史最高纪录。太湖泄洪出路受阻后倒灌，迅速蔓延至江阴地区，江阴遭遇百年未遇的洪涝灾害。

此次洪灾中，江阴全市37.4万亩水稻、3000亩棉田受淹，5.3万亩鱼塘通塘，5.3万间民房进水，980多家工厂停产、半停产。道路、桥梁和水利设施严重损坏。璜土、桐岐、北漍、峭岐、青阳、马镇等镇受灾尤为严重。

房屋倒塌，庄稼减产，农民的收入少了，对于一些本来就贫困的家庭更是雪上加霜。此时，澄西中学校长孙永甫也在为那些品学兼优但家境困难的学生担忧，他担心个别学生因为家境困难而辍学。

这时候汉墩五金厂生产很繁忙，兰飞圆织机开发成功进入批产，配件的需求量暴增，工厂加班加点都满足不了客户的需求。张耀顺正在考虑增加设备，但手头的资金还不够，估计到 9 月就可以订设备了。

可是，给澄西中学的奖学金还没有落实。今年又是特别年份，经过这场洪涝灾害不知又要增加多少个贫困家庭，无论如何都要先保证学生的奖学金。另外他还考虑今年是否再扩大奖学金的范围和提高奖学金额度。

澄西中学原校长孙永甫

提起奖学金，那得从 1988 年说起。刚刚从改革开放走出来的农民，大多数人还在土地里刨食，富起来的人还是少数。孙永甫作为澄西中学的校长，他有责任带好每一个学生，但面对困难学生，他也是一筹莫展。

有人向孙永甫提议，可邀请本地的企业家捐资，设立一个助学基金。有了助学基金，就可以帮助一部分困难家庭的学生。孙永甫觉得这个建议很好，于是，召开专门校务会议，讨论助学基金的募集和管理。

有人提议不如把助学金改为奖学金，既能解决部分学生的困难，也有利于提高学生的学习积极性。至于向哪些企业家筹集资金，大家讨论了很长时间也没有结论。西石桥乡有二十多家企业，有的企业年收入已经几千万元，有的才几万元。至于哪些企业愿意出资设立奖学金，大家心里没有谱。

以什么样的方式去筹集资金，大家也讨论了一些方案。有人提议把乡里有名的企业负责人请来，开一个座谈会。通过座谈科教兴国的意义，尊师重教的传统，培养人才的必要性等，启发大家积极捐款设立奖学金。也有人提出不如校长带队伍，直接上门做工作，定向动员企业家捐款。但也有人持反对意见，认为上门做工作跟僧人化缘一样，万一人家拒绝多难堪。学校是教书育人之地，老师是受人尊敬的，哪能为了钱去看人脸色？再说这件事，教育局没规定要搞奖学金，万一被人举报是乱摊派、乱收费就麻烦了。

最后孙永甫决定，从西石桥乡经营状况较好而且有可能捐款的企业中筛选出了十家企业。成立三个小组，到这十家企业去摸底，看有没有愿意出资设立奖学金的企业家。三个小组出发前，校长再三叮咛，是征求意见，千万不要让人误解成摊派。

事情过去半个月了，暑假快结束了，各小组向孙校长汇报。有的企业是初创时期，虽说规模不小，但流动资金很紧张。这也能理解，民营企业向银行贷款很难，老板经常为资金发愁，东拼西凑是常有的事。西石桥最大的一家企业年收入在几千万元，按说拿出这点钱不是问题。当企业的老总听了学校的来意后，委婉地拒绝了。他们的理由是，设立奖学金得经过董事会讨论，而且他们公司即使出资设立奖学金也是在高校设立，主要是面向有合作意向且专业对口的院校。在中学设立奖学金，公司没有这方面的考虑。其他几家企业对学校的倡议表示理解，只是暂时拿不出钱，等过两年效益好些了再考虑。总之，大家都是空手而归。

孙永甫并没有放弃设立奖学金的事。他在办公室反复审视着西石桥有一定规模的企业名单。汉墩五金厂，张耀顺。张耀顺不是自己带过的学生吗？七五届的毕业生。孙永甫曾经是张耀顺的班主任，对张耀顺印象很深，而且对张耀顺的家庭背景和个人经历也很清楚。虽然张耀顺的企业在西石桥算不到前列，只是一个村办小厂，但他想去看看。

孙永甫亲自找到张耀顺，看看他有没有这个实力。孙永甫看到张耀顺的工厂时心里已经做好了被拒绝的准备。所谓厂房，只是几间库房，现场的设备都是从二手设备市场淘来的，各种颜色都有，大小高低不同。尽管设备都在运转，工人们也很忙碌，但这些设备确实太破旧了。

张耀顺见自己的老师来了自然是很热情。沏茶让座，问老师的身体健康，问学校的情况。

孙永甫从学校的发展，高考录取率等，绕了好几个弯，才把话题引到设立奖学金上。

"现在各学校都在设立奖学金，以帮助那些品学兼优的学生渡过困难，使他们不至于失学。我想咱们澄西中学也应该设立奖学基金。"孙校长说。

"设立奖学基金需要多少钱？"张耀顺问孙永甫校长。

孙永甫从学生数量、奖励的比例到奖励的额度给张耀顺做了分析，估计需要 10 万元。

这个 10 万元是什么概念？1988 年国企职工平均月收入 80 元，也就是说一个职工不吃不喝攒够 10 万元需要 100 年的时间。1988 年的黄金价格是每克 65 元，而 2023 年的黄金最高价格是每克 600 元。如果以黄金的购买力来计算，当时的 10 万元，现在值 92.3 万元。当然，对于企业家来说，投资收益不是这样算的，可以是几十倍，也有可能是血本无归。我们不能以今天的价值多少来考量张耀顺当时的决策。金钱的价值取决于他急需的程度，所谓一分钱难倒英雄汉。

"这个钱全部由我来出。"张耀顺说。

孙永甫没想到张耀顺如此爽快地答应了。他觉得让张耀顺一个人来承担这么大一笔钱是不是会给他造成经济上的压力。张耀顺是他的学生，不能因为师生情分而一时冲动。

孙永甫说："耀顺，你要不要回家跟夫人商量一下，你们再考虑考虑？"

张耀顺很干脆地说："不用商量，我夫人一定会支持的。就这么定了，我今天就把钱打到学校的账上。"

孙永甫代表学校师生感谢张耀顺的慷慨善举，他决定把这个奖学金命名为"张耀顺奖学基金"。他要让学校师生、学生家长和社会各界人士知道这笔奖学金是张耀顺捐赠的。

想起澄西中学，张耀顺就想到自己的青春岁月，想到那些艰难求学的日子。学校有食堂，但米饭是自己带的米，给学校交点钱，学校统一蒸的，买菜是用饭票才能买。他每天上学书包里装一个饭盒，从家里装一些米到学校蒸饭。学校的菜分两类，贵的一类是有几片肉的荤菜，只有少数学生才能享受到，他也是偶尔开个荤。通常是炖白菜或萝卜，上面有一点油星。个别家庭特别困难的学生，甚至买不起菜就吃白米饭就萝卜干。生活的艰苦并不影响学生的快乐，大多数人以为，生活本来就是这样。

张耀顺与每位从澄西中学毕业的学生一样，对这个具有悠久历史和革命传统的学校心存敬仰，为能有幸成为澄西中学毕业的学生而感到自豪。

1938 年春，在地方上有一定影响力的北郭庄乡的周祺松、周郁如和璜土乡的许少英等人为解决更多失学青年的读书问题，在球庄俞氏宗祠创办了初中补习班。同年 4 月，周祺松、周郁如与球庄周培大，西石桥徐士俊，申港符雪年，石庄孙炯、张润庠和程文元为组建澄西中学筹集经费，9 月在璜土前栗山崇圣寺，创办了澄西中学。学校设初中 3 个班，附设高小班，学生不足 100 人，由程文元任校长。1939 年 2 月，由孙炯接任校长。学校受共产党抗日救国主张的影响，高小部教师陈康吉（西维常人）和初三学生承宝鸿等成立了具有强烈抗日倾向的学生团体"虹光社"。他们组织学生阅读《论持久战》《西行漫记》等抗日进步书籍。编印刊物出版墙报、唱抗日歌、演话剧、开展抗日救亡宣传活动，先后有承宝鸿、奚祖华等人参加"江抗"。

1958 年，学校办成完全中学，高中部面向澄西以及靖江沿江地区招生。如今的澄西中学已经是江阴市重点高级中学，面向江阴全市招生，是无锡市现代化工程示范学校，江苏省四星级高中。

张耀顺对澄西中学充满了感恩之情，在那个以阶级成分为标准推荐上高中的年代，他仅仅因为家庭是中农成分而不被大队推荐，是澄西中学破格录取了他。今天孙校长找到张耀顺，希望他能为学校做点事，张耀顺怎能推辞？他很想为学校多捐点钱，可以他现在的经济实力也只能拿出这么多。他没想过用他的名字命名奖学金。他更没有想到这次的捐赠竟成了他一生捐资助学、造福桑梓的开始。

送走了孙永甫，张耀顺心里是很复杂的。他希望为澄西中学做点事，可是，这笔钱是他为扩大生产准备买设备的钱，他回家怎么向妻子王锡英开口呢？王锡英在厂里管生产，关于工厂的生产紧张状况，她没少在张耀顺面前唠叨。设备已经选好了，就等下个月钱凑够了将设备买回来，以减轻生产的压力。现在可好，他把这笔钱捐给了学校，她能同意吗？

不仅王锡英不能理解，厂里的工人、亲朋好友能有多少人理解？张耀顺的工厂才刚起步，虽说是挣了几十万元，可在西石桥，在澄西他算什么？比他有钱的人多得是。别人都一毛不拔，他逞什么能？别人都是财不外露，有钱都是藏着掖着，可张耀顺是生怕别人不知道他有钱似的，赶着把钱往出捐。

张耀顺并不理会这些世俗的想法，他认定的事谁也改变不了。设备可以晚些时候再买，钱可以慢慢挣，但孩子们上学是不能耽误的。江阴人就是这么刚烈的性格，从来就不缺"为天地立心"之人。澄西中学本来就是江阴前辈乡绅捐资兴建的，难道今人还不如前人吗？当年张耀顺在澄西医院培训的时候，就以医者仁心要求自己将来尽最大努力济世扶贫。如今，他已经不是医生，但那些贫困而苦难的印象时常在他眼前浮现。贫穷是因为落后，落后是因为无知。现在国家大兴教育，自己应该尽一点儿微薄之力。

张耀顺的决定最终得到了妻子王锡英的支持。王锡英看着张耀顺因奖学金表现出来的旺盛精力和工作热情，她更加高看自己的丈夫。本来两个人都是高中毕业，王锡英是红光大队的团支部书记，张耀顺是苍山大队的团支部副书记，两个人无论是政治进步还是职务，王锡英都比张耀顺强，凭什么要王锡英佩服张耀顺？但是，今天张耀顺做出的决定，他对金钱的态度和对社会的担当，王锡英觉得自己的丈夫的确应该让她高看一眼。

"张耀顺奖学基金"在澄西中学正式设立了。1988年9月，新学年开学典礼时，学校举行"张耀顺奖学基金"颁奖仪式。澄西中学操场上，全校师生整齐地坐在台下。张耀顺坐在主席台正中间，他的旁边是澄西中学的校长孙永甫。

澄西中学张耀顺奖学基金会成立暨开学典礼

颁奖大会由孙永甫主持。教导主任宣读了获得"张耀顺奖学基金"的学生名单。

张耀顺和学校领导共同为获奖的学生颁奖。

张耀顺每颁发一个奖金都要亲切地抚摸一下孩子的头，以鼓励他们好好学习。他知道设立奖学金，不仅是为孩子们提供助学，更是鼓励学生们好好学习。而他自己以实际行动告诉这些学生，要做一个对社会有用的人，要有爱心。

学生代表发言，孩子以真挚的语言表达了对张耀顺学长的感谢，表示以后要努力学习，不辜负张耀顺学长的希望。

最后，校长请张耀顺讲话。

张耀顺望着台下一大片师生，感慨万千。他的思绪回到了十五年前，"到广阔天地去，到社会实践中去，改变家乡'一穷二白'的面貌"。澄西中学教给了他生存的智慧，提升了他人生的起点。

孙校长只说是请他来给获奖的学生颁奖，没说要他讲话。其实，张耀顺连颁奖都不想来。他设立奖学金是为了鼓励学生好好学习，并不是为了自己立身扬名，但是校长邀请，他也不好推辞。可临时让他讲话，他能讲什么？一大片学生，纯真的目光，为人师表的老师，还有张耀顺读书时的恩师也在台下坐着。他怎么好意思夸夸其谈呢？

张耀顺脑子一片空白。

他站起来向台下的师生鞠了一躬，又转身向孙校长鞠了一躬。

"尊敬的校长、各位老师，同学们，"张耀顺用他那清脆的嗓音，拉高了腔调。正当师生们以为他要发表高论的时候，张耀顺却压低了嗓音，"我是一个没妈的孩子。那时候家里成分不好，是澄西中学破格录取我上的高中。现在是政策让我挣了钱，我要懂得感恩，谢谢大家。"

张耀顺的话就这么简单地讲完了。

主席台上的领导和台下的师生还没有回过神来，只听到"我要懂得感恩"这句话回响在操场上，久久地回响……

第二十章
诱惑的陷阱

张耀顺的创业从 1982 年的 50 元起家，到 1990 年他已经有了近百万元的财富，这在汉墩头、在苍山村甚至在西石桥都算是大老板了。

在改革开放之初的十年，经济的快速发展为各类产品的需求提供了强劲的动力。张耀顺在圆织机配件市场更是风生水起，他用实际行动，践行了张东青说的工贸结合。有的客户向张耀顺建议："你的圆织机配件做得那么好，而且销量那么大，关键是你认识很多塑料编织行业的人，你怎么不做圆织机？如果你自己做圆织机销量一定不会差。"

张耀顺也考虑过做圆织机。刚开始进入这个行业的时候，自己两手空空，什么都没有。在常州塑料编织厂严傲德的帮助下通过常州会议进入了这个行业。

眼见主机厂大把的订单，张耀顺很是眼红，他对生产主机早已垂涎。自己生产圆织机配件，一个配件才卖几块钱，有的甚至不到一块钱。张耀顺认为，如果自己生产圆织机，就不用求主机厂，也不用担心主机厂不用自己的配件了，做出来的圆织机也一定能卖得很好。张耀顺不想做配角了，他想成为圆织机市场的主角。

1990年，张耀顺已经是西石桥一带有名的企业家了。后梅村虽然是西石桥乡的所在地，但当时还是经济相对落后的村。为了帮助后梅村发展，后梅村的村支书陈国焕找到张耀顺，建议他到后梅村建一个圆织机厂。

张耀顺与陈国焕都是各自村上的赤脚医生。因为是同行，经常到澄西医院培训或开会，时间长了也就相互熟悉了。如今，张耀顺从赤脚医生改行创办企业，走上了经商之路，而陈国焕则当上了后梅村的支部书记。

通过乡政府的牵线搭桥，后梅村、张耀顺以及江阴轻工机械厂三方达成了合作协议，开始了圆织机的开发。

后梅村负责提供厂房和协调工商税务等相关办厂手续。厂房原先是后梅村一个集体企业的，现在归陈福生个人所有。陈福生把厂区中的1000平方米租给圆织机厂，圆织机厂付给他租金。同时圆织机厂每年给后梅村3万元租赁费，以后有赢利，再从赢利中分成。

江阴轻工机械厂是江阴县一家大集体的企业，是当时轻工业部指定生产纸箱机械的专业厂家。江阴轻工机械厂具有技术和品牌优势，所以，他们只是名义上的股东，并不出一分钱。

张耀顺则是实际的股东，全部资金由他出，由他来经营。

在准备生产哪种类型的圆织机方面，张耀顺也是作过论证的，只是不像现代企业那样有书面的可行性研究报告。个体企业决策链条短，决策程序简单。张耀顺的调研论证报告在自己的脑子里，不用拿出来跟谁讨论，最多是在晚上睡觉前给王锡英说说。他认为现在大型企业选用进口设备，而中型企业选用兰飞圆织机，只有小型企业经济实力弱，可以买便宜的设备。而且小型企业的数量多，市场大，争取客户容易。张耀顺觉得自己的实力与国外品牌和兰飞厂等企业相比，无论是资金还是技术都相差甚远，所以，他要避开竞争，做低端市场。

张耀顺找到常州塑料机械总厂的一位工程师莫耀青，通过他花35000元买到了仿萩原圆织机的全套图纸，萩原与鸟居相比要低一个档次。他又以4万元，买了1台常州塑料机械总厂生产的圆织机。有了图纸，也有了实物，圆织机的开发在技术上已经具备基础条件了。

研发圆织机至少需配备一名机械工程师和一名电器工程师。在人才短缺的年代，张耀顺去哪里找这样的人才？即使找到人才他也负担不起工资。

厂里有一个电工叫顾孟平，原来是村里开拖拉机的。开拖拉机，每年要把拖拉机拆开保养，所以，对机械方面有一定的经验。张耀顺派顾孟平到常州凌家塘的一个电器厂去学习。这个电器厂与张耀顺有业务往来。张耀顺用的电器产品就是从这里进的货，派人来学习也是顺理成章的事。顾孟平学了三天就回来了，在那里也学不到什么新的东西。

还有一个张良清，是做模具的，能看懂图纸，是土工程师。另外一个是王雪华，负责采购。

这三个人就是张耀顺的研发团队，张耀顺是总负责人。

日本人说，产品研发就是"仿制加改进"。张耀顺连改进都没考虑，因为能仿制成功已经不容易，谈何改进。他把买回来的圆织机拆开，看看哪些是自己能干的，哪些是需要外购的。张耀顺自己就生产和经销圆织机配件，所以，大部分的靠采购，小部分自己做。

这也是伴随着工业化的永恒路径。大型企业有大型企业的标杆，中小型企业有中小型企业的目标，能仿就仿，能抄就抄。特别是在一些技术含量不高的行业如农牧业、服装、日用品的一些展会上，总有一些人背着照相机，对着展品狂拍。他们回去按图索骥，用不了多久就仿制出与原厂相似的产品。至于设计原理、适应要求他们考虑不了那么多，哪怕是样机上磕了个坑，他们不知道这个"坑"是啥作用，干脆照葫芦画瓢复制，不加改进。

但是，有一个最大的配件——凸轮鼓不知道是谁家加工的。这是圆织机上的主要部件，也是体积最大的部件，找到了它问题就解决了一大半。另一个问题是，圆织机凸轮鼓上有很多孔，要保证配合到位，就得有一套钻模。钻模需要设计和加工，而张耀顺的研发团队动手能力强，但不会绘图，更没有加工钻模的能力。

张耀顺想到了堂兄张耀明，他是常州冶金厂的一名工段长。张耀明不仅帮张耀顺解决了钻模的问题，而且为圆织机的研发提供了咨询和技术上的支持。

因为与常州塑料机械总厂莫耀青有合作，张耀顺从他那里打听到了凸轮鼓的供货渠道。他派人从广西柳州买到了圆织机上所需要的凸轮鼓。

就这样，经过半年时间，张耀顺仿制的圆织机终于组装成功了。虽然是仿制，但能把原装的拆了，再把自己的和买回来的零部件装上去同时还能运转良好也是一件不容易的事。如果没有顾孟平、张良清、王雪华这样的能人，恐怕连拆都拆不下来。研发的骨干人员，费尽了心血，试机成功自然是要庆贺。他们没有请嘉宾，也没有搞仪式，只是工人们自己买点鞭炮庆祝一下。当鞭炮炸响的那一刻，后梅村的人都围过来了，陈福生厂里人以为谁家办喜事呢。

圆织机试制成功，接下来是如何销售，在这方面，张耀顺是高手。他在西石桥乡公社路边做了一面墙的广告牌，画面的背景是圆织机，图案上的主题是"你发我发大家发、来到我厂代代发"。这是他请自己的老师朱钢用毛笔写的。他很喜爱朱老师的字，而且收藏了一些朱老师写的《朱子家训》，如今他对《朱子家训》仍能背诵几句："一粥一饭，当思来处不易，半丝半缕，恒念物力维艰，宜未雨而绸缪，毋临渴而掘井……"

朱老师的书法很见功底，尤其是他的欧楷，现在能达到这个水平的人不多。如此文雅的老师，怎么愿意写出如此俗的广告词？在张耀顺的一再请求下，老师看自己的学生创业不易，况且文之雅俗，在于质不在于形，朱老师还是写了。当地人路过广告牌时，对广告的内容并不在意，而是公认朱老师的字好。

张耀顺又在常州火车站附近设立了办事处，安排销售人员在火车站接待来常州买圆织机的人。这是江苏第一家在常州设立办事处的圆织机厂家。很多人下了火车就会打听去某某厂怎么走，销售员陈志清就上前搭话，一旦发现是来常州买圆织机的，就直接"截胡"拉到西石桥。另外，张耀顺在圆织机行业深耕了多年，跑遍了全国各地，掌握圆织机市场的需求和客户信息，朋友也多。很快，他的圆织机就有了订单。广州的花都县10多台；江苏连云港8台……

张耀顺没有料到的是，圆织机的销售模式与零配件的销售模式是不一样的。以前卖配件时，客户需要的品种、规格、价格说清楚，直接汇款，厂里发货。而圆织机是大件，一台4万多元，一次购买十台八台，动辄四五十万元，这么大一笔钱，哪能轻易付款？尽管是老朋友，也要来现场看看张耀顺是否真有能力生产圆织机，是怎样生产的，有没有质量保证，售后服务如何保障。这一系列的问题摆在张耀顺的面前，都得一个个解决。过去只是眼馋别人做圆织机，一次交易就是几十万元，甚至全套设备需要上百万元。而如今才发现，谈成交易才是第一步，后边的事还多着呢。

客户要来现场考察，但张耀顺的现场确实没法看。厂房面积不足 1000 平方米，摆几台圆织机就占得差不多了。也没有像样的设备，怎么能证明这些圆织机是他家生产的？既然主要部件是从外边购买的，那还不如找有生产能力的厂家，生产圆织机的企业又不是只有张耀顺一家。

怎么办呢？张耀顺想到江阴轻工机械厂。这个厂离他的厂只隔了一条河，步行也就是几分钟的路。如果有客人来，就说那是他的生产车间。那里各种设备齐全，规模也大，足以让人信服。但明眼人一看就知道，轻工机械厂生产的不是圆织机。张耀顺也只能这样，糊弄一次算一次，只要客人不点破，自己也就不说破。对于业务员来说，晚上多喝两杯，一切都在肚子里。

张耀顺当初办圆织机厂的时候，经乡政府牵线，江阴轻工机械厂同意参与，但轻工机械厂生产的纸箱包装机械生意太好了，根本忙不过来。参与圆织机研发的事也就不再考虑了，但碍于公社书记的面子，还是同意张耀顺带客人来参观。

售后问题让张耀顺深感头痛。他没有料到售后会这么复杂，而且更费钱。看起来是设备卖出去了，能挣多少钱，没法算，只有售后问题彻底清了才算是把钱装进自己的口袋，否则，装进去也会掏出来。售后解决不好，10% 质保金拿不回来，等于白干。

本以为圆织机试制成功就是产品成功了，但是，在现场使用时不断出现故障。几个骨干轮流吃住在客户现场，不断地排除故障，一去就是十天半个月。有些故障是安装调试问题，有些是部件质量问题，不是辊子跑偏就是经线不协同，梭子穿不过去等，还有些是客户使用问题。开始客户还有耐心，渐渐地从工人到老板都有些不耐烦了。张耀顺哪里知道开发一款新产品，特别是系统性复杂产品，没有两三年是达不到批量生产的。他以为像生产五金件那样简单，只要有样件、有模具、有机床就能生产，就能立马满足使用要求，这就是制造零部件与从事系统集成之间的差异。

而此时，又发生了几件事情，让他的圆织机梦彻底难以继续了。

这个圆织机厂是一个权责不清晰的产物，这也难怪张耀顺。1990年中国还没有实行市场经济，《中华人民共和国公司法》还没有颁布。人们对什么是公司，以及股东的权利和义务分不清。张耀顺虽然走南闯北，见过世面，但从骨子里还是一个善良的农民。他相信乡政府的组织协调能力，相信村支书的信誉。所以，在没有具体的合同和协议的情况下，张耀顺就投资办厂了。

在圆织机厂，陈国焕的小舅子周耀青负责采购，会计单方大是陈国焕的舅舅。他给后梅村的陈国焕一次性转了六万元。张耀顺问为什么要转这么多钱，单方大的回答是提前预支了两年的租赁费。

张耀顺很无语。厂里的资金本身就很紧张，单方大竟然还要提前预支。没有厂长的同意，钱就转出去了，这是什么规矩？哪有道理可言。陈国焕，这个平常称兄道弟的和自己曾经一样的赤脚医生，怎么能做这样的事？张耀顺觉得自己太相信人了，更看错人了，怎么能让陈国焕的小舅子当会计！

而另一件釜底抽薪的事是江阴轻工机械厂换了新厂长。新来的厂长不承认以前参与圆织机开发的事，更拒绝张耀顺带客人到轻工机械厂参观。轻工机械厂归县里管，乡政府做工作也没用。

有客人要来厂里考察，到厂里一看就露馅儿，有意向的订单也会取消。至此，张耀顺束手无策。

厂区的规模太小、技术和设备不具备制造圆织机的能力。圆织机上的零件最多的有一万多个。备货吧，卖不出去，压资金。不备货吧，一有订单就催得很急，恨不得今天打款明天就发货，来不及生产。加上质保金、售后服务等，张耀顺已经是焦头烂额。他没想到做整机比做配件难度大多了。

西石桥公社主任陈志夫听说了张耀顺做圆织机陷入困境，站在公社门口的广告牌前对张耀顺感慨地说："整只鸡炖不烂，不如斩块鸡熟得快。"

这句话彻底点醒了梦中人。张耀顺痛定思痛，果断退场。将所有配件、在制品全部打包转让给了张东青。

两年多的时间，张耀顺为圆织机付出太多的心血，曾经美好的愿望化为泡影。清理后的厂房空空荡荡，只剩下张耀顺独自站在门口。他仰望着夜空，耳边蟋蟀在鸣唱。这是唯一的声音，也是唯一的陪伴。为了实现他生产圆织机的梦想，他从汉墩头来到西石桥。当年他在湖南洞庭湖县淋雨后发烧落下了慢性咳嗽病；在火车座位下闻着污浊气味睡觉；冒着大雪去找张东青，差点滑到路边的舞河里，一幕幕的艰辛在他的眼前浮现。

从最早期那一万只弹簧到几十种五金配件，如果说这只是一根红线，那么，圆织机就是他的"情人"。从他做五金配件开始，他就梦想生产圆织机。他羡慕过，心动过，也行动过。如今铩羽而归，身后是一片狼藉。

张耀顺想起徐志摩的那首诗：

轻轻的我走了，
正如我轻轻的来；

我轻轻的招手，

作别西天的云彩。

……

悄悄是别离的笙箫；

夏虫也为我沉默，

沉默是今晚的康桥！

悄悄的我走了，

正如我悄悄的来；

我挥一挥衣袖，

不带走一片云彩。

如果有机会，他一定要去一次康桥。去凭吊徐志摩心中的惆怅，去看看那片云彩是否还在。

性格倔强的张耀顺从来没有这样失落过。对于企业家来说，企业就是他的孩子，产品就是他的情人。他希望自己的产品更完善，走到哪里都有赞美。他希望他的企业一天天成长，不断壮大。今天，圆织机梦破灭了。张耀顺坐在台阶上低下了头，在离开这里之前，心中有一丝伤感。

他坐了好久，忽然感觉有一双温暖的手搭在他的肩膀上，转身看见妻子王锡英坐在他身边。两个人什么都没说，只是默默地坐了好久。夜深了，他们牵着手离去，明天重新开始。

三十多年后，张耀顺回忆起这段经历时，对圆织机的失败总结了几条教训。

那时候自己在圆织机配件方面取得了一些成就，也赚了上百万元。正值中国经济快速发展时期，经济短缺时代，各行业都能赚到钱。自以为能做配件就能做圆织机，就像当年《深圳日报》曾经发表的文章《没有做不到，只有想不到》，鼓吹人们什么都能干，只要你敢干。在这种鼓吹下，特别是先起家的那些企业家，以为能盖楼房就能生产矿泉水、能生产纺织机、能开百货商场。当然，做配件和做主机只是一步之遥，只是他对时机把握得不好，技术、资金、人才都不具备。这一步跨得太大，拉伤了自己。

　　另一个教训是人性的贪婪。人们总觉得对岸的风景好，总想去对岸享受那里的风光。自己做五金配件，做到行业翘楚，正是春风得意的时候。那些做主机的企业是多么羡慕张耀顺资金回笼快，不愁销路，人员少好管理，没有那么多的竞争对手。而张耀顺却羡慕主机厂产值高，市场知名度高，一台圆织机的销售额够他干几十万件弹簧。自己在维修市场出差一次拿回来几十万个弹簧算是大订单，才值几万块钱。和那些主机厂相比，自己是一个小企业，没有名气，赚不了大钱。当你真正走进别人的风景里时，才发现"对岸的风景"还不如自己脚下的。实际上在任何一个行业，任何一个细分市场都存在机会，关键是你能否专注于自己的专业，能否抵抗来自外界的诱惑。失败不是把产品干错而是把路走错了。

　　张耀顺总结的教训还有一个，低端市场是挣辛苦钱，利润低，风险更大。原以为低端市场客户面广、需求量大，容易销售。实际上，低端准入的门槛低，谁都想进来捞一把，市场竞争更加激烈，没有能力拼质量只好拼价格，拼到最后谁都没赚钱。

　　这次圆织机开发失败，对张耀顺来说算不上是多大的损失，只是企业家在成长的道路上必须要经历的坎坷。没有经历曲折的企业不能称为成熟的企业，没有经历挫折的企业家也算不上是成功的企业家。

第二十一章
人间四月天

　　"1992年，又是一个春天，有一位老人在中国的南海边写下诗篇；天地间荡起滚滚春潮，征途上扬起浩浩风帆……"《春天的故事》——这首中国改革开放代表歌曲，唱出了那个时代展开的历史新画卷。

　　这一年，被公认为是中国改革开放的重要分水岭。这道"岭"之前的中国，迈开了改革开放的步伐，但还裹挟着复杂激烈的路线之争。这道"岭"之后的中国，思想空前统一，如同"春风吹绿了东方神州，春雨滋润了华夏故园，捧出了万紫千红的春天"。

　　邓小平视察南方谈话，对张耀顺这样的民营企业家，如同一缕春风，化解了心中困扰多年的顾虑。现在可以甩开膀子干了，再也不用担心政策会变，再也不用借"别人的壳""戴集体的帽"，可以光明正大地注册民营企业。

　　关于邓小平视察南方谈话在当时给商品经济掀起多大的浪潮，

从下面这个故事就可窥一斑。传说先知先觉的江阴县华西村党委书记吴仁宝，每天早晨 6 点 30 分准时收听广播新闻，19 点定时收看《新闻联播》，即便出差在外也雷打不动。在 1992 年 3 月初的一天，邓小平南方谈话播出后，吴仁宝当天夜里 2 点钟召开党员干部大会，发动全村人立刻奔赴全国各地用各种办法购进原材料。果然，待到 3 月 11 日"谈话"精神传达到基层，原材料价格迅速上涨几倍。这就是传说中的吴仁宝"一个会议赚了一个亿"。

邓小平视察南方谈话同样给张耀顺的企业带来了活力。商品经济快速发展，催生了各行各业旺盛的需求，圆织机也不例外。与兰飞厂合作的成功，带动了汉墩五金厂的发展。

春江水暖，山川必将繁花似锦。

苍山村党支部书记梅伟南再一次向张耀顺伸出了橄榄枝。

"苍山村是你的家，你还是回苍山村发展吧。"梅伟南看到张耀顺在后梅村的圆织机厂关门了，希望他回到苍山村。他会尽最大努力支持张耀顺经商办企业。

张耀顺并没有直接答应。他心想，"好马不吃回头草"，无颜见"江东父老"。

梅伟南知道张耀顺心中的顾虑，再三邀请，并答应将苍山村一个废弃的砖瓦厂以及周边的集体场地共十多亩地给张耀顺作为建厂用地。

张耀顺回想起这十年来，他背着背包奔走在城乡之间，到处求人寻找订单，自己能干的产品十分有限。他们夫妻二人从汉墩头一间破小的仓库开始，到后梅村租用的厂房，掏了钱还感觉寄人篱下。一个门卫关照不到，回来晚了不给开门，张耀顺好几次翻墙回厂里。江阴轻工机械厂新来的厂长那副傲慢的嘴脸，无论张耀顺怎样求他，就是不让带客人来参观。如果自己有厂房，增加一些设备，像模像样地生产圆织机，也不是坚持不下去的。没有厂房和设备那还叫工厂吗？就如同没有枪炮和地盘那还叫军队吗？

在与张东青的接触中，张耀顺才真正明白了"怎样才能赚钱，靠什么赚钱，赚谁的钱"的问题。他不能再这样赤手空拳地忙乱挥舞，必须把自己的赚钱能力武装起来。张耀顺又想到毛主席的语录："枪杆子里面出政权。"商品经济也是这样，没有"枪杆子"就没有话语权。

求人不如求己，既然梅伟南答应给他十多亩地建厂，那就回到苍山大队的闸板村。其实，闸板村离西石桥镇只有一公里，在交通靠脚的年代，一公里是有点远。但现在，公路修通了，开车也就是几分钟的事。

张耀顺也没有什么无颜见苍山村的父老乡亲。在后梅村的圆织机项目收场了，经济损失不大，只是耽误了这两年挣钱的机会。他的资本还在，实力还在，换个地方建厂，只是搬了一次家而已。

梅伟南说的十多亩地位于闸板村。砖瓦窑边上还有一个抽水站，如果在这里建厂，光地基就得填十米深。不像后来各地招商引资，政府出资做到"五通一平"。刚开始平整土地，破旧的砖窑才拆了一半，还没开始建房，闸板村的人就来闹事。因为这个砖瓦窑虽说是苍山村的，但却在闸板村的地盘上，而张耀顺是汉墩头人。两个自然村虽然都归苍山村管，但集体产权归各自然村。他们不能容忍一个外村人在他们的地盘上盖房建厂。部分村民堵在工地，阻止施工，指责张耀顺是汉墩头的人凭什么要占用他们的地。

梅伟南赶到现场，质问带头闹事的会计："你集资办砖厂，赔得连本钱都没有了，我个人的350元钱谁负责，你负责吗？我还没有找你算账，你好意思问我？张耀顺这些年来为村里做了多少好事，捐了多少钱，别人不知道，你这个会计不知道吗？"

梅伟南的一番话，说得闹事的人哑口无言。张耀顺这几年为村里做的好事有目共睹，无论是修路架桥还是扶贫济弱，他都是慷慨解囊。

在梅伟南的支持下，1992 年，张耀顺建起了一个属于自己的厂房，成立了江阴市塑机专件厂，决心成为一个塑料编织机械配件的专业厂家。工厂陆续建成了注塑车间、弹簧车间、橡胶车间、五金车间、棕带车间、绝缘子车间和钢扣车间，成立了财务室、采购室和外协室。一个功能齐全的塑机配件企业，必将成为这个行业的龙头。

江阴市塑机专件厂（前排左二王锡英、前排左三张耀顺）

　　开张之日，张耀顺没有请领导出面剪彩，没有花篮、没有礼炮，在风和日丽的上午推闸运行。这一次，他要远航。岸边的人都是来看热闹的，只有张裕生、网娣、耀宏以及王锡英的兄弟姐妹，这些与张耀顺、王锡英血脉相连的人才会真心祝福这只船行稳致远。张耀顺是这只船的舵手，站在甲板上注视着前方，心中感慨万千。如同刘备进西川，这一去山高水长，路途遥远，一船人的幸福安康甚至身家性命全系于船长一人之身。

　　张耀顺的船刚扬帆起航，正好是"潮平两岸阔，风正一帆悬"，时机就是这样恰如其时。随着商品经济的繁荣，圆织机与各行业一样迅速发展，全国使用圆织机的企业呈爆发式增长。圆织机的配件需求量也在爆发式增长。工厂满负荷运转才能满足客户的需求。

　　王锡英经过这些年的锻炼，已经从一名农家妇女变成了企业生产经营的管理者。她既是生产计划员，又是库房主管。每天干哪些产品、干谁的订单、给谁发货都是由王锡英来发出指令。这时王锡英的二弟王雪贤也到塑机专件厂上班，协助姐姐王锡英管生产。民营企业在初创阶段都是这样，管理高度精简和集权。王锡英不愧是当年为数不多的高中毕业生，当过大队团支部书记，组织能力、学习能力和适应能力要远远超过一般的农村妇女。原先圆织机厂的顾孟平、张良清、王雪华三人也一起到塑机专件厂上班，成了技术、生产的骨干。

　　企业的销售实际上是全员销售。人们一般认为销售是销售部或销售员的事。其实，内勤的作用是一个企业软实力的表现。内勤的一句话，一次与客户打交道的表现有可能会促成一次交易，也可能会失去客户。王锡英是一个精明的女人，更是给自家干，在生产订单积压、交付不及时的情况下，如何表现出谦和与诚恳的态度，这是稳住客户的重要手段。有些企业在这个时候表现出店大欺客，也有店员因为太忙而情绪焦躁，言语上会伤及客户，这将对客户的维护起到消极的作用。王锡英遇到客户催货时，一边道歉一边安排发货时间，并承诺给客户赠送点小礼品，缓解一下客户的情绪。

对于厂里生产压力大、产品交付不及时的状况，张耀顺尽管着急甚至睡不着觉，但这是痛并快乐着。他继续在市场找客户，拉订单。

选择目标客户是企业产品销售的第一课，张耀顺把过去学的毛主席语录用到企业的经营中，作为开拓市场的指导思想，起到事半功倍的效果。

市场本身是一座大学，它教会你怎样经营。"道可道、非常道"，一切都在一个"悟"。经过在市场里摸爬滚打，张耀顺也悟到了哪些是容易谈成的客户，哪些是难以成交的客户，也就是教科书所讲的目标客户。张耀顺把市场潜在的客户分成两大类，一类是圆织机生产厂家，如兰飞厂、甘肃轻工机械厂以及常州一带的圆织机企业。这类企业需求量大、质量要求高，品种多、订单稳定，但价格偏低，回款慢，这是企业的重点客户。重点客户就得重点维护，张耀顺坚持定期拜访，跟踪这些企业的发展和其对产品的要求。另一类是圆织机使用者，也就是圆织机的终端用户。这类企业数量庞大，地域分散，单体需求量小。从长远考虑，谁拥有终端客户，谁就占据市场。终端客户又可以分为两大类，一类是国营企业，对价格不敏感，要求原装配件；另一类是乡镇企业或个体私营企业，他们对价格敏感，对质量期望值不高，能用就行。但是，不同的需求也会发生转换。国营企业随着经济责任制的推行，厂长也会考虑成本，考虑国产配件；而一些乡镇企业或个体户随着实力的增强，综合考虑成本与价格，也会选择原装配件。所以，客户没有大小，只有其生命期长短。维护好每一个客户，创造客户终身价值才是经营者必修的课程。

从汉墩五金厂到江阴市塑机专件厂，从1982年的50元起步，在政策不明、惶惶不安中往前摸索，到如今建成了功能齐全、产品多样的塑机配件专业工厂。塑机专件厂建成后，王锡英如同有了自己的家，一个功能齐全的大宅。安居才能乐业，她的心踏实而又激动。

张耀顺望着新落成的厂房和办公楼、职工宿舍以及整洁的厂区，这就是他的家。以前他们如同只有一条租来的小船，靠出海谋生。而如今，有了这个家，他和王锡英就有了奔头。厂区外边是新修成的西利路，宽阔而平坦，如同他的前程就在这大道的远方。灯火通明的厂房和机器运转的声响，在向外传递信息，这是西石桥一带最有生命力的企业。

如果说当初那一万只弹簧是一粒种子，汉墩五金厂是一个胚胎，而现在的塑机专件厂则是发育完全、已经分娩的婴儿。七个分工不同的车间，如同婴儿的五官，各自发挥不同的功能。职能部门的建立，如同婴儿的心脏和大脑，在协调工厂的运转。

这个婴儿生逢其时，必是富贵之相，这是他和王锡英的杰作。

张耀顺的心绪从一年前的《再别康桥》回到了林徽因的《你是人间的四月天》：

我说，
你是人间的四月天；
笑响点亮了四面风；
轻灵在春的光艳中交舞着变。
你是四月早天里的云烟，

黄昏吹着风的软，

星子在无意中闪，

细雨点洒在花前。

那轻，那娉婷，你是，

鲜妍百花的冠冕你戴着，

你是天真，庄严，

你是夜夜的月圆。

雪化后那片鹅黄，你像；

新鲜初放芽的绿，你是；

柔嫩喜悦，

水光浮动着你梦期待中白莲。

你是一树一树的花开，

是燕在梁间呢喃，

你是爱，是暖，是希望，

你是人间的四月天！

1993 年 10 月，张耀顺作为江阴唯一民营企业家代表，随江苏省轻工业考察团赴欧美考察。他来到了位于英格兰东部的剑桥郡，这里是英国历史最悠久的大学城。在这里，除了壮丽的剑桥大学建筑之外，还有古色古香的商店、宁静的公园、独树一帜的茶艺馆，以及代表剑桥现代化一面的百货公司、商店及运动设施。剑桥的休闲生活更令人向往。可以在剑河上泛舟，还可以参加音乐会或步行到郊外欣赏幽美景色，难怪徐志摩会在这里写下人们津津乐道的《再别康桥》。

悄悄的我走了，
正如我悄悄的来；
我挥一挥衣袖，
不带走一片云彩。

三十年来，张耀顺把这首诗的最后几句一直挂在嘴边，也许会对他的人生产生深远的影响。

第二十二章
当选人大代表

从 1988 年在澄西中学设立"张耀顺奖学基金"起，张耀顺坚持为奖学基金续资，以保证奖学金的正常发放。他每年在秋季开学的时候，都会到澄西中学为获奖的学生颁奖，与学校的师生见面。

1992 年是张耀顺艰难的一年。为了帮扶后梅村的发展，也为了实现他做圆织机的梦想，张耀顺在后梅村付出了很大的努力，最终圆织机厂因为生产场地和生产规模而被迫关停。圆织机厂的关停，虽然经济损失不大，但却耽误了圆织机配件赚钱的机会。即便如此，张耀顺对奖学金和对家乡建设的公益事业的捐献丝毫没有减少。

汉墩头位于大麦河的南边、利港河的东边，又有几条小的河沟纵横在村的周边。因为这里没有一条像样的公路通往外界，村里人出行很不方便，甚至年轻人找媳妇都成了困难。人们外出行走在水田边的田埂上，到处是放水的豁口，步行还可跨过去，推车子就麻烦了。每到下雨天，路上泥泞不堪，根本走不了，要运物资进出村也只能等天晴。张耀顺小时候上学遇到雨天，和村里的孩子们一样只能是光着脚走路，脚被扎刺或划伤是常有的事。

村民们盼望能修一条汉墩头通往外界的公路。20 世纪 90 年代初，政府已经将公路修到了苍山村，但这条路只修到苍山村的水墩上，也就是大队医疗站所在的地方。尽管当时修的路面很窄，但这已经在很大程度上解决了人们出行难的问题。而汉墩头只是苍山大队的一个自然村，那时候政府修公路不可能修到汉墩头这样小的自然村，更谈不上每个村民门前的道路。汉墩头人们的出行还是被困在最后一公里。

汉墩头有四个村民小组，经过酝酿和讨论，大家都同意自己出钱出力共同修一条通往汉墩头的公路。这条路也就是现在的苍山路北段，起点是水墩上，终点是汉墩头，全长还真是一公里。

四个村民小组的组长坐到一起，关于修路的事，他们讨论了好几次。占地补偿、出工出力都好办，可是资金从哪来？汉墩头的村民这几年的生活虽然有很大的改善，要让每家每户出钱修路，也不是不行，但动员起来有一定的难度。村民温饱早已不是问题，但家庭经济普遍还是紧张，何况这几年家家都在盖房，有钱的先盖，没钱的向亲戚朋友借钱也要盖。农村就是这种风俗，很容易从众。别人盖房，你不盖就显得寒酸了，邻居盖三层楼，你就不能盖两层，否则，就是低人一等。别人盖平顶房，其他人也是平顶的；别人建坡屋顶，全村房屋都是坡屋顶。所以，一个地方的民房建筑风格大体是一致的。有些地方是一个工匠做出来的，没有设计图纸，方案都在工匠的脑子里。

其实城里人也一样，哪家不是为买房而拼命，别人住 80 平方米的房子，自己也要买 80 平方米的。好不容易还清了债，又奔着 140

平方米的大房子去，这叫改善型住房。借钱、贷款，过着房奴的日子。城里人的资产在增加，钱却是负数。房价上涨的时候，每个人的资产都在升值。一旦房价下跌，家家的资产都在贬值。原以为农村人有三件大事，盖房、娶媳妇、养老人，现在城里人肩上也同样有三座大山，买房、教育和养老。

也难怪，就像人们穿衣服一样，房子是一家人的面子。面子没有，在村里有些事难办。比如娶媳妇，无论男孩如何优秀，一看这家人住的房子破旧，谁家的女孩愿意嫁给他？所以，农村人盖两三层楼房，外墙装饰精美瓷砖，除了一二层部分住人外，其他房间空荡荡的，或者堆些杂物。

四个村民小组正在为修路犯难的时候，张耀顺主动提出由他出资。他还建议不仅要把一公里的苍山北路修好，还要把道路硬化到汉墩头的每家每户。这是新鲜事，因为这里的人们祖祖辈辈都是晴天一身土，雨天两脚泥，没有泥土那是农村吗？汉墩头不像别的村子有一条街道，人们沿街而居。这里如同现在的住宅小区，中间是一块水田，房屋围绕着稻田而建。三家一组，五家一排，错落有致，是一座园林式的村庄。因此，通往每家每户的道路，蜿蜒且长。

新修成的苍山北路，单车道，水泥路面，有会车的地方。路边的道牙和暗设的排水渠以及路两旁的绿化同步完成，从此，老百姓出行方便了。

硬化道路通往每家每户，这项工程的难度比修苍山北路还大。原来的路很窄，而且涉及村民屋外搭建的棚子、茅房、猪圈等，拆除违建成了棘手的问题。通往各家的路绕来绕去，仅村里硬化的路面都远远超过了一公里。还好，经过村民的共同努力，"户户通"工程完成了，村里的道路宽敞了，人们的心里也亮堂了。村中间的稻田也变成荷塘，绿树掩映着楼房，老人们在广场上锻炼，在阳光下诉说着过往，孩子们在池塘边戏耍，一幅祥和的乡村画卷。随着环境卫生的改观，人们的生活习惯也发生了改变。

20 世纪 90 年代还没有"村村通""户户通"工程。但汉墩头的老百姓已经提前享受到公路"户户通"带来的生活便利。

富起来的人们对精神生活的追求也正在提升。从 80 年代的黑白电视到 90 年代初期的彩色电视，人们不再日出而作日落而息，每到晚上村里人围在一起收看电视剧。1990 年首播的电视剧《围城》，开启了我国 90 年代电视剧制作的新纪元，也拉开了国产电视剧引领人民群众精神文化生活的序幕。如果说《围城》是一部名著，能真正喜欢的人不是太多，而《渴望》的播出则创下了电视剧收视率的巅峰神话。这部电视剧播出之后，"举国皆哀刘慧芳，全民皆骂王沪生，万众皆叹宋大成"，成为一道影响深远而且旷日持久的独特风景。《渴望》的片头曲：

悠悠岁月

欲说当年好困惑

亦真亦幻难取舍

悲欢离合都曾经有过

……

毛阿敏把这首歌演唱得凄美婉转，感动了无数观众。

20 世纪 90 年代之前的电视信号主要是靠天线进行无线传播。这种信号受各种因素的影响而不稳定，正当人们看得神情投入的时候，电视上出现雪花点，人们唏嘘不已。有时候需要爬到楼上调整天线，看电视的人在焦急的等待中，剧情早已转换到另一个情节。

20 世纪 90 年代初期，闭路电视开始在农村普及。闭路电视则相当于有线广播，电视信号从卫星传到地面，通过线缆将信号传送到指定用户。在传输过程中，它主要是将音视频信号转变成某一射频信号，也就是某一频道。这种频道信号稳定，图像清晰，色彩逼真，而且能收看十几个频道。

可是，建闭路系统需要钱。当时资金来源是政府出一部分，村里承担一部分，终端用户开通使用时付一部分。

凡是付费项目，老百姓一般都会在心里掂量一下值不值，需要不需要。过惯了穷苦日子的村民，生活都很节俭，即使是富起来了，手头宽裕了，但花钱的习惯还是从小在苦难中养成的。他们对吃饭、穿衣都很节俭，能省则省，现在要让他们出钱装闭路电视，等于是挖他们的肉。信号不好，有点雪花点怕什么？过去没有电视，一辈子都这么过来了。多收几个频道有那么必要吗？只有一双眼睛，一次也只能看一个台。只要不花钱，比什么都重要。别想从老百姓口袋里往出掏钱，他们节省惯了。

要让村民们接受闭路电视，提高收视效果，首先要有示范，让老百姓亲眼见到好处。所以，市政府采取先试点再推广的方式，一个乡镇选一个村作为典型。

1991 年 4 月西石桥撤乡建镇。乡长变镇长，工作热情自然要涨一节。市里推广的闭路电视工程，西石桥镇必须尽早落实，这不仅是提高人民群众精神文化生活的硬件设施，也是一项政治任务。主管闭路电视工程的副镇长把各村的情况分析了一遍，无论找哪个村干部谈闭路电视的事，他们可能都不会热情接受，毕竟是个新事物，还得做他们的思想工作。

广电陈站长说："直接找张耀顺商量一下，这个项目就在苍山村试点。"

对于苍山村，闭路电视工程的资金从哪来？村集体的经济状况，张耀顺心里清楚。土地承包经营之后，农民在致富的道路上各显神通，而集体经济却处于空心状态。他每年都要给村委会提供一些资金支持，以帮助处理村里的公共事务。

这次，闭路电视项目负责人没有找徐国方书记，而是直接找到张耀顺，向他提出交纳 3 万元的工程费用。愿意交钱就在苍山村试点，不愿意交，镇上就在别的村试点。来人还说："有好几个村都想争取成为第一个用上闭路电视的示范村，是广电陈站长看在你张总的面子上，才把这个示范项目定在苍山村。"

究竟是广电陈站长给张耀顺的面子，还是张耀顺给广电陈站长的面子，这都无所谓，只要能给苍山村老百姓做好事，他从不推辞。村里人早就期待用上闭路电视，早建成早受益。他没有告诉徐国方书记，也没有告诉任何人，自己就出了 3 万元。而且，这件事至今苍山村大多数人还不知道。

张耀顺的塑机专件厂已经初具规模，生产和销售取得了很好的业绩。同时，他为家乡修路、捐资助学，赢得了群众和政府的高度赞赏。这一年，他取得了经济效益和社会效益双丰收。

1992 年 10 月，江阴市人大代表换届选举，在全市范围内选举产生第十二届江阴市人大代表。选举分级进行，分别为县级人大代表和乡镇级人大代表。按照选举办法，包括划分选区、确定选民资格、进行选民登记、公布选民名单、提出候选人、开展介绍或宣传活动、进行初选或预选、规定投票制度和当选计票制度。年满 18 周岁的中华人民共和国公民都有选举权和被选举权。以公安部门户籍登记的人口数或单位登记的人口数为依据。农村选区：一个村或几个村为一选区。城市选区：一个社区居委会或几个社区居委会为一个选区。每一选区按 1~3 名代表划分。张耀顺所在苍山片区选出 1 名代表，经过全体选民投票。

根据江阴市人大代表名额分配办法，西石桥的代表候选人里必须有一位民营企业家，经营业绩好，群众基础好，政治素质高，具有参政议政能力，张耀顺完全符合这一条件。

据江阴市人大官网记载，1992 年 10 月 10 日至 12 月 25 日，江阴市镇两级人大代表换届选举，共有 828228 人参与投票，共选出乡镇代表 2245 名，市代表 386 名。

张耀顺光荣当选市人大代表。这不仅仅是一个身份，更是人民对他的信任和期望。期望他能为百姓说话，向政府建言献策，为治理这座历史悠久的城市而贡献智慧和力量。

也许他从来没有想过自己会当选人大代表。他起初只是为了生活得好一点，为了让王锡英不再受委屈，所以他努力挣钱。一个人在默默奋斗的时候，也在改变着脚下的道路，改变着自己的思维。他已经不再为钱而打拼，因为钱对于他来说已经够用了，他需要挣钱来创造价值，创造身边老百姓所需要的价值。否则，他越有钱，越感到孤独，因为有很多人需要帮助。还有澄西中学的学生，一想到他们，张耀顺心中就有一道亮光。他给澄西中学捐资设立奖学金，同样也在奖励自己。每一个获奖的学生从这里走出去，将来成为人才，就如同他给一棵幼苗浇过水，施加过营养。人只有为别人活着，为需要的人活着，为社会活着，才更能焕发出力量，才有使不完的劲，才能让自己的境界升华。这种活法，也只有像张耀顺这样的人才能体会到。

有人说，现在还有这样的人吗？回答是，这个社会有太多这样的人，只是你没有发现，因为你的目光和你关注的焦点不在这里。

1993 年 2 月 17 日至 20 日，张耀顺以人大代表的身份参加江阴市第十二届人民代表大会。选举产生江阴市人大常委会主任、副主任以及委员 18 人，选举产生江阴市市长、副市长、法院院长、检察院检察长。会议还审议通过了《关于长江岸线使用及沿江地带综合开发计划方案的决议》《江阴市人大代表议事规则》。

这是他第一次拾级而上，步入江阴大会堂。胸前佩戴着代表证，手里提着文件袋，他从来没有感觉到像今天这样的庄重和神圣。二十年前，他只是一个奔跑在乡间小路上的初中生；十年前，他还是一个乡村赤脚医生，走村串户，行医治病；五年前，他还是四处求人的业务员，门难进脸难看，他在风雨兼程的路上已经摔打得"皮实"了。可是今天，他将要代表 113 万江阴人民行使人民代表的权利。尽管他这一票不是决定性的，却是庄严和神圣的。

第二十三章

塑机配件大王

每一家公司、每一个人都需要经常问自己："我是谁，我从哪里来，我要到哪里去？"

上小学的时候，老师会问学生："你们长大要当什么？"

学生们的回答各不相同，有的想当科学家，有的想当军人，有的想当演员，有的想当官。这也许是孩子们的随意一说，至于实现梦想却是另一回事。

张耀顺起初只是想挣钱，想把自己干的弹簧卖出去，让日子过得好一点。自从与兰飞厂合作成功之后，配件的销量不愁了，但他觉得还不够，现有的品种和数量已经满足不了自己的胃口了。

从 1979 年到 1994 年已经过去了十五年。这期间，农村发生了翻天覆地的变化，而这些变化就像春雨般，细润着张耀顺脚下这片干涸已久的土地。一切都是从量变到质变，如同季节的转换。当你还在寒冷的冬天瑟瑟发抖的时候，有人告诉你立春了，你看了看窗外的树木，春天在哪里？当你还沁润在和煦的春天里，又有人告诉你立夏了，你又看了看细流浅浅的河道，哪有热的迹象？然而，就在这不知不觉中进入了夏季汛期，开始有几滴雨，人们不相信这天会变，只有少数人料定会涨潮，开始准备船只。当潮水来临的时候，仍然有更多的人在岸上观望，他们认为雨会随时停下来，潮也会退去。汉墩头的人们，有人还在幻想随时会像从前一样出工劳作。他们关心的不是怎样逐潮而出，而是国家大事，每天读报纸，听广播，有没有什么新闻。而像张耀顺这样早起的弄潮者，已经在浪潮中扑腾了几年，熟悉了水性。

先行一步可能成为先进也可能成为先烈，这是成功者的警言，也是懒惰者的借口。如果一个人成功了，人们会称赞他觉悟得早。而一旦失败，人们会嘲笑他是瞎折腾。观望者往往是大多数人，而社会财富却是渐渐地聚集到少数人手里。

1994 年，又是非同寻常的一年。中国进入了"中国特色的社会主义市场经济"时代。计划经济的时代结束，将要出现一个充分竞争、江海横流的壮阔场面。市场经济的本质对企业来说就是优胜劣汰。

计划经济彻底变成了市场经济，回不去的日子和无路可回的人们像掉入热水中的青蛙，急速地蹦出来，在大潮的裹挟下，奔涌而下，形成了滚滚洪流。在洪荒的纷乱中，人们在市场里寻找各自的位置，每一个都是需求者，每一个都是供应者。一个卖方市场快速转化成了竞争性市场，话语权归买方。

比张耀顺起得更早的人是离他不远的华西村的吴仁宝。在这个被称为中国最富的村子，除了有一个好的领头人吴仁宝，更重要的一条经验就是先行一步。

1961 年，华西大队初建时，共有 667 人，集体资产 2.5 万元，欠债 1.5 万元。从 1968 年起，吴仁宝一边当学大寨的典型，一边暗中办起了小五金厂。办五金厂在当时是严重违反政策的，当有上级检查的时候就隐藏起来，检查人员一走，他们继续干。到了 1976 年，华西大队非农产值达 28.2 万元，已占全年总收入的 54.4%，集体积累（含资产）已经有 60 万元。随着改革开放到来，工业兴村的路径终于正大光明地浮出水面。1979 年，正是全国推行家庭联产承包责任制的时候，吴仁宝却提出了一个调整产业结构的方案：全村 500 多亩粮田由 30 多名种田能手集体承包，绝大多数劳动力转移到工业上去。在吴仁宝的安排下，一些村民们外出学手艺，回村后陆续办了锻造厂、带钢厂、铝材厂、铜厂等，形成了以冶金、纺织和有色金属为主的 40 多个企业。

张耀顺当然不能与吴仁宝相比。吴仁宝从 1961 年起就一直担任华西大队党组织书记，其间先后任江阴县委副书记、江阴县委书记、江阴县（市）人大常委会副主任。吴仁宝代表基层政权，无论是大队党组织书记还是县委书记，他的视野和接触的事物都比张耀顺广。华西大队的创业是群体力量，而张耀顺是草根英雄。张耀顺以一名赤脚医生的身份，放下药箱，跺一跺脚上泥土，掸一掸身上的灰尘，单枪匹马杀出了一条路。他是孤行者，最多有王锡英给他搭声腔。但他与吴仁宝的共同之处就是先觉先行。

华西村的蓬勃发展让整个江阴，甚至全国的农村看到了致富的希望，看到了什么是真正的富裕。张耀顺所在的苍山村离华西村只有二十多公里，他经常去华西村办事，亲身感受着时代的巨变和经济的快速发展。

与兰飞厂合作，成功地打开了圆织机配件市场，张耀顺的圆织机配件一年要生产几百万件，加班加点才能满足客户的需求。他又趁势增加设备，扩大生产能力，提高销售价格，赢利能力也大幅提高。

一台圆织机上有上万个零部件。根据机型的不同，零部件的品种和数量也不同。常见的如直板、弯板、穿丝板、织机棍子、滚丝筒等都是五金加工件。作为一个五金厂，生产这些配件不是问题。于是，张耀顺不断地开发圆织机配件的品种。

随着市场经济的发展，到了90年代中期，大量的小型企业涌入圆织机配件行业。张耀顺明显地意识到竞争的环境形成了，在常州、江阴已经有几十家企业在生产圆织机配件。

市场如同社会。当你在一个小村子里能认识整个村子的人，在县城还能认识半个县城的人。当你到了省会城市，你会发现认识的人很少。到了首都，认识的人只有身边几个人。生活的城市越大，认识的人越少。

当市场经济大潮的闸门打开的时候，人们像潮水般涌入，一时间，浊浪滚滚，产品的经营者被淹没在商品的洪流中。他们迫切需要让人们记住，被购买者识别，并期望更多的购买者能找到他。

如何让自己的企业被人们关注和记住呢？广告已经伴随着市场经济应运而生。但张耀顺做的是工业品，受众面小，只有圆织机行业的人才会关注，何况自己生产的又是圆织机的配件。不像大众消费品，受众面那么广。张耀顺在思考，这些圆织机企业和编织企业会到哪里去寻找配件呢？

在同一家国有企业联系业务的时候，张耀顺无意间看到了一种杂志——《模具》，一种只属于模具设计和模具加工行业的专业期刊。《模具》每月一期，除了精美的封面，大体有三部分内容，包括模具设计或加工方面的技术性论文，常见问题分析以及广告。封二和后边几页是几家主要模具生产厂家的介绍、地址以及联系电话。他发现，技术人员对这份杂志很依赖，在这份杂志里能找到模具设计的前沿理念和问题的答案。采购部门也需要这份杂志提供信息，去寻找供应商。

国内的圆织机市场算是个新兴市场，从 1985 年的备品备件国产化，到大规模替代不到十年的时间，而全面实现整机国产化是从 1990 年开始，至今还不到五年。但是，无论是圆织机配件还是整机，发展的速度都非常快。记得他到常州塑料编织厂找吴隆奎做弹簧的时候，还没有几家做圆织机配件，而现在遍地都是。每次开行业会议，都有一群人背着背包，像蜜蜂一样嗡嗡地围上去推销配件。

王永仁，北京某化工厂的工程师，在下海经商的浪潮下，他辞职创办《塑料编织》杂志，每月一期，面向全国发行。杂志开辟"塑料编织工艺""化工材料""编织机械""常见问题"等栏目。还专门设立了每期问题解答，以达到与读者互动的效果。杂志社还邀请了国内知名的教授作为顾问，特邀行业领先的企业管理者和技术方面的专家提供行业发展的综述。杂志发行了三期，得到了读者的好评。

但是，由于没有经费来源，加之创刊初期，靠自筹和杂志订阅的收入已经是入不敷出。王永仁绞尽脑汁，办刊经费还是得不到落实。他找了许多生产圆织机的企业，想获得赞助，都被一一拒绝了。那几年是圆织机市场最好的时期，各家圆织机生产企业都出现了供不应求的局面。所以，对圆织机生产企业来说，客户主动找上门来，订单都要排到几个月以后了，有的甚至要排到半年以后，根本没必要宣传。

在一次行业会议上，张耀顺认识了王永仁。

王永仁具体讲了《塑料编织》的办刊宗旨、发行数量和订阅的对象。张耀顺敏锐地察觉到这本杂志对他的企业宣传会起到很重要的作用，在这份杂志上投放广告一定是精准的。他承诺这本杂志的办刊发行费用不足的部分由他全包了，房租也是张耀顺付的，只要求把他的企业信息和产品信息印在杂志上。

张耀顺那时候还没有品牌的理念，没有商标，没有企业的LO-GO。只有一个营业执照，上面显示是个体。张耀顺想要人们记住的是他这个人，一个从事圆织机配件生产的人，生产哪些配件，具体的地址、联系方式等。

有了张耀顺的赞助，1994年《塑料编织》期刊丰富了版面内容，加大了自身的宣传，发行数量进一步增加。王永仁对他也很支持，在杂志的封二做整版广告。肩标题是："有困难找警察、要配件找耀顺"，醒目的主标题："中国塑机配件大王——张耀顺"，页面有圆织机配件的图片、型号说明、单位地址、联系方式等。

随着《塑料编织》杂志的发行量不断扩大，张耀顺的广告在圆织机行业内迅速传播，"塑机配件大王"的头衔也在业内传开。人们见到张耀顺已经不在称其张厂长，而是称他为"塑机配件大王"。

很多圆织机的使用者就是通过这本杂志找到了张耀顺。人们发现江阴市塑机专件厂是生产圆织机配件的专业化企业，以品种全、质量高、信誉好，赢得了越来越多的客户信赖，迅速成为塑料编织的知名企业。全国所有的行业会议，都会邀请张耀顺参加。他生产的圆织机配件成为公认的一流产品，选用他生产的配件就是圆织机的顶配，意味着其生产的配件质量与兰飞圆织机处于同等水平。在供应最紧的那段时期，买张耀顺生产的配件还要托关系、求人情，这是市场经济少有的奇观。

此时的张耀顺实至名归。在圆织机的配件方面，他已经有一千多个型号和品种。国内引进的各个国家不同型号的圆织机以及国产的圆织机在他这里都能找到配件。人们慕名而来，塑机专件厂门庭若市，西石桥的宾馆老板们都知道来客多半是到塑机专件厂联系业务的。火车站每天都有张耀顺的大量货件发往全国各地。

这些配件一部分是张耀顺自己生产的，大部分是通过外协的方式加工的，最多的时候有50多家协作企业。张耀顺自己开模具，然后委托协作企业加工。他与协作企业签订合作协议，对方不得将生产的产品出售给第三方；不得仿制模具自行生产，否则追究其责任。当然，协作厂家也没有销售渠道，更不敢得罪张耀顺这样的大客户。他们乐意与张耀顺合作，无论是业务量、价格和付款，在当地很难找到第二家这样的生意。

张耀顺很乐意接受"塑机配件大王"这个称号，他被推上了圆织机配件市场的巅峰。一方面是他的配件比较好，另一方面是客户认为他的配件比较好。

第二十四章
二十年后再相会

1995 年 7 月 20 日，是澄西中学七五届高中生毕业二十周年的日子。

岁月沧桑，二十年很漫长，回头一看却又是弹指一挥间。

二十年，他们经历了十年浩劫，正是风华正茂、渴求知识的年龄，却荒废在了学工学农的路上。当时的校园是混乱的，大字报铺天盖地，批林批孔批老师。在不懂世事的年龄遇上了不懂的事情。

二十年，他们见证了拨乱反正，国家回到正常的轨道。知识成为生产力，可他们错过了学知识的年龄。国家把重心放到了经济建设上来，他们仓促上阵，卷起裤腿蹚水过河。所有的人站在了同一起跑线上，这一跑就是二十年。或参军卫国，或考上大学，或耕田务农，或经商办企业。沧海横流，英雄本色尽显。无论个人在成长的路上走得多难多好，那份同学情始终装在心底，带在路上。

二十年，张耀顺在奔向富裕的道路上，一边是坎坷泥泞，一边是

前排中间是张耀顺

鲜花与收获。一个又一个的困难被征服，一个又一个难关跨过去了。他有了自己的厂房和生产基地，成了"塑机配件大王"；他当选江阴市人大代表，关心民生，走访调研，建言献策；他受到政府的表彰，这面"造福桑梓"的牌匾分量很重，是对他捐资助学的肯定，足以高悬厅堂。他代表江阴民营企业家随江苏省轻工业厅考察团出国考察，开阔眼界，拓宽思路，这是政府对他的期望。从1990年开始，他担任江阴工商会常执委，与工商界的人士交流沟通，共商发展。

　　他从来没有回首，也无暇欣赏沿途的风光。他挑着沉重的担子往前走，一头是家庭，一头是国家与社会，他的内心始终装满家国情怀。在1988年那样一种艰苦创业的条件下，如果没有足够宽大的胸怀，即使有钱也掏不出那10万元的助学款，他的善举足以让人们肃然起敬。

张耀顺偶尔也遇到过几个中学同学，大家都在关心彼此的生活状况，问问张三怎么样，李四还好吗？现在，他的经济条件和精神状态空前的良好，他想组织一次同学聚会。

澄西中学七五届高中共有 4 个班，220 人。从高中毕业后，大多数已经失去联系。1995 年只有少数家庭有座机电话，个别人有传呼机，大多数人没有联系方式，要举办一次全年级的同学聚会是一件不容易的事。

首先得成立一个筹备小组负责会议的联络。张耀顺把 4 个班的班长找来，一班毛玲凤，二班也是张耀顺所在的班，他是副班长，何祖幸是班长，三班夏岳，四班张志兴、金建良等，多人共同组成理事会，就同学聚会的事进行商议和分工。张耀顺当然是会长，负责这次聚会的全部事宜，包括聚餐、礼品、拍照等组织安排和费用。夏岳在交警队，交际面广，联系也方便。张志兴、金建良都有一辆摩托车，可到各村访寻当年的同学。从这几个人相互传递信息开始，很多同学陆续加入联系队伍当中。四班的金建良在利港中学当校长，蔡榴芳在西石桥镇经济管理科当科长，他们认识的人多一些。同学之间相互打听，能通知多少就通知多少，大部分同学算是找到了。有一些人远在他乡，也有个别同学已经离开了人世。

1995 年 7 月 20 日，澄西中学七五届高中同学聚会在张耀顺的塑机专件厂隆重举行。100 多位老同学分别从西石桥、璜土、申港三个镇的各乡村会聚到这里。张耀顺特别安排了一群少年儿童手持鲜花，热烈欢迎每位同学。宴会在塑机专件厂食堂举行，他还给每人准备了一份礼品。

这些年虽天各一方，但彼此从来没有放弃过对往日情谊的怀念，内心珍藏着昔日的容颜。见面的第一眼，彼此都不敢相认，只有定格几秒钟后，根据对方姓名才能与记忆吻合起来。握手、拥抱、激动、眼含热泪。这些年，你好吗？

从青涩到成熟，从少男少女到为人父母，每个人有各自不同的故事，每个人的经历都是一本厚重的书。

"谁娶了多愁善感的你，谁看了你的日记，谁把你的长发盘起，谁给你做的嫁衣……"记忆最深的还是当年的同桌。梦中的女孩或是心中的少年，当时不敢说的话现在想怎么说就怎么说，玩笑可以放心地开，拥抱也不用忌讳。有说不完的话，碰不够的杯，述不完的情。

这些年时代变化日新月异。当年一起唱过的歌一一兑现，怎能不感慨万千。相比于二十年前，"天也新地也新/春光更明媚/城市乡村处处增光辉/举杯赞英雄/光荣属于谁/为祖国为四化/流过多少汗/回首往事心中可有愧/啊亲爱的朋友们/愿我们自豪地举起杯/……"

这是 80 年代初广为流传的一首歌《年轻的朋友来相会》，今天，澄西中学七五届高中毕业生在二十年后相会了，这首歌也唱出了他们的人生历程。为祖国、为"四化"、为美好生活出过多少力，流过多少汗，张耀顺的经历可以一幕幕地回放给每一位同学，他无愧于这个时代，无愧于学校的培养，也无愧于自己。

澄西中学副校长俞承良代表学校对这次同学聚会发表热情讲话。他说七五届的校友经历了十年动乱，也赶上了改革开放的大好时代，在社会发展和经济建设中起到了重要作用。俞校长特别赞扬张耀顺自强不息，艰苦创业，心怀桑梓，热心助学，是澄西中学的骄傲，是校友的榜样。他鼓励同学们发奋努力，为自己的美好生活、为国家的富强保持进取的精神，欢迎同学们常回学校看看。

1975 年的同学聚会，也是人到中年的一次峰会。感慨过去，珍惜现在，展望未来，大家依依不舍地告别。他们约定，二十年后再相会。著名曲作家谷建芬与词作者张枚同创作的这首同名歌曲，仿佛是专为他们而作的。

来不及等待来不及沉醉

……

年轻的心迎着太阳

一同把那希望去追

我们和心愿再一次约会

让光阴见证、让岁月体会

我们是否无怨无悔

再过二十年我们来相会

那时的山噢那时的水

那时风光一定很美

但愿到那时我们再相会

那时的春噢那时的秋

那时硕果令人心醉

……

二十年后，在张耀顺的鼎力支持下，大家信守诺言，如期相聚，而且更多的同学加入这次聚会之中。

这次聚会于 2015 年 10 月 1 日在澄西中学隆重举行。时任校长的陈才龙、老校长孙永甫、当年各班的班主任和部分老师出席了聚会。陈校长和孙校长分别发表了热情洋溢的讲话，张耀顺和各班的代表作了发言。

陈校长在致辞中说，"金秋十月，丹桂飘香，硕果累累，在这个举国欢庆的日子，江阴市澄西中学七五届高中校友欢聚母校隆重举行同学会，作为学校代表，我很高兴，也非常荣幸共襄盛会，在此向各位前辈、各位校友表示热烈欢迎。"

陈校长还说，七五届校友对母校的热诚回馈，尤让他深深感动并深受鼓舞，不能忘记张耀顺（张总）从20世纪80年代开始，就在澄西中学设立专项奖学金。今天七五届校友从四方赶来，汇聚校园。四十年的回忆，都是对母校浓浓的情感。七五届高中的故事很温暖，七五届高中的故事很精彩，七五届校友传递着满满的正能量。

这是他们毕业四十年后再聚首。人生已至花甲，脸上皱痕尽显，两鬓斑白。

张耀顺在发言中说："离开母校四十年了，同学们各奔东西，在各自岗位上打拼，转眼间我们年至花甲。我于是萌生邀请全体同学举行毕业40周年联谊活动的想法，经与一部分同学商量，大家欣然附和，于是就有了毛玲凤等同学组成的筹备组。师生相邀、活动内容安排、纪念品准备，尤其是阔别数十年有部分同学少有联系，所以联络工作量很大。大家不辞辛苦，辗转反复，终于让绝大多数同学能欢聚母校。与其说我为这次活动出了些力，不如说是同学们的友谊和思念的必然归宿。能再次聆听任课老师的教诲，看到他们精神矍铄的身姿，我们是多么高兴；同学们能在一起互诉衷肠、交流经历是多么激动和爽快；看到母校的巨大变化我们又是多么自豪与欢欣。"

张耀顺为纪念这次聚会，出资编辑了一本《澄西高中40周年同学聚会纪念册》，精美印刷了聚会的活动照片，刊登了学校简介、校长讲话和部分同学的感言。

七五届（1）班夏惠红："我非常感谢张耀顺同学发起的同学聚会，给予我们联谊的平台。同时也感谢母校的支持和很多同学的努力，我们才有了欢聚一堂的机会。我们从当年的学子，到现在的白发连鬓，大家在一起，有太多的经历要说，有太多的情感要交流。上午9时，联谊会正式开始，200多位校友欢聚一堂，气氛十分热烈，由现任校长陈才龙详细介绍学校的概况和发展规划，然后老校长孙永甫讲话，两位校长的讲话，给了我们太多的感想，产生了强烈的共鸣，我们由衷地感到祖国的强大，经济的强盛，国家对教育事业的重视。接下来，有几位同学代表班级发言，说出了我们的心声。会议结束后，我们进入了餐厅，菜肴非常丰盛，我和班里同学坐在一桌，共叙四十年的光阴，以及同学们的家庭、孩子等。几十年的感触，涌上心头，触景生情，都流下了眼泪，大家知道，这是激动的泪水，情感的宣泄。我们这次大聚会，的确比二十年前的聚会规模宏大。记得二十年前，也是张耀顺同学发起的，地点在他自己的企业里，我也非常清楚地记得，那天我与几位同学一到厂门口，就有一群可爱的小朋友敲锣打鼓迎接我们，当时，我非常激动开心。"

七五届（1）班常玉娟："我们感到自豪的是，我们七五届（2）班张耀顺不但事业成功，而且亲自用他的辛苦与热情给我们搭建起了团聚的平台，呈现几百名校友云集母校的热闹场面。当我们走进阔别四十年的母校时，锣鼓喧天，龙腾虎跃，欢喜之情溢于言表，那场面真是无法用言语来形容。漫步在校园，我仿佛回到了年轻时代，忘记了自己的年龄，脚步那么轻便，握手、拥抱齐上，觉得在时光的催化下我们的友情已经变成了亲情。同学们说得最多的话是'没变，没变'，在岁月的长河中大家都在一起前进，一起慢慢变老，自然也觉得彼此没变。过去男生女生不讲话的习惯早已烟消云散，上学时期的事情，每一个细节都被挖掘出来，知道的不知道的都知道了，剩下的只有笑声一片。"

七五届（4）班凤惠良："在张耀顺等同学的组织下，我们澄西中学七五届高中毕业班同学在母校举行了联谊活动。阔别四十年的同学相见，大家心情十分激动，无比欣喜，分外亲切，你紧紧拉着我的手，我深情拥抱着你，久久不愿分开。毕业至今整整四十年中，好多同学未曾谋面，都在各自岗位上奔波，今天大家终于能在一起诉说内心的喜悦和快乐，交流各自的人生经历和饱尝的甜酸苦辣，有说不完的话和叙不完的情啊！参加完联谊会，我心潮澎湃，久久不能入睡，回忆和同学们在学校一起学习和生活的岁月，我们是那么天真无私、单纯快乐。"

一次聚会，勾起了同学们的回忆，也令同学们回首了自己四十年的人生历程。感慨岁月沧桑，韶华易逝，正如七五届（1）班常玉娟说的"在时光的催化下我们的友情已经变成了亲情"。

无论是友情还是亲情，都需要不断地重温才会历久弥新。一个家族、一个组织或者一个群体，要想保持凝聚力和生生不息的活力，需要有像张耀顺这样胸怀大局、无私奉献、热心公益活动的人。

第二十五章
担任大学校董

　　"塑机配件大王"让张耀顺在圆织机行业火出圈，加之江阴市人大代表、江苏知名民营企业家、支持教育事业、造福桑梓的爱心人士等荣誉，使张耀顺的声誉快速提升。

　　而这一次让他更意外的是，南京化工大学的一位校领导，有意让他出任该校的校董，希望他为该校的发展贡献一份力量。

　　南京化工大学最早是1902年创办的三江师范学堂。1952年，全国高校院系调整时，有关系科和机构合并成立南京工学院，学院设有化工系。1958年，经江苏省人民委员会批准，在南京工学院化工系基础上独立建成南京化工学院，归化学工业部管理。

　　1995年4月，经国家教委和化学工业部批准，南京化工学院更名为南京化工大学；2001年6月，南京化工大学与南京建筑工程学院合并组建为南京工业大学。南京工业大学是首批入选国家"高等学校创新能力提升计划"（2011计划）的高校，也是江苏高水平大学建设高峰计划 A 类建设高校。

公立大学董事会是学校争取多种形式的社会资源，支持学校改革与发展的组织形式；是对学校办学方向、发展战略、人才培养、科学研究等重大问题进行咨询、评议、监督的咨议机构，也是与相关行业单位、知名企业在内的社会各界建立和发展长期、稳定、密切战略合作关系的重要平台。董事会由热心高等教育、关心支持本校发展的各界知名人士或单位本着平等协商、自愿参加的原则组成，是学校的非行政常设机构，不影响学校既有的办学性质。

董事会成员享有一定的权利并承担一定的义务，其权利与义务相统一。

一般来说，董事会成员享有以下权利：可定期获得学校发展的最新动态，听取学校年度工作报告，审议学校发展规划，对学校办学方向、学科建设、人才培养、科学研究、技术转移等进行咨询，提出有利于双方发展的合作建议和要求；可优先获取学校各层次毕业生信息，优先录用优秀毕业生；可通过学历教育或继续教育等形式，向大学推荐培养优秀人才，学校在同等条件下优先录取；可向大学提出对单位在职职工的培训需求，并优先获得相关专业的培训服务；可向学校提出委托研究科研课题、攻关项目和引进消化技术等需求，并监督合作协议的执行；可优先优惠获得大学科研新成果、新技术和新产品的信息及转让，教学科研设备和图书资料服务，以及相关科技咨询服务；可以校董身份，参加由学校组织的各类重要庆典仪式，参加相关高层论坛并做主题报告，前往国内外知名院校和企业进行考察交流活动。

当然，担任校董也要承担一定的责任，比如，积极为学校基金会筹措资金，为学校发展提供资金、物资或政策优惠等方面的支持；优先向学校委托科研课题和有偿培训项目，优先与学校共建研发平台，推荐专家和高级技术人员成为学校兼职导师；为学校教师教学科研和挂职锻炼，以及学生实习和社会实践等提供优惠条件。

张耀顺时常审视自己企业的发展。虽然他的塑机专件厂发展的势头良好，但技术研究和新品开发始终是企业的短板。未来企业的发展拼的是人才和技术，高校的科研力量无疑是很强的。在培养人才不如借用人才的理念下，张耀顺更想依靠南京化工大学的人才技术优势。另外，他希望加入南京化工大学校董事会这个圈子，结识更多的科研教育方面的人才，为企业的长远发展寻求更多的机会。于是，他欣然接受了南京化工大学校董事会的邀请。

在南京化工大学，张耀顺认识了欧阳平凯、时钧、唐明述等中国工程院院士，还有一大批政府官员、知名企业家。在听取报告和会议交流中，张耀顺开阔了视野、增长了见识、丰富了人脉资源。

担任大学校董，这是对高等教育事业的一份贡献，也是一项荣誉。一位从未受过高等教育，靠自己拼搏出来的农民企业家，如今走进高等学府的殿堂，审议学校发展规划。对学校办学方向、学科建设、人才培养、科学研究等建言献策。这是张耀顺担任江阴市人大代表之后又一项更加荣耀的身份。

也许是机缘巧合，一切无意的准备都隐含着机会。几年后，张耀顺的塑机专件厂转型生产湿帘，一项与化工专业密切相关的技术解决了企业遇到的难题。

湿帘的使用场景是在建筑物的山墙或侧墙，由于受光照和气温的影响，湿帘在使用一段时间之后便生长出青苔，也叫苔藓。

青苔是苔藓植物的泛称，附着于物体表面蔓延生长，故也称苔衣。青苔色泽翠绿，茎细如丝，可如毛发一样附着在山石、水池、屋

原南京化工大学董事会合影，前第二排右起第五位是张耀顺

瓦、颓墙、湿地等阴暗潮湿、人迹罕至之处，是一种极不起眼却极富生趣的植物。

在水产养殖业，青苔与水草、其他藻类争夺养分，过度消耗水体营养，破坏池塘正常的物质代谢，使养殖水质清瘦。水质清瘦的后果是水草生长受抑制，浮游生物周期性生长被破坏，导致水体藻相失衡，会影响小龙虾、蟹、鱼的正常生长。

死亡的青苔除散发恶臭味外，在分解过程中还会消耗水体溶氧、产生很多有毒有害物质，造成养殖水体溶氧降低，氨氮、亚硝酸盐、硫化氢等有害物质升高，败坏水质，导致小龙虾、蟹、鱼缺氧、中毒而亡，危害健康养殖。

青苔是自然界的拓荒者。许多青苔植物能够分泌一种液体，这种液体可以缓慢地溶解岩石表面，加速岩石的风化，促成土壤的形成，所以青苔植物也是其他植物生长的开路先锋。因此，青苔在湿帘使用过程中不仅影响湿帘循环水质、堵塞湿帘孔隙、降低通风面积、影响畜禽养殖环境等，而且对湿帘纸有腐蚀作用，严重影响湿帘的使用寿命。

如何防止湿帘产生青苔，是摆在湿帘生产企业面前的难题。养殖企业因地制宜，采取各种土办法，比如湿帘的进水口不要见阳光，给水池盖上遮阳膜，使用腐殖酸钠把池水染黑，不要让阳光晒到池底。还有人建议往青苔上倒开水，再用刷子刷青苔。也有人建议往青苔的位置撒石灰粉，让石灰粉充分地吸收水分后，青苔就会死亡，然后再用刷子刷就能去除。然而，使用这些方法，对湿帘的表面也会产生影响。

如何既防止青苔产生，又不影响湿帘的使用寿命，张耀顺想到了南京工业大学，这里的化工学院在生物化学方面具有超强的科研优势。

在南京化工大学科研团队和张耀顺的共同努力下，研发出了一种适合湿帘使用环境的青苔抑制剂。这种抑制剂能有效阻止湿帘表面产生青苔，从根本上解决了用户问题。

这种抑制剂至今仍在使用，并保持着技术领先的优势。

第二十六章
百乐门传奇

提起百乐门，人们自然会想到上海近代史上著名的一处综合性娱乐场所，全称"百乐门大饭店舞厅"，外文名：Shanghai The Paramount，位于上海静安区愚园路218号，占地面积2550平方米。

1929年，原开设在戈登路（今江宁路）的兼营舞厅的大华饭店歇业，被誉为贵族区的上海西区，就没有一个与之相适应的娱乐场所了，他们想要显示身份和娱乐便无处可去。于是，1932年，中国商人顾联承投资七十万两白银，购得静安寺地，建Paramount Hall，并以谐音取名"百乐门"。

百乐门由杨锡镠建筑师设计，外观采用美国近代前卫的Art - Deco建筑风格，是当时中国乃至全世界建筑设计的新潮，号称"东方第一乐府"。建筑共三层，底层为厨房和店面，二层为舞池和宴会厅，最大的舞池计500余平方米，钢筋混凝土结构，总建筑面积2550平方米。舞池地板用汽车钢板支托，跳舞时会产生晃动的感觉，故称弹簧地板。大舞池周围有可以随意分割的小舞池，既可供人习舞，也可供人幽会。两层舞厅全部启用，可供千人同时跳舞，室内还装有冷暖空调，陈设豪华。三楼为旅馆，顶层装有一个巨大的圆筒形玻璃钢塔，当舞客准备离场时，可以由服务生在塔上打出客人的汽车牌号或其他代号，车夫可以从远处看到，而将汽车开到舞厅门口。当时，舞女的月收入高达三千元至六千元，是普通职员收入的十倍以上。"月明星稀，灯光如练。何处寄足，高楼广寒。非敢作遨游之梦，吾爱此天上人间。"这是 1932 年上海百乐门舞厅刚刚建成时，上海滩传诵一时的诗句，字里行间流露着老上海人对百乐门的喜爱。

如今提起上海，很多人会想起它的高楼大厦，它的现代化和国际化。回想起当年有这么一个地方，弥漫着老上海的气息，爵士乐、黄包车、高衩旗袍，人们从影视中隐约感受到百乐门的气派和奢靡，高贵与浪漫。百乐门的印象也在张耀顺的脑海一直浮现，尽管他从来没有真正地见过百乐门。

张耀顺建西石桥百乐门大酒店还得从 1998 年说起。

改革开放已近二十年了，江阴的经济在快速发展，但西石桥镇仅有澄西中学门前一条又窄又旧的老街和人民路，还保持着几十年前的样子，这与西石桥的经济发展极不谐调。新上任的镇书记陈玉清提出要开发西石桥，提升西石桥的形象，改善西石桥的营商环境，准备在人民路以东开发一条新的商业街。

镇政府没有钱，只能靠民间的资本来建设。拟开发的商业街，计划每两间房为一套商业门面房，统一规划上下两层，统一建筑标准和统一的外观建筑风格。由个人出资盖房，镇政府监督建设。任何人不得擅自改变房屋层高和外观设计，违者接受罚款并拆除重建。商业房的位置不同，价格略有不同，实行公开拍卖，任何人不得徇私舞弊。购房是自愿参加、公平竞争、公开选址。无论西石桥镇上的人还是其他村上的人，无论是镇政府的工作人员还是老百姓，都一律平等地参与竞买。于是，人们把这条街称作"公平街"。从此，西石桥地图上便出现了一条"公平路"。

张耀顺刚刚从圆织机项目中恢复过来，决心专业从事圆织机五金配件的经营，当时并没有买地建门面房的打算。镇政府领导找到他，希望他能参与西石桥的建设。镇政府的意见是在镇澄公路与公平路的交会处建一个标志性的建筑，可用于西石桥的餐饮娱乐和住宿，以提高西石桥对外的形象，为该镇的招商引资和经济发展作出贡献。并且镇政府承诺，项目建设由政府出面协调，保证一路绿灯。

既然要建酒店就建最好的，张耀顺想起了老上海的百乐门，曾经给人们留下太多的回忆。上海的百乐门早已停业改成了电影院，用百乐门作为大酒店名称，也没有人追究侵权。

酒店设计单位为江苏一家正规的设计院。外形设计也是圆弧形的中式建筑，整个建筑为六层，总高为二十四米。一层为大堂和餐饮、二层为餐厅包房、三层是舞厅 KTV、四层是洗浴、五层和六层是客房。整栋建筑面积计 3500 平方米，另配有职工宿舍、洗衣房、发电室等辅助用房，总占地面积 4500 平方米，比上海百乐门的面积还要大。建筑按八级抗震设计，可承载 1000 人同时跳动带来的震动。

项目施工和监理实行公开招标，总投资 1000 多万元，全部由张耀顺个人自筹。建筑工期为一年，被镇政府列为重点投资项目。为此，镇政府成立专班，协调项目建设的相关事宜。

据张耀顺回忆，项目建设启动后，资金像流水一样"哗哗"地往外流。西石桥的银行规模小，取钱得提前申请，还有限额。当年存款额度是 1000 元为一个存折，这 1000 万元的存折叠在一起，恐怕得有一尺多高吧。王锡英隔三岔五地到银行取钱，存款大幅减少，连银行的职员都心痛。

挣钱是一分一分地挣，花钱是一沓一沓地出。

酒店内部装修的标准为高端豪华。特意从景德镇定做的顶级餐具、茶具。房间配置软垫床、写字台、衣橱及衣架、茶几、沙发、床头柜、床头灯、台灯、落地灯、全身镜、行李架等高级配套家具；室内为优质木地板；卫生间采用最好的瓷砖装修地面、墙面，色调高雅柔和，选用一线品牌 TOTO 抽水马桶、面盆、梳妆镜、浴缸。配有浴帘、晾衣绳。具有良好的排风系统、110/220V 电源插座、电话副机，配有吹风机和体重秤。二十四小时供应冷、热水；有可直接拨通国内和国际长途的电话，电话机旁备有使用说明及市内电话簿；配有彩色电视机，播放频道不少于 16 个，其中有卫星电视节目。这些室内配置都是按当时三星级酒店的标准配置的。

时代不同，背景不同，文化不同。对于刚刚摆脱贫困，从黄土地上崛起的老板们，内心渴望把自己与普通人区别开来，极力显示他们有钱。有些老板喝洋酒、吸名烟、穿名牌、手持新款手机，有些老板戴名牌手表、金戒指，脖子上挂着粗大的金链子、操一口粤语。他们招待重要客人的标准是能显示自己的实力和热情，寻找与大众不同的吃喝玩一条龙，总之，需要高档、新奇消费。

既然如此，那就按三星级的标准提供餐饮服务。张耀顺组织专业人士到上海招聘五星级酒店的厨师和服务员，高薪聘请专业的酒店管理团队来管理。

1999 年 9 月 28 日，人们刚送走了中秋佳节，一轮圆月还挂在空中。万家团圆的余味未尽，祖国五十年华诞即将到来，大街小巷已经插满了国旗，呈现出一派国泰民安的盛世景象。

百乐门选择在这个日子开业，不仅是向国庆 50 周年献礼，也是为纪念南京长江大桥通车 31 周年。1968 年 9 月 29 日南京长江大桥铁路通车，在举行通车仪式的那一天，南京市万人空巷，据说那天挤掉的鞋子就装了两卡车。江苏人对南京长江大桥建成通车的日子特别在意。张耀顺要提醒人们，在江苏有一座南京长江大桥，在江阴西石桥有一个百乐门。

这一天，还有一个特殊的意义，即孔子的诞辰日。有人把 9 月 28 日这一天称为中国的"圣诞"日。公元前 551 年 9 月 28 日（农历冬月初十），孔子诞辰。

孔子是中国古代著名的思想家、教育家，儒家学派创始人，被后人尊为孔圣、至圣先师等。每到 9 月 28 日这一天，各地都要举行祭孔子大典，以中华民族祭奠形式对孔子和儒家圣贤表达尊崇与礼敬。

张耀顺虽说不是多么崇尚儒家，也不太懂得儒家思想，但他知道教育的重要。自从孙永甫校长找他为澄西中学设立"张耀顺奖学基金"之后，这些年无论自己的企业经营状况如何，哪怕是在圆织机项目关停的情况下，他都坚持为学校捐款。他和孔子一样，从小穷苦，孔子少年丧父，而张耀顺少年丧母。人生有太多的不容易，只有奋斗才能成功。

张耀顺决定在百乐门正式开业的当晚，举行盛大的烟火表演。烟火的燃放地点打算设在澄西中学现在的校址上，当时这里是一片农田，秋收后正空闲着。经向镇政府请示，政府领导当然是全力支持。这不仅是百乐门开业的礼花，也是对社会的回馈，更是对西石桥人民的礼赞。

就在开业的前三天，与西石桥相邻的利港镇、夏港镇、申港镇、璜土镇、石庄镇的核心地段都张贴出了百乐门开业的宣传海报。告知人们为庆祝百乐门大酒店开业，将于 9 月 28 日晚 7 时起，举办大型烟火表演。特邀湖南浏阳的专业花炮厂家来燃放，烟火高度将达到 280 米，表演时长为 90 分钟。请各位乡亲们前来观赏。海报上还展示了百乐门的外观、迎宾小姐的形象和气派的大堂。

与此同时，西石桥镇政府组织公安、交通、消防、医疗、宣传等相关部门做好应急预案和准备工作。西石桥镇政府将此重大活动的内容与应急预案上报江阴市，请求市交警中队和消防中队前来支援。

开业当天，天还没黑下来的时候，人们便从四面八方赶来，西石桥周边的道路开始拥挤。交警上路疏导车辆，消防车辆已经就位，警察拉出警戒线，协警们到达预定的位置。西石桥镇的相关领导和张耀顺请来的客人陆续登上观礼台，现场响起了喜庆的音乐，《我和我的祖国》《好日子》等时兴的歌曲在循环播放。

观礼台前是烟火表演前的热场助演，有苍山村的锣鼓队，有后梅村的舞狮队，他们都是自发地来为百乐门开业助兴。张耀顺被乡亲们的这种热情所感染，无论他成功也好，挫折也罢，生他养他的那方土地上的父老乡亲都始终在他身边。也就是从这次助兴演出之后，每年春节，这些表演队都要到张耀顺的厂门前表演拜年，张耀顺也是一如既往地感谢大家的演出。

晚上 7 时，张耀顺介绍了来宾，有西石桥镇的领导、各方面重要人士以及特邀的嘉宾。他对参加百乐门大酒店建设的单位和工人们、对项目建设过程中给予支持的各级领导和有关部门表示衷心的感谢，对光临烟火表演现场的父老乡亲们表示热烈欢迎。

西石桥镇镇长单春宏在致辞中充分肯定了张耀顺为西石桥经济发展作出的贡献，高度赞赏这位企业家在西石桥投资兴业，捐资助学、造福桑梓的善举。单镇长还讲了一些时政方面的很有高度的话。

他讲完以后，现场响起了一阵掌声，锣鼓队又敲打了一阵。

西石桥镇书记陈玉清宣布烟火表演开幕！

一束束烟花腾空而起，在 280 米的高空绽放。烟火照亮了整个西石桥的老街和正在兴建的公平街。对于西石桥的人们，只是在电视上见过国家在重大节日时燃放的烟火，今天能这么近距离地观看烟火表演，都被这壮观的场面所震撼。

将近 90 分钟的烟火表演，共分为三个乐章：春潮涌动、星耀江南、盛世华章，每个章节 20 分钟。

第一组烟火在高空炸响，如同吹响了改革的号角，一组组低空的烟花如春潮涌动，背景音乐响起了《春天的故事》《走进新时代》，改革的春雨沐浴着江南、滋润着西石桥这座历史悠久的古镇，焕发出新时代的活力。在星耀江南章节，一颗颗烟花腾空而起，在低空烟火的陪衬下，显得璀璨夺目。它们像一颗颗明星，划过夜空，在 280 米的高空绚丽绽放。在江阴、在江南，正是那些敢为人先的改革者、创业者，他们以耀眼的光彩，引领这个时代前行。在盛世华章章节，烟火呈现出花团锦簇、繁花似锦的盛世景象。整个夜空姹紫嫣红，高空中打出"50"字样，以此向祖国 50 华诞献礼。

人们一次次仰望天空，发出惊叫声、欢呼声。大家不禁感慨，也只有这盛世才有这盛景，在西石桥也只有百乐门的老板才有这样的大手笔。

烟火表演结束，人们纷纷涌向百乐门，以睹其芳容。张耀顺早就做好了预案，为防止意外，当晚暂停营业。高大的建筑，圆弧形的外墙上霓虹闪烁，穿着旗袍的迎宾小姐，在门外向人们致意。拥挤的人们，把摆放在大门两旁的花篮踩得满地狼藉。

第二天，西石桥以及周边村镇的人们都在议论昨晚的烟火，传说着百乐门的故事。人们在想象百乐门的老板多大年纪，长得什么模样，猜测百乐门的老板姓张还是姓梅，有多少钱。西石桥市场卖菜的几个妇女在谈论昨晚的百乐门烟火。

"昨晚上的烟火真美呀，放了那么多。"

"真有钱，据说是花了上百万元。"另一位接过话题。

"百乐门的老板以前是干啥的？"

"据说是汉墩头的，没见过呀。"

张耀顺和往常一样，一大早去西石桥的菜市场买菜，这是他坚持了二十几年的习惯。他一边听着摊贩们的议论，一边挑着菜。称了菜、付了钱正要走的时候，有人认出了张耀顺。

听说百乐门的老板来了，人们都围过来看热闹，如同年轻人追星一样，好奇地打量着眼前这个年轻人。只是大嫂们不习惯签名，否则，一定会围过来请张耀顺签名。

一位大嫂惊讶得眼睛发亮，仿佛眼珠子要跳出来："你就是百乐门的老板哪？我还以为是五十多岁的胖胖的老头儿呢，原来这么年轻。"

人们好奇地问长问短，张耀顺也没有大老板的架子，和卖菜的大嫂们说说笑笑。他感受到人们对百乐门的好奇、对百乐门老板的传奇演绎，更是体验了一夜成名的快感。

酒店开业了，标志着张耀顺事业的成功，他首先要感谢汉墩头的父老乡亲。在他富裕之后，尤其是百乐门如此高调地开业，更应该把喜悦分享给汉墩头的人们。他们绝大多数一辈子没有进过如此高档的饭店，更没有见过如此高端的服务。即便张耀顺把钱给了乡亲们，他们也舍不得花，何况给钱对乡亲们来说显得莫名其妙。在自己的饭店，他要好好地招待大家，这是张耀顺报答乡亲们的机会。

百乐门开业时的张耀顺与王锡英

汉墩头的村民每户出一个代表，分批被邀请到百乐门免费吃喝。村里大多来的是男人，也有个别带小孩子来的。张耀顺站在门口亲自接待，还给小孩发红包。汉墩头的人们在百乐门大酒店开心地吃着、喝着、说着、笑着……

张耀顺最要感谢的是他的大姐、二姐。血浓于水，这是亲情的血脉，是永远割舍不断的。

大姐、二姐不请自到，她们不是来做客而是来祝贺。网娣看到弟弟今天的成绩，既感到高兴，又心疼他这样大把地花钱。她一直在帮王锡英做一些力所能及的事，但她从不干预弟弟一家的决策。她像母亲一样，只是默默地希望弟弟平安。

张裕生当然是以子为荣，他进来也是背着手，仰着头。老板的父亲，店长和服务生哪敢怠慢。

此时，张耀顺自然会想到耀宏，他对王锡英说："当哥要有当哥的样子，大嫂要有大嫂的风度，明天把耀宏一家叫来。"

王锡英娘家的亲戚由王锡英列出了长长的名单，一切由王锡英决定。这个百乐门的一半归张耀顺，一半归王锡英。江阴塑机专件厂的副总是王锡英的弟弟，采购是王锡英的另一个弟弟。如果说张耀顺是百乐门的董事长，王锡英则是副董事长兼财务总监。

张耀顺还要感谢的是他的恩师，以及曾经帮助过他的人。有他的伯父也是他数学老师的张焕生、语文老师张震球、破格录取他上高中的体育老师盛元坤、高中的班主任也是后来澄西中学校长的孙永甫、有知遇之恩的苍山村支部书记梅伟南、苍山村医疗站的梅彩芹、常州塑料编织厂的吴隆奎、严傲德。还有远在兰州的王滨、常州的张东青，因为路远，只是告诉了他们百乐门开业，希望有机会来江阴，到百乐门来做客。

分享喜悦和接纳祝福，不是张扬，而是一种境界。

张耀顺要感谢的人太多了。他利用百乐门开业，向那些曾经帮助过他的人表达感谢之情。先后请客200多桌，送美发、洗浴、住宿等会员卡和礼品等，共计花费一百多万元。

钱花出去了，心意表达了，百乐门出名了。在江阴澄西，人们都知道百乐门。

很多大老板从常州、江阴市区、无锡赶到西石桥，这里有他们在当地品尝不到的山珍海味。一时间，请客到百乐门才是最有面子的，最能表达主人的诚意和热情。在那个年代，最时兴的是吃完了洗澡、按摩、唱歌、跳舞，享受一条龙服务。这里有扬州搓背的技师、有南京来的乐队、上海的西餐、高档的套房和安全的保障，成功人士想要的，这里都有。

百乐门的灯红酒绿照亮了西石桥，也照亮了整个澄西。夜幕降临，在这个寻常的江南小镇，在不起眼的公平街上，在 S 340 公路边，有座灯光闪烁的酒店，进进出出的富豪大款，来来往往的靓仔美女，吸引着方圆几十里的目光，传说着百乐门的故事，演绎着百乐门的传奇。

张耀顺打着领带，西装革履地走进百乐门，迎宾小姐躬身施礼："董事长好。"

所有的服务员和厨师长已经站好队恭候董事长训话，这是张耀顺每周一次的高光时刻。对于那些靓丽的美女、毕恭毕敬的各部门经理，他的话就是"圣旨"，没有人敢违背。这里的氛围与他在塑机专件厂里的感觉完全不一样。在工厂里是冰冷而坚硬的钢材和灰头土脸的工人，他们在机器轰鸣中将钢板折成各种形状，换回来的是一张张人民币。张耀顺对钱的感觉已经不像十年前那么敏感，而百乐门的色彩更能带给他感官上的兴奋。

百乐门的红火不仅吸引了周边的老板和大款，也吸引了社会上的闲杂人员。打架斗殴，"血溅百乐门"的事件时有发生，连西石桥派出所所长都亲自到百乐门维护治安，事态在向张耀顺无法控制的方向发展。

百乐门开业经营了一年，追求新鲜的人们像潮水一样渐渐退去，这是餐饮业面临的共性问题。人们怀着好奇心来尝试一家新开业的酒店，然后又以平常心回到理性消费中去，或者又以同样的好奇心去体验另一家新开的酒店。靠新奇吸引来的人，他们总是在不断地寻找新奇。

西石桥扛不起如此高端的酒店，百乐门日益冷清。张耀顺也从当初的兴奋慢慢地回归平静。

张耀顺更换过两任酒店经理，但都是以亏损告终。百乐门于2002年关店歇业，酒店大楼对外出租。

从此，百乐门在西石桥只是一个地名，一个时代的瞬间烙印。有些人记忆深刻，有些人偶有耳闻。当人们抬头看看这座弧形的大楼，想起那个世纪之交的夜晚，那一场壮丽的烟火。有些人生活在西石桥的老街上，哪怕是一墙之隔，却从来没进过百乐门。

乡村里的人依然忠诚于街边的小饭馆，依然轻松漫步在小巷的摊贩边。他们喜欢悠闲地与熟悉或陌生的小店主们一边打招呼一边享用着人间烟火。高档的消费适合有钱人的偶尔显摆，但在西石桥能享受得起这种奢华的有钱人毕竟是少之又少。

回想起当年百乐门的盛景，张耀顺很感慨。那是他人生最为高光的时刻，但这种高光时刻太短暂，如同那一夜的烟花。

第二十七章

塑料机械

张耀顺荣获"塑机配件大王"称号已经好几年了，他在配件业务上赚得盆满钵满。他的名气越来越大，在行业内春风得意，各种展销会、协调会、研讨会、学术交流会都邀请他参加。"买配件，找耀顺"名副其实。

他经常接触塑料编织企业的老板，也到这些企业拜访客户，他在现场看到的塑料编织是用塑料丝编织成塑料布或筒状的袋子。据他了解，编织企业的主要原材料来源于上游的塑料拉丝行业。这个行业是将不同牌号的化工原料拉成不同规格的塑料细丝。塑料细丝可用于制作各种纤维制品，如塑料编织袋、绳索、网格、织物等。除此之外，建筑行业中，塑料细丝也可以用于制作防水材料。随着塑料细丝的应用日益广泛，塑料拉丝行业的发展空间也不断扩大。

要生产塑料细丝就需要拉丝机组和绕线机组，这是塑料拉丝必不可少的设备。

张耀顺在一些塑料编织企业里见到过拉丝机组，了解了一些拉丝机组的使用过程、工作原理、技术难度和销售价格等，有时他也会遇到拉丝机组厂家的工程技术人员，就与他们聊一些关于拉丝机组的市场情况。渐渐地，在张耀顺心里产生了一个想法，他要开发这款大件产品。他再次觉得做配件挣钱辛苦，上千种产品、上百家客户挣来的都是小钱。1990年他曾在后梅村生产圆织机失利，因为场地不够、资金实力不强、企业规模小，圆织机项目被迫关停转让给了张东青。但他做大做强的想法并没有就此停步，在经历了十年的能量积蓄之后，这次，他觉得已经具备了这个能力。

就生产整机而言，尽管他对圆织机更熟悉，但是他现在的主要客户是做圆织机的，如果他再去生产圆织机，那就与客户成了竞争对手。一旦形成竞争关系，他的塑机配件销售将受到影响，况且"好马不吃回头草"，这是他的信条。所以，他不可能再去生产圆织机。

拉丝机组主要包括挤出机构，这是塑料拉丝工艺的核心设备。它可以将塑料原料熔化并挤出成型。模头是挤出机的附件，用于将熔化的塑料挤出所需的形状，这部分的核心是对模具温度的控制和挤出速度的控制；拉伸机是将挤出的塑料薄膜进行拉伸，关键是控制拉伸率和拉伸速度，保证所有的传动装置处于同一速度；切线机是将塑料薄膜分割成丝，然后进入下一步的拉伸和定型，最后绕绽装箱。

一台拉丝机组卖八十多万元甚至上百万元，这对于做五金配件的张耀顺来说是太大的诱惑。圆织机配件在拉丝机组面前简直是小钱，不值一提。"塑机配件大王"虽说是"大王"，但还是做"配件"，他再次梦想着干一个大件，他想成为"主机大王"。

拉丝速度的控制是一项关键技术，涉及硬件和软件，工厂现有的技术能力还达不到。张耀顺的特长是能找到技术资源并调动这些资源为他所用，这是一条捷径。很多企业在开发新产品时，先考虑自己有什么样的技术能力，再根据自身的能力去找项目，而张耀顺是根据项目找资源，借"外脑"为我所用。于是，他请常州的工程师鲍明华和陈坚两人设计一套变频控制系统。拉丝机组的机械部分由叶建明设计，其实也是仿国外设备测绘制造。叶建明带领几个工人专门研发拉丝机组。

这次研发拉丝机组与当年生产圆织机不同。当年没有自己的厂房，几台圆织机就把厂房占满了，客人一来看就没有信心了。一台拉丝机组有 300 多米长，没有大的厂房根本摆不开。而现在，张耀顺有自己的厂房，并可根据需要进行加盖。他的塑机专件厂有那么多的车间，能加工所需的机械零件。他有制造能力，不怕客户来看，而且欢迎他们来看。

2000 年 8 月，他注册成立了江阴市耀顺塑料机械有限公司。经营范围包括一般项目：塑料加工专用设备制造，纺织专用设备制造，金属成型机床制造，机械零件、零部件加工，机械设备销售、进出口代理等。公司法人代表：王锡英。

成立塑料机械有限公司是张耀顺在企业经营中的一次重大转折。以前是江阴市塑机专件厂，这个厂是张耀顺的，他要为这个厂承担无限责任。而新成立的公司是独立法人，依照《中华人民共和国公司法》的规定进行注册、成立、出资和注销。他和王锡英只承担出资额的有限责任，行使股东的权利和义务。当然，严格意义上说，公司是独立法人，以后他不能随便为了个人的家庭生活支出公司的钱，甚至转移公司的资产。

拉丝机组生产出来了，但调试拉丝机是一笔不小的费用。

有些设备研发费用不是很高，可试验费用却很高。民用产品不像军工产品有那么多的基础性研究和数据分析来支撑。就像军工企业，飞机做出来了，试飞是关键。首先要保证试飞成功，要经过对原设计的每一个部件进行验证，确保飞行员的安全。他们有完整的可行性论证数据支撑试飞的安全。而很多的民用产品是没有这样的试验条件和能力的，那只能是经过实际运行来验证。

拉丝机的试验费用主要是原材料。一吨化工原料五六千元甚至上万元，试一次就需要半吨原料，试车也不是一次能完成的，需要反复调试、改进再试验，直到成功。张耀顺和许多初创的民营企业一样，在仿制中组装，在试验中改进，最后达到使用的要求。

拉丝机组与当年的圆织机一样，需要安装、调试和售后服务、质保金10%，而且安装的技术难度更大、调试更复杂。这是大型成套设备绕不过的售后问题。若质量好，质保金也许能收回来，一旦出现问题，质保金有可能就成了烂账。而对于买方来说，质保金就是主动权。有没有质保金、质保金的多少是由企业的竞争能力决定的。竞争越激烈，质保金越高。

在做圆织机的时候，张耀顺已经尝到过售后服务的苦头。这次拉丝机组的售后面临同样的问题。好在他现在的实力要比十年前强大多了。无论是技术力量还是财务能力都可以让这项目继续下去，况且他拥有圆织机配件这项"奶牛业务"。只要坚持几年，他相信自己在拉丝机组市场能有一席之地，拉丝机组项目将会成为未来效益的增长点。

拉丝机组已经销售，尽管遇到了一些困难，很多问题在现场总有解决的办法。总之，拉丝机组开发取得了成功，也为企业增加了产

恒张力分丝卷绕机 SJ-HFJ-230(270)型
The constant tensile force thread -detaching coiling machine SJ-HFJ-230(270)

当年开发的塑料编织机械

值，扩大了企业的影响力。为此，在 2003 年 10 月，他研发的"SPLG－Z 新颖塑料拉丝机组"荣获江阴市促进科学技术进步工作重大贡献二等奖。同年 12 月，因"SPLG－Z 新颖塑料拉丝机组"的成功研发，张耀顺在无锡市人民政府为表彰促进科学技术进步工作作出重大贡献者的活动中，荣获三等奖。

企业在经营中，向上下游跨越，竞争是难免的。塑料编织企业为了降低成本，减少塑料丝的中间商差价，于是自己拉制塑料丝。而拉丝企业认为塑料编织企业赚钱，也转投入塑料编织。结果是拉丝成为塑料编织的前道工序，塑料编织企业专门成立一个拉丝车间，而拉丝企业也成立了一个编织车间。

这种合并给设备生产企业带来的问题是，生产圆织机的企业在销售圆织机时，发现一些大型编织企业需要拉丝、编织，甚至覆膜等成套设备或交钥匙工程。所以，圆织机企业开始生产塑料拉丝机组、绕线机、覆膜机。以兰飞总厂为例，先后推出了 SPL1201－500 等多款塑料平膜扁丝生产线，SYZ-4H 四梭圆织机、SYZ-6X 六梭圆织机、SYZ-8 八梭圆织机等多个型号的塑编设备，以及与之配套的双色印刷机、复绕机、粉碎造粒机、热切机。本来是各自专业生产设备的企业，不得不跨界到对方的领域，竞争开始了。

虽然张耀顺的拉丝机组已经销售了十几台，但公司的主要利润还是依靠塑机配件，他的主要客户仍然是圆织机生产企业。拉丝机组是一个新产品，还没有完全成熟，没有支撑起一个企业的能力。因为他的大客户也生产拉丝机组，于是，张耀顺与他的大客户因为拉丝机组的销售，在同一个客户处狭路相逢了。

他本来只想做拉丝机组，而且他的拉丝机组经过客户的使用和改进，已经日趋完善，在即将取得效益回报的时候，没想到与圆织机企业发生了竞争。这场竞争对张耀顺来说很麻烦，不仅是拉丝机组本身的质量和价格的竞争，而且涉及塑机配件的订单。没有哪个竞争对手愿意继续与他保持友好的客户关系，一边被他竞争，一边从他那里采购配件。这对张耀顺来说，要么放弃圆织机配件市场，要么放弃拉丝机组市场。拉丝机组的售后服务和难以收回 10% 质保金成了最大问题。

拉丝机组赶了个晚集，曲终人散的局面正在形成。圆织机市场也出现供大于求的局面，一场生死攸关的"内卷"将不可避免。

每一个行业都一样，市场就那么大，客户就那么多。企业之间要么合作，要么竞争，要么差异化地相安无事。你做你的市场，我做我的市场。如果分工明确，便是合作，但跨界意味着竞争的开始，合作也将结束。

第二十八章

劫 难

2001 年的春天，鲜花盛开，张耀顺的心情格外好。

三四月的江南，烟雨迷蒙，洗翠了新抽的柳叶，也洗净了人们经冬的烦忧。油菜花在缓缓开放，引一群蜜蜂传送着粉香。桃花在田园上抹一笔粉红的颜色，环绕着白墙黛瓦的房舍，勾画成水墨江南。一群鸭子游动在屋后的湖面，时而埋头在水下觅食，时而仰头呼唤，抖动着翅膀，这是春的萌动，生命渴望的延续。

静静地听雨声，静静地看花开。一杯明前的新茶，一壶紫砂的清香，慢慢地品，回首从前的种种，恍然若梦！

生活本来是从前的样子。

一声春雷，人们仓皇而逃，日子却被过得如此匆忙。

也好，在不缺钱的路上，犹如这烟雨里的油纸花伞，不奢华，只是让生活更多彩。

生命尽情地绽放，才是最美的风景。

每年农历的四月初八，西石桥的庙会都一如既往的热闹非凡，这是那片土地上的人们对文化的坚守和对文脉的传承。

西石桥的庙会源自后梅寺。后梅寺，原名报恩寺，始建于宋淳熙四年（1177）。据传此地有一绝色美女被征召入宫，选为嫔妃。多年后，蒙圣上恩准回乡省亲，谁料双亲已去世。于是，在此建一寺庙，取名报恩寺。寺后有一梅园，因园中藏有孝宋皇帝"暗香疏影"的御笔题词，故又名后梅寺。后梅寺历经沧桑，明洪武五年（1372）和清道光十八年（1838）两次重修。原后梅寺占地数十亩，建房百余间，梵宇壮丽，宝相庄严，有高僧坐禅、名师释经，实为江南一名寺，至今仍香火不断。

庙会，起源于寺庙周围，是中国民间宗教及旧时风俗，也是我国集市贸易形式之一。庙会的形成与发展和地庙的宗教活动有关，都是在寺庙的节日或规定的日期举行，多设在庙内及其附近。由于小商小贩们看到烧香拜佛者多，在庙外摆起各式小摊赚钱，渐渐地成为定期活动，所以叫"会"。传统庙会是集会贸易的一种形式，但比通常的逢集贸易规模大、辐射地域广、商品多。庙会多在麦收前农闲时举行，有鲜明的季节特点。一般来说，正月、二月举行的庙会以烧香、玩灯为主；三月、四月举行的庙会以出售麦收工具和交换农副产品为主。庙会会期少则 1 天，多则一周，大多数为 3～5 天。这些庙会，既满足了大众的精神诉求，又满足了人们的物质需要。

西石桥庙会定于每年农历四月初八，会期 2 天。这里曾是西石桥的传统集场，旧时民间组织庙会表演旗伞、武术等项目。旗伞有各色绣龙伞、万民伞、飙伞等；武术有三节棍、舞马叉刀、甩流星、舞大刀；民间艺术有舞龙灯、调狮子、掮云车、荡湖船等。三宝村的走高跷、程家丹的八音班尤其有名。出会队伍每到一村，边唱边表演，鞭炮齐鸣，锣鼓喧天，一派热闹景象。

四月初八，其实就是纪念释迦牟尼佛圣诞日，众多信徒用灯草念佛，然后上香拜释迦牟尼。后梅寺的庙会活动兴盛，灯草需求量大，而庙会也慢慢演变成商品交易集场。西石桥集场，以灯草交易最为盛况，故俗称"灯草节"。

往年的庙会，张耀顺总是陪王锡英一起逛。在节日的氛围里，这是难得的放松和享受。王锡英东瞧瞧西看看，在庙会上偶遇久违的朋友，见面打声招呼，聊上几句。

王锡英觉得这几年生意好，赚了不少的钱，特别是在苍山村建起了塑机专件厂，产品供不应求，规模做到全国塑机配件第一，获得了"塑机配件大王"的称号。这一切的成绩除了自己的努力，也有上苍的保佑。明天就是四月初八，她打算给员工们放假一天。她自己也和丈夫一起开心地逛逛。进后梅寺多烧些香，捐一些香火钱，祈祷菩萨保佑一家人平安，也保佑她的企业生意兴隆。

按照惯例，在庙会前一天，张耀顺要请亲戚朋友吃顿饭，晚饭定在"百乐门"，有200多个亲朋好友参加。

亲戚朋友如约而至。大家平常都是在各自忙碌，很少见面。今天借庙会回到老家，相聚在百乐门大酒店，自然是兴奋。

张耀顺本来是不善于喝酒的，可架不住亲朋好友的劝说。他想既然亲戚朋友聚在一起，不要扫了大家的兴。乘着高兴劲，他端起酒杯喝了一杯。他既然端杯喝开了，大家自然要敬这位东道主，于是又多喝了几杯。

张耀顺几杯酒下肚，有些感慨。屈指一算，自己已47岁。从1982年下海经商，到现在已快20年。这些年赶上好政策，挣了不少的钱。自己在汉墩头、在苍山村、在西石桥算得上是富裕的人，被视为有钱人，特别是百乐门大酒店让他成了江阴、常州一带的名人。

可是，人怕出名。如今有钱了，个别人眼红，借钱不还是常有的事。他从来没有主动催人还钱，实在不还也就作罢。乡里乡亲，谁还没有难处的时候。平常谁家有困难，他去看望和帮助；村里修路建桥，他积极捐款。他不仅出名，而且是当地出了名的好人。

宴席结束了，张耀顺感到有点头晕，第一次喝了这么多酒。他上床倒头便睡，而且睡得很深。

"汪、汪汪……"门口的狗在叫，而且声音越来越急，狂叫不止。张耀顺看一眼手表，已经半夜两点了。工人早已下班，再说，平时厂里的工人上下班，狗是不会叫的。这个时候，狗突然狂叫，好像不对劲。

王锡英没有睡着，她披衣走到了阳台上，看了看厂区和办公楼的四周，没有发现异常情况。

厂区大门两侧，北边是办公楼，南边是宿舍楼，这两栋楼之间是花坛。花坛的西边是厂区的车间和库房。张耀顺夫妻平常的生活起居在宿舍楼上。门口有门卫值班，门卫的人出来看看没有发现什么，可狗还在狂叫不停，他还不耐烦地骂狗叫什么呀。

王锡英看外边没啥动静，转身回到楼里。她没有回自己的房间，而是直接进了女儿静静的房间继续睡觉。她刚躺下，忽然惊醒！借着窗外微微的一点光亮，她看见了一个晃动的人影窜进了她的房间。她先是吃了一惊，然后本能地坐了起来，大声喊道："谁呀？"

窜进来的是一个身强力壮的男人。这男人听到王锡英的喊声，一下子扑了过来，控制住了王锡英："别喊叫，再喊，我杀了你！"

之前，在电视里和报纸上，王锡英不止一次地看到过各种各样的抢劫案。在很多案件里，被抢者常常因为处理的方式不当送掉了性命。王锡英很快从惊慌中冷静下来，抢劫者无非冲着钱来的，先稳住他再说。隔壁房间是自己的丈夫，为了家人的安全，她必须答应抢劫者的要求，并通过这种方式拖延时间，争取制服劫匪。

"把刀放下，你有什么要求可以提，但不要胡来。"

王锡英有些紧张，但没有害怕。她用手摸了一下架在她脖子上的刀。她感觉是一把菜刀，而且好像是她家厨房的菜刀。她明白了，这个劫匪肯定是熟悉她家的情况，先到厨房找吃的，吃饱了才上楼劫财。难怪门卫没有发现异常，这个劫匪早早就潜伏到厂里了。难道是厂里的工人？她听不出来是谁的声音。但不管是什么人，无非为了钱财，反正家里没有多少现金。

她要开灯，被抢劫者制止了。在一片漆黑之中，王锡英和眼前的这个劫匪开始了周旋。王锡英在回忆那惊心动魄的一幕时，连她自己都不知道，当时自己怎么突然之间变得勇敢起来，面对黑暗中的劫匪，显得无所畏惧，如同面对一个不懂事的小孩子。

王锡英劝说劫匪："我能听得出来，你是一个年轻人，你干什么不好，怎么会干抢劫呢？"

"少啰唆，拿钱来。"歹徒用力划了一下王锡英的脖子，王锡英的脖子被刀划伤了。

王锡英故意提高嗓门："你知不知道这是犯法要坐牢的。"

张耀顺听到隔壁屋里的动静，联想到刚才门口狗的狂叫声，他知道家里进劫匪了。怎么办，如果此时强行进入隔壁屋子，劫匪可能会做出过激行为，必将伤及妻子。唯一的办法是报警，张耀顺刚报完警，劫匪架着王锡英到他房间来推门，张耀顺听到撞门声。

在一片黑暗之中，张耀顺环顾屋子的每一个角落。窗户的一片亮光突然启示了他："对，从窗户跳下去。"

张耀顺没有任何的犹豫，推开窗户，爬上窗台便跳了下去。

宿舍楼的外边是一条河，河床上是大大小小的石头。宿舍的外墙根紧贴着河边7米多深的斜坡，张耀顺没有落脚的地方。他当年体育好，身体有运动员的底子，尽管十几年没有长跑锻炼，但腿脚仍很灵活。幸好，他落地时，头没有着地，算是保住了一条性命。当他要站起来的时候，一阵剧烈的、钻心的疼痛，让他无法起来。他挣扎了几次，下半身已经不听使唤了，他有一个不祥的预感。以多年的行医经验，他预感到事情的严重性。

不一会儿，大门外传来了警笛声。

王锡英还在与劫匪进行着交涉，没有弄到钱，劫匪不依不饶，菜刀始终冰冷地贴着王锡英的脖子。王锡英卸下自己的首饰给劫匪，劫匪接过首饰并不甘心，还是要钱。

王锡英的策略果然让劫匪没有得逞。警笛声由远及近，声音越来越大，已经到了厂里。在这寂静的深夜，鸣叫的警笛发出一种震慑力。

王锡英劝说劫匪："警察已经到门口了，你还不赶紧跑，等着被抓吗？"

劫匪本来没想到要伤人，只是用刀威胁王锡英索要钱财。听到警笛声，只好放开王锡英，仓皇逃窜。一场惊心动魄的抢劫就这样结束了。

劫匪逃走之后，王锡英转过身就冲进了隔壁丈夫的屋子。她拉开灯，没找到丈夫的身影。窗户大开着，她已经明白了刚才在她与劫匪周旋的时候，这间屋子里发生了什么。

她冲到窗前，往下一看，河边隐隐约约躺着一个人。张耀顺躺在河床上，正在发出痛苦的呻吟声。王锡英冲下楼，和赶来的门卫还有警察把张耀顺救起来。王锡英把丈夫紧紧地抱在怀里，一边哭，一边在喊："赶快叫救护车，赶快叫救护车。"

常州第一人民医院。

张耀顺住进了外科病房。此时，骨科、脊柱外科、神经科的医生一起紧急会诊。他们看着刚拍出来的 CT 胶片，分析着张耀顺的病情。医生们脸上的表情严肃而凝重，在场的医生叹了一声，摇了摇头。

更不巧的是，农历四月初八正好是五一长假的前一天。

1999 年，国务院公布新的《全国年节及纪念日放假办法》，决定将春节、"五一"、"十一"的休息时间与前后的双休日拼接，从而形成 7 天的长假。2000 年 6 月，国务院办公厅转发了国家旅游局等九部委《关于进一步发展假日旅游的若干意见》，正式确立黄金周假日制度。

因为是第一个"五一"黄金周，人们迫切地要在这个春光明媚的季节出去旅游，很多人早就安排好了行程。常州第一人民医院的骨科主任已经去新马泰旅游了，回来就是 7 天以后了。一般的小手术，值班医生可以做，但像张耀顺这样脊椎断裂的大手术，在院的医生没人敢做。

张耀顺非常痛苦，任何细微的声音引起的振动都让他痛苦不堪，而且伤情救治不能耽误。对于脊椎骨折，因为创伤比较大，出现了神经根或者脊髓的一过性损伤，这个时候是有手术抢救机会的。因为脊椎断裂导致脊髓或神经根压迫之后出现瘫痪的症状，若在早期得到解除的话，是有恢复的可能性的。如果拖延下去，或者手术不慎发生意外，导致终身瘫痪或者严重残疾的可能性很大。

张耀顺在痛苦中，王锡英在流泪，兄弟姐妹都在着急。

大姐夫符林才有一个朋友是申港广电站站长管兴发，他和上海长征医院的脊柱外科主任医师贾连顺是很要好的朋友。

贾连顺是上海市医学领先专业——脊柱外科学术带头人，时任第二军医大学长征医院骨科主任、教授、博导。是骨科研究所所长、上海脊柱外科临床医学中心主任。1992年起享受国家特殊津贴并荣获"国家有突出贡献中青年科技专家"称号，第二军医大学长征医院终身成就奖获得者。

贾连顺接到电话时正在辽宁丹东休假。如果按医院的流程挂号、诊断、安排住院、等床位，等到手术不知要到什么时候。一般人挂号都挂不上，后边的手术更是不可能。

可是，张耀顺等不及呀。经过管兴发的请求，贾连顺让病人第三天上午九点到达上海长征医院。

符林才、王锡英、大姐网娣，还有管兴发一同护送张耀顺到上海长征医院。贾连顺已经安排好，由护士在医院门口接进去。

贾连顺赶到了医院，他告诉管兴发和符林才："你们去吃饭吧，这里不用管了。"

符林才哪能放心得下。现在正是"五一"假期，在常州第一医院已经耽误了三天，如果也像那样放在医院没有人管，那不是更耽误时间。符林才满脸的疑惑不敢离开。

贾连顺看出家属的担心，告诉符林才与管兴发："去吃饭吧，你们饿到现在。明日上午手术后，才是需要你们的时候。这里有我，你们还不放心吗？"

麻醉师是贾连顺的搭档，他们在一起配合了很多年。凡是重大的手术，贾连顺都要求他上。可是，这位麻醉师也是"五一"长假回了温州，是贾连顺一个电话，让他从温州赶到上海，上午八点要做手术。因为飞机晚点，手术推迟了一个小时。

如此技术高超的医师、专程赶来的麻醉师、将要为张耀顺进行手术的上海长征医院，张耀顺怎么也不会想到，自己一个普通的小老板，一个做点塑机配件赚点小钱的个体经营者，竟然能幸运地得到如此好的救治。如果不是符林才认识申港的管兴发站长，如果管站长不认识贾连顺，那么，他现在还躺在常州医院里等待命运的安排。这一切与官大官小没有关系，也不是钱多钱少能办成的事。全国每天有多少重伤病人，谁不想到上海、北京这样的大医院，找著名的专家治疗。全国那么多的病人，即便是有十个贾连顺也治不过来。这一系列的关联因素，究竟有没有逻辑关系？有些因果能讲得清楚，有些是讲不清楚的。

中午十二点，手术已经三个多小时。手术室外边王锡英焦急地等待着，她不知道里边的手术怎样。一切焦虑只能消耗自己的体能，她尽量地克制自己不要往坏处想。她相信贾主任的医术，她在祈祷菩萨保佑手术成功。如果贾主任都治不好丈夫的脊柱，那也只能认命。

如果真到站不起来的那一天，哪怕关掉工厂，她也会背着丈夫回到苍山村，照顾他一辈子，过着村里人一样简单的生活。或者是她一边照管丈夫，一边自己经营着企业。人生无论遇到怎样的风雨，都需要去面对。

手术室的门开了。王锡英、符林才等人迎了上去。

助理医师出来告诉家属："手术很成功。"

符林才知道这是医生经常说的一句话。一半是真的成功，一半是安慰家属。他进一步问医生，以后能恢复到什么程度。

助理医生告诉他："由于伤到了神经，将来走路是会有问题，可能大小便不能自控、性功能会丧失。这个主要看病人的造化了，也有部分恢复甚至完全恢复的特例。"

手术后 12 小时内不能动，张耀顺只能平躺着。

正常人躺一个小时都困难，12 小时不能动是何等痛苦，张耀顺在坚强地忍受着。在最后的几个小时里，用"度秒如年"一点也不过分。这种痛苦只有他自己忍受，没有人能替他分担。

晚上王锡英不断地给张耀顺按摩，让他身上的血液能流通起来。整整一夜，王锡英没有合眼，她在陪着丈夫一起承受着这场苦难。

手术第七天，张耀顺转到了常州解放军一○二医院，进行康复治疗。

"四·七"入室抢劫案告破，而劫匪竟然是张耀顺一个远房亲戚的孩子，事发前在张耀顺厂里打工。他当晚下班没有出厂，而是潜入厨房，偷吃剩饭后手持菜刀上楼抢劫。张耀顺没想到收留了这个年轻人，却给自己造成如此惨重的灾难。当然，这个劫匪也必然会受到法律的制裁。

第二十九章
人间真情

　　张耀顺躺在常州解放军一〇二医院，脊椎打着钢针，下身插着导尿管，手臂上输着液。失去了自理能力，失去了体面。他不能动，只有大脑在运转。他不知道站起来还需要多久，但他相信自己一定能站起来。

　　王锡英陪在他的床边，已经十多天了。她看着丈夫如此痛苦，表面上微笑着安慰他，转过身却偷偷地流泪。大姐网娣也陪着张耀顺。母亲死的那一年她才11岁、耀顺才7岁，那时候她也是个孩子，却承担起了照顾弟弟妹妹的重担。耀顺生病了，她守在弟弟的身边，一会儿摸摸头，一会儿喂水喂药。耀顺从小就失去了母爱，是她这个大姐，既当姐姐又当妈，把他拉扯大。弟弟从小吃苦但很努力，后来为了挣钱，他到处求人，四处奔走，表面上看起来很风光，吃过多少苦、受过多少罪只有她这个大姐心里清楚。现在好不容易过上了好日子，没想到又出了这等事。

263

几十年过去了，如今弟弟再次躺在医院，她抚摸着弟弟的头，拉着弟弟的手，安慰她的顺苟，她仿佛看到了当年的弟弟。

"没事的，你会站起来的，狗有九条命。"

网娣知道是"猫有九条命"的传说，她只是这样宽慰弟弟。小时候顺苟很调皮，姐姐没少打弟弟。打急了，弟弟瞪着她："你现在打我，将来不准回娘家。"可弟弟长大后，如果她时间长了没回娘家，弟弟就会找来。

姐姐知道张耀顺很皮实，但是，再皮实也承受不住这么大的痛苦。

张耀宏和徐尧琴来了。

他两口子提着大盒小盒的营养品，从西石桥坐车到常州解放军一〇二医院。耀宏到商场精心挑选的营养品，他咨询过店员，哪些适合骨伤病人，哪些有利于伤口愈合。商场里的营养品包装得都很精致，他也搞不清哪些有效，只好拣最贵的买。只能把他们想表达的心意都体现在这些营养品的价格上。

这些年，他和哥哥之间有点隔阂，要说有多大的矛盾，似乎也没有，但总是感觉怪怪的。当年父亲办五金厂没有叫哥哥参加，这是父亲的决定，与他这个弟弟没有啥关系。父亲与他一起办厂，是因为当时父亲跟他们一起过日子，是一家人。张耀宏的性格本身就比较沉闷。母亲去世的时候，他才3岁。3岁的孩子，不知道人间的生离死别。当母亲的尸体从大麦河下游打捞上来运回家的时候，耀宏竟然爬到母亲跟前想去吃奶。这一幕让所有在场的人都为之动容。母亲去世后，因为家里实在养不下这么多的孩子，耀宏在小姑姑家寄养了三年。也正是因为从小寄人篱下，使耀宏的性格变得如此乖顺。

张耀宏从来不多事、不张扬，也不怕事。一旦有人欺负他，他下手便又凶又狠。

有一年的早春季节，还是在生产队的时候，社员们都在忙着插秧，江阴人称莳秧。妇女们在秧苗田里起秧，捆绑成一把一把地挑到水田边。有经验的男人负责插秧，像张耀宏这些没有插秧经验的，负责把捆好的秧苗扔到水田里。扔秧苗也要用心，要扔得均匀，秧苗离人不能太远，也不能太近。标准就是插秧的人插完手上的最后一撮秧苗，能随手就近拿起一捆。如果近了，插秧的人要往后移动秧捆子；远了随手够不着，就得站起来走过去拿，既影响插秧的速度，又踩坏了水田。张耀宏年纪小，刚参加队里劳动，控制不好扔秧捆子的距离。要么是分布得密了，要么是太分散。插秧的人不愿意，开始骂了两句，张耀宏没有还口。他觉得是自己没做好，骂两句认了，过了一会儿插秧的人又骂起了他最忌讳的话："没娘教的。"

这一句，张耀宏不忍了，捞起路边的石头就扔了过去。石头没有砸着人，却溅了一身的泥水。对方反扑过来，他们家其他兄弟三人都围了上来。张耀宏一人哪打得过四人，被他们压在水田里打得满身是泥水。这时，张耀顺见自己的弟弟被人压在水田里打，冲进水田里护着弟弟。这一仗自然是他兄弟俩吃亏了。

张耀顺每次回汉墩头会顺便到当初起冲突的那户人家看看，坐在堂屋里拉拉家常。往事已过，所谓恩怨早已如烟。临走时，张耀顺留下几张购物卡。村里的老人越来越少，每一个人身上都能找到自己过去的影子，是那些岁月留给他的印记。曾经在一起的日子，甜也好，苦也罢，点点滴滴汇集在一起便是乡愁。

这些年，张耀宏与哥哥平常各忙各的生意，妯娌之间相互较劲，彼此好强，但无伤害。这也是家庭前进的动力，你好我便要比你做得更好。这是一种无声的竞赛，也没什么过错。村里人以为他们兄弟之间有多大的矛盾，都在猜测张耀顺住院了，张耀宏会不会去医院看望。

这个世界最无法割断的就是血脉相连的亲情。兄弟之间可以为了各自的利益闹得不可开交，那是他们兄弟之间的"内部矛盾"，一旦有外来的势力伤害到亲情，他们就会团结一致对外。所谓"打断骨头连着筋"，血脉是生命之源，无法被割舍。

看着躺在病床上的哥哥，张耀宏心里很痛。可他是一个不善表达的人，也是一个很实在的人，站在那里不知说什么。是呀，能说什么？说哥哥没事，这么重的伤怎么能没事；说哥哥很快会好起来，医生都说要看他的造化，你怎么知道能很快好起来？张耀宏觉得，到医院看望病人，谁都知道说些宽慰的话，也都是没有依据没有用的话。

他憋了半天说了一句话："哥，你需要我做啥？"

干妈年纪大了，只能派她的女儿来看耀顺。自古以来，"拜干亲"就是认义父、义母，是流行全国的一种保育习俗。在北方叫"认干爹、干妈"；在南方则称为"认寄父、寄母"，俗称"拜过房爷、过房娘"。拜干亲的理由很多，在医疗条件不发达的年代，主要是怕孩子娇贵，不好生养，或是以前生子夭折，怕自己命中无子，借"拜干亲"消灾免祸，保住孩子。

这些大多是旧社会的习俗和传说。不过给孩子拜干亲的风俗有些地区还是在延续着。张耀顺小的时候，张裕生认识西石桥有名的木匠毛坤英，人们都叫他阿英。因为两人关系密切，就让张耀顺拜阿英为寄父，牟菊珍自然成为寄母。

认了干爹、干妈之后的孩子，都要按照当地的礼俗仪式去做，去履行各自的义务，承担各自的责任。干儿子、干女儿要对干爹、干妈进行看望、照顾，在重要节日要行礼拜访。干爹、干妈对干儿子、干女儿的人生重大事项进行参与、操持，其他重大活动也都要过问，并且要给予必要的支持与资助。

可怜的顺苟小小年纪就失去了母亲，活得像一只流浪的小狗。他每年到端午节、中秋节、春节这些大的节日，都是网娣带领着，提着礼物去寄娘家。

牟菊珍每次见到顺苟，总是心疼孩子。她做很多好吃的，一边看顺苟狼吞虎咽，一边暗自抹泪。心想要是顺苟的亲娘在该多好。她把顺苟掉了的纽扣缝上，把裤子上的洞补好。临走的时候，她把网娣、秀娣和顺苟这三个孩子送到西石桥镇的外边，看着他们姐弟走远了，直到看不见背影才转身回去。孩子们带的礼物，她原封不动地让孩子们拿回家。她知道这些酥饼、糖、麻花等食品都是孩子们爱吃的。尽管她有亲儿女，但她不能把干儿子拿的食品留给亲生的儿女享用。在她的心里，顺苟比她亲生的儿女更需要这些食品。

张耀顺这样回忆说："干妈对我很好，逢年过节，我去干妈家看她。我给她带的礼物她从来不收，走的时候，还给我很多吃的。我大姐生孩子，我干妈来看望，给我大姐的孩子送礼物。1985 年，我的日子好了，我给她钱，她不要（此处，张耀顺哽咽了 30 秒……）。中秋节，我记得那是下雨天，从来不收礼物的干妈，这次破例收了我一包糖。"

汉墩头的乡亲们陆续到医院看望张耀顺，有拄着拐棍的大娘、有驼着背的大爷。他们看着张耀顺长大，当年走村访户的赤脚医生，后来风风火火的老板，如今却遭受这么大的罪。他们一边宽慰张耀顺，一边抹着泪："顺苟哇，你一定会好起来的。老天爷知道，好人有好报。"

在这些大叔大娘的眼里，耀顺无论多大的年纪，无论多么有钱，他永远是汉墩头的孩子，永远是他们心中的顺苟。

汉墩头的李梅花拉着张耀顺的手，一边哭一边诉说："当年我们家盖房，钱不够，是锡英听说我们遇到了难处，借给我们5000元钱，用了那么多年才还的，你从来没提过。我知道那时候你们刚开始办厂，是最需要钱的时候，自己都很难，还把钱借给我。要不是你两口子帮我，还不知道到哪去借钱。房子盖不起来，我家老大的媳妇就娶不回来。"

"唉，这么好的一个人，怎么就遇到这么大的事，要是把那个贼抓到了，都该枪毙。"提起劫匪，李梅花气得咬牙切齿。

一个老人颤颤巍巍赶到医院，从怀里掏出一包钱，送到王锡英的手里："锡英，我知道你们不缺钱，可这是我的一点心意。当年在我最难的时候，是耀顺帮我度过的。"

这个老人叫张惠兵。八年前，老人带着孙子去医院看病，本以为孙子是感冒之类的小病，开点药或是打几天针就会好的。结果被诊断为先天性心脏病。这对于张惠兵一家人来说，无疑是晴天霹雳。他们家的经济状况在村里算是一般，全靠孩子的父母打工挣钱。孙子的病情不仅让老人心痛，而且做手术需要一大笔钱。一时间，张惠兵的家庭感到了经济和精神上的双重压力。

张耀顺是在开车的路上听说了张惠兵孙子的病情。他知道对于一个农村普通的家庭，无疑是陷入了煎熬的黑夜。张耀顺办完事就直接来到张惠兵家，送去了5000元。这点钱对张惠兵来说虽不能根本性地解决医疗费的困难问题，但却是一份关怀，一份温暖。人在最无助的时候，在遇到困难、最需要钱的时候，往往身边的人都悄然无踪了，生怕向他们借钱，担心借钱还不起。而此时，平常很少有往来的张耀顺却主动上门，叮嘱张惠兵，孙儿的病一定要找最好的医院，无论花多少钱，都要尽力去治，需要钱就去找他。

这些年过去了，张惠兵的孙子经过几次手术，已经是健康的成年人。而张惠兵却一直记着张耀顺的那份爱心。

面对无助的弱者所需要的关怀，对那些身家千万的富豪来说，只是举手之劳，但有些人却视而不见。张耀顺的爱心，给最需要的人在黑夜中点亮了一束光，让他们更有勇气走下去。

澄西中学获得奖学金的学生代表寄来了慰问信，信中说："张伯伯，您辛苦经营着企业，依然过着简朴的生活，您在弘毅大讲堂上给我们讲，您每次吃饭都要把盘子吃得干干净净，一粒米都不剩。一顿饭只用一张抽纸，不要浪费。您这样节俭，却把大笔的钱捐赠给学校作为奖学金发给我们。从 1988 年至今，您坚持每年都要给奖学基金里续资，为了让我们这些学子能安心学习，鼓励我们更加努力。我们的每一点进步，都是您的期望。母校因您而自豪，社会因为有您这样的企业家而温暖。"

来自社会各方面的慰问，让张耀顺深感欣慰。病房里堆满了人们送来的慰问品和鲜花。

周六的上午，厂里的员工自发地来到医院，几十人涌进住院部，医护人员挡住不让进。王锡英在住院楼外接待了前来看望张耀顺的员工。为了不影响其他病人的休息，最后大家分批进到病房。

员工们都很焦急。张耀顺已经住院十多天了，病情怎么样，员工中有各种传说。王锡英一直在医院陪护张耀顺，厂里由几个副总主持工作。有人说张耀顺从此站不起来了，要在轮椅上度过一生；有人说张耀顺大脑不清楚，以后不可能继续办厂了；也有人说张总的病没事，过一段时间就会回来上班。

员工们一方面担心张耀顺的身体，另一方面关心企业以后是否能继续办下去。很多员工在这里工作了十几年，有几位老员工从汉墩五金厂开始就跟着张耀顺一起干。如今的江阴市塑机专件厂是张耀顺的，也是员工的。很多员工说，在西石桥还真是找不到塑机专件厂这样的企业了。

1997 年，国家还没有强制要求民营企业给员工缴纳社会保险，但是张耀顺已经考虑了员工以后退休的养老问题。这些员工跟着他创业，将来老了回到老家，地里的活干不动或者无地可种，他们的生活怎么办，他不能眼看着这些员工老了、干不动了却没有生活来源。于是，他给每位员工买了一份商业人寿保险，总共花了 40 多万元。当时有一个叫张耀良的员工，离退休只有三年。为了给他买保险，就花了一万多元。他退休后一年能拿一千多元，而且是年年有，一直领到去世。这对于农民来说，无疑是一份意外的收入。

张耀顺不仅给员工买商业保险（后来缴纳了社会统筹），而且每两年组织一次员工体检，两年一次集体旅游。因为这些员工大多数来自农村，大部分是西石桥周边的农民，也有一部分来自安徽等地。这些人家庭经济紧张，对个人的健康关心不够，小病扛一扛，病重扛不住了才去医院。

一位叫张建凤的女员工，体检时查出了宫颈癌。查出癌症，对于一个家庭是晴天霹雳的。张建凤更是精神崩溃了，吓得直哭。治病、化疗、养病，以后的工作是没法干了。没有了工作就没有经济来源，也没有人给她交社会统筹。医疗保险也没处交了，以后看病怎么办？她上班的地方是私人企业，即使是国企，也不可能让她长期带病休假。她已经做好了回家的准备，把工具柜里的日常用品已经清理装进袋子，打算把工作服和工具交给厂里，自己黯然离去。以后的日子，她不敢想。家里只能指望丈夫一个人在外打工，孩子在上大学，正是需要钱的时候。张建凤产生了放弃治疗的念头。

很多人对生死轻描淡写，好像视死如归一样，但真正到生命遭受威胁的时候，有几人能淡定？所谓的"垂死挣扎"，并不是贬义词，而是生命的本能。只有奄奄一息的人，在油尽灯灭时才会闭上眼睛离开这个世界。但凡有生命体能的人，死亡的时候，都是睁着眼睛，这就是所说的"死不瞑目"。这是与死神的抗争，是对这个世界的留恋，是对太多事情的不舍。

张建凤躲在车间拐角里哭，这是她最后一次来上班了。此后，他将要躺在手术台上，听从医生的宣判。同事们都围了过来安慰她，几个平时关系甚好的女工也跟着流泪。

张耀顺和王锡英来了。王锡英扶起张建凤，为她擦去眼泪。

张耀顺对所有人说："江阴市塑机专件厂是我办的，但也是大家的。你们是这里的员工，就是一家人。你们遇到了难处，工厂不会不管，我张耀顺更不会袖手旁观。有病治病，我要帮张建凤找最好的医生，尽最大的努力治病。在治疗期间，工资照发，社会统筹照交。在你们最需要我的时候，我不会抛弃、不会放弃任何一个人。"

张耀顺的话给了张建凤以温暖和信心，也给了全厂员工温暖和希望。员工们很感动，车间顿时响起了热烈的掌声。员工们自发地唱起了《让世界充满爱》。

> 轻轻地捧着你的脸，为你把眼泪擦干，
>
> 这颗心永远属于你，告诉我不再孤单，
>
> 深深地凝望你的眼，不需要更多的语言，
>
> 紧紧地握住你的手，这温暖依旧未改变，
>
> 我们同欢乐，我们同忍受，我们怀着同样的期待。

我们同风雨，我们共追求，我们珍存同一样的爱。

无论你我可曾相识，无论在眼前在天边，真心地为你祝愿，祝愿你幸福平安。

而今天，员工们来了。

在张耀顺最需要关心的时候，他们同样想把温暖送给他。可是，员工们做些什么呢？从张建凤患病治疗这件事，员工们真正相信了他们与企业是命运共同体，真正感知到自己与老板在同一条船上。此时，船长倒下，每一位船员所能做的事情就是沿既定的航线奋力地划桨前行，不能让这只船偏离航线，更不能发生危险。

张耀顺心里明白员工们不仅担心他的病情，也在关心企业的命运。这没有错，员工把自己的命运与企业的命运拴在了一起，只有优秀的企业才能如此。只有老板把心用在员工身上，员工才会把心用在企业上。张耀顺很感动，员工关心企业比关心他更重要。对于一个有社会良知的老板，企业就是企业家的命根子。

张耀顺告诉大家："现在厂里的活不多，大家每周能休息两天。你们不要担心我，把自己的工作做好，让我少操点心，就是对我最大的支持。你们要相信我一定能站起来。咱们的塑机专件厂一定能办下去，而且会越来越好。"当年虽然经济受了影响，但到年底员工的工资一分也没有少发。

这些员工看到了张耀顺，除了暂时不能动，其他都很好，也放心了。

张耀顺在塑料编织行业是名人，没有人不知道"塑机配件大王"。关于张耀顺受伤的事情在圈子里传开了，很多合作伙伴给张耀顺打来电话慰问，关心他的身体康复情况。武进圆织机厂的承德产、常州塑料编织厂的吴隆奎、燎原塑料编织厂的刘建设，还有庙前村的张东青等都对他表达了关心和问候。兰飞厂的成东伟、金浩平专程从兰州飞到常州来看望张耀顺。

大庆油田塑料编织厂的厂长张彦荣专程来到常州，看到张耀顺伤成这样，心疼得连声感叹："兄弟呀，你这是受老罪了。"他在常州住下来，陪张耀顺说说话，聊过去相识的过程，聊两人的愉快合作，聊他自己下一步的打算。

张耀顺和张彦荣起初也就是一面之交。张彦荣刚进入塑料编织这一行时，是张耀顺介绍他买什么样的设备，如何配置。其实张彦荣并没有从张耀顺那里买多少配件，可张耀顺逢年过节都要给张彦荣寄一些时令的特产，一来二往，两个人的交情就深了。在做生意方面，张耀顺有无师自通的天赋。只要与他打一次交道，或者是别人引荐一次，往后你会发现他与客户处得像多年的朋友一样。他并不在乎做多少业务，更在乎的是交情。交情到了，业务自然就来了。没有交情，也只能是一次买卖而已，这样的买卖是低层次的交易。

临走前，张彦荣握着张耀顺的手说："兄弟，我要去俄罗斯办厂，需要圆织机、拉丝机组等成套设备，这个订单总共有 200 多万元。"

张耀顺说："我只有塑机配件，不生产这些设备呀。"

张彦荣说："兄弟呀，我没有什么能帮你的呢，只能把我的这份订单给你。等你身体好些了，你去组织货源，加多少钱你自己看着办。你配套这些设备不是问题，我相信你。"

他看着张耀顺有点难为情的样子，就拉着张耀顺的手："兄弟呀，你在这边组织货源，配置成套设备比我有经验。反正你不做我也得找别人做。我对这成套设备不懂，而且我得抓紧到那边去建厂，到了下半年，那边的气温低没法搞基建了，就算我拜托你了。"

张耀顺在一〇二医院已经躺了二十天，下半身仍然没有知觉。大便需要开塞露，小便靠导尿管。医院的护士每天要给他清理会阴部位。

这一天，医院新来一位实习护士给张耀顺插尿管。新手不熟练，她不知道尿管要拐弯，直接用力插进去了。导管擦伤了尿道，血流到了床上。小姑娘见出了这么多的血，吓得赶紧把尿管拔出来。她跑到护士站找来年龄大一点的护士。她们俩给张耀顺的会阴处进行了消毒处理，然后重新插上尿管，每天做高压氧治疗。

二十多天过去了，张耀顺感觉自己的尿道有点像蚂蚁一样在爬，这是自受伤以来第一次有感觉了。王锡英赶紧叫来护士，医生闻讯也来到病房。医护人员反复询问，张耀顺确认有蚂蚁在爬的感觉。医生和护士欣喜若狂，连病房的其他病友都在为张耀顺高兴。这简直是奇迹，一百个病人中能恢复大小便功能的只有约十个人。这么低的概率在张耀顺身上发生了，用农村大娘的话说就是："老天有眼哪，好人总有好报。"

王锡英也是喜极而泣，迫切地打电话告诉了自己的母亲，告诉大姐网娣，告诉二姐秀娣，告诉耀宏……

在常州解放军一〇二医院住了近一个月，张耀顺出院回家休养康复。

第三十章
顽强站起来

他回到了塑机专件厂，厂就是他的家。

还是那间宿舍、那扇窗户。四十天前的那个黑夜，为了妻子和女儿，他从这里一跃而下。今天，他躺在床上，动都不能动。窗外不时有几只麻雀飞来，在窗台上"啾啾"地叫着，仿佛在呼唤张耀顺。此时，他觉得人生最大的幸福是自由，自由地走动、自由地去想去的地方，自由地与家人坐在餐桌上吃饭。这些最基本的生活要求，现在对他来说是多么奢侈。

他想下床，可是他的腿不听使唤。曾经健步如飞、一口气长跑五公里、引起路人关注的那双长腿，如今却绵软得连身体都支撑不起来。他在王锡英的帮助下勉强地站起来，扶着床头，一步步地挪动，如同幼儿学步。挪动不了几步已是满头大汗。

他想下楼去晒会儿太阳，他好久没有接触到太阳了。过去他对太阳不在乎，甚至反感太阳直直地照射，想各种办法遮阳。如今，在阴凉处待久了，他又是多么向往阳光。早晨阳光从房顶上洒过来，像水一样地泻在厂区的花坛上，花和绿植染上了一层色彩。他想了半天不知道怎么来描述楼下的景色，啊，"欣欣向荣"。真佩服古人文化的精深，"欣欣"两个字把此时花木的神态描绘得活灵活现。再没有比这更恰当的了。如果他能站起来、能走路，不，从现在开始，无论恢复到什么程度，他一定要有"欣欣向荣"的心态。

王锡英准备背丈夫下楼。她让张耀顺在床沿上坐好，她蹲下让他趴在背上，然后她努力地站起来。可是她努力了几次，就是站不起来。她个子小，背上的丈夫五十五公斤，足足可以压垮她。

她从来没有背过人，即使是女儿小时候，也是丈夫背着的，轮不到她这个女子。从二楼到地面，楼梯要拐一个弯，共22级台阶。她很吃力地背下去，然后又上楼把康复学步车放到张耀顺的面前，一边扶着他，一边鼓励他迈步。

傍晚时分，王锡英推着张耀顺到厂门外边散散心。门前是利港河，落日的余晖，与河岸远处的柳树正好重叠，没有孤鹜，长天秋水蜿蜒向北流去。他没有那么多的伤感，因为腿脚一天天地有劲了，一天天地恢复。生活在希望里，夕阳也是灿烂。厂区的西边是一大片菜地。他打算身体好了把那一片菜地租下来种些菜，职工食堂就够用了，不一定省钱，但一定环保。再在水塘里养几只鸭，沿着池塘边种几棵桃树。春天的时候，春江水暖、桃花盛开，这里一定会很美。

丧失功能只需要瞬间，而恢复功能却需要漫长的时间。时间漫长能恢复也是幸运的。

厂里的经营也受到一些影响，有些客户听说张耀顺瘫痪了，不敢再把订单给他。有个别配件供应商看到张耀顺这个样子，不敢欠款，要求款到发货，他们生怕张耀顺从此站不起来了，怀疑塑机专件厂是否还能继续办下去，或是能否像以前那样红火。有 4 台拉丝机组订单是在他出事前签订的，合同总额两百多万元，当对方得知他出事后，订单被取消了。

人在顺境的时候，往往过高地估计了人与人之间的感情。只有在落难的时候，才能看清楚曾经笑脸相迎的究竟是人还是"鬼"。可惜，我们很多人一生都是在顺境中一步步上升，等到晚年跌落的时候，才发现身边原来有那么多的"鬼"。人和"鬼"都是趋利的，当你有价值的时候，所有的"鬼"都是和善可亲的。

"只要我能站起来，我继续做好事。"

有很多的心愿没有了结，"张耀顺奖学基金"必须续资，这是他做善事的主线。他打算把捐资助学做到他退休，做到他彻底无能为力的时候。在他的心中，除了妻子、女儿就是澄西中学，捐资助学是他生活的一部分。

自从他遭遇劫难以后，社会各界以及新闻媒体对江阴人大代表、热心助学造福桑梓的张耀顺给予了更多的关心和关注。就在他行动不便的时候，澄西中学的领导多次来看望他。这一次，学校领导告诉张耀顺，澄西中学要搬走。

"搬到哪儿去？"张耀顺急切地问。

"说是要搬到利港。"

"为什么？澄西中学一直在西石桥哇，那以后这里的孩子到哪儿上学？"张耀顺不解地问。

"现在利港镇与西石桥镇合并了，工商、税务、公安等机关都搬到利港了，所以学校也要搬到利港。"

"学校与机关是一回事吗？政府机关合并，难道学校就得搬走？"

张耀顺对床边的学校领导和看望他的人说："现在都在学习贯彻

'三个代表'重要思想，政府决策的出发点和落脚点都应该代表大多数人民群众的根本利益。他们应该听听人民群众的意见，如果人民群众不同意搬，澄西中学就不能搬。"

一语点醒了床边学校领导和部分来看望他的人。很快有一万多人签名，不同意学校搬迁。

关于万人签名的事，张耀顺并不知情，他只是提醒有意见可以正常向上级反映。然而，事情的发展并不像他想得那么简单。群众的意见反映到镇政府并没有得到答复，激动的群众准备租用4辆大桥子车，近200人带着万人签名书直接到南京上访。

如果这么多的群众集体到南京上访，那无锡市、江阴市、利港镇各级政府的领导就被动了。张耀顺作为人大代表，有权向市政府反映意见和提出建议。

江阴市政府迅速劝解了这场集体上访事件，并责令利港镇政府做出妥善处理，化解矛盾风险。

关于澄西中学搬迁的事就此终止。

经过三个月的康复训练，张耀顺的腿逐渐恢复功能了，能放开训练车自己走路了。可是，他的右脚行走时不能灵活地收回。他经过千百次的努力，还是无法灵活转动，原来腿上有一根神经在手术时被弄断了，造成了他现在瘸脚的样子。

他能站起来，能走路，但已经不是从前的样子。从前的张耀顺多么英俊潇洒。他翻开相册看见自己曾经戴着墨镜，挎着相机，名山大川都在脚下。百乐门的老板，有名、有钱，更显得有势。他走在西石桥的大街上，脚步是那样的矫健，人生春风得意。他曾经在澄西中学出席"张耀顺奖学基金"颁奖典礼，在鼓乐声中，少先队员给他戴上红领巾，献上鲜花，行少队礼。他行走在苍山路上，姑娘们都是用羡慕的眼光看着他，也看着王锡英，不知道有多少个后悔的姑娘和后悔的"丈母娘"。追求张耀顺的姑娘至少有一打，可他因为钟情于王锡英而无动于花花草草。他曾经有过一个念头，等他人到暮年，心若止水的时候，他和那些当年追求过他的姑娘都已经是满头白发、子孙绕膝，在晚霞满天的一个黄昏，他和王锡英一起请她们到百乐门吃顿饭。他甚至把这个想法告诉过王锡英，王锡英说你好好做梦吧。

可是现在他瘸了，尽管他很努力地减少瘸的程度，但还是能看得出来。在起初的一段时间，他表面上很平静，但内心是很复杂的。他不知道以后怎样走在大街上，怎样面对台下的学生。这很正常，当人生已有的样子发生改变的时候，哪怕是掉一颗牙齿，我们都会遗憾或痛苦，因为我们再也不可能回到从前。从前是自己的，自己习惯于从前的样子，对自己现在这个模样难以接受。

这就是现实，残酷的现实。如果我们改变不了自己，我们只能顺应现实。

他想起了十八年前，全国都在学习张海迪的事迹。1983 年 3 月，由卢山、王燕生写的通讯——《路，在轮椅姑娘的脚下延伸》与团中央发出的"向张海迪学习"的决定同时刊发在第 3 期《中国青年》杂志上。1983 年 5 月，张海迪又登上了《中国青年》杂志封面，从这期开始，《中国青年》杂志专门开辟了"向张海迪学习"的专栏，同时，电视和广播也在报道她的事迹。张海迪身残志坚的事迹影响了几代人。

是啊，和张海迪相比，他这点姿势的改变算得了什么，影响正常生活吗？影响企业经营吗？影响他继续为人们做好事吗？只要他的心再坚强一点点，这一切都不会受影响。他不能让命运就这么长驱直入地破坏他的心情，在战胜外来困难之前，必须先战胜自己。

走！勇敢地向前走！不要回头，把背影留给过往，谁都不是从前的样子。目光向前，不要看自己的脚下，你的路就会延伸得更远。你要相信，在这个世界，人们在乎的是你的价值，没有多少人在乎你走路的姿势。征服这个世界的人，从来不取决于个子的高低和走路的样子。

几个月后，当记者问他对这只脚不如以前灵活时的心态，他很坦然地告诉记者：

"我已经很幸运了。只有百分之三的概率能站起来，我已经站起来了，只不过是走路的姿势有所变化而已，这不影响我为人民群众做好事。"

第三十一章
企业家的觉悟

从他出事到完全恢复正常生活，花费了一年多的时间。在经历了生死考验、感受了人间真情、体会了悲伤与希望之后，他对人生和企业又有了新的思考。

2001 年，全国人民都知道的一件大事，电视、广播和报纸都在报道，那就是中国加入世界贸易组织。有报道说加入这个组织以后，买车、买家电就便宜了。对老百姓来说，能买到便宜的东西当然是好事，于是人们翘首以待。也有报道说，入世后国外的商品进入中国的关税降低了，等于是把"狼"引进来了。一想到我们的企业还是只"羊"，企业家们开始紧张，他们担心万一被"狼"吃掉了怎么办。

圆织机市场到 2002 年竞争程度加剧，仅常州就有大小不等的圆织机企业 30 多家。大多数企业是在低端市场拼价格、拼成本，拼到最后大家都没法做。产能严重过剩，做吧不赚钱，不做就得关门。这就是所谓"狼来了"，其实"狼"没有来，窝里却卷成了一地"鸡毛"。

也不是所有的企业都是低成本地拼杀，比如常州的恒力公司和永明公司，这两家圆织机企业后来者居上，大量引进国外先进的加工设备，广招人才，加强内部管理，增强实力。经过几年的努力，它们在圆织机市场占据了第一、第二的地位。当年红极一时的兰飞厂的圆织机、甘肃轻工机械厂的圆织机，已经远远落后于这两家企业。

恒力和永明不仅生产圆织机，而且生产拉丝机组、绕丝机、覆膜机等编织设备，在资金、技术、管理和售后服务上对其他企业形成了碾压之势。张耀顺当时的大客户是兰飞厂，仅这一家的业务就占到他业务的四分之一，只要抓住兰飞厂，再维持一些小客户，一年轻轻松松能有800万元左右的收入。在恒力和永明创业初期，圆织机配件供不应求，老客户、大客户都拿钱排队，张耀顺哪有精力照顾这些初创的企业。在买不到"塑机配件大王"的配件情况下，恒力公司和永明公司只好建立自己的供应渠道。

永明公司和恒力公司最为恼火的是，它们在拉丝机组市场和绕机市场与江阴市耀顺塑料机械有限公司发生了竞争，张耀顺凭借自己在圆织机市场多年的人脉，抢占了这两家公司的生意。

本可以成为目标客户，由于竞争而成为对手。张耀顺不仅与永明和恒力这两家圆织机企业无法合作，其他圆织机企业也因为他生产拉丝机组而宣布终止订货。

新的圆织机厂家强势进入，导致产能过剩。原先大大小小的圆织机厂在技术和生产能力上劣势尽显，在新势力的打压下，哀鸿遍野。曾经红极一时的兰飞圆织机厂已是元气大伤，躺在西北边陲奄奄一息。

面对圆织机市场新格局的形成，张耀顺的五金配件的订单已经大不如前。曾经的大客户自身难保，订单量大幅下降，而且付款也不及时。山雨欲来风满楼，这一次圆织机市场恐怕是要大洗牌了。张耀顺嗅到了危机的气味。

为什么会是这样，他在圆织机行业深耕了 20 年，从弹簧做起，到享誉国内的"塑机配件大王"。他非常熟悉这个行业，他做过圆织机，是最懂圆织机配件的供应商。1990 年，在做配件不久后，他想到做圆织机，结果失败了。他归结其主要原因是场地小，企业的综合实力跟不上。这几年，塑机配件做得红红火火，他建起了百乐门，当上"塑机配件大王"，他想做一个大件，研发拉丝机组。拉丝机组也卖出去了十几套，可是，圆织机市场的风向又发生了改变，他的配件客户也发生了变化，曾经的合作者变成竞争对手。他没想成为圆织机厂家的对手，只是想做拉丝机组而已。他的圆织机配件销售出现了疲软，拉丝机组的售后问题更加麻烦。

问题究竟出在哪里？他很困惑。

就在这一时期，江阴市委推荐张耀顺在中共中央党校全国第四十二期民营经济理论与实务高级培训班学习，在这里，他得到了系统的培训。党校的老师给学员们讲述了改革开放以来中国民营企业的发展历程和企业家精神的形成过程。

关于民营企业的发展历程，老师讲道：1994 年，《中华人民共和国公司法》实施，意味着所有的企业如何设立、如何运作、如何承担责任，又如何解散都是有法可依的。这让改革开放以来中国企业从慌张诞生到野蛮生长有了边界、有了概念。

在讲到企业成长的过程时，授课老师讲到了万科的案例。人们都知道，万科最初是靠卖饲料起家而成立的，名为深圳现代科教仪器展销中心，后来更名为万科企业股份有限公司。在《中华人民共和国公司法》颁布之前，公司起什么名字没有法律规定，只要不违反法律明确限制的、不违反公序良俗的都可以。从当初万科这个名字你就不知道它是做什么的，也可以说王石自己也不知道要做什么。换句话说，公司是什么都想做。当时的中国正值改革开放，各行各业都有机会红利，可以说是遍地黄金。对于万科来说，起初进入很多行业，大多数能赚钱；到1991年，万科的多元化布局达到一个高潮，业务横跨十大行业，拥有55家子公司，覆盖进出口贸易、零售连锁商业、房地产开发、供电、文化影视制作等。

1993年万科赴香港上市，一位投行经理问王石："你们公司到底是做什么的？"这一问让王石如梦初醒。

这也就是万科要下决心放弃多元化而走专业道路的原因。10年后，万科成为中国房地产第一品牌，而王石也成为著名的企业家。与万科同时期的同类型公司大多已销声匿迹。

禁锢了几十年的中国商业舞台突然被打开，人们还没有准备好以什么样的角色登场时，台下已经站满了人。他们匆忙地亮一嗓子，台下已经是一片掌声。于是，很多人以为自己生旦净末丑样样都在行，其实他们还停留在手工业意识，把工厂办成小杂货铺。很多企业老板骨子里保留着农耕意识，如种庄稼般地搞起了"间作套种"，他们奉行的理念是"东方不亮西方亮"。

张耀顺对照老师讲的案例，联想到了百乐门大酒店。大酒店的开业的确给了他高光时刻，但毕竟是短暂的，如同9月28日那一夜的烟火，虽然美丽却是瞬间。当然，人生有那么一瞬间也值，但更多的时间是沉寂，特别是企业的经营者永远是在路上默默地行走。你能做五金配件，却做不了圆织机、拉丝机组；你能成为"塑机配件大王"，却经营不了百乐门大酒店。这不是他本人的问题，而是企业经营的规律。

　　企业成长的规律就是要求企业家经常反省自问："你是谁？你在哪里？要往哪里去？怎样去？""企业靠什么赚钱？赚谁的钱？赚多久的钱？企业赚钱之外存在的理由是什么？"

　　万科从多元化经营转身到专业从事房地产的开发经营，这种转变其实是中国企业家的战略意识的觉醒。实践证明，觉醒的活下来了，没觉醒的死掉了。只有达到别人所达不到的目标才能暂时保住竞争优势。换句话说，别人专心做一件事情都做不到全球第一，你有什么能力三心二意地就能做到行业最好呢？"如果你做不到行业数一数二，你的企业生存就很难。"这是杰克·韦尔奇说的。

　　"放与收""坚守与开拓"，这是企业家时时面临的选择。在战胜竞争对手之前，首先要战胜自己贪婪的心理，战胜人性抗不住诱惑的弱点。把正在做的事情做好固然重要，但更重要的是划定边界，明确不做什么。企业没有做死的，而是作死的。

　　张耀顺在反思自己当年的汉墩五金厂，之所以赚钱是自己比别人行动得早，在行业有人脉。放弃圆织机后，专心经营塑机专件厂，他成为"塑机配件大王"，那不是一般人能戴得上的桂冠。可就在这个时候，又一次开发拉丝机组，消耗了他大量的精力和财力。他忽视了一个问题："塑机配件大王"的桂冠能戴多久。国家的人力资源政策会变化，新进入者的设备不断更新，技术在改进，产能在增加，面临的竞争一天天在加剧。所以说，优势是暂时的，而竞争才是永恒的。

　　产品横向发展遇到了竞争对手的阻击，纵向升级又如同钻井般见不到底。这是很多企业面临的难题，要么突围，要么等死。

　　从企业的社会面来说，过去他是一个人单干，想怎么干就怎干；想转产就转产，想关门就关门。但现在不一样了，在他住院和养伤期间，大批的员工和社会人士到医院或到家里来看望他，让他体会到了人情的温暖。员工需要他，他也需要员工。他觉得自己应该尽最大的努力把企业带出困境，才是对社会最好的回报。

张耀顺早已不是背着背包四处奔走的生意人。也不是一般的倒买倒卖的商人。他的头上有许多光环和荣誉，在生意人、商人、老板、富豪、企业家这些角色中，他要成为什么角色，有区别吗？挣钱的意义究竟在哪里？这次参加党校的学习，让他彻底觉醒了。

几十年来，我们只知道工、农、商、学、兵，只知道国家干部、农民、万元户、有钱人、老板等。有科学家、艺术家、作家，但从来没听说企业家这个称谓。

但是，现在有了。他超越生意人、大款、商人、老板等人们熟知的赚钱人的身份，以一个令人尊敬的职业出现在中国 21 世纪的初期。

企业家并不仅仅是字面所理解的管理企业的专家。这个词是从法语中借来的，其原意是指"冒险事业的经营者或组织者"。企业家是从事组织、管理并承担经营风险的人。在现代企业中企业家大体分为两类：一类是企业所有者企业家，作为所有者他们仍从事企业的经营管理工作，张耀顺就是这一类；另一类是受雇于所有者的职业企业家。在更多的情况下，企业家只指第一种类型，而把第二种类型称作职业经理人。

构成企业家的主要素质表现在创新、冒险、技能和社会责任。没有甘冒风险和承担风险的魄力，就不可能成为企业家。企业创新的风险是要么成功，要么失败，没有第三条道路可选。对改革开放初期的众多成功企业而言，虽然这些企业创始人的生长环境、成长背景和创业机缘各不相同，但无一例外都是在条件极不成熟和外部环境极不明晰的情况下，他们敢为人先，第一个跳出来"吃螃蟹"。张耀顺具备企业家潜在的素质，在人们观望政策会不会再变回去时，他勇往直前。先做就有先机，占据这个先机，他成为"塑机配件大王"，也正是如此他才赚到了这么多的钱。

企业家所从事的职业也是一个由艺术与技能并存的职业。企业怎么做，往哪走，哪些事情不能做，这不仅仅是感性层面的东西，也是企业经营者的经验和教训的总结。多少家大型企业的倒闭，多少个曾经耀眼的明星企业垮掉，曾经不可一世的企业家们黯然离场，并不是企业家不够敬业，也不是他们缺少责任与担当，而是管理企业的技能不够。在卖方市场靠运气赚来的钱，一定会在竞争市场中亏掉。靠政策红利赚来的钱，可能会在政策红利失效时亏得精光。

在培训课上，党校老师强调企业家精神最重要的一点是责任，这是企业家的根本。无论是企业家还是职业经理人，在企业经营管理这个岗位上，承担的不仅是个人的得失，更重要的是引领这个企业做什么与不做什么。企业对社会的责任、对员工的责任、对股东的责任以及与企业相关方的责任都系于企业家一身。责任才体现出企业家的敬业、诚信、担当、胸怀等。

回想起百乐门营业的那些日夜，他深切地感受到娱乐业、餐饮业是一个五味杂陈的地方。有洁白的床单，就有污水横流的洗衣房；有色香味诱人的菜肴，就有肮脏的下水道。外人看到的是光鲜靓丽，而只有深入其中的人才能感受到人间的悲苦与欢乐。张耀顺在百乐门经营过程中赚和赔都不是金钱所能衡量的，更为重要的是他经历了人生的起伏，见证了金钱下的善恶。从此，他的目光不再关注那些有钱人，而是要温暖那些需要他的人。

在 20 世纪末，越来越多的人感觉生意不好做了，越来越多的企业倒下了。曾经红极一时的江阴轻工机械厂也已经气数将尽。一些国有企业在恐惧中挣扎，最后纷纷倒下。下岗分流成了当时国企职工的噩梦。改革面临着"地雷阵、万丈深渊"。无奈之下，国有企业只好"抓大放小"，即"抓住关键少数，放开一般多数"。针对数量众多的中小型国有企业，国家制定了"鼓励兼并，规范破产"的方针。

而每一个破产企业的背后都使无数个家庭陷入困境。大量的下岗职工在一夜之间回到了从前。眼泪与悲伤，迷惘与痛苦，他们于此奉献一生的地方，却变成了痛苦的记忆。大街小巷在播放着刘欢的《从头再来》。

昨天所有的荣誉，
已变成遥远的回忆。
辛辛苦苦已度过半生，
今夜重又走进风雨。
我不能随波浮沉，
为了我挚爱的亲人。
再苦再难也要坚强，
只为那些期待眼神。
……

特别是这几年，他目睹了许多困难人家，目睹了下岗职工的艰难，目睹了大批企业倒闭给职工造成的无依无靠的境况。张耀顺在思考，他可以不用那么拼命赚钱，百乐门和现有厂房的出租足以满足他的日常开销，可他的员工怎么办？还有很多需要帮助的人怎么办？

自从设立澄西中学奖学金之后，张耀顺越来越多地关注贫困家庭的子女失学问题。江阴市作为中东部经济发达地区尚且有困难家庭，那西部地区又有多少个贫困家庭的孩子需要援助？希望工程宣传画里那个手握铅笔头的 8 岁女孩儿苏明娟，她的大眼睛传递出"我想读书"的强烈渴求，让全国人民感受到希望工程的迫切，更让张耀顺难以安心。

他深切地感受到企业发展到一定程度已经不是他个人的，而是社会的。"代表大多数人的根本利益"，首先要代表身边人的利益。走共同富裕的道路不是一句空话，首先得带领员工往前奔。

"再苦再难也要坚强，只为那些期待眼神。心若在，梦就在，大不了从头再来。"

2005 年，张耀顺光荣加入了中国共产党。

第三十二章
转型之路

　　张耀顺已经预感到圆织机配件加工业务无法持久下去，如果没有自己的核心产品，企业将坚持不了多久。到那时候，虽然自己的日子照常能过，但厂里跟随他多年的工人怎么办？有些工人已经五十多岁，农村地里的活干不动，又没有养老金，工厂是他们的靠山。给澄西中学的奖学基金将无法延续，那些天真的笑脸和期盼读书的眼神，是他挥之不去的印象。苍山村的老百姓信任他，西石桥的人民信任他。客厅悬挂着那块江阴市政府颁发给他的"造福桑梓"的牌匾仿佛时刻在注视着他、鼓励着他、督促着他。他提醒自己，必须行稳致远。

　　不仅是张耀顺感到了危机，很多经营多年的圆织机厂家更是感受到了市场竞争的残酷和自身面临的危机。常州武进圆织机厂的承群伟，三十多岁，大学毕业，是圆织机行业的富二代。圆织机行业的内卷，让他感到了疲惫不堪，感觉企业的前景渺茫。

张耀顺给承群伟提供配件，两个人的关系甚好。在交谈中，两个人都感觉到这个行业要变天了，必须抓紧另谋出路。他邀请承群伟到江阴来考察，看看有没有可以做的业务。

他们两人已经考察了周边颇具影响力的六家企业。这几家企业所从事的行业、所生产的产品也各不相同。它们要么是当时普通的机械加工，属于资金密集型，要求规模大，而且回款在半年以上。要么是高新技术企业，张耀顺的人才、技术压根儿跟不上。最后，他们来到了一家合资企业，这个企业的产品是用一种纸生产成蜂窝状的方块。

现场的负责人介绍说，这个东西叫湿帘。它的用途是把这种蜂窝状纸块固定在山墙上，用水把它淋湿，再在对面山墙上用风机抽风，把湿帘上带有水雾的凉空气抽进室内，起到降温作用。这种调节空气的设备主要用于养殖场、温室大棚以及部分工业厂房。还可做成空调，这种空调不用压缩机，也不用冷媒，国外称空气扩散式空调，国内称冷风机。

张耀顺第一次听到湿帘、养殖场、温室大棚，环保降温。这些概念把他带进了一个全新的领域。他对这个湿帘很感兴趣，对养殖业、农业更有兴趣。

古代埃及人利用芦苇编织成窗帘，在窗帘上加水，通过热空气对流过窗帘的水产生蒸发，进而对室内进行降温，此为最早期的蒸发式降温湿帘。在19世纪，美国人使用木丝作为蒸发降温湿帘。20世纪70年代，瑞典科学家卡尔·蒙特发明纸介质的湿帘，在欧洲养殖和种植业方面得到广泛应用。这项技术在20世纪80年代被引进中国。高品质湿帘采用原木浆吸水性牛皮纸与防腐树脂进行高温融合拱挤，形成新的材质，有非常强的防腐性质，特别是针对浸泡式防水非常有效。再生料做成的纸也可生产湿帘，成本低，但这种湿帘的使用寿命较短。

张耀顺从厂家拿回来一小块湿帘，颜色暗黄，波纹状的纸一层层地粘在一起，很结实。就是这么个纸品，也能做成调节空气的设备？

更让张耀顺不可思议的是，养殖场也要通风降温，这是他闻所未闻的事情。他生在农村、长在农村，深知养猪养鸡是家家都有的事，房前鸡窝，屋后猪圈，没听说谁家的鸡窝、猪圈还要降温。人都用不上空调，更不会给鸡鸭装通风降温设备，空调费电，这个湿帘降温只有空调的20%用电量。他不知道养鸡场是个什么样子，湿帘是怎么安装上去的，又是怎么使用的。更重要的是全国有多少个养鸡场、多少个养猪场，有多少个温室大棚，又有多少个养殖场愿意或正使用这种东西。他只是听说过温室大棚，现在的大棚能用得起这种东西吗？

一块湿帘，只是一个印象，而更多的未知，亟待张耀顺去解开。

从张耀顺记事起，吃饱饭是一种奢望。为了吃饱饭，人们把能开垦的地方都种上了粮食，瓜果蔬菜的用地被压缩到几乎没有。禽蛋肉食在凭票购买的年代，大概每年只能尝点荤。当人们能吃饱饭以后，饭桌上最需要的是肉食和蔬菜。于是，"菜篮子工程"摆在了各级政府领导者的面前。从中央到地方，"菜篮子"成为考核一个城市市长业绩的重要指标。

从能吃饱到吃得好，这是老百姓追求的目标。民以食为天，哪里有需要，哪里就有机会。于是，就有了浩浩荡荡的菜贩子、肉贩子。南菜北运、北蛋南运，跨越大半个中国，为的是满足人们饭碗里的丰盛。

想起鸡蛋，张耀顺就想起了当年人们都喜欢的电影《倒蛋部队》，这是由孙元勋执导，由郭达、蔡明等主演的一部喜剧电影，于1990年上映。该片描写了在社会改革大潮冲击下的一批农村新人，冲破传统思想桎梏，勇敢而自信地踏入城乡经济流通领域的故事。其中有一个角色叫漏斗，他很笨，不会"倒蛋"，可一直在研究《机械化养鸡指南》，梦想着有朝一日办起机械化养鸡场。如今，在全国这机械化养鸡场是什么模样，有多少个规模化养鸡户，针对这些问题张耀顺查阅了这几年有关农业与养鸡方面的文献，特别是政府最重视的"菜篮子工程"的有关资料。

为缓解我国副食品供应偏紧的矛盾，农业部早在1988年就提出建设"菜篮子工程"。一期工程建立了中央和地方的肉、蛋、奶、水产和蔬菜生产基地及良种繁育、饲料加工等服务体系，以保障供应，满足人民群众的生活需要。到1993年底，全国农副产品批发市场已达2080个，城乡集贸市场已达8.3万个，其中农副产品专业市场有8220个，初步形成了全国大市场、大流通的新格局。

从1995年起开始实施的新一轮"菜篮子工程"，主要有以下特点：加大基地建设，向区域化、规模化、设施化和高档化发展；城乡携手共建"菜篮子工程"。不仅城郊发展"菜篮子"，广大农区也积极发展"菜篮子"，一批全国性的农区基地正在形成和发展；提高科技含量，优化结构，增加花色品种。为了满足城镇居民对"菜篮子"产品"鲜活、优质、营养、方便、无虫害"的消费要求，各地在生产中广泛采用良种、良法，以提高产品的产量和质量。

农业已经不是我们从农业学大寨时候看到的肩挑背扛式地出蛮力。也不完全是分田到户后把地耕细点、把水浇勤点就可以高产的。农业科技是在农民不知不觉中改变着农业和农村。

在离江阴市 1200 多公里的太白山下，渭水北岸，西安以西 70 公里有一个小镇名叫杨陵，这里有 10 家农科教单位，包括 2 所大学、5 个研究院所、3 所中专。在不足 4 平方公里的地方，聚集了农林水方面 70 个学科近 5000 名科教专业人才，是一座名副其实的农科小镇。

国务院于 1997 年批准成立杨凌农业高新技术产业示范区，规划面积为 22.12 平方公里，纳入国家级高新区管理。克隆羊、良种培育、温室大棚无土栽培、设施农业等一大批农业科技项目相继推出，展现了农业科技的发展，并在 1998 年举办了首届杨凌农业高科技博览会。

在这届农高会上，人们见到了农业科技进步和设施农业的先进设备，一改人们对传统农业的印象，原来农业是可以这样搞的，未来的农业更富有想象力。美国的大豆、荷兰的猪、巴西的鸡、以色列的灌溉、国内的农业技术等，这些科技新技术告诉人们，农业不仅是农民的事，也是工业的舞台。当人们从杨凌农业高科技博览会上走一趟，不禁感慨当年"广阔天地大有作为"的深刻含义原来在这里。

我们大多数人经历过小农经济时代。那时候家家都养鸡、养猪。一群鸡就是一个家庭的银行，日常开支就从鸡屁股抠蛋。一头猪养一年，年底才能杀猪过年，这是一家人全年的肉食。猪肉挂在灶前的屋梁上风干，成为腊肉。这不仅是储存猪肉的方式，也是当今人们餐桌上的美味。

张耀顺从小就经历了养猪，如打猪草、喂猪、卖猪崽等。他对养猪很熟悉，但规模化养猪是怎么一回事，他想象不来，怎么还要用通风降温设备？

于是，他到河北、山东一带考察机械化养殖场。不看不知道，一看才发现养鸡养猪存在着巨大的商机。现代化养鸡不仅自动喂料、自动饮水，而且夏天有通风降温、冬天有加热取暖。而通风降温用的湿帘是鸡舍、猪舍必不可少的设施。

更让他感到兴奋的是，中国的规模化养殖业才刚刚起步。1979年泰国正大进入中国，以养殖业为主，是第一家在中国投资的国际化企业。正大的进入也带动了中国畜牧业、饲料行业和养殖设备行业的兴起和发展。尽管规模化养殖在发展，但机械化养殖的程度还很低。随着劳动力成本和土地成本的增加，机械化养殖程度会越来越高，养殖企业的规模也会越来越大。

民以食为天。顺应天时、顺应民生则必将事成。张耀顺是从饥饿年代过来的人，他知道无论社会怎样发展，中国是一个农业大国，人们的饭碗是永恒的商机。世界上有两大类公司是最赚钱的：一个是卖水的，如可口可乐、百事可乐，包括中国的农夫山泉、娃哈哈等。另一个就是卖饭的，只要有人的地方就有饭馆，有饭馆就有生产锅碗瓢盆的企业。火锅店可以倒闭，但生产火锅的企业是永远存在的。

张耀顺坚信，此时进入养殖设备行业正当其时，比圆织机行业要有更多的机会。中国的农业正在由小农经济向集约化、机械化、现代化农业发展。只要发展就会有商机，商业的价值就是顺应这个发展趋势，及早行动。

这就是企业家的嗅觉，他能敏锐地察觉到一个行业的机会和风险，果断地进入或退出。

这只是张耀顺的宏观判断，那究竟客户在哪儿？具体特征是什么？他并不清楚，他也不会搞得那么认真。还是像当年做圆织机弹簧那样，他只知道有机会，但具体的机会在哪，他没有做详细的调研报告，也搞不到详细的数据。

圆织机配件、拉丝机组、绕线机等设备都是围绕塑料编织。张耀顺在这个行业深耕了二十年，对这个行业了如指掌。曾经的"塑机配件大王"，给这个行业留下了太深的印象。没有张耀顺的帮助，兰飞圆织机的开发就没那么顺利。正是他的努力，中国的圆织机国产化的步伐加快了。但他没有想到，这个行业的快速前进，最后导致了拥挤和"踩踏"事件，受伤的不仅是他的企业，还有一大批其他企业面临新的选择。

商业现象就如同一群鸡，一只鸡在前边找食，一旦发现食物，很快一群鸡就会赶过来，然后是抢食，最后是各自散开去另一个地方觅食。尤其是中国的企业，如同放养的鸡群，所到之处，山坡上寸草不生。

尽管张耀顺也考察了湿帘生产过程，但要自己生产湿帘，无疑是进入了一个新的行业。从行业的特性看，这是与圆织机完全不同的市场。圆织机是以工业为主的市场，而湿帘用户是畜牧养殖户和大棚种植户。而企业的生产模式也发生了根本性的变化，张耀顺现在生产塑机配件，主要还是依靠人工操作冲压五金件，这种生产方式效率低、工伤风险大。随着人工成本的增加和市场的竞争，塑机配件的利润必然下降。而他所看到的湿帘生产方式是全自动化的生产线，这在制造方式上是一种升级。

行业的转型和制造升级是制造业永远无法避开的选择。"不转型是等死，转不好是找死"，这是人们对转型升级的普遍认识。大多数企业是死在转型升级的路上。

企业转型成功的案例寥寥无几。当比亚迪刚从电池行业转向汽车行业时，它们面对着各种质疑和嘲笑。2003年1月，比亚迪宣布收购秦川汽车后，其港股股价暴跌一半，从18港元跌至9港元。在此后的几年里，比亚迪经历了至暗时刻，好在走出来了，成为中国最大的新能源汽车制造商。而另一位知名企业却没有这种幸运，格力电器在转型做手机和汽车上，都是以失败收场。

对张耀顺来说，现在不转型又能怎么办，昔日的圆织机阵营被常州的永明公司和恒力公司打得溃不成军。张耀顺的拉丝机组、绕线机已经无法坚持下去。转型已经是唯一的出路。

他出身农民却一心想逃离农村，在致富的路上，选择了工业。而如今又回过身来反哺农业，这究竟是机遇还是宿命？

第三十三章
湿帘的开发

张耀顺回想做圆织机失败的根本原因并不是自己生产的圆织机不能用，而是当时定位太低。为了满足低端用户的需求降低成本，在材质和工艺以及配置上都选用便宜的，从而生产出来的圆织机也是低端的。

这一次，他要吸取以前的教训，决心打造一款高端品牌，做中国质量最好的湿帘，形成国外有"蒙特"，国内有"耀顺"。

张耀顺认为，能用得起湿帘的养殖场都是大型养鸡、养猪企业。这些企业将来的规模会不断扩大，需求会不断增长。跟定国内的龙头企业，成为国内一流的养殖设备企业，就可以立足于养殖设备行业。这种想法也许就是朴素的战略定位，但有了这个定位，才能开发出符合战略目标的产品。

用一句话概括，湿帘就是把纸折到一定的角度，粘在一起，形成蜂窝状的可以流水的纸墙。问题是纸不是怕水吗？怎样让纸浸水后不会变软或破损？解决该问题就得找到合适的纸和合适的涂层。但真正能耐水的牛皮纸的价格比一般再生纸的价格高得多。

　　然而，他到哪里能搞到这种工艺？仿制湿帘与仿制圆织机是不一样的。圆织机是由机械冷加工而成，纯物理变形，可测量、可减材加工。但湿帘是高分子材料经热加工而成，只有反复摸索才能找到窍门。

　　设备是决定能否生产出湿帘的关键。这条自动化生产线是非标设备，市面上没有卖的，需要自己开发或找非标设备厂家定制。如果不懂得湿帘的生产流程和工艺要求，专业的非标设备厂家很难做成生产线。

　　做过工业的人都知道，哪怕再简单的产品，只要你去做，就感觉困难重重。从未知到已知，有时候只是一层窗户纸，只要你没有捅破，你就得在黑屋子里一直摸索。用什么纸、何种涂层、涂多厚、用什么胶、胶层的厚度、烘干的温度等，都是影响湿帘质量的重要因素。这些工艺参数不经过反复试验，怎能轻易掌握？张耀顺还发现，这些化学物质与热加工搅和在一起，比干五金加工还要难。五金加工是金属的物理变形，能看得见摸得着，有尺寸可测量，但高分子加热是看不见摸不着的。很多工艺只能反复试验才能积累经验，比如胶层的厚度，涂厚了与涂薄了都不行，但到底多厚，又无法测量。

　　有一个关于涂胶层厚度的故事，一家军工企业的一项产品出现了质量事故。问题很小，是产品的铭片脱落造成的。产品返回厂里，主管质量的总工程师召开专题会议，讨论铭片脱落的原因。原因很明显是胶没粘好，这是大家一致的观点。于是，有关部门参会人员讨论分析引起胶没有粘好的原因。找到了根源，相关部门将被追责，这是军工企业的一贯做法。影响粘接质量的因素有胶水的质量、涂胶的厚度、环境温度、产品和铭片表面的清洁程度、涂好胶后多久粘到一起、粘好后表面是否加压、多大的压力、压多久，等等。结果发现这些因素工艺规程上都有，说明技术部门没有责任。供应部门提供证据证明胶还是原来的，没有换规格和厂家，不应该有问题。那么，问题只能是出在操作者和检验人员之间。检验人员说工艺规程上有涂胶层的厚度，但没写怎样测量，用什么测量，而且胶的厚度在变化中，还没有测出来可能就干了。操作人员说过去一直是这样操作的，把基层表面清理干净，先刷一层，凉 5 分钟将铭片与产品粘在一起，这都是按工艺要求执行的。质量分析会开了一上午，也没有找出谁该承担责任。

但问题总得一个个解决。张耀顺和王锡英列出了影响湿帘质量的因素。

中国的原木浆纸主要产地在东北，那里森林面积大、木材多。张耀顺决定去一趟东北，要从源头寻找可用的国产纸。一方面是为长期供货提供保障，另一方面是找到原生产厂家，减少中间环节，降低成本。他找到佳木斯一家造纸的上市公司，把纸样交给这家企业的技术人员，请他们分析后按这个纸提供样品。

这家造纸厂很快就分析出了样纸的技术指标，包括厚度、白度、不透明度、表面吸收量、裂断长、横向耐折度、平滑度、紧度、耐破度、耐折度、耐撕裂度等。不到一个月，这家纸厂给张耀顺提供了一吨样品用于试验。

王锡英负责现场试验。她和几名工人经过调试，生产线已经能转动了，加温的设备也可以开启了，经过多次反复的空载运转，设备运行正常。王锡英准备带纸上料运行，当她按下电器按钮，卷纸机刚转动不到一圈，纸就断了。失败来得太早，王锡英感到很突然。

纸没有传过去就断了，是纸太脆了还是与传动的速度不匹配？经过反复查找，终于发现了问题所在，是装纸轴的尺寸问题。

湿帘的工作原理就是反复地淋水并通过湿帘的间隙带走空气。要满足这种性能，湿帘纸的表面必须涂敷一种材料，这种材料要求能耐水、防腐、耐高温。张耀顺到处打听、寻找，但他能接触到的人都不知道用的什么涂料。他只好带着湿帘样品，找到常熟化工厂一位专家，说明了湿帘应用的环境和要求，需要寻求一种涂料。

这位专家认为最符合这种性能要求的涂料应该是酚醛树脂。因为酚醛树脂是一种由酚类化合物与醛类化合物经缩聚反应制得的聚合物，作为三大合成热固性树脂之一，有着超过 100 年的历史。酚醛树脂有不同的类型，例如热固性酚醛树脂、热塑性酚醛树脂等。酚醛树脂由于具有良好的耐高温性能、高残碳率、低烟低毒、耐辐射性和高粘接性等特点，使其得到了很好的发展与应用，主要应用在化工领域、机械领域、建筑行业、电子工业等。酚醛树脂涂料是以酚醛树脂或改性酚醛树脂为基料制成的，该类涂料品种多、硬度高、光泽好、干燥快、耐水耐酸碱性强、绝缘性好，被广泛应用于装饰、绝缘、防腐蚀等领域。

又经过反复试验，确定了一种酚醛树脂涂料作为湿帘表面涂层。具体是什么型号的材料，张耀顺是保密的。

还有一种胶是制作湿帘的关键材料，这种材料曾经让张耀顺半个多月没有睡好觉。当时，他并不知道这种东西叫什么、来自哪里。因为属于企业的商业秘密，他无论如何是打听不出来的，他只是知道这东西属于化工产品。

张耀顺半个多月以来，走访了中国最有名的几家化工企业，但是，让他很失望，他没能找到这种东西。

"我们厂生产的化工产品有几百种，你要的是哪一种？"

"我不知道这种东西叫什么，反正是做湿帘用的。"

"湿帘？湿帘是什么？"

因为说不清楚叫什么，张耀顺把化工厂销售科的工作人员说得一头雾水，说得人家只是摇头。态度好一点的很客气地告诉张耀顺："张总，你回去吧，搞清楚了是什么东西再来。"态度不好的用一种奇怪的眼神看看他："你走吧，我们这里事情还多着呢！"

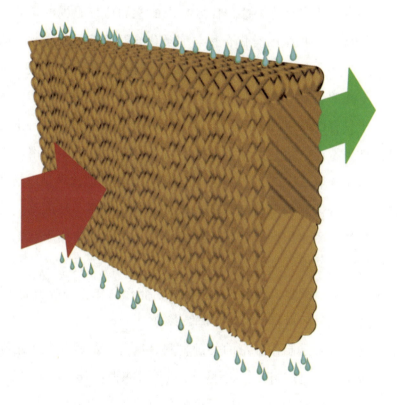

湿帘的工作示意图

这一天，张耀顺在天津一家化工厂还是没有找到所需要的材料，不过这里的人指点他到北京一家化工厂去看看，于是他又匆匆地赶到了北京通县。工厂刚刚上班，他就出现在红旗化工厂的销售科。还是那番对话，销售科的工作人员也被搞得一头雾水。

张耀顺给销售科的人员讲这种东西是用于粘接纸，然后做成蜂窝状，在塑料大棚里用于通风降温。他在反复地讲湿帘的应用场景，在场的人员谁也没进过温室大棚，更不知道还有湿帘。信息不对称，沟通不下去。

张耀顺通过关系，确定他所需要的东西就是这个厂生产的，但就是叫不出名字。如同在一所学校，向老师打听一个同学，年龄和身高都告诉了，也知道是男的，就是不知道叫什么名字，老师也是一脸茫然。张耀顺一边打听一边思索着什么办法，反正找不到这个东西，他的湿帘没法生产，回去也没有用。就这样，他在北京通县红旗化工厂待了七天，连销售科的人都被感动了。

已经七天了，张耀顺彻底失望了。他在销售科的长椅上坐着无心地翻着产品说明书。红旗化工厂的这本说明书，他已经翻烂了，每一处字里行间他都不放过，仿佛那里有金子似的。每进来一个人，他都要向人家打听。他从微笑着、带着希望开始，到表情凝固、失望地缓缓坐下。他就像寻找丢失的孩子一样执着，明明知道他要的东西就在这家工厂里，他却像哑巴一样比画不出来。

"已经第八天了，再等下去也没有结果，不如你回去打听你要的东西叫什么，然后再来。"销售科的李姐看张耀顺挺可怜，便安慰道。

"他要打听什么？"

一位戴着眼镜的中年人走进销售科，这个人是红旗化工厂的工程师。他先问了李姐，然后又问张耀顺从哪里来的，询问具体要找的东西是做什么用的。张耀顺把要找的东西又详细地给这位工程师讲了一遍。

"你要的东西是不是 F－261？"

这位戴眼镜的工程师说出来一个信息："好像江阴有个公司，他们用的粘接剂就是我们给他提供的配方。"

"对，对对对，就是这东西。"

张耀顺几乎要蹦起来了，其欣喜程度如同找到失散多年的孩子，眼泪都在眼眶里打转转。

其实这种东西并不神秘，一种普通的化工产品而已，其中添加了一些辅助材料，如高岭土、防腐剂、防潮剂、防臭剂、硬化剂等。这位工程师还给他写了一个配方，告诉张耀顺，买到 F－261，回去按他提供的配方进行配制。有些大宗材料可以到市面上去买，比如高岭土。

也许是他的执着感动了上苍，让他在北京终于找到了这种东西。

F－261 在这里找到了，但销售人员告诉他这种产品的销售总代理在上海。张耀顺不敢再耽误时间了，家里王锡英已经急疯了。他连夜坐火车赶到上海。

所有的材料已经准备到位，王锡英按照说明书和配方配制了一桶粘接剂，在纸上涂抹了一些，做过试验，粘接得很好。生产线也经过空转，运行正常。试车从下午开始，王锡英是总负责人，张良清、顾孟平都在机器旁观察机器运行。

顾孟平按下启动按钮，设备开始运行，纸经过滚筒到下边的涂料池，沾上涂层后随着滚子提升到烘箱，出烘箱后压成瓦棱状，通过正反面自动刷胶，根据湿帘的厚度要求，把不同张数的瓦棱纸粘合在一起送进烘箱，出来后就可以切割打包。设备空转的时候一切正常，当带纸运行，问题就来了。要么是纸跑偏了，要么是纸上一半刷上胶一半没刷上，要么是胶层的厚度不一致，粘接的湿帘胶多的地方粘住了，胶少的地方有缝隙。

运行一遍不行，停下来调试设备，调完再试，试了不行再调。从下午到晚上十点，都没有生产出合格的湿帘。王锡英急了，再耽误下去，第二天一池的胶水就报废了。车间里堆满了压成瓦楞状的湿帘纸。一平方米纸 18 元钱，这一屋子堆的哪里是废纸，分明是一张张人民币。王锡英平常买一件衣服都舍不得，为几块钱和卖家讨价还价，这一屋子的纸得值多少钱?!

顾孟平劝王锡英："王姐，休息吧，明天再试。"

王锡英哪能睡得下，眼看就要成功了，可总是出问题，要么偏左，要么偏右。设备的调整需要时间，更需要成本。王锡英的性格和张耀顺一样，不服输、不低头，哪怕是干到天亮，她也要把设备调试好。

　　多少年后，我见到王锡英，她回想起当年试制湿帘的时候，语气很沉重："这一生只有两次通宵没有合眼。一次是他（张耀顺）做完手术的那一夜，他很痛苦，我在不停地给他按摩，让他身上的血液流通起来；另一次就是试制湿帘，那一夜，车间堆满了报废的纸，有刚压过楞的，有粘在一起的，堆成山一样，人都被埋在了纸堆里。我的心揪得呀，你想想，那堆的都是钱，咋能睡得着。"

张耀顺还是按照当年做塑机配件的套路，先找销路再做产品。湿帘还没有试制成功，他已经在为湿帘的销售找门路。按照使用湿帘的客户群体主要是温室大棚，张耀顺也把畜牧养殖业作为主要的目标客户。

　　张耀顺得知上海准备召开一个温室大棚协会的理事会议，他想参加。可是张耀顺不是协会理事或会员，没有资格参加。即便是到了会场，也不允许他发产品资料，更不可能送礼品。

　　他在圆织机行业协会期间已经积累了丰富的经验，想要达到目的总能找到办法。通过用户辗转买到了1立方米的成品湿帘，他把湿帘锯成小块，装进保温杯。他没有发产品资料，也没有参会，只是在酒店门口给每个温室大棚协会的参会人员送一个礼品。会议代表们每人收到一个保温杯，用的时候，发现里边有一块湿帘，还有张耀顺的名片。这次隐蔽式地精准投放，使温室大棚协会都知道了张耀顺在做湿帘。

张耀顺开发的彩色湿帘

　　湿帘试制成功了，没有铝合金框架还是卖不成。就如同有玻璃没有塑钢，窗户是装不到墙上的。通过上海温室大棚协会，张耀顺找到了协会的秘书长宋吉增。通过上次张耀顺的礼品，宋吉增知道江阴又有一家生产湿帘的企业，这对温室大棚的发展有好处。宋吉增有铝合金框架的全套图纸，张耀顺买了回来。离苍山村不远处就是华西村，那里就有铝合金型材。有图纸，有型材，铝合金框架的问题就解决了。

张耀顺做了一面长 10 米、高 1.8 米的湿帘墙。湿帘的外框是铝合金的，用来固定湿帘；在湿帘上端有一个水管，水管表面有很多孔，水从水管孔喷出来；在管的上面有一个弧形板，叫反水板，反水板把喷出来的水反射到湿帘上，均匀地由上向下往湿帘渗水，最后淋湿全部湿帘；流下来的水流进水池，再用水泵抽到湿帘顶端水管里，如此循环，这就是湿帘应用的实际场景。如何把湿帘纸在短时间内全部浸湿，自下而上均匀分布地流水，这是验证湿帘纸的吸水性。第二个要验证的指标是在水压加大的情况下，水会不会从侧面喷出来，如果有喷出来的现象，说明湿帘存在脱胶开裂现象。

所有能考虑到的问题都要经过验证，证明生产的湿帘质量是过关的。但究竟什么是合格的湿帘？没有现成的标准。没有标准的好处是生产者按自己的企业标准提供服务，但遇到招标，按招标文件要求的标准生产时，投标者的难度就陡然增大，甚至无法满足招标文件的要求。

对于农牧产品，往往缺乏统一的标准和验收条件，企业常采取最简单实用的方式进行验证，比如水泡、日晒、高温等方式。张耀顺决定将自己生产的湿帘放在自然环境下，看能经受多久的考验。他想积累一些数据，为日后制定标准提供依据。

湿帘系统试验取得了成功，具备了批量生产和销售条件。为了销售需要，也为长远发展，他要重新注册一家公司。

第三十四章

顺成的诞生

中国的社会经济发展到 2003 年，已经不是 80 年代的草莽英雄称霸江湖的时代了。卖方市场已经成为过去，而买方市场的本质是选择。谁能被消费者选上，谁就能卖出商品。每年的假冒伪劣产品坑苦了消费者，"3·15"晚会，老百姓都会热情收看关于打假现场的画面，以解心头之恨。太多的人上当受骗，人们已经不再盲目地购买那些地摊货，而是选择知名企业。对于企业家而言，品牌建设已经是经营战略的重要环节。在中国，一大批优秀企业，如海尔、格力、茅台等，它们的品牌价值日益凸显。没有品牌的企业等于没有价值的小白，必将被淹没在市场中。

张耀顺是江阴市人大代表，他所处的位置高于一般小企业经营者，视野更宽阔。每年的人大会议上，代表建议总是少不了对环境污染的治理和对环境保护的加强。张耀顺工厂门前的利港河已被污染，曾经的大麦河已经干涸，全国各地的河流湖泊污染程度相当严重，

江阴市顺成空气处理设备有限公司

环境保护将是中国面临的紧迫而艰巨的任务。中央已经提出科学发展观，提倡人与自然和谐共处。治理空气污染是一件利国利民的事，对企业来说，既是责任，又是持久的商机。

张耀顺考虑，湿帘本身就是为空气增湿降温，作为环境处理设备是节能环保产品，这种产品将来会广泛用于养殖、温室大棚、厂房降温、生态餐厅等场景。既然圆织机配件生产呈现出萎缩状态，今后就专心做湿帘。他给自己的企业取名为江阴市顺成空气处理设备有限公司，并于2004年2月成功注册。

他对这个新的企业名称很满意，而且一些客户和合作伙伴也觉得这个名称很好。"顺成"既包含了"耀顺"的顺字，也蕴含着深刻的哲理。万事万物皆有因果，善有善报，功到顺成。"顺成"在提醒所有的员工，以客户为中心，以质量为根本，以创新为领先。质量、服务、价格一个都不能少，努力自有结果，天道终将酬勤。

空气处理是一项重大课题。张耀顺现在做的是畜禽舍内的空气过滤和降温系统，这给公司的愿景留出了更宽阔的路径。将来的顺成还会生产通风设备、环境控制设备、家用换气空调等，沿着这条路径拓宽产品谱系，都不违背现在的初衷。

塑机专件厂所占用的这块地，其土地性质已经变为工业用地，张耀顺在原有厂区的基础上向西扩展，共买下 21 亩地。他把原塑机专件厂的生产车间拆除，在东北角盖一座办公大楼。在厂房西边租用村民 95 亩地，其中 20 亩用作生产辅助场地，其余部分建成生态园。

2004 年，新的办公大楼建成并投入使用。整体大楼呈弧形，共四层，总计 3200 平方米。外墙为乳白色，顶部架空造型。大楼一层高度为 5 米，可用作仓储，二层至三层为办公区。顺成大楼位于西利路，距苍山村村委会只有几百米，在这一带显得格外耀眼。员工生活楼也同步建成，职工宿舍、食堂、活动室等配套设施完善。生产车间总面积达到 10000 平方米。湿帘生产线、包装车间、仓储消防安全设施已通过验收。

他建起了顺成公司的官方网站。在网站的首页，向人们宣告：

> 江阴市顺成空气处理设备有限公司坐落在风光旖旎的长江三角洲，位于沿江高新材料经济开发区——江阴，华西村就在附近。公司的前身是汉墩五金厂，历经二十余年艰苦创业，企业始终遵循"适者生存，创新引领"的法则，寻求与客户共同发展。公司引入先进技术，成功开发的以"耀顺"为品牌的湿帘系列产品，可充分满足温室夏季降温、增湿的要求，已广泛应用于冷风空调机、花卉大棚、畜禽养殖场、织布厂房等场所。其产品设计理念与环保理念相吻合，具有节能降耗的效果，并由此赢得了市场的信誉和客户的青睐。

　　我们的事业，得以发展的基石是客户，我们将持续关注您的需求，不断改进产品性能和服务水平，专心致志地从事空气处理设备的研发与制造，努力成为中国空气处理设备的优秀企业。

　　我们诚心欢迎您的垂询！

　　这是一份成功的企业宣言，它对外宣示了顺成公司的历史、现在和将来。对内是一份企业愿景的描述，它告诉员工和管理者，江阴顺成的核心业务是做空气处理设备，从而为自己画出了业务边界。同时描绘了公司远期的目标是成为中国空气处理设备的优秀企业。

　　一家优秀的企业要保持基业长青，不仅要有一个清晰的企业愿景、企业战略，还要有员工和管理者根植于心的核心价值观。张耀顺用朴素而简洁的文字告诉人们，江阴顺成公司的核心价值观就是"顺成"两个字。对内，顺则成，不顺则败；对外，企业顺应环境则生存，逆向而行则消亡。这是市场法则，也是自然规律。他用半生的经历，提炼出了人生的真谛和经营的理念。

　　随着江阴顺成公司的诞生，张耀顺的企业家思维真正形成，顺成也必将在中国养殖行业成长为一家优秀的温室空气处理设备企业。

第三十五章
山重水复又一村

湿帘研发成功，质量已经过关，公司也已经成功注册，工商、税务手续齐全，就等开张。

湿帘研发伊始，他就在考虑湿帘的销售问题，这是张耀顺经营的特点。正当王锡英在紧张地试制产品的时候，张耀顺就在积极地策划销售方案。养殖场在哪里？客户在哪里？做产品可以在家埋头研发，但产品研发成功了，怎样能找到客户，这才是通往成功的最后一站。

中国是世界上畜禽养殖历史最古老的国家，起源于新石器时代的早期。例如，在山东省泰安市大汶口等新石器时代遗址中发现鸡的遗骸，时间可以追溯到七千多年以前。

然而，中国的畜禽育种和养殖方式一直处于初始状态。农户家养几只鸡，自产自给，满足日常生活，人们把这种养殖方式称为庭院式养殖。白天把鸡放出去，以鸡自己找食为主，晚上鸡回到鸡笼或鸡棚里。这种养殖只能作为家庭副业，用于食品营养的补充，无法形成规模化、专业化和产业化。

在 19 世纪初，一些留学欧美和日本的人士，在国外学习了农业科学，回国后边办学边办场。例如，1913 年冯焕文在无锡创办荡口鸡场，引入"白来航"等品种，是我国引种建场的先驱。1933—1934 年，从日本引进"白来航"鸡 300 只，在黄埔对面的深井村建场，有种鸡 500 只，为当时最大规模的养鸡场。

新中国成立后，畜禽养殖受到政府的重视，养鸡业很快得到恢复和发展。20 世纪 80 年代各省开始建机械化养鸡场，1977 年农林部委托江苏省家禽研究所、北京市畜牧局和上海市农业局在扬州联合召开机械化养鸡协作会议，对养鸡业起到了很大的推动作用。江苏一直处在机械化养鸡的前沿。

20 世纪 80 年代，经济放开后，农业和畜牧业出现蓬勃发展的势头。养鸡、养猪等养殖专业户如雨后春笋般的露出头角。但这一时期还是以家庭笼养为主，即农民在自家院子，用铁丝焊成鸡笼养鸡，喂料和饮水仍然是人工方式。养鸡的数量从几十只到几百只不等。规模小、效益低，养鸡的收入仅能满足家庭经济开支。

到了 20 世纪 90 年代后期，一大批专业户或农校毕业的人才开始了大规模的养殖探索。经过了原始的积累，无论是国家政策、资金还是养殖经验，都已经具备了规模养殖的条件。在中国出现了一批如大连韩伟、广州温氏、福建圣农、山东六和等养殖企业。农民已经不是养殖业的唯一力量。资本化运作、专业化管理、知识化人才、企业化经营在养殖行业已经出现。而这种模式的出现，推动了机械化养殖的发展，从而为养殖设备企业提供更大的舞台。

虽然这些规模化养殖企业在不断地出现和壮大，但毕竟数量有限，而且分布在产粮大省和人口多的地区。蛋鸡主要在河北、北京、东北地区，肉鸡主要在山东、河南等省份。在信息化不发达的时期，要在广阔的大地上找到这些养鸡场，如同大海捞针。养鸡场、养猪场一般建在远离村庄的田野里，靠一个人去寻找客户，就算跑断腿恐怕一年也找不到几家客户。

张耀顺心里清楚，湿帘的销售方式与圆织机配件的销售方式是不一样的。圆织机配件的客户在城市或乡镇，交通相对便利，目标容易发现；而养鸡场都是在农村，交通不便，寻找和拜访客户的效率低。如果靠他一个人销售，肯定是不行的。于是，他组建了一支 10 多个人的销售队伍。实行 2000 元底薪，再加高绩效工资，充分调动销售人员积极性。

经过简单的培训，销售人员掌握了一些湿帘的基本知识和养鸡的大概情况就可以去开发客户。可这个时候，正是非典疫情防控时期，人员出差很不方便。众所周知，2003 年初暴发了非典疫情（SARS）。起初病例出现在广东，很快扩散至东南亚乃至全球。该疫情导致包括医务人员在内的多名患者死亡，一时间引起了社会恐慌，抗击非典成了新闻的头条内容。电视上穿着白大褂的医护人员，不顾个人安危，奔赴小汤山医院。各村庄的交通路口设立了路障，封村封路。SARS 事件持续了约 8 个月，世界卫生组织于 2003 年 7 月 5 日宣布得到控制。

非典疫情管控一结束，销售队伍便从南到北、自东到西，在两三个月内，拉网式地横扫了大半个中国。收集的信息包括哪里有养鸡养猪场、有多大规模、存栏情况如何、使用谁家的设备、近期有无新建厂意愿等，有了这些信息就可以制定销售方案。

但是，销售人员反馈回来的信息并不乐观。采用湿帘的温室大棚种植户主要分布在长三角经济发达地区，其资金主要依靠政府补贴。换句话说，没有政府补贴，温室大棚用不起湿帘，所以真正能用得起湿帘、给温室大棚通风降温的并不多。其他公司生产的湿帘系统，在温室大棚市场占有率高，张耀顺的产品要想进入温室大棚，短期内有一定困难。而养殖行业，终端用户即养鸡场和养猪场，主要依赖养殖设备企业提供的喂料、饮水、通风降温、清粪等全套设备，而单独采购湿帘系统的不多。在养殖设备企业中，广东的广兴牧业、华南牧业等公司规模较大、市场占有率高。但这些企业用的是蒙特的湿帘，它没有用过国产湿帘，即使同意试用，也需要一个过程。对于一家大型企业来说，替代供应商是一件慎重的事情，更何况是用国内不知名的企业生产的湿帘代替国际知名品牌。

温室大棚市场容量有限，养殖行业暂时又进不去。只要一开机，产品就会源源不断地从生产线上下来。可是没有销路，他也不敢生产。从研发到现在，已经投入了大量资金，眼看就能有收益了，而湿帘生产线只能躺着不能启动。张耀顺本来怀着一腔美好的愿望，想尽快走出五金配件行业拥挤的红海，抬头一看，却是山重水复疑无路。

难道是自己判断错啦？难道自己的决定太轻率啦？张耀顺陷入了苦恼和深思，他相信自己的判断不会错，只是路还没有走到。

屋漏偏逢连夜雨。非典疫情结束没过多久，2004 年 1 月 23 日，广西隆安县丁当镇一个体养鸭场发生疑似高致病性禽流感，这是中国内地首次确诊禽流感疫情。同时，湖北省武穴市一林场养鸡专业户和湖南省武冈市一养鸭户也出现家禽死亡，后被确诊为高致病性禽流感。随后在不到一个月的时间里，广西、湖北、湖南等 16 个省、市、自治区确诊发生 50 起 H5N1 高致病性禽流感。各地疫情防控部门经历过非典疫情，有了防控经验。防控部门立即采取了果断控制措施：划定疫区，扑杀活禽，深埋处理。据统计，累计发现病禽总数达 15 万只、死亡 13 万只、捕杀 905 万只。疫情对中国禽肉出口造成较大影响，直接经济损失达 100 亿元。各地刚从非典防控疫情的阴影下走出来，又遇上高致病性禽流感，恐慌在疫情区再度蔓延。一时间，各地虽然迅速控制住了疫情，但很多养殖户却遭受了灭顶之灾。有些地方严禁从疫区输入禽类及其产品，这就使家禽运输中断，运不出去只能养着，到出栏的鸡，每养一天都在消耗饲料，亏损每天在增加。在南方一些城市加强了家禽交易市场的监督管理，凡是无有效检疫证明的禽类及其产品一律不准上市交易；市场内对活禽实行定点宰杀管理，对擅自设点宰杀的一律取缔。这一规定等于取消了活禽交易市场，特别是在南方，很多家庭喜欢现杀的黄鸡，因屠宰市场被取缔，活鸡的销售也就停了。

从 2004 年 1 月开始到 7 月 28 日，安徽巢湖最后一起疫情解除封锁，宣告这一时期的禽流感疫情结束。

禽流感事件对社会造成的影响不大，但对养殖行业来说却是不小的损失，尤其是养殖户的信心遭受了沉重的打击。面对即将出栏的鸡鸭被强行扑杀，从业者的心情可想而知。很多从事养鸡十几年的养殖户心灰意冷。由此也印证了古话："家财万贯，带毛的不算。"

到 2006 年上半年，禽流感过去一年多了，但禽流感对养殖业造成的冲击却依然难以恢复。整个家禽养殖业一片萧条，从业者心中的阴影挥之不去。张耀顺的销售人员所到之处，见到的养鸡户大多愁眉不展。

张耀顺到山东、河北、东北走访客户，了解市场未来的走向。他发现这次禽流感事件，受伤最大的是小规模养殖户，而大型养殖企业因为管理规范、设备先进、防疫措施到位，受到的影响较小。还有一个是以家庭养殖和个体专业户为主体的养殖在近几年迅速减少。公司化、规模化、机械化养殖在快速发展。

就在张耀顺为湿帘的销售陷入山重水复疑无路的时候，却得到了另外一个信息：冷风机需要湿帘，主要客户就是冷风机制造企业。

工业冷风机也叫蒸发式冷风机或蒸发式冷却机。当风机运行时进入腔内产生负压，使机外空气流过多孔湿润的湿帘表面，迫使过帘空气的温度降至接近于机内空气的湿润温度，即冷风机出口的空气温度可比室外空气温度低 5～12℃。空气越干热，其温差越大，降温效果越好。由于经冷风机的空气始终是从室外引进室内（这时候叫正压系统），所以能保持室内空气的新鲜。同时由于该机利用蒸发降温原理，因此具有降温和增湿的双重功能（相对湿度可达 75% 左右）。人们发现，冷风机在纺织、针织等车间使用，不但能改善降温增湿条件，而且能净化空气，降低纺织过程中的断丝率。

冷风机与传统压缩机空调相比：造价不足其一半，并且设备不占任何建筑面积。系统简单，易于快捷安装、维护，无须专业维护人员。运行成本低，耗电量只有压缩机空调的 20% 左右。降温效果明显，在较潮湿地区（如南方地区），一般能达到 5～9℃ 的明显降温效果；在特别炎热干燥地区（如北方、西北地区），降温幅度能达到 10～15℃。保持室内空气干净、清洁、卫生，门窗敞开进行排风是蒸发型冷气机的一大特色，将污浊的空气完全排出室外，百分之百的新鲜空气更换方式使人们时刻处于大自然的环境中，全无传统空调带来的不适应感。

冷风机的不足之处是它的降温是相对的，到一定程度就降不下去了，而压缩机空调能控制到需要的温度。

正是冷风机的应用场景不需要密闭、运行成本低、能降温增湿等特点，在家庭、生产车间得到了广泛应用。特别是在纺织行业发展较好的地区，对这种冷风机的需求更强烈。如浙江的诸暨市，被称为袜都，全世界每三双袜子就有一双便产自诸暨。在 21 世纪初，这里的织袜企业遍布诸暨，特别是大塘镇，因为盛产袜子而被誉为中国袜业之乡。因为冷风机给工人带来舒适的工作环境和降低针织断线率，织袜企业大量使用冷风机，从而催生了冷风机的快速发展。

冷风机的降温材料是湿帘，一立方米的湿帘可生产 4.5 台冷风机。一台冷风机的成本不到 1000 元，而销售价格在 3000 左右。正是因为暴利，生产冷风机的企业大量涌现、扩产，从而带来了对湿帘需求的急速增长。国内当时只有两家企业在生产湿帘，由于湿帘市场供应严重不足，谁能买到湿帘，谁就能生产冷风机，谁就能赚钱。

张耀顺生产的湿帘为冷风机市场多提供了一个选择。他以其与市场标杆产品几乎同等的质量而又非常实惠的价格受到了冷风机制造商的追捧。

冷风机企业如同发现了金矿，它们蜂拥而至。到张耀顺厂里来买湿帘的车排起了长队，一等就是几天。张耀顺只好 10 天提一次价，但越是提价，人们越是抢购。有人提前付款，怕下次涨价。有人想多买，但没有货。于是，冷风机厂家派人守候在高速路口，送货的车刚到诸暨市大唐镇就遭遇"哄抢"。他们见到运输湿帘的货车，不管是给谁家供货，谁抢到就是谁的。

张耀顺的车队只好半夜偷偷地进入大唐镇。

他加快扩线生产。湿帘生产线从一条扩增至五条，即便如此，也满足不了需求，这样一种供不应求的局面是他始料未及的。

然而，有着二十多年商业经验的张耀顺，在冷风机如此狂热中，已经嗅到了危机。老道的商人既怕市场冷淡，更怕市场狂热。

第三十六章
纳米修复剂

　　冷风机需求的火爆，让湿帘成为新的风口，给张耀顺带来财富的快速增长。但他心里明白，这种火爆的行情不会持续太久。一方面是冷风机市场良莠不齐，在需求旺盛的时候，鱼龙混杂，谁都想快速捞一把。一旦需求过剩，冷风机市场将是一地鸡毛。湿帘的火爆是因为生产湿帘的企业少，而生产湿帘的关键设备是他现在用的那条非标设备生产线。

　　无论是冷风机还是湿帘，抑或是任何一个细分市场，对于一个优势企业或是最先进入的企业都不希望这个行业火爆。因为火爆的行情导致供不应求，能快速养大新进入者。张耀顺的湿帘刚进入这一行，就遇上冷风机这样的需求，在供不应求的状态下，质量容易被忽视，价格也不敏感，大量的订单会降低成本，快速收回投资。当这波行情降温的时候，张耀顺的企业已经羽翼丰满，别人再想遏制为时已晚。此后便开始平起平坐地竞争，瓜分市场份额。所以，头部企业的经营者希望市场需求总是处在半饱和状态。在这种状态下，有竞争优势的企业能吃饱，而二三流企业只能是微利或亏损状态，那些场外打算进入者也就望而却步了。

企业和人一样，"吃太饱，死得早"。

当然，湿帘的用途并不全在冷风机上，张耀顺当初生产湿帘的时候，目标市场本来是在温室大棚或畜牧养殖业，冷风机市场只是意外的收获。然而，养殖业和温室大棚的市场开发进展比较慢，并没有达到预期的效果。这种不瘟不火最能考验企业家的耐力，谁能坚持下去，谁就能在市场站稳脚跟。

2005 年 10 月，有一个人从外地来到西石桥。他看到这里有一座气派的办公大楼，在西石桥一带"鹤立鸡群"，料定这家企业的实力必定不凡。于是，他停下了脚步，决定在这家公司寻求合作。这个人是张耀顺同学夏明杰的哥哥，他给张耀顺带来了一个项目——纳米技术。

关于纳米技术在当时已经是很热门的词汇，但纳米究竟是什么样的东西或者能给人们带来什么样的体验，很多人还是不太清楚。国际标准化组织关于纳米技术的定义是：在纳米尺度理解和控制物质的过程中，通常至少有一维的尺寸是 100nm 以下，利用纳米尺度的材料性质不同于单个原子、分子和体相材料，制造出可以利用这些新特性而被改进的材料、仪器和系统。如果这样的术语解释还是不容易理解，那么通俗地说，纳米技术就是用很微小的物质做成的材料或器件。

纳米这一概念起源于 1959 年，物理学家、诺贝尔奖获得者理查德·费曼首次提到了纳米技术，后来经过科学家几十年的研究，在纳米概念、材料结构、制备技术和纳米应用方面取得了一系列重大研究突破。2000 年，美国宣布了纳米科技的国家计划（NNI），此后，世界各国政府、科技界和产业界给予广泛而深入的关注。中国也出台了纳米制造发展战略和专项计划，在国内掀起了一股纳米热。

纳米技术在能源领域的应用主要为纳米材料添加剂、太阳能电池、能源转换和能源存储。如在传统能源领域，利用纳米材料的表面效应制备的净化剂、助燃剂能使煤油、汽油、柴油充分燃烧；利用纳米材料的高反应活性制备纳米能源催化材料，可用于甲烷高效活化、电催化制氢等方面。

21 世纪初，国内各种以纳米为概念的新材料、新技术、新产品让人们目不暇接、真假难辨。夏明杰的哥哥带来的这款纳米技术就是第四代纳米抗磨修复剂。

据介绍，纳米抗磨修复剂主要有三大功效。首先是降低油耗，添加剂中凭借纳米分子材料，直接攻击油分子中的长链碳键，使燃油二次雾化，引发完全燃烧，提高热效率，降低油耗。其次是延长寿命，发动机内部积碳、油泥之类的杂质加速了发动机的磨损，燃油添加剂中清洗、抗氧、润滑等功效降低发动机的噪声，延长发动机使用寿命。最后是清除积碳，燃油添加剂的清净活化因子能促进清除燃油中的胶质物以及发动机积碳等有害物质。连续多次使用燃油添加剂后，排气管上的积碳明显减少，滤清器、燃油系统等非常清洁。

正当其时，纳米在中国很热门，张耀顺当然知道纳米这个概念。但具体什么是纳米，他和大多数人一样，觉得这个看不见摸不着的东西充满了神秘感。他有接受新事物的能力，只要是新的东西，他都愿意关注和尝试。更重要的是，他认为纳米技术在未来将是又一个风口，特别是在汽车上的应用。

企业可以做百年老店，但产品必须与时俱进。

张耀顺对汽车并不陌生。他在 1992 年就花 30 万元买了一辆桑塔纳，这在当时也算是豪车了。因为那时候的车不是随便可以买到的，得有指标，还要有外汇。整个西石桥没有几辆车，一个上午，汉墩头到西石桥的雪路上只有他的车辙。

张耀顺对于产品的开发理念是生产一代、开发一代、预研一代。这与大型企业的理念是一致的。但他用更朴素的语言给员工讲，就是"吃着碗里、看着锅里、想着地里"。圆织机配件已经是见到碗底了，而如今刚端起湿帘这碗饭，他必须看到锅里能有多少，下一步是田里种什么，未来的增长点在哪里。湿帘的火热销售，给他带来了充裕的现金流，使他有能力去开发一款具有更高技术含量的产品。

根据这个朋友讲，这款产品市场容量一年有几百亿元，如果做好了，一年几十亿元的产值是没有问题的。这是多么大的诱惑，况且汽车行业正是大发展的时候，随着中国经济的发展和人们的富裕，汽车也将走进千家万户。汽车的发展离不了清洁剂，汽车发动机更需要修复剂。无论是行业前景还是技术水平，张耀顺认为这个项目值得考虑。

他到吉林大学见到了第四代纳米抗磨修复剂的发明人。此人是一位博士生导师，专利证书也是真的。

有专利证书并不能证明这项技术具有实用性，张耀顺决定亲自试试。

这款产品在吉林已经生产出了样品。张耀顺首先在自己的车上做试验，他要亲自感受这款产品是否有效果。根据技术发明者的承诺，使用抗磨修复剂，一氧化碳的排放量可减少一半。经过测试，的确可以达到目标。他又找了一家出租车公司，通过对出租车进行试验，发现效果很明显，甚至个别漏油的车用过这款产品，发动机不漏油了，冒黑烟也少了。出租车司机对这款产品普遍反映良好。他还把该产品送到长春第一汽车制造厂测试，证明是有效的。

既然各方面的测试结果都反映良好，说明这个技术或者这款产品是有效的。经过调研，生产这种纳米抗磨修复剂的设备一台需要150万元，加上各种材料、流动资金等，投资生产修复剂只需几百万元就可以启动了。

既然技术是成熟的，产品也定型了，为什么还要找合作者呢？既然这个项目如此好，为什么偏偏会落到他张耀顺的头上呢？难道别人都不识货，还是上帝对他特别眷顾？

成功往往不是这么简单，他不相信天上会掉馅饼。凡是预测百分之百成功的项目，投资之后会百分之百失败。如果一个项目只要有百分之五十的把握，收益可能是百分之百或者是零。成功往往在不确定中诞生，而失败多半在希望中破灭。

他到吉林找这款修复专利发明者谈合作事宜，但对方不卖技术，只同意以技术参股。为慎重起见，他决定从经销做起，看看市场接受程度。

对于这样一个新材料、新技术的产品，张耀顺手下的几员大将显然无能为力了。他只能招兵买马，重建队伍。他从上海高薪招聘销售经理，由他组建团队，成立江苏营销公司。准备首先从常州开始，等站稳脚跟后，再向上海推进，继而走向全国。

销售团队做了一份详细的市场推广策划方案。他们力求对公司从高科技、国际化、集团化进行包装。分别在上海、香港、常州注册了耀顺纳米新材料公司。宣传资料显示：

公司地址：香港九龙尖沙咀广东道5号港城海洋中心12楼

中国总部：上海秣陵路 100 号

江苏营销部：常州城市花园 9 幢 304 室

销售公司的广告词："耀顺动力宝，用了都说好"

说明书介绍：第四代金属纳米抗磨修复剂：1. 本品重点解决汽车发动机缸壁严重磨损但缸体没有整体变形的烧机油问题，以及其他原因引起的中度烧机油问题，并对解决动力减弱、爬坡困难、油耗加大、发动机抖动、噪声严重等问题有明显效果。2. 对新旧车均具有节省燃油 5%～12%、延长换机油周期 3—5 倍、延长发动机使用寿命 2 倍以上和有利于低温启动等功效。

在中国当年营销策划常用的方式是"全方位地毯式广告轰炸"，从视觉、听觉上全方位宣传。他们在江苏电视台、《常州日报》、常州交通广播进行铺天盖地宣传。印制了纸杯、打火机、宣传册等广告进行散发和赠送。在常州交通广播电台针对性进行一问一答和听众互动。

20 世纪初期，正是从传统媒体向新媒体过渡，还没有自媒体的时期，这是一个广告为王的年代。

2004 年，面对补钙市场的激烈竞争，三精制药启动蓝瓶差异化营销策略，利用专利包装蓝色玻璃瓶建立消费者识别符号，使得蓝瓶的钙深入人心。人们都知道"补钙还是蓝瓶的好"，但并不知道蓝瓶与白瓶有什么区别。

2005 年，一个"挺拔身姿，快乐背背佳，改善青少年的不良坐立行走习惯"的广告，在小学生和家长中走红。背背佳的销售额有 1.77 亿元。

还有更多的广告在这个缺席自媒体、人的目光和耳朵完全依赖公共媒体的年代，产生过更多一夜暴富的神话。三株口服液、孔府宴酒等。还未到"时过境迁",这些神话就已经破灭。但人们发现,依靠广告致富的产品大多为大众消费品。中国有14亿人口的消费市场,极小的消费概率就可以汇聚巨额的营销收入。而在当时的汽车行业,没有像现在这样的普及率。拥有汽车的人是少数商人和政府机关官员,汽车还没有进入中产阶级的家庭,更不用说普通百姓。

销售团队采用轰炸式的广告宣传,也许有一点用,但如何将广告投放得更精准有效,从而产生购买效果,营销团队并没有及时评估。

张耀顺与销售团队合作将近一年,广告的投入、销售团队的工资和办公费用、修复剂的赠送等已经投入了100多万元。张耀顺在检查销售公司的工作时发现,累计赠送修复剂5000多瓶,而真正销售才几十瓶。

这个数字让他无语了。这么多的广告投入,效果在哪?这么好的产品,免费用大家都愿意,掏钱买却没人了。

营销团队提出继续加大投入,但张耀顺陷入了进退两难的境地。继续投入吧,看不到希望。销售修复剂的主要渠道是汽车修理厂和加油站,一瓶修复剂出厂价只有40多元,通过中间商加价,到消费者手里需要150多元。谁来买呢?去修理厂修车的人一般是司机,他们并不是车主,只是单位的办事人员。发动机耐磨不耐磨与他有什么关系?花150元买一瓶修复剂,真有那个必要吗?如何调动销售人员和采购人员的积极性是解决销售难的主要问题。

张耀顺试用过修复剂,他认为效果很好。一部分出租车司机也用过,反映这款产品有效果。仅靠他们几个人说有效果就可信吗?销售团队并没有解决公众对产品的信任问题。因为修复剂有无效果并非显而易见,没有权威机构背书,在非必要不买的消费心理下,决定了这款产品销路不畅。

张耀顺的纳米修复剂的营销，就这样铩羽而归。

张耀顺在后来回忆时说，做企业一定要在自己熟悉的领域里做，进入陌生的行业一定要慎重。自己从塑机配件转到湿帘，这种转变只是机械加工行业细分市场的转变。湿帘加工总体上来说还是制造业，做起来是有一些经验的。而纳米修复剂连他自己都没有认识清楚，怎么能说服消费者？

塑机配件和湿帘系统的开发成功，让张耀顺尝到了先行半步的甜头。当年的圆织机市场，他最先进入国产化行列，取得领先的优势。湿帘产品的开发，又是在国内还没有大量企业进入的时候，他领先了半步，恰逢冷风机的火爆，再一次让他赶上了风口，取得了快速的成功。这一次，他领先了一步，以为纳米修复剂也应该成功，但这次却事与愿违。

产品的营销如同谈一次恋爱，要在对的时间遇见对的人。而修复剂是在不对的时间遇到了不对的人，如果修复剂再晚五年推出，也许不是这个结果。2000 年我国汽车保有量仅为 0.16 亿辆；而到了 2014 年，这一数字突破 1 亿辆；截至 2022 年底，我国汽车保有量达 3.19 亿辆，并且预计每年以 2000 万辆的速度在快速增长。十几年后，人们发现这种修复剂在汽车修理厂和加油站继续销售。产品还是那款产品，销售却不是当年的那些人，而购买修复剂的人也不是当年那些开车的司机。

我生君未生，君生我已老。

我恨君生迟，君恨我生早。

人归万里外，意在一杯中。

只虑前程远，开帆待风好。

可是，这次的远程，开帆没有借来好风。

纳米技术涉及的行业和范围是他自己不可控的，于是，他请来了专业的销售团队。都说"外来的和尚好念经"，可这次的经念歪了，究竟是谁的错？张耀顺和外聘的营销经理发生了激烈的冲突。销售经理认为投入不足，应该继续加大广告和渠道投入；而张耀顺认为投入了这么多却毫无效果，继续投入只能是越陷越深。最后双方撕破脸皮，不欢而散。

企业经营管理没有对错，只有成败。

第三十七章

走出国门

　　由德国农业协会（DLG）主办的全球畜牧盛会——EuroTier 国际畜牧技术与管理展览会每两年举办一次，拥有将近 20 年的历史。EuroTier 的强大吸引力及其日益显著的国际化趋势，致使超过 30% 的国际客商来自欧盟以外的国家和地区，展会内容之丰富，参观者数量之众多，在全球同类展览中首屈一指。对于中国畜牧设备制造企业，走出国门的首选展会，汉诺威当之无愧。

　　德国汉诺威展览公司成立于 1947 年 8 月 16 日，以 120 万马克资金注册成立。时值二战刚刚结束，德国陷入困境，房屋倒塌、工业破产、食品长时间短缺。获胜的西方力量认为使德国经济恢复的唯一方法就是向外界展示他们自己的货物。

　　为了使企业家、工人和政治家看到经济的复苏，汉诺威市政府决定于 1947 年 8 月 18 日至 9 月 7 日举办展览会，这次展会的目的是展示被官方称作"德国制造"、适合出口的产品，展会收到了令人满意的效果。在 21 天展期中，来自 53 个国家的 736000 名观众参观了展会。1300 名展商在总计 30000 平方米的展馆内展出了他们的产品。签订的订单及商业合约多达 1934 份，合计金额 31600000 美元左右。汉诺威工业博览会取得巨大成功，就好像有希腊神话中主管集市与交易的赫耳墨斯神相助，因此德国汉诺威展览公司以赫耳墨斯的侧头像作为公司的标志，直到今天。

EuroTier2010 年畜牧展览吸引了全球 1926 位展商参展，其中 778 位来自德国以外（占展商总数的 40%），展览面积达 180000 平方米。无论在牛、猪、羊、家禽、水产，还是在生物质能源领域，EuroTier 针对每一个单独物种设计了专门的展厅，展示相应领域的专业机械和设备，并且开辟了适合展览所有物种产品的独立展厅，以期全面为观众呈现国际畜牧市场概况。这种全球独一无二的展览结构设计，很好地契合了畜牧领域专业人士的参观需求。

首选汉诺威，这里不仅是世界最全面的畜牧业展会，更重要的是养殖设备源于欧美。在这个展会上能看到当今世界最先进的技术与产品。如意大利、法国的蛋鸡笼，荷兰的养猪设备，德国的饮水设备，瑞典的湿帘，丹麦的风机等。欧洲企业以专业的水准，引领世界畜牧设备的发展。

从江阴到汉诺威，参加展会的费用不菲。包括展位费、样机运输费、人员的会务费、往返的交通费等，是一笔不小的开支。即便如此，张耀顺还是预定了一个展位，他决定独自去参加展会。

王锡英很担心张耀顺一个人参加展会将遇到很多困难。最主要的是他不会英语，到了国外等于是文盲加聋哑瞎子，寸步难行。女儿和女婿都会外语，带一个不行吗？另外担心的是张耀顺的身体。他腿脚本来就不太方便，这一次到了国外长途远行，她很不放心。

可是，张耀顺还是坚持认为一个人能办的事，就不需要两个人。他不像国企的老总，无论职务大小，出门身边都有一个跟班的。他突击学了几个日常生活的英语单词，想着在关键的时候能用上，但有些单词他还是不明白，比如厕所，是 WC 还是 Toilet。他把这些单词记在一个小本上，到了国外以便应急。况且这次参展是北京一家展会公司与汉诺威对接的，有中国人负责中国展商相关事宜，并且有领队负责交通和住宿安排。

2014 年 11 月，参会的展品已经按照展会举办方要求的时间发往德国。他于 11 月 10 日从上海启程飞往法兰克福，然后转机到汉诺威。对他来说，已经不是第一次出国，但前几次都是政府组织的考察团，有领队、有翻译甚至还有随团医生，一切生活之需有专人负责，他只是跟着走、随便看。无论是在国内还是在国外，考察是一项轻松的旅程，没有具体的任务，没有压力。

可这次不同，他要独自面对、要有结果、要有收获。如果展出没有任何效果，不仅损失了钱，还耗费了大量的精力。他希望能找到客户，哪怕是一个小客户。

事情比他想象的更艰难。虽然跟团出去的，但是从法兰克福转飞到达汉诺威机场，下了飞机，要办理入关手续。人们匆忙地往前赶，生怕落下自己。张耀顺的脚不太方便，他跑不过同行的人们，转眼之间曾经坐在一个航班的人就淹没在人流中。急也没有用，他只能按照自己的节奏往前走，领队有他电话，若找不到他，会打电话的。

11 月 12 日布展。他的展品只有 1 台风机和几块湿帘，分别装在两个大木箱里，还有一些企业的宣传挂图，布展最多一个小时就能搞定。他打算布展结束后去市区商场给妻子、女儿还有大姐等亲戚朋友买些礼物，展会期间是没有时间的，而且会展一结束就要返程，他只有这半天时间。

风机很大，需要放倒打开包装箱，小心地取出来，一旦表面划伤就无法展出了。可是，他一个人无法放倒风机。于是，他和相邻展位的人商量，相互帮忙。相邻展位是河南的一家企业，他先帮人家布展，然后再让对方帮他布展。可是，河南这家伙是做养猪地板的，要把那些笨重的铁地板拼接好，再把展位装饰起来，花费了一个小时还没弄好。张耀顺有点着急，已经是下午了，这样下去他就没有时间去商场买东西了。

张耀顺不想再等了，他找到对面一家来自山东的展商，让他帮忙把风机放平，其余的事他自己干。

山东人本来就热情好客，大家一起来参展，异国他乡，搬个风机，举手之劳。这个小伙子人高马大，他先将风机搬成倾斜，再慢慢往地上放。就在快要到地面的时候，他突然手一松，结果发生了意外。

落地的风机正好砸在了张耀顺的脚背上。他痛得"啊——"的一声，小伙子急忙抬起风机，张耀顺把脚从风机下抽了出来。

张耀顺的脚瞬间起了一个大包，接着血流如注，被紧急送往医院。

医生剪开沾满鲜血的袜子，拍片、化验、清理伤口，缝了5针。诊断为肌肉挫伤，幸运的是没有骨折。但伤情严重，医生建议住院治疗。

"住院？我来参加展会，会还没开始，我先住进医院。"张耀顺哪有时间住院，更没有心情住院。展位还没有布置好，明天早上就要开幕，自己竟然成了这个样子。这一趟出国参展，费了多大的周折，不能就这么浪费掉了。他让医生开药，自己回到宾馆养伤。

医生给他开了一些消炎药和注射液。在德国，就医与买药是严格隔离开的。无论是诊所还是医院，都不设药房。医生只负责开具处方，由病患在药店自行购买。医生的药方只注明了药品，并未规定具体厂商品牌。购买时，如果药店恰好有几种品牌的这类药物，药剂师会跟病患罗列不同品牌，例如价格、含量以及服用剂量上的细小差别，由病人决定最终购买哪一款。

经过包扎处理，张耀顺让领队推着他到附近的药店买药。然后将他送回住地。

他是医生出身，可以给自己打针。他将药吸进针管，解开上衣，在肚皮上将药水注射进去，然后用酒精药棉擦了一下肚皮。

这一夜疼痛没有停止，而且不停地往外渗血。他是经历过生死考验的人，比起四月初七那场灾难，这点伤不算什么。他当过医生，知道伤势的轻重，不会有大事，只是这趟出国太不顺利了。

晚上夫人打来电话，问他今天布展是否顺利，天气冷不冷，让他注意身体。

他告诉夫人，一切都很顺利。挂断电话，张耀顺的眼里涌出了一股泪水。在这个世界上，能纯粹挂念他的人只有妻子，他不能因为这点伤让她操心，再苦再累，都要给她保留一份宽松的心情。

德国的酒店房间很小，只能放两张90厘米宽的床。床与床之间只剩一个窄缝。他和湖北的一位展商住在同一个房间，那人在打着呼噜，张耀顺在忍受着疼痛。

第二天早上，人们都以为张耀顺不能来参展，连他的展位都被相邻展商堆放了杂物，可是，到开馆的时候，张耀顺跛着脚来到了展位。他把展品摆放整齐，花300欧元，雇了一个翻译。伤口还在渗血，没有客人的时候，他把脚抬高放在凳子上，中午换了一次纱布。第一天的展会就这样过去了。

三天的展会结束了，他没有机会去商场。返程时，在法兰克福机场虽然有免税店，可他的脚不方便行走。之前的每次出国，他都要买各种包包、化妆品、奶粉、指甲刀、电饭锅、"双立人"刀具等礼物回来送给骨干员工和亲戚朋友。可是，这一次他空手而归。他想象妻子和女儿在等着他，会不会很失望。他让同行的朋友帮他代买了一些小礼品。

回到家才知道丈夫这一趟参展发生如此大的意外，王锡英心痛不已。她一直在埋怨他，出了这么大的事，也不给家里打个电话。

张耀顺说又没有伤到骨头，脚还能动。再说，告诉家里人有什么用。除了大家都担心，又解决不了问题。都是一些皮肉之苦，算不了什么。他向妻子、女儿展示他带回来的资料。有国外企业的宣传册；有他看到的新产品；有意向的客户名片。这些资料交给技术部和销售部门，之后与国外客户成交了好几单。

VIV Asia 畜牧展是国际知名的展会，每两年在中国和泰国各办一次。参加泰国的 VIV 展会，也是中国企业向东南亚各国展示产品和企业形象的窗口。

"VIV"是荷兰语"Vakbeursvoor Intensieve Veehouderij"的缩写，中文译为"集约化畜牧业的商业展览会"，荷兰皇家展览集团（Jaarbeurs）旗下的 VNU 欧洲展览集团是"VIV"品牌的创立者和拥有者。经过不断发展，VIV 已成为该领域的品牌领导者。应各地畜牧行业和相关政府及组织机构的邀请，VIV 先后在多个国家和地区落地举办，如 VIV Asia（亚洲泰国）及 VIV MEA（中东非阿拉伯联合酋长国）等。应中国农业部及相关行业组织的邀请，VIV 于 2000 年进入中国，首届展会的顺利举办创立了中国畜牧业乃至农业会展领域的高品质国际展会的标杆。

2016 年 3 月，来自全球畜牧及相关行业的代表汇集泰国 VIV Asia，

3 月 13 日，VIV Asia 在泰国曼谷 BITEC 展览中心正式开幕。这次是基于"从饲料到食品"全产业链范畴的展会，整体展出面积达到 30000 平方米，其中更加关注的猪业发展，并将展示内容扩大至食品加工领域。来自全球 60 多个国家共 1250 家行业知名企业现场展出。

这次参展，张耀顺仍然是一个人，带着不同型号风机和湿帘样品展出，在当地请了一个翻译。在东南亚国家参展，见到的人大多和中国人差不多，也没有那么大的陌生感。语言虽然不同，但肢体语言的交流是可以满足基本的沟通。有客人来展位，翻译给客人提供名片、样件和小礼品。他也到别人的展位上参观，见到有湿帘和风机的经销商，他也会递上名片，以便今后联系。

在土耳其参展，客商问他关于湿帘方面的问题。翻译不给力，两个人比画了半天，都不明白对方讲了些什么，大眼瞪小眼，沟通不下去了。张耀顺急中生智，给女婿拨通了电话，打开免提，三个人交流。移动互联网时代，沟通更容易。最终达成了交易意向，从此，又多了一个国外的客户。

经过几次出国参展，张耀顺觉得一个人出国，也没有什么恐惧的，可是，那次在印度泰姬陵的遭遇让他终生难忘。

泰姬陵，是一座位于印度北方邦阿格拉市的陵墓，占地面积约为 17 万平方米，整个陵园为长方形，历经 22 年建造完成，2007 年，泰姬陵入选世界"新七大奇迹"。著名诗人泰戈尔曾盛赞其为"永恒面颊上的一滴泪珠"。

到旅游景点旅游，最重要的是要记住从哪个门进入，从哪个门出来，必须听从导游的安排。有些景点只有一个门，有些大的景点有多个门，特别是在国外，没有汉字名称，只能根据建筑物的特征来区分。泰姬陵共有四个门，正门（达尔瓦扎-伊·劳扎）位于花园南侧拱廊平台的正中间，即泰姬陵前庭和后庭的过渡建筑，从这里可以进入后庭的花园与陵墓区。泰姬陵南门入口比前庭高出约 3 米，从南门进入前庭时需要拾级而下。从南门走向陵墓外侧为泰姬甘吉地区，是一个原本被设计为泰姬陵经济引擎的集市，拥有和泰姬陵花园相同的布局，那里是所有游客聚集之处。泰姬陵东门与西门样式相同，分别位于前庭东方、西方围墙中间，由红砂岩建造而成，内外两面是带有简单皮西塔克的开阔入口，入口采用矩形框架内置尖顶拱门的形式，设置在接合的多角形轴之间，外立面顶部是延伸到屋顶上的装饰性小尖塔及带有浮雕的栏杆。

为了尽可能地保护这座遗迹，进入泰姬陵有很严格的安检程序，许多物品被禁止带入，包括食品、饮料、笔、香烟、火柴、手机等。当张耀顺随团参观时，所有游客的手机被统一保管起来。

进入陵墓后，一系列精美的艺术品和历史文物，呈现着复杂精细的绘画和雕刻，这些都是莫卧儿宫廷极富艺术格调的代表作，张耀顺不像其他游客那样走马观花，而是细细地欣赏，对这些精美艺术流连忘返。

当张耀顺从泰姬陵出来的时候，在约定的地点没有发现同团的人员和导游，他以为时间还早，就到景区的花园里看风景。他十分惊叹于泰姬陵的宏伟和壮丽。白色大理石制成的泰姬陵，其顶端的三个圆顶的高度和面积依次递减，形状优美，在落日的光影变幻下，泰姬陵流光溢彩，更加美丽动人。

然而，当他再次回到约定的地点时，还是没有见到导游和同行的团员。他心中疑惑，是他没有游完泰姬陵吗？可他是按照游览路线走的呀，而且很多人是沿着这条路线走出来的，在游览时他还看到团里的几个中年妇女一度在他前边，难道他们又去了别的地方？

他在原地等，等着等着，太阳已经落到泰姬陵西门尖顶后边了。光线开始变得暗淡，景区的人越来越少。此时，他的心情从来没有这么紧张过。他没有手机，又不懂英语，如同一个人站在塔克拉玛干沙漠。他的大脑开始快速搜索，如同计算机里迅速转动的圆圈，在搜索可用的网络。他很后悔出来时没有拿宾馆的名片，也没有记下宾馆的名字。他拍过宾馆大门的照片，可照片在手机里。他的目光一秒不停地注意着视线范围内的人，如果此时有一位华人出现，他或许还有一线希望，但大多数是围着头巾、长着胡子的人。这些陌生人对他也没有什么用。如果语言不通，人与人之间的关系，就如同一片森林里的桦树、柞树、枫树等树木，只是长在不同的位置而已。

怎么办？他想起了中国大使馆。可是，这里是新德里200公里以外的北方阿格拉城。况且，他没有通信工具，也没有大使馆的联系方式。在当今信息时代，与世隔绝不用把自己关进屋子，只要没收通信工具，在语言不通的环境下，同样寸步难行。

他只好在进口处等。凭借最后一点光线，他判断自己所在位置是泰姬陵的东门。只要在这东门的售票处等下去，导游会找到他。

又是半个小时过去了，一个小时过去了，泰姬陵晚上八点就关门了。他站在东门外的台阶上，注视着远方，不敢放过一点动静。

突然，他看见远处导游着急地向人比画着什么。这是导游在找他。他如同在洪流中发现一截救命的木棍似的，立即兴奋起来。他站起来，挥舞着手，高喊着导游。

导游见到张耀顺，跑上前紧紧抱住他，仿佛失散已久的父子在这夜幕下的泰姬陵前重逢。

这一次的教训让他明白，人不要太自信，否则会迷失自己。结伴而行需要相互关照，虽然限制一些个人的自由，但在关键的路口，可以相互提醒。

　　泰姬陵的小插曲，只是张耀顺海外途中的一朵浪花。他的经历可以写一部《海外拾遗》。

国外客商来展位参观交流

　　十几年来，张耀顺先后到过阿拉伯联合酋长国、埃及、越南、印度、巴西、荷兰、俄罗斯等国参加展会，在阿拉伯联合酋长国、越南还设立了办事处。国际出口业务从无到有，从小到大，得到了持续发展。

第三十八章
顺成之家

　　如果说汉墩五金厂是一叶小舟，那时候，张耀顺独自驾舟冲浪于市场经济大潮。他从黄土地上擦一擦鞋上泥土，放下赤脚医生的药箱，抖落身上的灰尘，"小舟从此逝，江海寄馀生。"汉墩头已经让他羽翼丰满，他的心早已在江湖之外。

　　如果说塑机专件厂是一艘大船，张耀顺则是船长。曾经怀揣梦想，做一次远航。圆织机梦断后梅村，拉丝机组、绕线机、五金配件、百乐门、纳米修复剂，如同大船航行途中遇到的海岛与礁石。有令人眼花缭乱的迷人风光，也有磕碰擦伤的危险。船依然坚固，但水却越来越浅。于是，他弃船上岸，买地盖楼，安居于此。

　　江阴市顺成空气处理设备有限公司，又将是什么，张耀顺在这里扮演什么样的角色，他一直在思考着自己的定位。

　　从1982年起，他已经在追求财富的路上跋涉了22年。这二十多年来，他赶上了好时代，享受到了好政策，也取得了好成绩。回望苍山村，那里依旧落后，困难的家庭依然有。他每一次回到村里，看着当年一起长大的伙伴，看着他们的家境，贫富差距不是在缩小，反而在拉大。

站在高大气派的办公楼上，俯瞰楼下来来往往的员工，他们在此努力工作，为的是养儿育女，维持家庭生活。车间里有很多工人，从千里之外来这里打工，舍家别子，为的是更好的生活。

张耀顺时常回想童年时代的艰辛。正是乡亲们的帮助，他才成长起来。梅伟南、严傲德、王滨……这一个个给予他帮助的人，让他忘记了前行中的孤独。如今，当他有能力去帮助别人的时候，他应该把这种温暖传递下去。

每当回忆起2001年那个难忘的不测之夜，他深知是上海长征医院的贾连顺让他重新站起来了。在常州解放军一〇二医院，成群结队的员工来看他，让他懂得了活着不仅是为了自己，还有那一群跟随他一起奋斗的员工。

所以，他不想让自己的企业再成为一艘船，在大海上漂泊。他也不想让自己的员工冒着风雨，归途不安。

张耀顺要把顺成空气处理设备公司建成一个家。一家不暖何以暖天下。

他曾经给每位员工买了一份商业保险，为的是这些农民工将来老了干不动了，回到家乡每月还有一份收入。他已经替员工想到了退休以后的生活。

2007年，江阴已经要求企业为农民工缴纳养老保险（全国农村社保从2009年开始交的）。农民工参加基本养老保险缴费年限累计满15年便可领取养老金。农村养老保险适用于在城镇就业并且与用人单位建立劳动关系的农民工，单位缴费比例为20%，个人缴费比例为8%。如果参保人员离开就业地，可办理农村养老关系转移手续，保险权益可累计计算。

这在当时是一件新事物。以前农民工交不了养老保险，他们在城市打工，老了回到农村没有养老金。也就是从这时候起，企业要为所有员工包括农民工支付20%的保险费，等于企业为员工增加了20%的工资性支出，就这一项，张耀顺每年要多支出50多万元。很多老板抱怨企业的负担加重了，导致公司的盈利下降，他们千方百计地逃避为员工缴纳养老保险。而另外，农民工对这一新事物也难以接受。个人缴纳工资的8%，等于把自己的钱交给国家了，至于老了以后能不能拿到手，他们心有疑虑。所以，有一部分员工不愿意交，特别是外地来的农民工，因为他们的工作地点不固定，说不定明天就换一家企业，养老保险不是白交了吗？说是能转移劳动保险关系，实际上还存在着很多障碍。

张耀顺不仅积极为农民工缴纳养老保险，而且动员所有员工参与个人缴纳。这不仅是政府对企业的要求，也是为解决农民工养老问题的长远考虑。

尽管他做了很多工作，还是有部分员工坚决不参加养老保险。于彩艳、姚丽琴，这两个人在厂里工作了20多年，可一听说交养老保险，她们脸色一沉："没钱，不交。"态度很坚决。

"现在能补交到十五年，你们再过三五年就退休了，到那时候你们就能每月领到养老金了。"

张耀顺苦口婆心地做她们的思想工作，但她俩还是不愿意交。

2008年劳动合同法就要实施了。很多企业选择了提前辞退员工。国内有些知名企业一夜之间让所有员工重新签订劳动合同，就是为了规避补交养老保险和将来终止劳动合同时的经济补偿。还有一些企业选择注销，然后重新成立一家公司，为逃避将来的劳动纠纷。张耀顺不仅不辞退员工，而且主动做工作，要求这些员工缴纳养老保险。

经过反复做思想工作，这两个员工还是坚持"没钱，不交"。要论工资水平，一次性补交 10 年的养老保险金也不是小数目。考虑到这两位员工的实际困难，张耀顺自己掏钱，把她们个人应补交的部分交上了。如今，这两个人每月有养老金、有医保，看病能报销。村里人都羡慕于彩艳、姚丽琴，说她俩遇到了好老板。村里有些农民进城打工十几年，等到要交保险的时候，老板推三阻四最后不得不走法律途径。

在这个问题上，张耀顺后来说，既然把公司建成员工之家，他就是"家长"。员工看不清的事情、一时想不通的问题，作为"家长"就应该为员工的长远利益着想。你真心地为他们好，将来总有一天，他们得到了实惠，就想通了。让她们补交养老保险，个人交得少，企业交得多。她们不交，我也省钱，可她们将来领不到养老金，看病不能报销，我这个"家长"于心何安？

既然是家，就得解决吃饭问题。厂周围没有吃饭的地方，如果要吃饭，得跑很远一段路，这不仅影响工作，不利于员工的身体健康，还会增加员工的经济负担。于是，公司办起了员工食堂，周一到周六菜是免费的。

张耀顺有一个习惯——每天早上到菜市场买菜，已经有十几年了。他喜欢到菜市场与小商贩们说说话，看看市场有什么新鲜的东西。遇到老年人，他就不问价，过完秤给钱的时候会多给一点，或者零钱不用找了。张耀顺作为大老板，他不会跟小菜贩们计较得失，但对公平交易还是较真的。

员工食堂的菜他不会亲自买，但他知道菜市场有什么菜，菜价如何。他工作之余会转悠到食堂，看厨师做的饭是否合口，卫生是否达标，品种是否要更换。员工每周六天在食堂吃饭，再好的厨师也难满足所有员工的口味，他要求尽量满足大多数人的愿望。他给主管厨房的人说："现在不是吃饱的年代，关键是要吃好，公司食堂不能因为免费就凑合应付，满足员工的胃，才能满足员工的心。"

每两年一次员工体检、两年一次员工集体旅游，这两项员工福利已经坚持了二十多年。

花钱是一方面，员工每次体检都让张耀顺提心吊胆好几天，直到体检报告出来。一旦有员工出现特殊状况，对张耀顺来说都是必须面对和解决的问题。

公司女员工多，女员工患妇科病也时有发生，偶尔也遇见高风险的肿瘤。张建凤曾经查出宫颈癌，还有其他员工查出了一些问题。这一次有一位老员工陈金秀查出了乳腺癌。

人们一谈到癌，没有谁能淡定的。员工的体检情况很快就传到了张耀顺的耳朵里。陈金秀还有一年多就要退休，在这里工作了二十多年。陈金秀的家里还有一位八十岁的婆婆，孩子在上大学，家里的经济收入全靠夫妻两人的工资。她的情况与张建凤一样困难。既然如此，也就按同样的办法处理。陈金秀治病期间的工资照发、养老统筹照交，公司一直负责到她退休。

2020 年，销售部有个员工在体检时查出舌癌。

又是一个家庭遭受晴天霹雳，美好的日子瞬间崩塌了。他才 50 多岁，人生正当年。他认为自己的病是不治之症，怀着悲伤的心情向张耀顺辞别。他曾经跟随张耀顺一起驰骋疆场，为订单与客户举杯豪饮、谈笑风生。也曾经在风雨之夜，蜷缩在客户门外，只为见客户一面。而如今，一纸判决，他的人生止步于顺成门前。

张耀顺也被这突如其来的消息震蒙了。

"张总，我要辞职了，不能再跟你一起干了。"他心情沉重，眼里含着泪水。

张耀顺安慰道："你的事我听说了，我们一起面对，你要有信心。"

他说："我不治了，不想人财两空。"

张耀顺耐心开导他，让他振作起来，积极配合诊断治疗。张耀顺动用所有的人脉，找到上海第九医院的专家。经过医院检查，最后确诊为高分子舌癌。为了治病，张耀顺先后自掏腰包5万多元，为他解决医疗费，帮他渡过难关。病治好了，一场惊险过去了。

病好后他主动要求再回到公司上班，张耀顺特意将他安排在食堂做饭。做饭是他的业余爱好，比在车间干活轻松一些。张耀顺也是从他的身体状况考虑同意了他的请求，但仍保留原来的岗位工资。

2023年的秋天，我见到了狄炳国，他圆圆的脸，总是微笑着，仿佛这个世界总是让他开心和舒坦。如果没有告诉你他患过舌癌，你一定想象不到他的人生曾遭遇过惊涛骇浪。

张耀顺要把"顺成之家"建设得更温暖，珍爱生命，让在这里的人们快乐地生活、努力地工作。天气炎热，他给员工们熬绿豆汤、发清凉饮料。端午的粽子、中秋的月饼、冬至的饺子、春节团拜。工厂如家，节日的气氛浓浓、关怀浓浓。

组织员工集体旅游

　　每两年一次组织全体员工集体旅游，这是员工最开心的日子。现在交通虽然方便，员工的假日也多了，出门旅游已不是稀奇的事情，但全体职工组团免费旅游还是值得期待的。

　　十几年来，他们先后去过北京、湖南张家界、福建武夷山、安徽黄山、江西婺源、浙江千岛湖等热门旅游景点。每一次外出旅游，在员工们欢欣雀跃的时候，其实张耀顺心里是紧张的。去哪里旅游、具体路线行程、路途的安排、人员的状况以及车间的生产协调，这些他都要考虑到。带员工出行，安全是第一位的。关于企业组织员工集体旅游，发生安全事故而引起劳动纠纷的事时有报道。有爬山途中摔伤的，有在海边拍照被海浪卷走的，有发生交通事故的，还有发生其他意外事件的，因此，很多企业不敢再组织旅游了，怕担不起责任。但他还是坚持集体旅游。随着旅游次数的增多，旅游线路的安排越来越难，要照顾到大多数人的需求也是一件不容易的事。

有人问张耀顺为什么不给大家发旅游费，让员工自己去旅游，张耀顺也考虑过，这样对他来说更简单。可是，他觉得大多数员工是从农村出来打工的农民，工作很辛苦，生活也不易，发了钱他们也舍不得旅游。特别是年龄大一点的人，总是把钱看得很重，总想把一分钱掰成两半花。与其发钱给他们，不如让他们享受生活。每次出去旅游，张耀顺、王锡英都和大家一起去，他和员工融为一体，不分老板和员工，只是结伴而行的家人。

人生何尝不是一次结伴而行的旅程。至于和谁结伴、旅程的长短取决于缘分。张耀顺很珍惜和每位员工结伴而行的历程，凡是从顺成公司退休的员工，张耀顺每年春节都要给他们拜年，送上礼品和购物卡。这是对员工终身的关怀，让他们记得曾经工作过的地方，也让在职员工记住这些为企业的生存和发展做出过贡献的人们。职业有长短，生命有限，但企业的人文关怀却是无尽的。无论是谁退休了，只要路过西石桥，到公司来坐坐，张耀顺都要亲切接待，热情地招呼。

职工说："张耀顺在，家就在。"

员工有困难找老板借钱，这是很多中小民营企业家面临的尴尬问题。一般来说，员工找老板借钱，已经是走投无路了。此时，老板不借钱给员工，显得太不近人情。员工的困难摆在面前，老板不帮，员工的难关过不去。借吧，什么时候能还呢？有些员工的家庭四处漏风，不知道什么时候能还上，就是借了钱都不忍心让他还。如果大家都来借钱，老板也承担不起。一旦开头，借给张三不借给李四，显然不公平。国有企业的总经理就不会面临这样的问题，因为国有企业的财务有制度，不能借钱给私人，也不允许企业之间随便拆借。制度面前大家无话可说，因为企业是公家的，总经理和员工是平等的，都是劳动合同关系。在国有企业，他们有工会，可以成立互助会，公司也会向工会提供特别会费用于解决员工偶发性的特殊困难。在困难补助方面有制度、有标准，能补助的数额非常有限，也只能表示组织的关怀。

顺成公司高级管理人员

张耀顺没少借钱给员工。结婚的、买房的、看病的，有困难找老板。先解决员工的困难，借的钱慢慢还，这是经常的事。有人问张耀顺，如果借钱不还呢？张耀顺回答得很有哲理："借出去的是钱，收回来的是感情。有感情的企业一定会有钱的。"

在圆织机开发最为艰难的时候，西石桥镇开发"公平街"，两间房的地块卖24000元，这个数字在1998年，对于一个月薪不到2000元的普通工人来说是一笔不小的数目。张耀顺对张良清、顾孟平、王雪贤、王雪华说："我给你们4个人每人买了一块地，你们按照镇政府的要求去盖，钱的问题你们不要担心，就算是我借给你们的，以后有钱了慢慢还。"

如今，这4套房在西石桥成了旺铺，每年的房租是一笔可观的收入，而这4位员工在历次的产品开发和日常生产经营中都是核心骨干。他们对企业的忠诚也正是张耀顺用真心换来的。

第三十九章

造福桑梓

在苍山村原村委会的旧址处，也就是苍山路的起点，有一座功德碑，碑文如下：

苍山路捐资修路功德碑序

苍山我村，人杰地灵，民风淳朴，同乡扶持之风盛行。唯有村道苍山路，晴扬尘土，雨雪泥泞，坑洼难行。经由村党总支部、村民委员会研究讨论决定重新修造，故于辛丑年夏，村决定召开"有事好商量"协商大会，并邀请市政协和利港街道主要领导、乡贤张耀顺、江肖金等二十余人参加商量，决定由村里主导、市镇扶助、乡贤村民慷慨解囊（相）结合的方式修造苍山路。工程自 2021 年 8 月破土，历时九十日，道路铺修竣工。

此路既成，当念各界支持之伟绩，乡贤谋划之丰功，村民热心之大义。特勒石铭文，述其事，铭其功，彰其德，褒其行，以期百世流芳；亦昭后人饮水思源，弘德扬善，不忘党恩，共筑前程。

捐赠芳名如下：（单位：元）

张耀顺 180000	陈国民 10000	彭国忠 2000
江肖金 100000	赵志伟 10000	梅天喜 1000
顾晋南 100000	苍山古寺 10000	王强 1000
陈建中 50000	邱国锋 8000	陈耀甫 200
张震球 28182	孙和林 8000	徐兆法 12273
张耀宏 5000	缪华兴 1227	杨晓兵 5000
梅建熙 12273	梅庆良 3000	

苍山村党总支部、苍山村民委员会

2021 年 12 月立

江阴市人民政府颁发给张耀顺的牌匾

在这个碑文里，我们发现三个熟悉的名字：张耀顺、张震球、张耀宏。张耀宏就是张耀顺的弟弟，苍山路就从他弟弟的厂门前经过，功德碑的位置离他的厂只有几十米。

关于张震球，本书曾经提到过。见到此碑，便专程采访了张震球。

老人已经 85 岁了，几年前做过一次手术，现身体仍很硬朗。他听说要聊聊关于张耀顺的善举，老人竟然能骑着电动三轮车来到张耀顺的会客厅。张老精神状态很好，喝茶、吸烟，开朗乐观。他坐在窗前，边抽烟边回忆往事，哪像是八十五岁高龄的老人？

据江阴张氏族谱记载："张震球，江阴市西石桥乡汉墩头人，烈士张泉涌之子。1940 年出生。他两岁时父亲被日本人杀害，剖出心脏，日本人捧着心脏下酒，那心脏还在跳动。张震球的母亲在现场，看到丈夫惨遭杀害，受到刺激后成了精神病人。张震球只能由其舅舅赵玉彦收养，舅舅家在江阴市周庄镇刘家桥村。新中国成立后张震球回到苍山村由政府负担养大。因为无父母教育，从小养成了桀骜的脾性，小时候不大受人喜欢。但其天资聪颖，读书成绩很好，他是同龄人中唯一从乡村小学考取当年全县排名第二的江阴县中学读书的。由于成绩优异，又被学校保送到江阴师专学习，成为一名老师。他不忘初心，当上一名小学老师后努力工作，继续学习，几年后被调到江阴市澄西中学任教，直到退休。他幼时虽顽皮，但心地善良，成年后常为村上人排忧解难，解决困难。"

谈起往事，张老先生仍然如数家珍，仿佛历历在目。

他说，小时候很苦，上高中在县城，要走四十里路。人家的孩子周末高高兴兴盼着放学，有父母等着回家吃饭。他没有父亲，母亲又是精神病患者，他回家第一件事是到处寻找母亲。

张震球从江阴师专毕业后被分配到习里沟小学当老师，没过几年，公办小学老师下放，他被下放到苍山大队办的新街小学教书。张耀顺上五年级的时候，张震球是他的语文老师。在家族里，张耀顺的辈分比张震球高一辈，而张震球比张耀顺大 15 岁。

张震球回忆，1963 年春季，他实在没有吃的了，想找张裕生借点粮食。此时是张耀顺的母亲去世第二年，家里也只有张裕生一个劳力，要养活四个孩子，口粮本来就不够。张裕生还是从粮袋里倒出了 30 斤麦子送给张震球。他说，张裕生从来没有看不起像他这样的穷孩子，在他们遇到困难的时候，能出手帮助。张耀顺是传承了他父亲的家风，并且发扬光大了。因为张耀顺的乐善好施，他与张耀顺能说得来，亦师亦友。

张震球说："他（张耀顺）做了很多善事，我受他的影响。村里要重修苍山路，我也捐了两万块钱。我的经济条件有限，但我也想表达心意。我的儿子、外孙都是受他的影响。我的外孙去年为澄西中学捐了 10 万元。"

在 20 世纪 90 年代初，张耀顺已经出资修过一次苍山北路。但三十年过去了，这条路已坑洼不平。随着汽车的增多，原来的路显得窄了。苍山路从西石桥到苍山村水墩上这一部分由政府拨款已经拓宽改造了。剩下部分是水墩上通往汉墩头的，村里商定自己拓宽这段路，打算村里出资一部分，各位乡贤捐一部分，对苍山路北段进行提升改造。

张耀顺对于乡村修路表现得很积极，只要村里提出要求，他总是带头捐款。重修苍山路，别人捐 10 万元，他就要捐 20 万元。他的性格就是这样，在做好事上，他绝不能落后于人。

西石桥中心幼儿园是西石桥社区最大的幼儿园。张耀顺非常关心这里孩子的成长和幼儿园的硬件设施。当他得知幼儿园需要修整跑道，他主动送去了 5 万元。第二年又支付 2 万元给幼儿园添置投影设备。他和幼儿园的负责人保持着良好的沟通，时常到幼儿园去看看这里的孩子，帮助幼儿园解决一些实际困难。

对于老人的照料，张耀顺也是竭尽所能。有一次，他回到村里，听说有一位老年人在健身广场锻炼身体时摔骨折了。村里的健身广场器材安装已经很多年了，平常也没有多少人锻炼。白天老人们要带孩子，还要做些家务。晚上想锻炼，广场上没有照明设施，看不见。有些老人只能借着朦胧的月光，活动一下筋骨。因为光线太暗，绊倒摔伤的事情时有发生。

张耀顺建议给健身广场增加照明设施，方便村民健身活动。苍山村一共有22个自然村，每个村都有一个健身广场。有人给张耀顺建议，只给汉墩头装灯就行了，其他的村让他们自己想办法。张耀顺觉得全民健身对老百姓有好处，既然健身器材都装了，安装照明也不是多大的事。于是，他自己出钱，给这22个自然村的健身广场都装上照明设施。如今的夜晚，健身广场上跑步、拉伸、引体向上的中老年人多了起来。健身广场的点亮不仅发挥了健身器材的作用，更方便了群众锻炼，同时，也让乡村的夜晚更有人气。

2013年，兴港路南段扩建，张耀顺主动找到时任副镇长梅少华，提出要捐款。梅少华感谢张耀顺的好意，告诉他这条路有专项资金预算，没有考虑让企业捐资。

张耀顺认为，兴港路是镇政府主管修建，资金是有预算，但这条路是造福道路沿线的企业和老百姓。修路的过程中，征地补偿、管理费用等都有很多不可预计的花费，政府出大头，企业捐一点，把群众的事办快办好。

梅少华早就听说张耀顺乐善好施，热心公益事业，但对这样的惠民工程他也要主动参与还真是少见。现在企业对政府有关部门乱摊派、乱收费现象深恶痛绝。很多企业的老板，对政府关于集资、募捐等倡议唯恐避之不及，哪有主动找上门来要求捐款修路的？他知道张耀顺的企业规模和经营状况，比顺成公司大得多的老板，也没像他这样主动关心和参与社会公益事业的。从此，梅少华对张耀顺更加敬佩。梅少华在干部会上讲，像张耀顺这样的慈善企业家，政府不支持他还能支持谁？

修建兴港路南段时，张耀顺捐了6万元。

利港康复中心是一家公益性福利医院。街道办每年核拨的资金十分有限。这里大多是需要长期康复治疗的病人，医疗设施需要改善，医护人员的工资也应该有所提高。但康复中心的经费问题，负责人也是深感无奈。有人给负责人出主意，说张耀顺是一个好人，是一个慈善企业家，不妨找他试试。负责人与张耀顺素不相识，他找张耀顺能行吗？一位了解张耀顺的人对负责人说，张耀顺帮助别人是对事不对人，只要你真有困难，他一定会伸手相助。

张耀顺了解了康复中心的困难，为了更多的人能得到更好的康复治疗，他爽快地答应了。

后梅前横村修路，他送去1万元；西石桥过年唱戏，他赞助几千元是家常便饭。杨山沟村修路捐助1万元，查沟村架桥捐助5000多元……特别是捐给苍山村最多。你要问张耀顺，这些年为乡里村里做好事，捐出了多少钱，他笑着说：没有清单自己都搞不清楚，至少有四五百万元吧。他确实没有记过，也没想有什么回报，很简单很纯粹只是觉得该捐就捐。

有一次，利港镇党委书记陈奕给市政协主席徐冬青介绍时说，这就是专门做好事的张耀顺。于是，在利港、在西石桥提起张耀顺，人们都知道那是一个热心做好事的大善人。

张耀顺的同学、闸板村的村民何祖幸老师说，他这一生见证了闸板村村貌的不断变化。20世纪80年代前村容村貌几乎没变化，90

年代开始最显著的变化是平房变成了楼房。2000年开始，自顺成公司在闸板村诞生，村容村貌每年都有变化，特别是近十年的变化更是明显。

现在的闸板村，所有村道都是水泥路面，而且都装有路灯，汽车很通畅地到达家家户户门口。村东有利港河，村西有原老埠港河还与利港河相通，河边有绿化带及安全护栏，沿河还有水泥路。整个村庄水泥路网交通便捷通达四面八方，夜间路灯通明，进村路口有监控，村民安全有保障。

闸板村村庄变化的背后是社会各界投入的大量资金支持，其中顺成公司张总对每项工程都倾力解囊，每年对闸板村除工程建设进行投入外，还对维护管理费用予以支持。可以这么说，没有张总的支持，就没有闸板村今日的村庄变化。

第四十章
志同道远

冷风机市场就像一阵风，来得快去得也快。正如张耀顺所料，一个暴利市场，用不了多久终将暴毙。在利益的驱动下，大量伪劣产品充斥市场，出口形象快速坍塌。冷风机作为耐用品，在国内需求迅速满足之后，市场便冷清下来，供大于求，价格战开始了，打到最后又是一地鸡毛，这就是市场规律。随波逐流，很多企业没有赶上浪尖，却被踩到了谷底。

在此后不到两年的时间，各地很快冒出多个湿帘生产厂家，仅江阴就冒出了 10 家。湿帘市场供大于求，竞争不可避免。

稳住冷风机市场，他进入养殖市场，这是张耀顺当时采取的战略。

在冷风机市场，采取"抓优放劣"，保住优质客户，保证湿帘的质量不变、价格不降。对于那些只看重价格的小型冷风机企业，该舍弃的舍弃。张耀顺坚持不打价格战，不追求销量，只做好自己的产品、提升品牌价值。张耀顺在这场竞争中，始终坚持以最好的质量赢得客户长久的信赖，占据中高端市场。

进入养殖行业，是张耀顺生产湿帘的初衷，只是前几年由于养殖行业市场被国外品牌占领，自己进不去。加之冷风机市场火爆，应付交货都来不及，养殖市场的开发也就顾不上了。

种植市场主要是温室大棚。张耀顺发现温室大棚离开政府补贴，很难维持下去。因此，这个市场容量不大也不够健全，能做一部分，但不足以支撑自己的产能，而养殖市场是一个很有前景的市场。

2009 年，在中国的养殖业发生了一件大事，北京峪口禽业公司培育出了国产蛋鸡品种。消息一出，引起了国内同行的关注和国外种禽企业的恐慌。国外某蛋种鸡企业立即采取了对峪口禽业中断供货的措施，试图以此打压中国企业育种的决心。

在峪口禽业宣告中国蛋鸡品种培育成功之前的二十多年里，中国的鸡蛋产量已经连续位居世界第一。虽然中国已成为世界蛋鸡生产第一大国，但蛋鸡的种源却主要依靠从国外进口。为此，中国不仅要花费大量外汇，还增加了动物疫病传播风险。更重要的是，中国人的食品安全由外国人决定，关键时刻，一旦国外对中国的种源断供，就会对食品安全造成重大风险。

在国产种鸡培育出来之前，峪口禽业生产的鸡苗，其祖代鸡是买的国外的。一对祖代鸡几百元，而生产一只鸡苗只能卖两三元，市场不好的时候甚至只能卖几毛钱。作为早期进入中国家禽业的峪口禽业的董事长孙皓，深感中国是一个禽蛋消费大国，却在国际家禽业没有话语权。他一直有一个愿望，就是培育出属于中国的原种鸡，于是，峪口禽业一边引进种源，一边培育自己的原种鸡。

吴桂琴是峪口禽业育种的首席专家和项目带头人，她说："那时我们在深山里建厂，所有技术人员就住在原种场，白天在鸡舍里观察、测定品种的各项性能，晚上进行分析，熬夜是家常便饭，虽然每天都很累，但是大家心里都铆着一股劲，不管多么困难，都要把新品种培育出来。我们一干就是十年，2009 年，终于自主培育出了高产蛋鸡品种。"

国产的蛋鸡品种要形成产业还有很长一段路。面对国外企业的种鸡断供，自己培养的种鸡还没有形成产业，企业面临巨大风险。在一次中国蛋鸡大会上，张耀顺见到了峪口禽业的董事长孙皓，这位致力于蛋鸡品种国产化的企业家，此时，内心承受着很大的压力。

在会议的演讲中，孙皓说，我们不能只跟着外国人跑，替别人卖东西，挣一点劳务费。全球产业链应该有中国人说话的席位和分量，中国的产业应该由中国人来主导。

十年后，峪口禽业自主培育出 5 个各具特色的"京系"蛋鸡新品种（配套系），这些新品种以产蛋多、死淘率低、耗料少、蛋品优和综合效益高等特性深受全国养殖者信赖，累计推广 65 亿只，国内市场占有率 52.8%，也就是说，中国人每吃 2 枚鸡蛋就有 1 枚来自中国人自己培育出来的鸡蛋。

种业作为国家战略性资源，对产业的中下游有一个规模性的放大效应。每一只种鸡都处于繁育金字塔的塔尖，从纯系鸡种繁育到祖代、父母代再到商品代的蛋鸡，是 1:24 万倍的放大效应。

衡量一个企业的价值，并不在于企业的规模有多大，也不在于这个企业能赚多少钱，而最为可贵的是，它能为民族产业的发展起到多大的作用，能为国家的强盛贡献多少力量。企业赚钱是一回事，而创造价值却是另一回事。

"为一身谋则愚，为天下谋则智。"民族产业的发展，需要有识之士的共同努力。在与孙皓的交往中，张耀顺已经意识到，养殖业的目标是满足人民的生活需求和国家的粮食安全。产业链上的每一环，既是为个人谋求财富，更是为天下人谋福祉、为国家谋安全。在畜禽养殖行业，他要有话语权，他要与那些有社会责任感的企业家一起，共赴民族产业发展之路。于是，他先后加入了畜牧协会的各分会，并分别担任禽业协会副会长、养猪协会副会长以及畜牧工程协会副会长。

蛋鸡育种固然重要，但养殖同样重要。如何让蛋鸡养殖成为产业化，降低成本，人们都消费得起，这是摆在家禽养殖从业者面前的共同课题。早在20世纪70年代，我国就开始推行机械化养殖，以中国农业大学为核心的科研院所把蛋鸡笼养作为课题，从饲养方式、养殖设备方面展开研究。

中国的蛋鸡养殖与国外一样，经历了散养、半散养和机械化养殖的发展过程。机械化养殖具有规模化、产业化的优势，我国笼养设备从无到有，从进口到国产化，也是走过漫长的道路。很多企业家在这条产业链上殚精竭虑，发挥着各自的专业能力，为推动民族产业的发展发挥作用。

提起蛋鸡笼养设备自然就会想到广州广兴集团的创始人赖成幕先生。赖成幕，1980年毕业于广东工业大学，毕业后分配到西安电炉研究所工作。1988年创办广州市广兴牧业设备有限公司，任董事长、总经理，致力于家禽养殖设备的研究和制造。他主持开发的9层系列工厂化养鸡成套设备填补了国内空白。也就是说，过去地面只能平养一层鸡，而用自动化设备可以养9层，后来又发展到12层，极大提高了土地利用率，也提高了生产效率。

笼养设备是一项综合系统集成，涉及笼具、喂料系统、饮水系统、通风降温系统、环境控制系统、清粪系统和禽蛋分检系统。在国产笼养设备开发出来之前，进口设备主要来自欧洲，如荷兰、法国、意大利等国家。要完全实现国产化，仅靠某一家企业是无法完成的，还需要国内众多企业的共同努力。

张耀顺生产的湿帘正是笼养设备所需要的通风降温系统的组成部分。在他的湿帘开发出来之前，国内笼养设备中的湿帘，主要是用国外的产品。笼具企业一直在寻找国产湿帘来替代进口，实现笼养设备完全国产化。一方面是进口的湿帘价格高，交货期受中途运输的影响，存在不确定性。另一方面笼具企业的话语权不高，售后服务很难保证，加之地区时间差的原因，沟通困难。

赖成幕是一位与众不同的民营企业家。他受过高等教育，有国企工作的经历，无论是知识还是管理上都有良好的基础。在广兴，他把爱国情怀放在企业文化首位，倡导"爱国、厚德、创新、奋进"的企业精神，以"创造精品、服务全球"的经营理念，教育员工热爱国家、热爱企业、热爱自己的职业。广兴的企业文化识别色是中国红，商务用车是红旗轿车，重大节日除升国旗、奏国歌，他还组织员工唱红歌。人们评价广兴是有中国特色的社会主义民营企业。

赖成幕对他的技术人员说："过去我们的湿帘用国外的，是因为国内没有合适的产品，现在江阴顺成的产品质量与国外的不相上下，而且价格只有国外的60%左右，能为客户创造更多的价值。（我们）技术人员要多向顺成公司学习湿帘的专业知识，共同改进和提升我们的产品质量。"

张耀顺与赖成幕有着相同的创业经历，有着共同的社会责任与担当。于是，他们惺惺相惜，彼此关照，在民族产业发展的道路上结伴而行。赖成幕对张耀顺艰苦创业、爱心奉献的精神赞赏有加，从而对顺成公司的产品质量更加依赖。他认为产品的质量就是企业家的人品，他相信张耀顺，而且积极地把顺成公司的湿帘推荐给客户和同行。而张耀顺对赖成幕同样是认可的，广兴公司资金紧张的时候不能及时付款，他仍然正常供货，对赖成幕表现出极大的信任和支持，从来没有因为欠款而断货。他们因为合作而相识，也因为有着共同的价值观而成为好朋友。张耀顺每次到广兴拜访赖成幕，赖成幕都会推掉所有工作来接待他。整个下午，他们喝茶聊天，相互交流。

张耀顺给赖成幕讲他在湿帘开发过程中寻找到 F－261 胶的过程，真可谓"踏破铁鞋无觅处，得来全不费工夫"，讲他做塑机配件时出差路上的艰辛，讲他在后梅村圆织机项目关停后的心情，创业之中充满了艰难。

赖成幕回忆他在西安电炉研究所期间，那时候是单身职工，买了一台缝纫机给师傅们做衣服。他的裁缝水平蛮高的，老师傅挺喜欢他这个家在外地的年轻人。改革开放后，他回到了广东，在广州的郊外办了一个畜牧机械厂，从那时候开始生产笼养设备。赖成幕讲他如何在国内找到鸡粪传送带所需的材料。有一次出差住在宾馆，早上起来准备出门办事，电视里正在播放塑料传送带的广告。他眼前一亮，这不是他四处寻找的传送带吗？竟然在这碰见了。他通过电视台找到了广告里的传送带生产厂家，解决了鸡笼的一个重要部件。赖成幕还讲 1997 年亚洲金融危机爆发时，一夜之间，他的工厂停摆了。工人们都走了，他用篷布盖好设备，一个人蹲在车间，那一刻终生难忘。

两个人从午后聊到傍晚，讲各自的故事，讲共同关心的话题，讲产品如何改进，讲如何关爱员工，回报桑梓。晚上一起到广兴厂区后边的荔枝园吃农家饭。这是赖成幕的大姐开的农家乐，他想尽力照顾大姐的生意，只要来了朋友，他都会带到这里吃饭。大姐最拿手的菜是白斩鸡，三黄鸡是大姐在荔枝树下放养的，做出来的肉新鲜美味。养鸡行业的人不吃鸡，这是大家心里都明白的事，而在这个荔枝园却是例外。

2020 年，在广兴召开蛋鸡设备供应链大会。可以说，这是一次中国养鸡设备产业链的聚会，涉及成套设备各系统细分领域的优秀企业和专家。赖成幕邀请张耀顺作大会报告。张耀顺向出席会议的代表介绍了江阴顺成的发展历程、技术水平、生产能力和产品质量。表示以肩负社会责任、丰富人们生活为使命，不断提升企业的创新能力，为推动民族产业的发展而共同努力。

金秋十月的夜晚，广州珠江两岸的灯光渐渐亮起，整个广州城换上了美丽的晚装。赖成幕陪同张耀顺等一行参会人员，乘坐游船沿着珠江漫游夜景，仿佛置身于一幅幅绚丽多彩的水彩画中。灯火辉煌的琶洲岛、奢华耀眼的塔脚下，给人一种如诗如画的感觉。海印大桥在灯光的营造下犹如一艘双桅船在扬帆远征，又像两把巨大的竖琴伴随江面幻彩的水纹奏响珠江的光影乐章。随着灯光的变色，江面被渲染得五彩斑斓，华美异常。珠江两岸的高楼大厦被精心点亮出各自独特的姿态。广州塔，作为中国第一高塔，尽情地展现着小蛮腰，特别引人注目。震撼的音乐、闪烁的灯光、躁动的人群。远远在游艇上就感受到了小蛮腰的热情。而周边的小蛮腰公园，则有着别样的浪漫气息，人们可以在那儿散步、休闲，感受着浓厚的广州风情。

沿途还有各种独特的建筑和文化遗址，如宝岗窑、白天鹅宾馆等。这些见证了广州历史发展的地标，给游客带来了一份温馨与敬仰。珠江的历史和文化，是无数代平凡的广州人、无数的中国人一点一滴创造和描绘出来的。张耀顺、赖成幕、刘爱巧、孙皓，以及船上所有的游人，尽管他们来自不同的行业、不同的城市或者乡村，但都是历史的欣赏者也是历史的创造者。

张耀顺很少有这样愉悦和放松的身心。微风拂面，江水荡漾，游船缓缓行进。赖成幕向张耀顺讲着他的远景设想，他打算在家乡新丰县建一座养老院。那里远离都市喧嚣，山清水秀，适合老年人居住。城里有很多人一定愿意到那里度假养老，安享晚年。中国的老龄化越来越严重，养老问题需要政府与社会力量来共同努力解决。他还打算在新丰建一所学校。从小学到中学，用最好的设施，请最好的老师，不仅可以解决广兴的员工子女上学难的问题，还可以缓解部分社会教育资源短缺问题。

正是这些具有社会责任感的企业家，他们把自己呕心沥血赚来的钱，还给社会，尽最大的努力带领更多的人走向共同富裕。张耀顺是这样，赖成幕也是这样，他们成为朋友、成为融洽的合作伙伴是必然的。

2021年10月12日，张耀顺突然接到一个不幸的消息。赖成幕先生因病去世了。

一个志同道合的朋友、一个相互支持的合作伙伴突然离世，张耀顺难以置信，更难以接受。

他放下手头的工作，日夜兼程，驱车一千多公里，赶到新丰县大山深处的石教村。这里群山环绕，溪水无声，村舍静默。赖成幕的灵柩停放在他生前居住过的老宅。张耀顺在赖成幕的灵柩前上香鞠躬默哀。这一刻，他的内心是伤痛的，往事一幕幕浮现在眼前。曾经在广兴会客厅里，多少次的倾心长谈，彼此艰难创业的历程何其相似。在关爱员工、扶助弱者方面，他们做出了同样的选择。对于中国畜牧业的发展和设施农业的远景，他们有太多的设想。一年前，珠江夜游时赖成幕的设想，定格在那个秋天。还有太多未了的事情没有处理，还有很多愿望没有实现。张耀顺因为一个朋友的离世来到这个闻所未闻的小山村，这是他与赖成幕的缘分。

　　站在石教村头，望着层层的山峦，张耀顺在想象，在这关山难越的地方，他的朋友，赖成幕先生是如何走出大山、走到广州、走到西安、走过世界很多地方的。而如今，偌大一个广州他都要舍弃，在生命的最后一刻，回到了生他养他的石教村。层峦叠嶂的群山，以其雄浑和厚重，接纳这位优秀的儿子。山河无言，先生安息。

　　从此，"隔叶黄鹂空好音""长使英雄泪满襟"。

第四十一章

制定行业标准

养猪对张耀顺来说并不陌生。他从小打猪草、拌猪食、卖猪崽、垫猪圈、出猪粪等样样都干过，当赤脚医生时还能为老母猪治愈不育不孕。上初中时，因为早上起来要先喂猪才能上学，所以他每天只能跑步到学校，练就了他的长跑能力。

在经历了做圆织机配件、开发圆织机、建百乐门大酒店、生产拉丝机组，这轰轰烈烈的半生之后，因为生产湿帘而又与养猪打起了交道。

自2005年以后，由于国内外资本的大举进入，规模化养殖发展很快，能繁母猪存栏量在2012年达到顶峰。发展比较好的生猪养殖企业开始扩大生产，整合猪场资源，向集约化养猪发展。由于小型养殖户缺乏对市场的准确预期，想法常常被短期价格的波动所影响，涨价就扩产、降价就减产，导致跟风的养殖户赔钱。经过几次洗牌，散户基本被清出市场。

　　猪肉不仅关乎老百姓的饭碗，更是国家的战略性物资。猪肉的价格是影响物价指数的重要因素。有经济学家说，中国猪肉的价格走势就是物价指数的走势。因此，国家对猪肉进行战略储备，适时收储或投放市场来平衡猪肉价格。随着猪肉作用不断增强，国内外大量资本涌入养猪行业，催生了相关产业的发展，特别是养猪设施、设备的创新和发展让人大开眼界。

　　鄂州市碧石渡镇虹桥村，一栋26层的养猪大楼投产，这是世界最高、单体面积最大的楼房养猪示范基地，堪称养猪界的"天花板"。该项目包含两栋26层高的养猪大楼，总投资40亿元，一栋养猪大楼每年出栏量可达60万头，每年可产猪肉5.4万吨。在这栋高度自动化的养猪大楼内，拥有先进的新风系统，可以做到夏有凉风、冬有暖气，一年四季空气清新。每一层都有热水给生猪保温、喝热水、洗热水澡等，保障生猪健康。

　　中国畜牧业中的一些上市公司，已经建成和在建的项目中均已对楼房养猪模式进行了布局。这种大资金的投入是散户和中小型养猪企业望尘莫及的。没有人知道这种模式的投资收益究竟是多少，这种野蛮的投资方式，也许只有中国的上市公司才能慷慨得起。

　　养殖设备是养殖行业中的一环，处于养殖行业的下游。人们首先关注的是种猪、商品猪的饲养，包括动保、饲料、屠宰、食品加工等都是资金流动快的环节，而养殖设备属于固定资产，是养殖的基础设施。几十年来，养殖设备被资本忽视，没有一家大型上市企业。由于行业门槛低，大量的小企业进入，导致养殖设备良莠不齐。生产厂家各自为政，大多数产品缺乏统一的标准，这给设备的质量、采购和验收带来了很多麻烦。无论是设备企业还是养殖企业，都希望国家制定标准，规范产品的技术要求。

早在 2009 年，张耀顺进入湿帘行业不久，也就是在冷风机正红火的时候，他已经预感到湿帘行业的竞争将是不可避免的。他凭借在圆织机行业多年的经验和教训，建议尽早制定湿帘的行业标准，以引领这个行业的规范发展。农业规划设计研究院受农业部委托，邀请江阴市顺成空气处理设备有限公司共同起草《纸质湿帘性能测试方法》的行业标准。经过反复讨论修订，最后批准通过。于 2010 年 12 月由中华人民共和国农业部发布，标准号为 NY/T1967—2010。这个标准规定了纸质湿帘有哪些主要性能参数以及如何测试。也就是要告诉生产者和使用者，湿帘有哪些性能指标，怎样区别湿帘的质量优劣。

行业标准是由国家行业标准归口部门统一管理的。由国务院有关行政主管部门根据行业发展需要，组织相关专家起草行业标准，并向国务院标准化行政主管部门提出申请，经审查确定后，公布该行业的行业标准代号。行业标准颁布应报国务院标准化行政主管部门备案。当同一内容的国家标准公布后，则该内容的行业标准即行废止。一般来说，已经有行业标准的，在制定国家标准时，首先要参照行业标准，或者邀请原制定行业标准的专家参与制定国家标准。

一个企业能否参与起草标准，不是靠自己的热情，也不是靠提供赞助就可以的，必须满足以下条件：一是要有技术研发能力，只有在研发中才能收集数据和修订技术参数，确定各项数据的先进性。二是要有生产能力，一个好的标准要能满足先进的生产条件。如果制定一个标准谁都生产不了，这个标准就成了限制性条件，最终无法使用，一般企业生产的产品都要达到标准要求。除了技术工艺的先进性之外，有些产品还必须要有先进的生产设备。有些设备价格非常昂贵，一些实力弱的企业根本买不起。还有一些设备是非标的，像张耀顺生产湿帘的设备是自己制造的。标准没有指定用什么设备来生产，但实际上，只有这种设备才能生产出符合标准的产品。换句话，没有这种设备就生产不出符合标准要求的产品。这就是为什么企业要积极参与标准的制定，通过门槛把一部分能力弱的企业阻挡在合格品之外。三是企业的产品要有影响力。所谓影响力是指产品的市场占有率，大多数企业是否使用这家的产品，产品质量和服务在市场的口碑如何。如果说这家企业的产品质量很好，但价格太高，市场接受程度低，那么这种产品无法大面积推广，也就不能作为参照标准。所以，参与制定标准是一个企业综合实力的体现。

江阴顺成公司是国内最早生产湿帘的企业之一，是一家研究、制造和销售湿帘的专业化企业，2005年加入中国畜牧业协会，后来又出任猪业分会副会长单位。张耀顺本人担任中国畜牧业协会猪业分会副会长。江阴顺成的湿帘已经在冷风机市场、温室大棚、大型养猪场、养鸡场得到广泛使用，产品质量受到用户的充分肯定和认可。所以，他具备了起草行业标准的资格。

张耀顺自创业以来，一直梦想成为行业的领导者。在做圆织机配件时，他羡慕那些圆织机厂家主导着市场，那时候的他只是配角。在生产圆织机时，他厂小言微，别人说行就行，不行就不行，他的话没有分量。他希望有一天自己能制定出行业标准，让同行都参照他制定的标准来做。

他在湿帘行业深耕，放弃了圆织机配件、停止了拉丝机组生产，专心致志地生产湿帘。他要把湿帘做到中国第一，世界一流。这是他在几十年商海沉浮中总结出经验教训后做出的战略选择。只有做到世界一流，才有生存的机会。标准的起草一直是他的梦想，也是他在湿帘这个行业先入为主的品牌意识的觉醒。他已经实现了这个梦想，也为湿帘行业的规范发展起到了促进作用。

在进入畜牧业和温室大棚行业之初，张耀顺发现人生就是一个轮回。他从一个农民，到成为企业家，如今又一次回归农业。仿佛这就是宿命，走不出土地的羁绊，离不开善良的农民。在广西，他见过一对养鸡的夫妻，他们生活极其简朴，穿着脏旧的衣服，一双粗糙的手端着饭碗，苍蝇四处乱飞。他们就是这样省吃俭用，用多年的积蓄和银行贷款建起了这个鸡舍，想挣点钱，让生活富裕起来。因为资金有限，只能选购价格便宜的设备。而这些低档的设备新出厂时看不出有什么不好的地方，但用不了多久就报废了。不难想象，当他们用血汗钱买回来的设备成为一堆废品的时候，心情是多么沉重。

张耀顺到过山东、河南、河北的一些地方，见到一些作坊式的生产企业。它们偷工减料生产出来的产品，以极其低廉的价格充斥着市场。养殖户使用这种产品虽然便宜但是也会付出更高的代价。制定行业标准，能更好地让普通的养殖户甄别产品的优劣。

张耀顺在浙江一带发现农村有很多低矮的鸡舍只是用竹竿搭着一片黑色塑料网围成的，条件十分简陋。鸡场饲养水平太低，鸡的死淘率很高，农民辛苦一年赚不了几个钱，遇到行情不好还要亏钱。

张耀顺是一位商人，他需要赚钱，但他更是一位农民出身的企业家。他从乡村的养殖场回来，心情沉重。江浙是我国经济相对发达的地区，农民的养殖设施还有很多是这种状态，那西部地区的养殖场又是一个什么状态呢？畜牧养殖业在当时是农民脱贫致富的有效途径，如何生产出质优价廉的产品并让养殖户用得起是他努力的目标。

养殖户已经认识到设施养殖的重要性，开始筹资改造鸡舍。但市场上的风机、湿帘、饮水、喂料等设施鱼龙混杂，大量伪劣产品坑害农户。比如一台风机，质量好的需要一两千元，而劣质的只要五六百元。农户没有经验，也不知道怎样检测养殖设备，只是听信一些商家的宣传，盲目购买，遭受损失是不可避免的。张耀顺问当地的农户为什么不用顺成的湿帘，农户说他们知道顺成的湿帘质量好，但价格贵，他们用不起。

共同富裕不仅仅是他捐多少钱，帮助多少困难中的人，更重要的是他要让那些贫困中的人通过劳动赚到钱，从而富起来。张耀顺决定将自己的产品降价10%，并积极申请国家农机补贴，以降低养殖户的投资成本。然而，在他降价之后，随着国家环保政策的趋紧，各地的小造纸厂纷纷关停，牛皮纸的价格大幅上涨。成本的增加和价格的下调压缩了他的盈利空间，加之市场行情不好，企业几乎亏损。但为了维护客户的利益，他仍坚持不涨价，那段是他最难的时期。

看来仅有湿帘的行业标准是不够的，张耀顺希望设备行业多一些标准。他和协会的许多会员共同呼吁，尽快制定其他养殖设备的行业标准。

中国畜牧业协会畜牧工程分会成立之后，首要任务就是规范畜牧设备行业的有序发展，成为承担行业标准起草的组织者。面对众多的养殖设备，起草哪些标准、谁来制定标准、谁有能力制定标准都是要考虑的问题，中国畜牧业协会畜牧工程分会最终决定筛选部分协会会员，分别参与制定和完善行业标准，进而推行为国家标准。

2016年畜牧工程分会确定起草的行业标准，涉及各个细分的产品，如喂料、通风、饮水、鸡笼、保温箱等。因江阴顺成公司早在2010年已经完成了纸质湿帘的行业标准起草，并已经发布，这次不再重新制定。张耀顺这次参与了风机行业标准的起草。

所谓风机，就是负压风扇，主要应用于负压式通风降温工程，具有体积庞大、超大风道、超大风叶直径、超大排风量、低能耗、低转速、低噪声等特点。负压风扇从材质上主要分为镀锌板方形负压风扇和玻璃钢喇叭形负压风扇。它的工作原理是，向外排出空气使室内气压下降，室内空气变稀薄，空气由于气压差补偿流入室内。在养殖场实际应用中，负压风扇集中安装于场房一端，湿帘降温系统安装在场房对面一端。在这个过程中，禽舍或猪舍门窗保持关闭，强迫空气由湿帘一侧补偿流入畜禽舍内，由负压风扇排出。畜禽舍内换气速度快、换气率高，既能保持夏季的通风降温，也能保持畜禽舍内四季空气清新。通过具体的工程设计，根据需要设计换气速度和风机的开启时间，实现畜禽舍内的自动化、智能化环境控制。

风机的性能主要是关于风量和风速以及噪声等。如何测试这些性能需要统一的环境，因为每个畜禽舍的构造和条件都不一样。为此，张耀顺投入40多万元，与中国农业大学共同建立风洞实验室。

他希望行业标准起草越快越好，但标准的制定有其工作程序和很多需要考虑的因素。标准的起草、讨论、征求同行的意见和最后修订报批，涉及各方面的协调工作。中国的畜牧设备行业本身就是一个起步晚、基础差但又发展快的行业。

产品质量要好，价格要便宜，仅靠降价不是办法。国家对养殖户有农机补贴政策，哪些设备能列入补贴名录、行业标准起草进展快慢等，这些都是会员关心的问题，畜牧工程分会决定召开一次协调会，张耀顺建议会议由他来承办。

2018年10月，中国畜牧业协会畜牧工程分会理事会及标准化协调会在江阴召开，江阴市顺成空气处理设备有限公司是这次会议的承办单位，这是张耀顺第一次承办这样的大型会议。几十年来，他都是参加别人承办的会议，参观承办方的企业现场，聆听承办方热情的致辞，享受东道主的盛情招待，每一次都能给他留下很深的印象。这一次，他自己成为东道主，要把自己经营了十几年的企业展现给同行的朋友，让人们了解顺成，这需要勇气和自信。参加这次会议的有畜牧工程分会的会长、副会长、秘书长以及理事单位、国内畜牧设备方面的专家近100人。

这如同家里同时要来100多位客人，最辛苦的自然是主人。这些客人中的每一位都很重要，要么是客户，要么是行业的大佬。他们不仅有选择权、评议权，更是最好的宣传员。如何让每一位客人满意，要做充分的准备和完善的接待工作。

首先是企业的现场管理。张耀顺列了几页纸的整改方案，包括建筑物的外立面粉刷、大门的整修、文化墙的更新、现场的6S管理。虽然这些工作平常都在抓，但这次还是要再下功夫，要有焕然一新的感觉。这些事情不仅工作量大，而且需要投入一大笔资金。但是也值得，家里来客人，总得提前大扫除，下狠心"断舍离"，把不需要的东西扔掉，把需要的东西归整。现场的管理归根结底是企业的质量和文化的管理，从"整理、整顿、清理、清洁、安全、素养"这6S管理的内容，最终是要达到人的素养。只有员工的素养提高了，才能保证产品的质量。

其次要尽早准备的是礼品。送什么礼品是最伤脑筋的，价格太高公司超预算，太低又拿不出手。张耀顺在网上搜了一些江苏适合作为会议礼品的特产，看得自己眼花缭乱，比如：

南京有雨花石、云锦、彩灯、剪纸。

苏州有丝绸、红木雕刻、宋锦、苏灯、苏扇、苏绣、湖笔、卤汁豆腐干、茉莉花茶、浒关草席、桃花坞木刻年画、琢玉、碧螺春茶叶。

扬州有玉雕、刺绣、绒花、剪纸、漆器。

还有云雾茶、雨花茶、宜兴毛笋、惠山泥人、贝雕画、常州梳篦、南通蓝印花布、太湖石、宜兴紫砂陶器。

特色小吃虽然包装很精致，既适合家人享用，也最实惠，这些作为亲朋好友之间往来的随手礼是可以的，但作为企业的礼品似乎不合适。公司礼品既能显示地方特色，又具有耐用性、保存性。选来选去，最后选定宜兴紫砂壶。

紫砂壶是中国特有的手工制造陶土工艺品，其制作始于明朝正德年间，制作原料为紫砂泥，原产地在江苏宜兴丁蜀镇。用宜兴紫砂壶泡茶，既不夺茶真香，又无熟汤气，能较长时间保持茶叶的色、香、味。紫砂茶具还因其造型古朴别致、气质特佳，经茶水泡、手摩掌，会变为古玉色而备受人们青睐。

紫砂壶的档次，全在于紫砂作者的制作技巧和文化艺术含量，从制工精粗上归类，大致可分两类：大路货、细货。

大路货以实用为主，但从艺术角度看比较低档，使用对象亦多为江南茶馆和初涉紫砂的一般群众。这种大路货没法送人，更不具备珍藏价值。

细货分为作品级和产品级。作品级是指出于名艺人之手的作品，它不仅讲究造型的完美，而且特别讲究制作过程中的工艺质量。是艺人（作者）赋予泥土感情及其创造意识的结晶物，但这种作品不能批量生产，价格也太贵。

产品级是指具有一定欣赏价值并兼具实用性的艺品，有一定的工艺水平，其作者多为技术娴熟的良工巧匠，以复制传统造型为主，有批量的出品，也有相当的制作水平，是有欣赏价值的"产品"，而非个人的"作品"。

经过分析和讨论，最终确定一款精细的宜兴紫砂茶壶，外加有顺成公司 LOGO 的礼品包装盒。他向每位会议代表赠送一套精致的紫砂壶，一本关于他的传记文学《岁月顺成》。有些会议代表收到礼品，高兴地对张耀顺说："张总太有品位了，读书、品茶、论道。"

畜牧工程分会理事会议围绕畜牧设备面临的问题、行业标准的起草、农机补贴名录以及畜牧工程分会的工作安排等议题进行了讨论和沟通，取得了成效。会议期间，与会代表参观了江阴顺成的湿帘生产线，并对现场整洁文明的管理给予了高度评价。尤其是对江阴顺成的防火安全设施的投入和规范管理给予充分的肯定。生产线上，从一卷纸开始到湿帘的打包装箱，实现全自动化生产。畜牧工程分会的代表评价江阴顺成是中国湿帘生产企业的标杆。

参观结束后，张耀顺在百乐门酒店举行招待晚宴。此时的百乐门酒店已不是当年开业时的百乐门大酒店。大楼对外出租，由其他人经营。不过，在西石桥，百乐门大楼的风姿犹在。

畜牧养殖设备行业的同行相聚百乐门，张耀顺热情致辞，欢迎各位代表光临顺成公司，感谢广大客户、行业协会和友商对顺成公司的支持。表示将继续履行好协会副会长的职责，与各位同人一起，致力于中国畜牧工程行业健康有序发展，为中国畜牧业发展和丰富人们美好生活做更大的贡献。

第四十二章
千里送暖　情系延川

　　经过多年的发展，江阴市顺成空气处理设备有限公司已经成为国内湿帘行业的龙头企业，产品出口三十多个国家和地区。公司的日常管理已经形成规范化、制度化、流程化。张耀顺早已不用像十几年前那样东奔西走去揽业务，日常工作由副总和各部门领导负责。除了一些重大事情需要他亲自处理，他把更多的精力放在维护客户关系、关心社会公益事业上。

　　在他的办公室，有一面匾额："千里送暖　情系延川"。这是陕西省延川县人民政府授予他的。

　　延川县是陕西省延安市下辖的一个县，位于黄河中游陕北黄土高原东部，距离延安市80公里，距离江阴顺成公司1350公里。该县地形地貌属于黄土高原丘陵沟壑区，气候干燥，四季分明。就是这样一个沟壑纵深，"见面面容易拉话话难"的陕北延川县，却是文化部命名的全国现代民间艺术之乡。这里文化底蕴深厚，文人辈出，陕北

"千里送暖 情系延川" 匾额

唯一的状元李郃、清代女诗人李娓娓都出生在延川，近代以路遥为代表的延川作家群享誉中国文坛。

延川县户籍人口 18 万人左右，常住人口却不足 14 万人。全县 1985 平方公里，县府驻地大禹街道，原名延川镇，位于一条狭长河谷中。这条河叫作永坪河或永坪川，是黄河的一级支流。县城外最大的镇为永坪镇，人口有 3 万人，镇区与县城相当，这里是永坪河的上游多条支流汇聚地，地形较为平坦，算是延川县最富裕的地区。

2018 年之前，这里仍然是国家贫困县。导致延川贫困的原因很多。一是与延川特殊的地理条件有很大关系，生产条件不足，比如土地、水资源贫乏。延川多山川，川道狭窄，土地碎片化，不像其他区县有整片的土地可以耕种。再者，黄河沿岸"十年九旱"，逢干旱，粮食产量只有正常年的一半。二是农副产业过于突出红枣，由于气候变化无常，一到枣熟就下雨，导致产量锐减。之前大概 9 年时间中，红枣收成最低仅为正常产量的 20%，最高不超过 50%，这也是致贫的重要原因之一。三是没有自己的工业体系，工业收入仅为三四亿元，社会就业主要靠外出打工。如果一个家庭没有青壮年劳动力外出打工，家庭可能会陷入贫困。

江阴市与延川县帮扶对接。为了使延川县早日脱贫，江阴市有关方面做了大量的工作，派出了专职扶贫干部，组织社会力量共同参与扶贫工作。张耀顺是江阴市张氏文化研究会的常务副会长，参与老区的扶贫更是责无旁贷。

改革开放已经四十余年，中国人民已经从站起来到富起来，可是，当年为中国革命做出过巨大贡献的陕北老区的人民，还有很多处于贫困状态。延川县的贫困和落后的教学条件牵动着张耀顺的心，他希望尽自己的微薄之力，能为老区的人民做些什么。他来到延川县永坪中学，看到这里的教学条件和学生的生活状况，心情很沉重。几十年来，他一直在资助澄西中学的学生，并设立了奖学金。没想到，中西部地区的经济差距如此之大，这里的教学条件更需要改善。解决贫困问题，从根本上脱贫而不至于返贫，很重要一点就是"教育奠基、百年树人"。要培养出新一代有知识、有思想、有技能的农村人才，经济发展才会有希望。

永坪中学的教学设施还很落后，学校没有一间多媒体教室。很多学生没有走出过大山，没有见过计算机，对互联网接触很少。在这样一个高度信息化时代，让学生跟外界密切联系、接受互联互通的教育尤为迫切。张耀顺当即为永坪中学捐款十万元用于学校多媒体教学条件的改善。

不仅是学校的教学条件亟待改善，很多贫困家庭的孩子更需要帮助。这些贫困学生大多是家里父母身患疾病不能外出打工，仅依靠种地的收入承担不了家庭开支。也有一些家庭是人口多、劳力少，或者是其他突发意外事件导致的贫困。

王馨艺，女，2005 年 8 月出生，延川县永坪镇王家屯人。她的父亲患有糖尿病，常年吃药，只能做一些轻体力劳动。家庭经济来源主要是母亲在外打工。爷爷和奶奶已经年迈，勉强能独立生活。她有一个哥哥在高中读书。从王家屯到永坪中学将近 30 里路，他们兄妹两人只能住校。两个学生的生活费以及家庭的开支只靠母亲打工挣来的钱难以维持。她才 13 岁，正是花季少女，本应该如同山丹丹花一样地鲜艳开放，可她却在为自己的生活发愁。她在学校吃最便宜的菜，甚至不吃菜。为了省钱，每个周末回家步行 26 里山路，要走 3 个多小时。当她第一次走这么远的路，远远地望见奶奶拄着拐棍在村头等候她的时候，她忍住了腿酸脚痛，却再也忍不住眼泪，哇哇地哭了起来。从此，她每个周末走回家看看爷爷奶奶，周日中午又步行到学校。风里来雨里去，她在这条路上已经往返走了半年多。

她很羡慕班上的同学，有的同学父母在镇上租房子住，照顾他们生活、辅导学习。可她不行，她能上学都不容易了。父亲让她初中毕业就回家，上高中还得交学费，哥哥如果考上大学，家里确实负担不起。所以，王馨艺很珍惜初中阶段的学习。尽管生活很苦，但她比别的同学更努力，学习成绩一直在班里名列前茅。

张耀顺见到了王馨艺，一张稚气的圆脸，戴着一副厚重的眼镜。学校已经把王馨艺的家庭情况告诉了张耀顺，但他第一眼见到这个小女孩的时候，仿佛看到了小时候的大姐网娣和二姐秀娣。那时候家里困难，大姐早早就辍学了，二姐也没有读几年书。也正是大姐牺牲了自己的学习机会，他才读完了高中。眼前的王馨艺有读书的渴望，更应该支持她实现自己的梦想，不能因为贫困而让孩子失学。

张耀顺当即表示，资助王馨艺学习直到高中毕业。

六年后的一天，张耀顺收到了一封来自延川县的信。

尊敬的张爷爷：

您好，我是王馨艺。首先，向您报喜，我已经考上大学了。

第一次见到您的时候，那年我才上初一。因为家庭困难，父母时常为我和哥哥的学习费用而发愁。我总是感觉头顶有一块乌云压着。那时候，我不知道能不能坚持学习下去，更不敢奢望能读大学。是您给了我希望和力量。您的资助让我完成了从初中到高中的全部学业。

爷爷，我们远隔千里，我却能得到您的关心和帮助，这不是一般的缘分，是您的爱心所致。每个人生活都不容易，赚钱更难。您生活很简朴，却把节省下来的钱捐给学校，认领像我这样的贫困学生。也正是像您这样的爱心人士，在温暖社会，感动中国。我从您这里得到的不仅是物质资助，更是精神营养。是您用行动教我如何做人，学会奉献，懂得感恩。

爷爷，在您和江阴市对口帮扶下，在政府的支持下，我很高兴地告诉您，延川县已经整体脱贫。您一定为这一天感到高兴。

爷爷，您把慈善和爱心播撒在黄土高原，我便是那颗种子长出来的希望，必将延续您的根脉，传承您的大爱情怀。我会将感恩之情用于家乡建设，不辜负您的期望。

山水迢迢，遥祝爷爷平安健康。

张耀顺还帮扶了另一个学生芦智文，其于 2005 年 1 月 6 日出生，是延川县贾家坪镇石窑村人。从初一到高中毕业，张耀顺每年为其提供 2000 元的生活费。

如今，看到孩子们毕业了，张耀顺感到很欣慰。

张耀顺对于教育的慈善捐赠得到了政府和社会机构的高度好评。延川县政府向他颁发了"千里送暖　情系延川"的奖牌和证书。2020 年，由无锡电视台、无锡太湖教育发展基金会举办的教育慈善人物颁奖典礼上，对张耀顺的颁奖词是："感念桑梓、三十年爱心绵延。搏击商海，终不忘奉献真义。在知识改变命运的故事里，有你最温暖的记忆。大德至善、奠基未来，教育慈善人物——张耀顺。"

张耀顺获"无锡教育慈善人物"荣誉称号

第四十三章
收藏之路

2020 年，张耀顺出版了《江阴耀顺藏珍》一书。他把几十年收藏的部分书画作品整理成册，刊印成书，分享给朋友。著名画家也是张耀顺的老朋友祁峰为这本画册作序时写道："从张总的藏品中可以看到，不仅有全国著名书画家的作品，更耀眼的作品是首长的题词。从而不难看出，张总广泛的社交和收藏。可见他不是普通的老板，而是有文化的老板。"

的确，张耀顺的字画收藏很广泛。有名家的书法、绘画作品，也有老领导、老首长的题词。很多题词并不是为了艺术欣赏，而是记载一个时代，传递一份正能量。还有一些是民间的作品，收之藏之，渐成大观。

张耀顺与书画之缘是从何而起？又经历了怎样的故事呢？在这本《江阴耀顺藏珍》里，他讲述了与书画的初始接触。"犹记得，年纪轻轻闯荡市场之时，每每看到一些企业家办公室里挂着的画轴，或瀑布飞溅，气势磅礴；或骏马驰骋，威猛无比；或鸟语花香，恬静怡人……而装裱精致的条幅，或工整楷体，字体娟秀；或名家狂草，激情奔放……顿时就觉得这些字画挂在中间是那样浑然得体，那样气势非凡，心中不禁涌出一番别样的羡慕之情。我暗自思量，有朝一日，我也要拥有属于自己的办公大楼，办公室里也要收藏名人字画，用以陶冶情操，丰富精神世界。

"在谈合作项目时，经常能听到企业家们谈起这些字画，或绘声绘色，或饱含深情。我虽有些朦胧，但估摸这些字画一定大有寓意，才会导致企业家们感慨良多、倾情开怀。自那时起我就开始留心一些字与画，慢慢结交一些书画家，觅得一些名家作品。通过翻阅相关的作品背景介绍和参观书画展览，对这些传统的优秀书画作品又有新的感悟和理解。名人名家的作品，纵情挥洒，激情洋溢，使人深受熏陶与鼓舞。艺术家们那种向往高雅、追求卓越的意志力深深地感染了我，使我不忘初心，不断砥砺前行。"

张耀顺对于书画作品的向往和羡慕只是他自己的说辞，而真正引起他的向往或打动他心灵的不是作品本身，而是作品与欣赏者之间的共鸣。这种共鸣一方面来自作品的表达，另一方面是欣赏者情绪的微澜。究竟是什么时候又是什么原因在张耀顺心中播下了这颗艺术的种子，恐怕他自己也说不清楚。

所谓艺术细胞，是潜伏在一个人内心深处的一种欲望。这种欲望在大多数时候会安静于内心深处，当触及某种外界因素的时候，便会萌生快感，从而向往、学习或是创作。启蒙时期的老师、父母、居住的环境、接触过的某个人物等，都可能在心中埋下种子。在若干年后，遇到合适的环境和条件，便能发芽生长。孙过庭在《书谱》中讲到书法创造的"五乖五合"，其中"五合"："神怡务闲""感惠徇知""时和气润""纸墨相发""偶然欲书"这五种因素对创作一幅好作品具有重要作用。其中的"偶然欲书"，是偶然中存在着必然，是在某种外在诱因下发挥超常水平。

张耀顺的小学老师朱钢，写得一手精美的欧楷。在当今，能专心写欧楷的人不多，而能把欧楷写得很到位的人已经更少了。在物欲横流，企图一夜成名、一夜暴富的时代，一些人心里浮躁，哪能静下心来写字。所谓的吼书、射书、喷书等杂耍登场，荒诞怪异却自我标榜为书法艺术。不仅如此，这些所谓的"艺术家"，利用自己的地位影响，攻击田蕴章、田英章的欧楷。朱老师写的《朱子家训》，专工欧体，楷法规范、笔法精准。张耀顺从小就喜欢朱老师的字，他把朱老师写的"一粥一饭，当思来之不易，半丝半缕，恒念物力维艰"挂在公司的食堂。一方面是教育员工爱惜粮食，厉行节约；另一方面也是在欣赏朱老师的字。他在创业初期，把朱老师的字当作礼品送给客户和朋友，很多人觉得朱老师的字写得很好而大加赞赏，这可能就是张耀顺最早接触的书法作品。

张耀顺高中毕业，在苍山大队担任文艺宣传队副队长。这期间，文艺宣传对张耀顺的一生产生了非常重要的影响。那时期生命鲜活，很容易受感染，任何艺术形式都可能浸染心灵。在舞蹈队，张耀顺和年轻的男女一样，生命对外的张力正在那个激情燃烧的岁月尽情地表达着对美好未来的向往，用舞蹈的韵律去展现无字艺术。艺术是相通的，这段经历对他的艺术修养起到了重要作用。

赤脚医生的经历，对他的艺术细胞也是一种培养的过程。历史上很多艺术家出自医生，《红楼梦》的作者曹雪芹就精通医学，鲁迅先生也是弃医从文的。张耀顺所经历的年代正是中国医疗条件极其简陋的时期。乡村赤脚医生如同现在的全科医生，中西医都得懂，内外科、妇科、儿科通通在他这里不分科。望闻问切、洞察细微、药方精确是赤脚医生的基本功，练就了他察言观色的能力，而这种能力需要敏感的反应和心思的缜密。

在江南，历史上的收藏家数不胜数。如文徵明父子、项元汴家族、王世贞兄弟以及董其昌等。这些收藏家同时又是著名的书画家，他们的收藏一方面推动着当时书画市场的繁荣，另一方面推动了经济的发展。可是，张耀顺不是书画家，但他却热爱收藏和敢于收藏。热爱就是动因，喜欢书法作品的字法、章法、笔法、墨法、印章等，喜欢国画的构图、色彩、形象、意境等。因为爱而不想释手，于是便收来藏之。收藏则需要钱，需要付出，需要鉴赏能力。因为不是专业的艺术人士，收藏的风险他很清楚，但他不在乎。

所以，不是所有的企业家都喜欢收藏字画，也不是有钱就愿意收藏书画的。

自古以来，书画收藏是人类保存和发展文化的一种活动，是文化式的休息和知识型的娱乐，也是对人们产生心理上的代偿和补偿作用。张耀顺最初的收藏大概是娱乐和补偿，陶冶性情，藏物明志。到了后期，藏品最终还是回归社会，也算是一件利国利民的好事。

张耀顺是一位企业家，也是一位精明的商人。商人逐利，以较小投入，获取最大的收益。作为收藏品，它自有物质、精神两方面的意义。它是承载历史、文化、艺术信息的商品，其价值具有不稳定性。随着时代风尚、审美趣味的变化而变化，它们整体呈上升趋势。以书画为例，齐白石的同一幅画，在20世纪70年代才值2元，可现在的价值达到了200万元。

当年张耀顺与兰飞厂合作开发圆织机取得了成功，他有八九种配件供应兰飞厂，占销售收入的25%以上。所以，他要经常到兰飞厂拜访老朋友，处理一些产品质量问题，跟踪兰飞圆织机的改进，以便配合产品改进。一来二往，张耀顺与兰飞厂的许多人成了朋友。

1995年的一天，兰飞厂的邵兴秋给张耀顺介绍了一个人，是一位年轻的画家。这位画家于1992年8月才从甘肃酒泉调到兰州，在省档案局的画室工作。此人原名叫殷积寿，1949年出生于甘肃酒泉临水乡。8岁就开始自学铅笔画，18岁开始自学油画，1974年改学国画、书法、篆刻及诗词。因为在绘画方面有天赋，1975年被破格招进酒泉市工艺美术厂从事专业美术工作；1990年被调到酒泉市文化馆工作。

殷积寿因为崇尚祁连山的坚韧与大气磅礴，常以"祁连之子""陇上人"自诩，继而常在自己的画作上署名"祁峰"，以至后来干脆以祁峰署名于书画作品。

祁峰初来兰州，其作品虽然多次参展，也在当地获得过一些奖，但没有几个人买他的画。他蜗居在档案局的画室专心作画，生活自然是窘迫的。张耀顺看了祁峰画的驴、马，特别是群驴图和风雪中的骆驼很有视觉冲击力。尽管张耀顺不太懂书画欣赏，但他觉得画面很美。有些美只能意会，无法言传。张耀顺打算买几幅送给朋友或自己留着。

他给祁峰1万元，让他在兰州安顿好家，改善自己的生活，以便专心作画。这1万元对张耀顺来说，不是多大的事，反正他经常给客户买礼品，用祁峰的画作为礼品也能拿得出手。而对当时的祁峰来说，这1万元是他5年的工资，可以买一套房改房。何况他从酒泉初到省会兰州，安家过日子正需要钱，这无疑是雪中送炭。祁峰承诺给张耀顺画10幅骆驼作为酬谢。后另赠送了一幅《马》的作品。

两个人"萍水相逢，尽是他乡之客"。各自的状态不同，需求不同，一半是交易一半是情谊。

黄河东流，长江入海，时光荏苒。张耀顺与祁峰在各自的生活轨迹里前行，从此再无交集。只是会偶尔想起彼此在兰州相遇的瞬间。

这些年，祁峰的经历可谓是黄河奔腾。

1995 年 8 月，祁峰《八驴图》在庆祝中华全国总工会成立 70 周年"全国书画摄影艺术展"中获一等奖。1996 年，祁峰被中国书画家协会授予"优秀书画家"称号，被聘为中国诗书画研究院研究员、中华名人书画院院士，他的《风雪九驼图》被人民大会堂收藏。1998 年 9 月，祁峰晋升为一级美术师、《八驴图》在"第二届中国书法美术家艺术精品展"中荣获金奖，他的《群驴图》被毛主席纪念堂收藏。1999 年 12 月，祁峰被世界艺术家协会授予"世界杰出华人艺术家"和"世界华人百名艺术英才"称号，并任世界艺术家协会理事。2000 年，《风雪六驼图》在二十世纪国际艺术名家成就大奖中获国际金奖，同时被国际美联授予"国际银奖艺术家"称号，巨幅《风雪群驼图》被国家军事博物馆收藏。2000 年 12 月，祁峰荣获"中国百年风云人物"金奖。

此后的若干年，祁峰屡屡登上各大媒体的专栏、封面、专访等，已经成为著名的画家，他的多幅作品也入选了大红袍《中国当代名家画集》。

史树青先生对祁峰的作品有"笔墨精微处，心手双畅时"的赞叹；徐柏涛称祁峰画的骆驼为"天下第一"；张仃说祁峰画毛驴学黄胄，却能享"出蓝"之誉；廖静文论祁峰画马学徐悲鸿而"有自己的独特风格，令人耳目一新"。祁峰有"天下第一驼"和"第二个黄胄"之誉，是诗、书、画、印"四绝"集于一身的画家。

由于在公益慈善方面贡献较大，祁峰被授予"慈善之星""慈善大使""慈善艺术家"等称号。出版有《祁峰书画》《祁峰诗书画集》等。他的作品被《新华艺苑》《传世藏苑》《人民艺术家》等一百多部画集辞书收录。

2008 年的一天，张耀顺在家吃过晚饭，坐在沙发上看电视。电视里的《江阴新闻》正在播报著名画家祁峰来江阴举办个人画展并介绍祁峰的艺术成就。

张耀顺感到很惊喜，他赶紧喊来王锡英一起看，并将电视节目回放了一遍。祁峰，这不就是当年给咱 10 幅画的兰州祁峰吗？他来江阴办画展了。张耀顺经过打听，祁峰的画展在江阴博物馆举办，他本人住在九五部队招待所。张耀顺和王锡英立即赶到九五部队。

九五部队，军事禁地，张耀顺进不去。无论怎么解释，哨兵就是不让进。他让哨兵给祁峰递话，就说当年在兰州买过他画的江苏张耀顺来看他。

听说张耀顺来了，祁峰大感意外。想当年初到兰州，人生地不熟，在生活最窘迫的时候，江苏有一个老板给他一万元。现在，他出名了，生活也大有改善，他一直在打听这位曾经照顾过他的江苏老板，可就是不知道他的下落。他很想见到这位对他有知遇之恩的张耀顺。

祁峰一路跑出来，见到张耀顺，上前紧紧地抱住他，激动万分。

"张兄啊，我一直在找你，没想到今天在这里相逢，真是缘分哪！"

张耀顺握着祁峰的手，仔细端详着眼前这位大名鼎鼎的艺术家。想当年，一个刚从大漠走出来的小伙子，蜗居在西北边城作画，凭借顽强的毅力，刻苦钻研，成为当今著名画家。

张耀顺比祁峰小 6 岁，不同的道路，却有着相同的励志奋斗。张耀顺在商海中沉浮搏击，从50元起家，背着背包四处求人，到如今的中国"塑机配件大王"，成为当地知名的企业家；祁峰在艺海探索，从乡村的放牛娃，整天与驴、马、骆驼打交道，他用自己手中的画笔给这些常年在田野里耕作或在沙漠中负重驼行的牲灵赋予了灵魂，自己也成长为中国一级美术师。

江阴一逢，失散几十年的故知旧友重新走到了一起。他们分享人生体会，感悟岁月沧桑，奉献社会爱心，相守内心纯真。

祁峰曾赠送过张耀顺一幅骏马图，在题款上写道："春风得意纵横千里，耀顺先生惠存，乙亥秋于金城。"这次重逢，祁峰在这幅画上又补了一段落款："乙亥（1995年）秋，耀顺先生在兰州购得吾数幅画作，有幸在江阴办展，先生从电视节目中得到消息，故系十三年后，在他乡相遇，可谓缘分不浅也，戊子（2008年）腊月初八，于江阴博物馆补记。"可见两人的缘分来之不易，重逢更是传奇。

如果从投资增值的角度看，1995年张耀顺以1万元买了祁峰10幅画（还有一幅骏马图是回馈），而到了现在，祁峰画的骆驼一幅市值上百万元，这种投资回报远远超过任何一个行业。当然，这是张耀顺众多收藏中的特例，不可复制。

张耀顺收藏的几百幅字画，究竟付出了多少钱，现在又值多少钱，恐怕他自己也说不清，也很难估值。屋子里放满了各种字画，办公楼的走道上也是字画。到了顺成公司的办公楼，仿佛走进了画廊。他的收藏随处可见，无论到哪儿，只要感觉字画不错就买，要么藏于内，要么送于人。张耀顺的朋友可能都收到过他送的字画。以书画会友，便是他的交友之道。所以，有人说与张总打交道，得有点文化才行。

而对于收藏家来说，每一件藏品都有非同寻常的意义，对每一件藏品的各个细节、色调、神韵都了然于胸，而且熟知关于它的故事和传奇，它的得与失、来与去、聚与散都与他息息相关。

张耀顺是出了名的慈善家，做了很多善事。有一天，一个朋友找到他，说是有一个学生家庭困难，上大学的学费和生活费没有着落。家里有一幅画和一幅字，希望张耀顺能收购，以解决孩子的学费。一方面是这字画值一些钱，另一方面也是希望张耀顺做点善事。于是，张耀顺出 2 万元买下了。后来经过专家鉴定，这是陈大羽的真迹，另一幅是费新我的真迹。

后来他才知道，陈大羽（1912—2001 年），原名陈汉卿，字大羽，著名大写意花鸟画大师、书法家、篆刻家。陈大羽早年就读于上海美术专科学校，师从姚世影、马公愚、诸乐三、诸闻韵、王个簃，1946 年，经谢公展一位学生的介绍，得识齐白石并拜其为师，专攻大写意花鸟画。陈大羽以大写意花鸟画著称，尤擅长画雄鸡，曾任中国美术家协会会员、中国书法家协会会员、南京艺术学院美术系名誉主任，长期从事中国画艺术教育。他的作品以观察写生入手，从现实生活中捕捉灵感，从平凡生活中发现美，将乐观豁达的人生观和热爱生活的情感体验融入作品之中，体现出朴实豪迈的个性风格和时代艺术特征，他的作品具有很高的收藏价值。

张耀顺收藏的字画作品中，也有一些宗教人士的墨迹。如道生法师（俗姓裘，名干和，出生于浙江，曾任普陀山佛协谘议委员会主席，普陀山全山首座，普济寺方丈）的《心水常清》；果正法师（四川峨眉山佛教协会副会长，四川省佛教协会常务理事）的小楷《心经》；妙生法师（山西五台县普化寺住持）的《福》；星云法师的《千江有水》；本焕法师的《福》；任法融的《融和》等。这些知名住持或法师的墨迹大多有着不同的艺术和信仰双重作用。

他的藏品中，还发现一批知名艺人的字画，比如赵本山的《好人好梦》、朱军的篆体《周政行义》、姜昆的《谈笑风生》、马季的《云鹤游天》、特型演员钱锋的《气壮山河》、赵忠祥画的《驴》和书法《海纳百川》。从这些名人的字画既可以看出张耀顺收藏爱好的广泛，也从侧面反映了中国经济社会大繁荣时期，文艺的兴盛和人们对文化艺术的包容和对名人的崇尚。这是一个时代的印记，也是留在 21 世纪初期的美好回望。

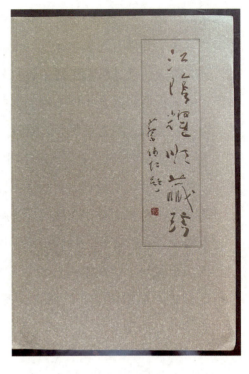

《江阴耀顺藏珍》

一代人有一代人的记忆，张耀顺用这些珍藏记录了自己的人生历程。世界之大，天地广阔，商海起伏，人生多彩，这就是张耀顺的经历。走进张耀顺的收藏室，也就走进了他的内心世界。只有他自己知道哪一缕阳光，哪一程风雨伴随着他与这些字画的结缘，和这些字画背后人物的千丝万缕。但当这些林林总总地展现在人们面前时，你会发现张耀顺一边是奋斗，一边是播种；一边是行走，一边是回归。奋斗在商海中，击水三千，独占鳌头。播种着艺术的种子，希望收获美好的结果。行走在时代的变迁中，而总是在回归人性的真善美。

他一定很想在一个阳光明媚的上午，沏一杯茶，轻松地欣赏那些珍藏的字画。林筱之的空灵散淡的笔墨，加之王维的诗。"红豆生南国，春来发几枝，愿君多采撷，此物最相思。"这样一幅传世的作品，经久弥珍。从这种散淡之中，转入了相思。他不知道祁峰的近况如何，字画行情每况愈下，祁峰的那些画作是否出手，但风雪中的骆驼，在大漠中依然昂首前行。这难道不是张耀顺人生的写照吗？

"大漠飞雪舞长天，阴云密布压群峦。风餐露宿踏万坷，翻山越岭砺千难。几度夕阳挽青山，归来不再是少年。"

2023 年 10 月 26 日，在澄西中学新校区落成之际，张耀顺把收藏的价值数千万元的字画，悉数捐给了母校。江阴市副市长杭成、市委宣传部部长程政、江阴临港经济开发区副书记张韶峰以及澄西中学的师生参加了捐赠仪式。澄西中学专门设立了张耀顺书画珍藏馆，为他颁发了"捐赠勋章"。

第四十四章

张氏文化会长

张姓，中华姓氏中典型的多民族、多源系姓氏。

张的本义是"使弓弦"，把弦绷在弓上，将要开弓，与"弛"相对。引申为开弓、上弦、捕捉、伸展等意义。张，也是星名，属朱雀七宿中的第五宿，天象的排列形状似弓。张是擅长制造弓箭的氏族崇拜的原始天象图腾，进而成为氏族名、地名和姓氏。

得姓始祖，张挥，号天禄，青阳之子，是古代重要武器弓矢的发明者。因弓箭的诞生对社会影响大，所以黄帝封挥为弓正，职掌弓矢制造。后又取弓长之意，赐姓张于濮阳，封地清河。后逝葬于帝丘（今河南省濮阳县）。因此，张挥成了张姓人的始祖。这一支张姓以青阳（清阳，在今河北清河县东面）为发源地，是为清河张氏。民间有"天下张姓出清河"的说法。

也有一种说法，张姓出自黄帝姬姓的后代，属于以字为氏。春秋时，晋国有大夫解张，字张侯，他的后代以其字命氏，也称张氏。

　　张姓还有其他根源而来的。如源自改姓，三国魏将张辽原姓聂，其家族为了避怨而改张姓，其子嗣便以张为姓；源自赐姓，世居云南的南蛮酋长龙佑那，于三国时被蜀相诸葛亮赐姓张，以后其子孙便以张为氏；由少数民族改姓而来，古代的女真、羯、鲜卑、匈奴、契丹等少数民族，有改姓为张姓的。

　　张姓氏族最早活动于"尹城青阳"，古地在今河南濮阳和河北清河一带。直至西周宣王时期，在陕西地区出现了张姓的踪迹，西周青铜器皿上铭有张伯、张仲，他们是西周的贵族。张仲辅佐周宣王，使西周得以中兴。

　　春秋时晋国是张姓发展历史上最重要的地区。河东"解邑张城"是张姓重要的聚集地和发祥地（古张城在今山西临猗西的黄河东岸）。张氏世代事晋，晋灭后事韩。张老、张侯（解张）均是晋国的大夫，张老的后代韩国贵族张良成为汉朝开国第一功臣，解张也被一部分张姓后裔奉为先祖。在西周、春秋战国时期，张姓人群主要活动于山西、陕西、河北、河南、山东等地区。

　　秦汉是张姓向四周发展和繁衍的重要时期。张姓在秦初进入了四川，再西进甘肃、宁夏等地。张姓人群活动地区迅速发展到整个北方、西北和四川地区，成为当时北方地区的第一大姓。同时，西汉留侯张良的后裔从陕西出发，徙河北入江苏，渡过长江，进入江南地区。西汉末，张姓已经到达浙江、江西和福建了。

　　明朝时期，张姓大约有560万人，约占全国人口的6%，为明朝第二大姓。主要集中于江苏、浙江、江西三省，大约占全国张姓人口的36%，江苏省成为张姓第一大省，全国形成了南方赣浙苏、北部晋鲁冀豫陕两大块张姓人口聚集地区。

　　根据第七次全国人口普查结果，依托公安部人口信息管理系统，采用大数据技术和顶级专家分析，2022 年 11 月 11 日《中国信息报》发布了最新版中国"百家姓"排名。其中，张姓人口数量为 9575 万人，占全国总人口的 6.79%，排名第三。

根据《中国人名大辞典》，张姓历代名人 1741 名，占总名人数的 3.83%，排在名人姓氏的第三位；著名文学家占中国历代文学家总数的 4.95%，排在第三位；著名医学家占中国历代医学家总数的 5.34%，排在第二位；著名美术家占中国历代美术家总数的 5.58%，排在第二位。

宗亲会是建立在相同姓氏基础上的血缘组织，是源自相同世系的同姓人聚在一起组成的姓氏团体。宗亲会最早是从 19 世纪初东南亚华人社会中的"馆、堂、会、祠"发展起来的，以血缘和地缘相结合为特征，范围小，规模也不大，并没有固定的组织或制度，人员也较少，只是为了祭祀共同祖先、调解争执或筹集慈善救济款而举行聚会。在其发展的过程中，随着人数的不断增多，才逐渐有了固定的场所、财产、收入、组织、事务，社会地位也相应地提高，带有更强的独立性。20 世纪 70 年代末，宗亲社团出现了联合的总体趋势，世界性宗亲组织开始纷纷建立。2003 年 11 月 29 日，世界张氏总会在马来西亚诗巫市成立。宗亲会的主旨为弘扬祖德、敦亲睦族、资助教育、奖掖后进、服务社会。一是弄清本姓氏源流，筹备、撰写、出版大族谱，这是所有宗亲会共有的一个职能；二是调解纠纷、解决争端、保护和支持同族成员，保持彼此间的融洽相处、精诚团结；三是济贫恤寡、育幼养老、筹集慈善福利款项，帮助同族人渡过难关，主办会员婚丧喜庆及各种聚会；四是定期组织祭祖仪式，尊祖祭祀，联络宗谊；五是定期举行聚会活动，作为各地同姓氏族人的联络中心，商讨宗亲会的筹集与使用，以维系其运作和发展；六是回祖籍地寻根谒祖，省亲观光，投资经商，设立奖项资助奖励英才，支援家乡经济、文化、教育事业。

江阴有近 7 万张氏人口，他们在各条战线、各个行业为当地的政治、经济和文化建设和社会繁荣发挥着重要作用。江阴张氏宗亲会作为一个交流联谊的平台，经过一年多的筹备，在张时献、张建峰等宗亲的努力和众多宗亲的支持下，于 2017 年 7 月 2 日在江阴市宣告成立。清河张氏宗亲联谊会会长张银豪、副会长兼秘书长张一杰应邀出席成立大会。清河代表的参会使江阴张氏宗亲的寻根问祖得到了认可。江阴张氏宗亲会的成立，对于弘扬张氏文化、传承祖德、推动和助力《华夏张氏统谱》江阴卷的编修工作具有重要的意义。江阴张氏宗亲划分六个片区，近 200 名代表参会，选举了 64 名理事，并推选张建峰为江阴张氏宗亲会首届会长。

清河张氏宗亲联谊会会长张银豪在成立大会上发表了热情洋溢的讲话，祝贺江阴张氏宗亲会的成立。张银豪会长在讲话中，介绍了华夏张氏祖庭的近况，诚挚地邀请江阴张氏族人常到张姓祖源地清河拜祖纳福。他表示，清河愿与各地张氏族人加强联谊、共叙亲情，携手大力弘扬张氏文化，传承先祖优良品德，为实现中华民族的伟大复兴而努力奋斗。清河张银豪会长代表华夏张氏祖庭管委会、《华夏张氏统谱》编委会、清河张氏宗亲联谊会以及清河 3 万余名张氏族人，向大会赠送了一尊汉白玉材质的挥公圣像，以示祝贺。

为表达尊祖敬宗的赤诚之心，刚刚成立的江阴张氏宗亲会为张姓祖源地清河的华夏张氏祖庭捐款 6 万元。

北京张氏文化交流联谊会创会会长张东辉、副会长张华夏，贵州张氏文化研究会会长张文立等外地宗亲也前往江阴祝贺。

四年后即 2022 年 1 月 20 日，江阴市谱牒文化研究会张氏文化研

究分会二届一次会员大会在江阴市委党校召开。

大会在雄壮的国歌声中开幕，全体会员向挥公像行三鞠躬礼。江阴市谱牒文化研究会执行副会长何公慰宣读关于江阴张氏宗亲会更名的批复和授牌。至此，江阴张氏宗亲会正式更名为江阴市谱牒文化研究会张氏文化研究分会，内部称江阴张氏文化研究会。

任江阴张氏文化研究会第二届理事会会长

在这次换届选举大会上，张建峰作《释放正能量 开创新局面 为提升我会凝聚力而努力奋斗》的工作报告。报告从八个方面总结了张氏文化研究会的工作并提出下一步工作思路。

大会选举产生了新一届常务理事8人，副会长12人。

常务副会长分别是：张国良、张平、张鹏程、张国清、张夫荣、张惠国。

张耀顺当选为会长。

江阴市谱牒文化研究会理事长张建兴向新任江阴张氏文化研究

会会长张耀顺授牌。

张耀顺作为新一届江阴张氏文化研究会会长，发表了履职演讲。全文如下：

"各位会员，本次大会选举我担任江阴张氏文化研究会第二届理事会会长，这不仅是领导和会员们对我的信任，更是理事和宗亲们给我的重托，此时此刻，我除了深表感谢外，更感担子重、责任大。肩负重任怎么办？我的回答是接好建峰会长的接力棒，增添二届理事的新动力。紧紧围绕释放正能量、开创新局面这一主题，勿忘昨天的辉煌，无愧今天的担当，不负明天的梦想，保持定力，不懈奋斗，勇毅前行，再创荣光。我的承诺是做到'五个一定'：

'一定要提高站位，开创政治建设的新局面。要与全体理事一道，部署工作牢记政治、开展活动突出政治、评好创优不忘政治、表彰先进对照政治，始终在政治立场、政治方向、政治原则、政治道路上同党中央保持高度一致。

'一定要发挥优势，开创固基扩面的新局面。要与全体理事一道，发挥我会官人、财神、文人的政治优势、人脉优势、经验优势和威望优势，在进一步做好强本固基的同时，尽力做好延伸扩面工作，使我会组织面更广、人更多、力更强、质更优。

'一定要敢于创新，开创工作特色的新局面。要与全体理事一道，在把敬老金、救助金、奖学金发放等常态化工作做细做实的同时，要更加近民众、听民声、顺民意、聚民智，拓展思路，敢于创新，力求把我会创建成特色更明、反响更好的社会团体。

'一定要形成共识，开创文化研究的新局面。要与全体理事一道，把谱牒文化研究工作作为要务之一，围绕张氏文化这一主轴，搭好研究平台，建立研究机制、激励研究人员，多创研究成果，为江阴谱牒工作增光添彩。

'一定要扩大民主，开创团结和谐的新局面。要与全体理事一道，继承和发扬好我会'最讲民主'的优良传统，坚持以宗亲为中心，加强民主协商、民主决策、民主管理、民主监督，加强理事与宗亲、本姓与他姓、党内与党外的团结，努力寻求最大公约数、画出最大同心圆，为汇聚共建最美新江阴的磅礴力量作出最大努力。

'各位会员：过去近五年，我会向宗亲、向历史交出了一份优异的答卷。现在，新一届理事会又踏上了实现第二个奋斗目标新的赶考之路，时代是出卷人，我们是答卷人，宗亲是阅卷人。我们一定要在地方党委政府的领导下，在市谱牒文化研究会的指导下继续考出好成绩，在新时代新征程上展现新气象新作为。'"

张耀顺的致辞得到了与会成员的热烈响应和高度评价，也充分表明研究会的会员对张耀顺的信任和支持。

在张耀顺担任会长的第一年，正是中国抗击疫情的关键一年。这一年各地疫情暴发此起彼伏，仅江阴就两度管控。正常的生产经营和社会生活受到了很大影响。如何能让研究会走出去、请进来，保证各项工作的正常开展是摆在张耀顺面前的重大难题。

2022年4月中旬，张耀顺带领张氏研究会的副会长、理事组成的乡村振兴代表团一行70余人，赴浙江长兴煤山镇新川村、安吉余村考察交流。4月10日，他们首先来到了宜居宜业的和美乡村新川村。新川村党委副书记胡春强、长兴书锦堂张氏宗亲联谊会副会长张慕成接待了考察团并介绍了新川村的发展情况。新川村大力发展生态工业，不断创新发展优势，形成了以天能集团为龙头、配套企业为补充、现代服务业为支撑的新型产业体系，为新川乡村振兴夯实了坚实的产业基础，现在新川村村民人均收益达15万元。4月11

日，考察代表团一行来到了红色教育基地安吉余村，这里是"两山理论"的发源地。漫步余村，青山叠翠、流水潺潺、道路整洁，家家户户住进了整齐的楼房。随行的会员深感促进乡村振兴的光荣与责任，决心发挥好张氏文化研究会的作用，为建设美丽乡村、推动乡村振兴做出应有的贡献。

到了江阴，才知道什么是全域工业。不像其他地区围绕市中心发展。在这里，城乡差距很小。厂房在乡村之间，乡村在工厂周围。一个田园式的城市，城市化的田园。这种全域经济得力于像张耀顺这样一大批敢干能干的企业家，带动了乡村经济的发展。

2022年12月17日，江阴张氏文化研究会二届二次会议理事（扩大）会议在江阴昊柏大酒店举行，张耀顺作工作报告。他说在这一年里，张氏文化研究会努力践行"讲政治、讲民主、讲规范"的理念，按照章程，关注宗亲期盼、加强宗亲联谊、构筑交流平台、促进全面发展，积极克服新冠疫情带来的影响，开展了主动捐款助力地方抗疫，开展乡村振兴调研活动，举办创会五周年座谈会，完成"三金"发放工作，组织会长轮流参观交流，组织学习党的二十大的精神，坚持评好张家好媳妇等活动。

张耀顺提出了2023年的主要工作。他强调要突出政治引领，注重谱牒研究，助力乡村振兴，开好会长例会，搞好三金发放，评选贤惠媳妇，组织书刊编撰，要开好理事会议等八项重点工作。

这次会上，特别邀请了顾问张明福解读了党的二十大精神。张彩英报告了基金会年度财务收支情况。为百岁老人和困难宗亲发放了"两金"。为2022年度26名"江阴张家好媳妇"颁奖。这些好"媳妇"事迹不同，各有特点，在传承家风、塑造家庭美德方面具有典型作用。她们用爱心呵护家庭、承担责任、恪守善良，对彰显社会主义核心价值观起到了表率作用，值得表彰。

2023 年，张氏文化研究会决定出版两集书刊，张耀顺任主编，组成专门的编纂委员会承担编纂工作。

在张耀顺担任会长的第一年，张氏文化研究会荣获市谱牒文化工作先进集体。市谱牒文化研究会理事长张建兴在总结讲话中说，衷心希望在耀顺会长的领导下，江阴张氏文化研究会的工作更上一层楼，相信在文化传承方面的工作一定会有新的突破和亮点。张氏文化研究会将继续发挥全市姓氏分会排头兵的引领作用，和全市各姓氏宗亲一起，共同为传承中华优秀文化、为江阴的社会经济事业、为中华民族的伟大复兴做出更大的努力和贡献。

2023 年 10 月，江阴流璜张氏文化园落成。身为张氏文化研究会的会长，张耀顺向文化园赞助 5 万元。

在担任会长的这两年，张耀顺与许许多多有着爱心的张氏会员成为好朋友，在捐资助学的路上结伴而行。

张澄清，与他的第一次见面就能感受到他有一种特殊的气质。既不像企业家，也不像慈善家，更不像农民。光头长脸，目光不恶也不善，吃斋念佛。你很难想象，奢华的酒店里高朋满座，人们享受着山珍海味，叙旧畅谈、推杯换盏，而他独自吃素。就是这样一个物质生活简朴的人，内心却装着大爱。2018 年，他到陕西延川县看到那里的群众贫穷，他从个人的积蓄中一次性捐款 100 万元，用于帮助贫困家庭，支持当地教育事业。张澄清不仅捐款助学，而且积极帮助人们解决就医看病等生活中的困难，在当地人们心中有很高的威望。

张文宝，如果没有人说他是一家企业的老板，也许你会认为他只是一个普通的打工者。公开资料显示，他 1989 年毕业于河北工业大学，1990 年开始创业，其他资料信息很少。饭桌上他大口吃菜、卖力地喝酒。宴会结束，他把剩余的菜打包带走，搭朋友的便车回家。

张文宝和他的妻子张敏华为江阴长泾中学设立馨尹教育发展基金会，合计捐资 200 万元，年均捐赠 12 万元，助力长泾中学发展。

他在长泾中学对学生们说："我只讲三句话。第一句：困难是暂时的，是可以克服的。第二句：学习要保持干劲，永不可松懈。第三句：遇到任何问题，要立即提出来。如今，国家对青少年十分关心关注，社会也是如此。我们成立张氏文化研究会，目的就是通过血脉凝聚力量，承担更多社会责任，也实实在在帮助了很多人，而且范围不仅仅局限于张氏宗亲。"

长泾镇文教科科长王丽君说："长泾镇历来就有敬教劝学的良好文化氛围。江阴张氏文化研究会长泾片区的张鹏程片长，同样是有着强烈社会责任感、有担当精神的企业家、有识之士。张氏文化研究会特别关注教育事业的发展，关心江阴、长泾学生的成长成才，每年都要为高校录取的江阴优秀张氏学子颁发奖学金、助困金。张建峰会长累计为社会捐助 800 多万元，多年前就一直默默资助长泾二中的贫困生完成学业，直到学生高中或大学毕业。由此，我对张会长的敬意油然而生。少年强则中国强，教育兴则中国兴，只有教育好，各行各业才能好。企业越是强大，这样的认识就越深刻，企业家们的社会责任感就越强烈。"

2023 年底，张耀顺作为张氏文化研究会的会长，受到许多其他姓氏文化研究会的邀请，参加他们的年会。例如，徐氏研究会、殷商研究会、刘氏研究会等邀请他参加年会，有时需要在会上代表张氏文化研究会致辞，甚至赠送礼品表示祝贺。

第四十五章
与炎黄为友

张纪清，1941 年 6 月生于江苏省江阴市祝塘镇景阳村。他是"感动中国"2014 年度人物和"德耀中华·第五届全国道德模范"助人为乐候选人。自 1987 年起，他以"炎黄"名义捐款、捐物，自己过着节俭的生活，隐姓埋名 27 年。

"感动中国"组委会给"炎黄"张纪清的颁奖词是："一个善良的背影，汇入茫茫人海，你用中国人熟悉的两个字，掩盖半生的秘密，你是红尘中的隐者。平凡的老人，朴素的心愿，清贫的生活，高贵的心灵。炎黄不是一个名字，是一脉香火，你为我们点燃。"

20 多年来，江阴人一直在寻找这位做善事不留名的"炎黄"，他的足迹已遍布整个江苏，甚至还延伸到了上海等地区。然而，关于炎黄的来历，却无人知晓。27 年过去了，人们只知道他的代号"炎黄"。就是这样一个神秘的好心人，激起了整座城市的好奇心。

张耀顺与感动中国人物张纪清合影

　　"炎黄"的事迹也引起了央视、《工人日报》、《新华日报》、《报刊文摘》等媒体的聚焦，央视四套"走遍中国"栏目组曾专程前来江阴拍摄了专题片《谁是炎黄》。

　　神秘的"炎黄"，以其做好事不留名的品德和无私无悔的爱心如一粒火种，在江阴大地形成燎原之势，涌现出了一个又一个新的"炎黄"。"炎黄"成了爱心奉献者的代名词。

　　自从张纪清的事迹公开以后，他被评为感动中国年度人物，受到了当地政府的高度重视和人民群众的尊敬，更是张氏宗亲的骄傲。张耀顺对张纪清是发自内心的崇拜，他觉得一个人做好事，二十多年不留名，那才是真正的大善之人。

　　张纪清同样被张耀顺造福桑梓、乐善助学的事迹所感动，对这个比他小十几岁的宗亲欣赏有加。从捐款的数额上，张耀顺远大于张纪清，但他们都是尽最大的努力去帮助别人。其实，张纪清的人生也曾经历过大起大落，而正是由于这样的遭遇，才使得他格外善良，热衷于帮助他人。自小，他就失去了亲生母亲，这和张耀顺的经历有着相同之处。

　　他们都是从小过着艰难的生活，饱尝了苦难的滋味，感受过善良的温暖，更懂得感恩的意义。他们把善良刻进了骨子里，把慈善化作了内心的安稳。他们都是甘于奉献社会的人，有着共同的价值观，因此，彼此惺惺相惜也就成为必然，两个人的往来就更加亲密。他们几乎每天都有信息交流，或是因事沟通或是轻声问候，总之，彼此相互惦记。

　　为了进一步弘扬"炎黄"精神，祝塘镇决定出一部《张纪清传奇》（暂用名），邀请张纪清、张耀顺与主创人员以及祝塘镇有关领导共同参加这次启动会。

从江阴顺成公司到祝塘镇有 30 多公里。张耀顺准备自己开车过去，而张纪清坚持要随车来接他。这位 83 岁的老人依然身体硬朗，早早就到了张耀顺的办公室。尽管微信上经常联系，但见面的机会还是不多。彼此寒暄之后，便一同来到祝塘镇。

在《张纪清传奇》创作启动会上，张耀顺对这部书的创作和出版表示赞赏和支持，并代表张氏文化研究会对祝塘镇政府表示感谢。因为从张氏文化研究会的角度，张纪清是张氏宗亲，该书的出版也是张氏文化研究会的光荣。张耀顺表示，愿从资料收集和资金上给予支持，希望该书早日与读者见面。

早秋的江阴，天高云淡，阳光温和。志愿者王卫平护送张纪清和张耀顺来到了炎黄陈列馆。

王卫平 30 多岁，人很精干。他是一家针织公司的老总，因为受"炎黄"事迹的感染，便主动做志愿者，负责张纪清外出活动的接送工作。据了解，作为"炎黄之乡"，近年来"学雷锋　学炎黄"志愿服务活动已在祝塘镇这片土地深深扎根，"炎黄"精神已然成为祝塘乃至江阴精神文明的一张名片。他们把弘扬"炎黄风尚"与全镇的志愿服务结合起来。根据时代的变化，重点关注留守儿童、空巢老人、困难职工、残疾人等特殊群体，采集信息结对帮扶，把志愿服务文明新风尚融入百姓生活。由此可见，乐于助人在江阴有很深厚的社会风尚。一代代人传递着爱心，无私地奉献着，才有了江阴的和谐与发展。

2017 年 7 月，祝塘镇启动炎黄陈列馆改建扩容工程，总投资 300 余万元，新馆占地 600 多平方米。"炎黄"陈列馆里记载和陈列着张纪清的故事和其生活中用过的物件。

在炎黄陈列馆，张纪清向张耀顺一行人员讲起了当年的故事。

20 世纪 60 年代至 70 年代末，张纪清担任生产队小五金厂供销员、企业负责人等职务。

1980 年，出身贫苦的张纪清凭借自己掌握的养殖技术勤劳致富，成为改革开放后镇上首家万元户，盖起了新房子，准备建工厂开公司。但当他了解到周边一些缺少家庭关爱的孩子无法上学和正常生活，便毅然改变初衷，决定把资金用来资助孩子们求学和生存。他认为炎黄子孙应该继承和发扬中华民族扶贫济困、助人为乐的优良传统，便身体力行，做起了好事。

1987 年 6 月 28 日，张纪清首次化名"炎黄"汇款 1000 元资助祝塘幸福院建设。此后 27 年间，从数百元到上千元不等，他化名"炎黄"或"黄炎黄"，多次以不同的虚拟地址向祝塘镇敬老院、中国青少年发展基金会、革命老区、自然灾害地区和中西部贫困地区捐钱捐物。他虽然不是党员，但多次在"七一"前夕交纳特别党费。

2014 年，一位老人晕倒在张家港邮政储蓄银行门口。随后，他被银行的工作人员紧急送往医院。由于老人的身边没人陪同，因而无法确定他的身份，也不能联系到他的亲属。无奈之下，医院只能联系当地警察。在民警到来之后，他们对老人的随身物品进行了整理和检查，并在老人的身上发现了三张汇款单。而这些单子上标明的汇款人，正是他们苦苦寻找的"炎黄"。就这样，他的真实身份才得以公开在世人面前。原来，这位老人名叫张纪清，是江阴市祝塘镇人，而他用"炎黄"这一代号来做善事，已经坚持了 27 年。就连他的妻子都被他瞒过了十几年，后来还是在给他洗衣服时偶然发现了汇款单，才知道丈夫原来背着自己做了这么多善事。同样善良的妻子并没有阻止丈夫继续行善，她有时也拿出自己微薄的退休金助丈夫一臂之力。就连子女补贴给他们的养老钱，也被他们定期汇给了希望小学。

张纪清说之所以用"炎黄"这个名字，是因为大家都是炎黄子孙，隐姓埋名做点善事，是不想给被帮助的人增加负担。他说，"我们做一点点小事，就不能以恩人自居"。

在陈列馆里，陈列着张纪清的老照片、老物件。有他汇款或寄包裹的存根，有他用过的桌子、竹椅，还有他本人一尊正在读书的蜡像。

张耀顺与张纪清，两位七八十岁的老人行走在一起，脚步很稳，内心纯真。阳光暖和，天空很远，你能感受到他们属于这片土地，而又属于那片天空。

在江阴，和张耀顺在一起，你会发现有太多的人在做好事、在做好人，似乎整个江阴都是一个热心助人的城市。有人说这是因为张耀顺所关注的是和他一样乐善好施的人和事。所谓物以类聚、人以群分，在张耀顺身上体现得很突出。正如网络时代一样，张耀顺就是一个跳动的"字根"，这些字根包含着"热心、爱心、捐款、助人"。你所读到的满篇都是因他而"推送"的助人为乐的热心人。

第四十六章
爱心仍在路上

　　三年大疫之后，人们还会反复地被感染，免疫力受到极大破坏，伤风感冒时有发生。尤其是 2023 年冬季，大量的儿童发生支原体感染，门诊的接待量大幅增加。很多患儿住不上院，只能在门诊输液。国家卫健委要求有条件的医院，尽量开设儿童门诊。

　　整体经济并没有像人们想象的那样在疫情后快速恢复。新年献词里有这样一段话："前行路上，有风有雨是常态。一些企业面临经营压力，一些群众就业、生活遇到困难。"

　　2023 年正值江阴市企业家协会成立 40 周年，张耀顺应邀参加了这次年会。人们在交流中感叹宏观环境"严峻和复杂"，生意难做，大多数企业经营业绩下滑。江阴市委书记许峰勉励大家要不惑于形势变化，把握好危与机的关系。要增强发展的信心和底气，紧紧抓住全球产业变革重组、国家利好政策叠加、江阴重大战略起势等机遇，不断提升对外部环境的敏锐洞察力、果敢决断力，做到在危机中育新机、于变局中开新局。要不惑于进退取舍，把握好稳与进的关系。既要稳住主业和心神，也要在创新赋能、人才引育上更进一步，不断开展技术创新、人才创新、模式创新、管理创新，主动对接身边的科教资源、人才资源，为企业发展注入源头活水和强劲动能。要不惑于固有路径，把握好立与破的关系。既要用心树立企业愿景和品牌，也要不断顺应时代、迭代认知，破除守成心态、固有模式，敏锐识变、主动应变，全方位推进"智改数转网联"，推动企业持续打开新的成长空间。要不惑于眼前利益，把握好利与义的关系。要继续办有责任、有担当、有追求的企业，关爱员工、依法纳税、诚信经营、保护生态，为江阴的经济发展、社会进步、民生改善贡献更大力量，赢得社会更大尊重。

张耀顺的顺成公司经营状况同样遇到了困难，上半年的订单还可以，工人们加班加点生产。可是，下半年的业务量大幅下降，开工不足，只能勉强维持运转。

无论他的企业经营状况如何，张耀顺对捐资澄西中学"张耀顺奖学基金"的计划没有变。他还决定向无锡市江阴暨阳教育发展基金会注资150万元，用于澄西中学教育发展专项基金。

澄西中学现任校长於燕华对张耀顺的这一决定深感敬佩："当张总提出一次性捐赠150万元用于奖学金，我感到很意外。张总一直为'张耀顺奖学基金'续资，从1988年到现在，澄西中学'张耀顺奖学基金'的发放从未间断。而且从当初只对学生的奖励，扩大到对优秀教师的奖励。这一次巨额捐赠，让学校师生很感动。他从风华正茂的青年到年近古稀的老人，一生都在关心和支持教育事业。"

在谈到张耀顺对教育的贡献时，於燕华说："张总一直关心学校的教育和发展。在新校区的建设中，张总也是十分关心，多次到学校了解工程进度。正是有像张总这样一大批热心人士的关心，澄西中学才能继续留在西石桥。尽管张总为澄西中学的发展给予了大力的支持，但他从未向学校提出关于他个人的要求。"

学校的其他老师对张耀顺同样给予很高的评价。

2023 年 10 月 26 日，江阴市澄西中学隆重举行新校区启用仪式。江阴市委常委、宣传部部长程政，市委常委、临港经济开发区党工委副书记、管委会副主任张韶峰，副市长杭成，临港经济开发区管委会副主任陈卫东，市委教育工委书记、教育局局长徐前锋，利港街道党工委书记盛达出席仪式。在这个仪式上，除了为新校区揭幕，还有两项重要议程。一个是接受 1965 届校友向学校捐赠的"陈毅立像"，另一个是张耀顺先生向"张耀顺教育发展基金"增资 150 万元，并将其收藏多年的字画捐赠给学校，助力母校教育事业发展。江阴市副市长杭成、澄西中学副校长陈文才向张耀顺回赠"捐赠勋章"。

2023 年 12 月 27 日，"张耀顺教育发展基金"签约仪式在澄西中学举行。江阴市顺成空气处理设备有限公司董事长张耀顺，无锡市江阴暨阳教育发展基金会理事长王玉泉、副秘书长王时强，澄西中学校长於燕华等出席了签约仪式。

在签约仪式上，张耀顺介绍了自己捐资助学的前因后果，话语中满怀对母校的感恩深情和回馈社会的责任担当，展现了一位优秀企业家的铁肩担道义。

江阴暨阳教育发展基金会理事长王玉泉（原江阴市教育局局长）在讲话时说："我们在澄西中学举行'张耀顺教育发展基金'捐赠仪式，作为无锡市江阴暨阳教育发展基金会签约方的代表，我很高兴来参加活动。首先，我谨代表基金会向捐赠方江阴市顺成空气处理设备有限公司以及董事长张耀顺先生表示衷心感谢，感谢张先生一直以来对江阴教育事业的关心和支持。同时，我也要向澄西中学设立奖教助学基金表示热烈祝贺。"

王玉泉介绍了基金会的情况。他在讲话中说："无锡市江阴暨阳教育发展基金会（以下简称暨阳教育发展基金会）成立于2019年5月31日，是经无锡市民政局批准登记的公益慈善组织，业务主管单位是无锡市教育局，无锡市教育局委托江阴市教育局代行管理。暨阳教育发展基金会的宗旨是：通过筹集社会资金，开展助学、助教等公益事业。暨阳教育发展基金会自成立以来，为企业和社会各界爱心人士搭建了一个捐赠平台，接受捐赠者的捐资、捐物。近几年来，暨阳教育发展基金会恪守公益宗旨，对捐赠资金进行规范管理，同时根据受捐学校、受捐群体的要求或捐赠者的意愿，定向发放捐赠资金或捐赠物品，开展扶困助学、奖教助教、教育交流等公益活动，助力江阴教育高质量发展，取得了良好的社会效益。"

他还说："尊师重教、捐资助学的良好风尚，在我市有着深厚的历史积淀和社会基础，一大批企业家、社会各界爱心人士热心于慈善公益事业，为我市教育发展、学校提升、学生成长等出资出力，无私奉献。各学校是接受捐资助学的主体，希望澄西中学以'张耀顺教育发展基金'为基本盘子，大力宣传捐资助学慈善之举，主动对接一批企业家和社会各界爱心人士，采用项目捐、冠名捐、定向捐等多种捐款形式，拓宽募集渠道，扩大基金规模，助力学校发展。"

"按照基金会《章程》，今天，签订了《无锡市江阴暨阳教育发展基金会'张耀顺教育发展基金'定向捐赠协议书》。作为捐赠资金的管理方，我们一定会合法、合规管理和使用好基金，遵照捐赠方的意愿，与受赠单位澄西中学确定奖教助学公益项目及实施协议，最大限度地提高基金的使用效益，让更多的老师和学生受益。"

张耀顺接受江阴融媒采访

张耀顺在接受江阴融媒体"江阴时刻"采访时说："我是澄西中学七五届校友。是学校培养了我，是改革开放这个伟大的时代让我富起来了。我要感恩这个时代，带头走共同富裕的道路。个人富裕离不开知识，国家富强离不开人才。少年强则国强，我捐赠奖学基金，是希望同学们有一个好的学习环境，努力学习，成为对国家有用的人才。"

2024 年 6 月 27 日，为了支持革命老区山西吕梁方山县教育事业的发展，鼓励莘莘学子发奋学习，多出人才，张耀顺带领江阴张氏文

张耀顺荣获江阴市"捐资助学"突出贡献奖

化研究会团队不远千里赴方山县，为该县高级中学2024年高考文化类应届达一本线的前50名优秀学子颁发了"江阴张氏奖学金"。

张耀顺作为江阴张氏文化研究会会长，代表江阴张氏向取得优异成绩、即将走向全国各地求学的受奖优秀学子表达了真诚的祝贺，并希望同学们在实现自己梦想时务必摆正心态、瞄准目标、再接再厉。

获奖学生代表弓云涛对江阴教育管理团队的培育之恩及江阴张氏文化研究会的无私大爱表达了发自内心的感谢，表示将带着这份温暖走进大学，怀着感恩之心努力拼搏，努力学有所成，建设家乡，建设国家，回报社会。

方山县副县长刘亮勤向关心支持方山县教育事业的江阴张氏文化研究会表达衷心的感谢和崇高的敬意。

第四十七章
瑞雪话桑榆

　　"张耀顺教育发展基金"捐赠仪式的第二天，他通过银行转账，将150万元资金转入无锡市江阴暨阳教育发展基金会账户上。至此，澄西中学奖学金的捐赠也就画上了完满的句号。

　　这是2023年的最后一天。清早，他给几个朋友发过问候，回复了微信，给朋友圈的文章和视频点赞。这是他的习惯，如同批阅文件一样件件有回复。在网络时代，情感的联络在举手之间，只要你有心，距离不是问题。

　　他泡了一杯安吉白茶。干枯的茶叶在85℃的热水中舒展开来，透过玻璃变成浅绿色。世间万物皆有灵性，只要有合适的温度和水分，自然的本性便会展现出来。

　　有些人喜欢把简单的东西复杂化。比如喝茶，那些闲着的人把茶泡成了"功夫"。摆一堆的瓶瓶罐罐，茶水从一个杯倒入另一个杯，姿势优雅，咂一小口，再吸一口气，说是品茶，认为茶的价值不在于茶的本身，而在于泡茶的器具和喝茶的节奏。

张总不喜欢这样。茶是用来解渴的，正如同他所做的一切善事，都不是用来品的。

窗外的大雪从昨晚一直下到现在，此时更加来劲了，这是他很少见到的雪景。记得第一次大雪是他去庙前村见张东青，整个田野白茫茫一片，只有他身穿黑色的棉袄行走在舜山的路上。第二次是女儿出嫁，那是 2008 年，不仅是江阴下雪，整个南方也都在冻雨中。交通中断，参加婚礼的客人堵在了路上，但祝福并未迟到。

今天是他见到的第三场大雪，纷纷扬扬，像是赶一场大集。雪花落下的姿势取决于风。有风，它们便倾斜而下，落在预料之外；无风，它们便不急不慌地缓缓下落，不挑剔雪落的地点，无论是池边还是树枝，它们只在乎集体的厚度。

雨水和阳光是江南的主角，雪只是偶尔来一次客串。这一次出场，能持续这么久，这么认真，足以赢得掌声。

瑞雪兆丰年，人们都乐见雪花飞舞，但关心粮食和蔬菜的人却越来越少。

张耀顺望着窗外的落雪和雪中的景色，鱼池、棕树和车棚都已经被雪覆盖。对面的楼房和西边的厂房车间，这是他一砖一瓦建起来的江阴顺成公司，从 2004 年注册成立，至今已经二十年了。雪地上有几名工人在装车，那是等待发往美国的湿帘。白色的雪地、红色的货车、暗黄色的湿帘、蓝色的羽绒服，还有雪花飞舞的背景。动与静，组成了一幅雪中画。此时如果祁峰在场，也未必能画出雪中的场面。张耀顺取出手机，拍了一张《雪舞顺成》。

这是时光的剪切。人生就是由这些转瞬即逝的时光接续而成。

"下一步你如何打算？"朋友问他。

"再过两年就正式退下来，过一段清闲的时光。"

他手焐着茶杯："公司的事就交给年轻人去打理。一代人有一代人的追求，我相信他们。"

"你能放下吗？"朋友问道。

他没有回答，只是站在窗前，依然望着窗外。

雪花扑向大地，往事浮上心头。

当年抱着女儿去安徽出差，女儿哭闹的样子和他的狼狈窘态永远储存在脑海中。从上海坐火车到重庆转汽车，先后到达四川富顺县，湖南岳阳、常德、湘潭。淋过洞庭的雨、住过甘肃武威的旅馆、吃遍兰州的拉面。想起了远方那些走过的路，他记忆犹新，不知道现在变成什么样子了。也不知道如果他再走一次，是否还能找回当年的印记。

人生到处知何似，应似飞鸿踏雪泥。

泥上偶然留指爪，鸿飞那复计东西。

老僧已死成新塔，坏壁无由见旧题。

往日崎岖还记否，路长人困蹇驴嘶。

张耀顺比苏东坡还狼狈，路长人困时，他只能睡在火车的座位底下，那是他一生中闻到的最复杂的味道。

是啊，退休了买一辆房车，和王锡英一起，把 40 年前走过的路再走一遍。沿着记忆走，那些小镇、那些县城、那些住过的旅馆都去一遍。他无法估计要走多久，但他知道回忆是一条没有尽头的路。他会把当年的故事讲给王锡英听，把这些素材整理出来，写一部《张耀顺游记》。

此时的汉墩头也在这场瑞雪中静寂。村子保持着昨晚睡前的状态，没有车辙、没有人迹、没有爪印。荷塘的水在容纳着雪花，只有残荷点缀少许黑白，有了水墨画的意味。杉树站成了一排，它们的姿势从来不是为了给人看的。当年汉墩五金厂的那五间平房，还是那么本分地守候在原地。透过窗户，能看到里面放有少量杂物，已经没有其他的用场。雪落在屋顶和门前，覆盖了苍老的模样。对面就是胖嫂的家，透过大门，能看见胖嫂艰难地挪动着脚步，不知道她的身体能维持多久。

穿过村里的小路，便到了1985年盖的三层小楼，旁边是弟弟耀宏的房子。不愧是亲兄弟，连房子都要并排地站在一起，哥东弟西，站成一模一样。晚年的张裕生被冲床冲断了三根手指头，从此再也无法干活。张耀顺每个月给父亲生活费，直到父亲从这里去世。如今这两幢房子都闲着，站在这里时间太久，已经是蓬头垢面。从前，房子越烂，说明这家人越穷，如今正好相反。

回忆的盛宴里最不能缺席的是大姐网娣。她的娘家就在这汉墩头，就在荷塘的那边。人世间还有比那更苦的日子吗？泪水与苦难早已风干，成为她人生长途的干粮，足以应付此后的风雨。在路上，大姐遇见了符林才，彼此携手同行，一路经营着他们的光景。

远去的酸甜苦辣，现在咀嚼起来，都是一杯茶的味道。

大姐的手机里装满了孙儿的照片和视频，这是她最愿意分享的幸福。子孙的优秀，是人生晚年最好的福报。晚霞的这边，大姐慈祥地微笑着。身边有这么多人陪伴：丈夫、儿孙、弟弟、弟媳，还有侄女也是她的干女儿张静。

真好，为大姐的晚年而高兴。

那个曾经被他救起的落水少年张建兴，正在吃力地从楼上下来。

前些年他还在村子附近的工厂里打工，如今儿子成了家，用不着他挣那几个辛苦钱。其实，到了张建兴这个年龄，钱多钱少都一样。穿衣只要护体保暖就行，吃饭越简单越好。人生上半场拼实力，下半场比健康。

以前热闹的水墩上，在野外孤零零地没人管了。这里曾经传出过琅琅的读书声："我爱北京天安门，天安门上太阳升，伟大领袖毛主席，指引我们向前进……"

现在学校废弃了，水泥抹成的黑板还在墙上，不知道什么时候被撞了一块疤，上面布满了蜘蛛网和肮脏的灰线。

"学生去哪儿啦？"

"家长去哪儿，学生就去哪儿了。"

是谁在医疗站的位置上盖起了一座庙。庙宇是新的，据说是违建，处罚了几个人，还问责了村干部。

"然后呢？"

没有人知道，黄土堆在水墩上。一切都在改变，只有水墩四周的河在依旧流淌着，不深不浅。

西石桥呢？他早上还从西石桥菜市场买菜回来。如果记忆被更新的内容所覆盖，他所看到的永远是当前的页面。

现在的西石桥已经是社区，这是近些年才有的称呼。从当年的西石桥公社、西石桥乡、西石桥镇到如今的西石桥社区，这是城镇化进程的演变。城镇化带动了经济发展，每个人都在其中分享了红利。

公平路没有太大的变化，它也没法变化。百乐门大酒店在镇澄路与公平路的路口已经伫立了8372天。它保养得还好，仍不过时，堪称"资深美女"。百乐门的招牌还在，那一夜的烟火不知道还有多少人记得。这并不重要，重要的是它曾经辉煌过。

这是西石桥的地标，没有百乐门，这里的人们就不知道从哪里上车下车，也说不清楚我在哪里等你，你到哪里找我。

这也是张耀顺的人生里程碑。如果没有百乐门，也许他的生活要平淡很多，他的回忆会从另外一个地方搜索。

百乐门的对面是新落成的澄西中学。两个月前，在这里举行了新校区落成典礼，张耀顺又一次站在了聚光灯下。他的形象通过"江阴时刻"传遍全网。从一个没娘的孩子，到学会做家务，挖荸荠、打猪草、卖猪崽、跑步到学校，当过赤脚医生、个体户、小老板最后到企业家、爱心人士、宗亲会长、社会乡贤。而今，走过人们为他铺设的红地毯，站在众人注目的舞台上，从市长手上接过捐赠勋章。

这勋章一半是奉献，一半是收获。

在澄西中学感谢他这位七五届校友的同时，张耀顺应该感谢孙永甫将他领上这条捐资助学的爱心之路。孙永甫是引路人，而张耀顺在这条路上一走就是 35 年。走过这条长路，不亚于当年从汉墩头跑步到五七农中时所要付出的毅力和耐力。

这条赛道人很少，最后只有他和他自己在竞走。

走了 31 万小时之后，他在鲜花和掌声中走进了澄西中学新校区。人们在这里为他举行盛大仪式，向他的爱心致敬。

"这一路走来，你最想感谢谁？"有媒体问。

"我多次讲过，首先要感谢这个时代。是这个时代给了我赚钱的机会，让我富起来了，我才有为人们做好事的能力。

"我要感谢我的夫人，我们一起创业，共同经营家庭和企业，她吃过太多的苦，至今还过着节俭的生活，但我每次捐款捐物，她都是支持的。只要我想做的事情，她都不会反对。

"我还要感谢兄弟们，几十年来一直跟随着我，不离不弃。无论企业经营状况好与坏，无论我自己发生多大的变故，他们始终在我身边。

"要感谢的人太多了，这一路走来，很多的朋友给予我帮助。梅伟南、吴隆奎、严傲德、王滨、张东青等，他们接力扶持我。没有他们，我会在泥泞的路上行走得更加艰难。"

其实，张耀顺最应该感谢的是他自己。他用厚道、善良、舍得和爱心经营了一个生存环境。而这个环境又给了他成长的土壤、政府的支持、舆论的褒扬、客户的信任、宗亲的拥戴。

他造福桑梓也造福了自己。

张耀顺人生大事记

1. 1955 年 10 月，出生于江阴县后梅镇（今江阴市利港街道）汉墩头村。其祖父张锡郎，以农耕为主，兼做贩牛生意，家有几亩田产，新中国成立后被定为中农成分。父亲张裕生，早年在上海做工，1960 年回乡。母亲赵巧凤，持家、养育子女、在生产队劳动。

2. 1962 年 8 月 2 日（农历七月初三），母亲跳河自尽。张耀顺年仅 7 岁失去母爱。

3. 1963 年 1 月至 1970 年 12 月，在新街小学读书。

4. 1971 年 1 月至 1972 年 12 月，在江阴五七中学（原江阴五七农业中学，后改为普通中学）读书，担任二连副连长（相当于副班长），负责连队考勤点名。他每天早晨做完家务后，跑步提前到校。长期坚持每天长跑 5000 米左右，练就了非凡的耐力和体能，连续荣获学校 800 米、1500 米、3000 米中、长跑冠军，并代表西石桥公社参加江阴县（今江阴市）运动会。

5. 1973年1月至1975年7月，在澄西中学读高中。入学时因家庭中农成分而不被推荐上高中，但其品学兼优加之体育特长，被澄西中学破格录取。

6. 1975年7月于澄西中学毕业。

7. 1975年10月，担任苍山大队团支部副书记、青年突击队队长、文艺宣传队副队长。带领团员青年，开展轰轰烈烈的农业学大寨和文艺宣传活动。

8. 1977年3月进入苍山村医疗站任赤脚医生。同年参加澄西医院培训班学习一年多，从此开始行医生涯。在救死扶伤的过程中，边学习边提高医术，逐步成为当地小有名气的赤脚医生。

9. 1981年，与王锡英结婚。王锡英原名王雪英，利港镇红光大队（现陈墅村）曹祥桥村人。在新街小学毕业后，就读于利港中学，曾担任红光大队团支部书记，性格泼辣，办事干练。

10. 1982年女儿张静出生。

11. 1982年，承接西石桥文化站胶木厂1万只JDO弹簧加工业务。做夹具35元、买材料15元共计投入50元，夫妻俩靠手工生产小弹簧，赚得利润100元。开启了50元起家的商业传奇。

12. 1982年下半年，租用汉墩头村的库房，借用汉墩五金厂集体企业的名义开始对外承揽业务。

13. 1984年结识常州塑料编织厂的吴隆奎，从此开始为该厂加工圆织机弹簧。

14. 1985年，在常州塑料编织厂严傲德的引荐下，参加了在常州东方红旅馆召开的引进"日本萩原"圆织机备品备件国产化全国性会议。从此进入圆织机行业。

15. 1988年，企业还处在初创阶段，在资金很困难的情况下，他欣然承诺为澄西中学设立"张耀顺奖学基金"，并当即捐资 10 万元。此后的 35 年，多次为母校增资奖学基金，保证澄西中学奖学金每年按期发放，从未间断。

16. 1989 年，与后梅村、江阴轻工机械厂合作开发圆织机项目。在后梅村租用 1000 平方米的厂房，完成了圆织机开发并销售 30 多台圆织机，而且在常州火车站设立了办事处。后因生产场地小、设备设施简陋，加之售后服务和尾款回收难等多种原因，1992 年 10 月将配件、在制品转让。

17. 从 1990 年起，连续 30 多年担任江阴市工商总会常执委。

18. 1991 年，张耀顺介绍航空航天工业部兰州飞控仪器总厂（简称兰飞厂）民品部、宁波塑料三厂、甘肃轻工机械厂三方达成合作协议。兰飞厂开发四梭圆织机，甘肃轻工机械厂开发六梭圆织机，张耀顺为兰飞厂及甘肃轻工机械厂配套生产零部件，开发成功后，兰飞厂免费为宁波塑料三厂提供了 2 台圆织机。

19. 1992 年上半年，在苍山村建起了厂房，创建江阴市塑机专件厂。工厂先后建成注塑车间、弹簧车间、橡胶聚氨酯车间、五金车间、棕带车间和办公室等七个生产车间和职能管理部门。与 150 多家编织袋厂建立了协作关系，累积开发圆织机配件达上千个品种。

20. 1992 年 10 月 10 日至 12 月 25 日，江阴市镇两级人大代表换届选举，张耀顺当选市人大代表。并从此连续担任三届江阴市人大代表。

21. 尽管在创业的路上困难重重，却始终心系家乡。捐资助学、出资修建苍山路、为汉墩头村硬化道路、支持苍山村公益事业、帮助贫困家庭等，出资出力。

22. 1993 年 10 月，作为江阴民营企业家唯一代表，随江苏省轻工厅考察团赴美国考察二十多天。

23. 1993年，在兰州出差期间结识著名画家祁峰。在祁峰初到兰州谋生之时，以1万元购得祁峰10幅画作，祁峰回赠一幅骏马图，演绎出一段"萍水初相逢，富贵不相忘"的佳话。

24. 1994年，江阴市政府授予"造福桑梓"牌匾。

25. 1994年，《塑料编织》整版刊登："中国圆织机配件大王——张耀顺"，从此，"有困难找警察、要配件找耀顺"，"圆织机配件大王"的头衔在业内广为传开。

26. 1995年，张耀顺主持召开了1975年江阴市澄西中学毕业20周年同学聚会（4个班级），一切费用由张耀顺承担。

27. 在国家还没有推行农民工缴纳社会保险以前，张耀顺十分关心员工退休养老问题。1995年，他给每位员工购买一份商业人寿保险，总共花了30多万元。

28. 1998年，担任南京化工大学董事。

29. 1999年9月28日，百乐门大酒店开业。该酒店为6层建筑，总高24米。一层为大堂和餐饮，二层为餐厅包房，三层是舞厅KTV，四层是洗浴，五层和六层是客房，整栋建筑面积为3500平方米，总投资1000多万元，是当时西石桥的地标性建筑。开业当天，举行盛大的烟火表演，吸引附近百姓前来观赏。百乐门大酒店以高端定位，聘请上海五星级酒店管理团队、以山珍海味为主打菜品，成为红极一时的高消费场所。张耀顺也因是百乐门老板而扬名江阴、常州。

30. 从1999年起，每两年一次员工体检，无论经营状况如何，这项员工福利从未间断。个别员工查出恶性肿瘤，因病治疗期间，公司坚持工资照发直到退休，体现了他对员工的关怀。

31. 从2000年开始，每两年一次组织全体员工外出旅游，先后去过北京、湖南张家界、福建武夷山、安徽黄山、江西婺源、浙江千岛湖等热门旅游景点。让员工分享企业红利、饱览大好山河、感受时代变化、丰富文化生活，凝聚企业人心，提升竞争能力。

32. 2000 年 8 月，成立江阴市耀顺塑料机械有限公司，生产塑料拉丝机组等塑编机械。

33. 2001 年 4 月 29 日（农历四月初七）遭遇劫难。当晚深夜一劫匪潜入家中，持刀胁迫王锡英交出钱财。张耀顺在隔壁房间听到动静，为不激怒劫匪，他选择跳窗下楼报警，不幸腰椎撞击到河石上，伤情严重。后经上海著名专家贾连顺主刀手术后，他以顽强的毅力康复训练，身体状况得以恢复。

34. 纳米材料开发。2001 年，计划营销和生产第四代金属纳米抗磨修复剂，从上海招聘专业销售团队，并分别在香港、上海、常州注册纳米新材料公司。累计投入 100 多万元，最终因销售不畅而宣告项目流产。

35. 2002 年 10 月，江阴市耀顺塑料机械有限公司被无锡市江阴质量技术监督局、江阴市工商业联合会评为"江阴市产品质量信得过企业"。

36. 2003—2004 年湿帘开发阶段。2004 年成立江阴市顺成空气处理设备有限公司。公司引入先进技术，成功开发"耀顺"品牌湿帘系列产品，可满足室内通风降温的需要。公司明确了理念与愿景，专心致志地从事空气处理设备的研发与制造，努力成为中国空气处理设备的优秀企业。

37. 2003 年 10 月，在江阴市政府表彰促进科学技术进步工作做出重大贡献者的活动中，荣获二等奖。获奖项目：SPLG－Z 塑料拉丝机组。

38. 2003 年 12 月，在无锡市人民政府为表彰促进科学技术进步工作做出重大贡献者的活动中，荣获三等奖，获奖项目：SPLG - Z 新颖塑料拉丝机组。

39. 2004 年 3 月，在中央党校全国第四十二期民营经济理论与实务高级培训班学习，成绩合格，并获得结业证书。

40. 2005 年 2 月，江阴市顺成空气处理设备有限公司被中共利港镇委员会、利港镇人民政府评为"2004 年度技改投入先进企业"。

41. 2005 年 2 月，江阴市顺成空气处理设备有限公司被中共利港镇委员会、利港镇人民政府评为"2004 年度技术创新先进单位"。

42. 2005 年 9 月，被江阴市教育局、江阴市人事局评为"江阴市尊师重教先进个人"。

43. 2006 年 6 月，被中共利港镇委员会评为"利港镇保持共产党员先进性教育活动先进个人"。

44. 2007 年开始，为全体员工办理养老保险，并主动补交以前的养老保险金。个别农民工起初不愿意补交个人养老金，张耀顺耐心做思想工作，甚至自己掏钱为家庭困难的员工补交应由其个人交纳的部分。

45. 2007 年 1 月，张耀顺家庭被中共利港镇委员会、利港镇人民政府评为"二〇〇六年度幸福家庭户"。

46. 2007 年，中共利港镇委员会、利港镇人民政府授予张耀顺"优秀厂长（经理）"荣誉称号。

47. 2007 年 12 月，江阴市顺成空气处理设备有限公司被无锡市国家税务局评为 2007 年度"守信用、讲信誉、重信义"先进单位。

48. 2008 年 7 月，张耀顺自愿一次交纳特殊党费 1000 元，用于支援 2008 年四川汶川大地震救灾工作。

49. 2009 年 2 月，为表彰张耀顺在改革开放三十年中为中国民营科技事业发展做出的贡献，中国民营科技促进会授予张耀顺中国民营科技发展杰出贡献优秀企业家荣誉称号。同年被授予"改革开放三十年中国民营科技创新发展做出杰出贡献的优秀企业家"荣誉称号。

50. 2010 年 1 月，张耀顺被江阴市工商业联合会、江阴市总商会评为"2009 年度江阴市工商联先进会员"。

51. 2010 年 11 月，利港镇慈善分会授予张耀顺"慈善先锋"荣誉称号。

52. 2011 年 1 月，张耀顺被中共利港镇委员会、利港镇人民政府评为"2010 年度优秀共产党员"。

53. 2011 年 1 月，张耀顺被江阴市工商业联合会、江阴市总商会评为"2010 年度江阴市工商联先进会员"。

54. 2011 年 7 月，张耀顺被中共江阴临港新城工作委员会评为"2010 年度江阴临港新城优秀共产党员"。

55. 2013 年 7 月和 2014 年 7 月，张耀顺被中共江阴市临港街道工作委员会评为"2012—2013 年度、2013—2014 年度江阴市临港经济开发区优秀共产党员"。

56. 2015 年，张耀顺任理事长，负责主持并召开了江阴市澄西中学 1975 届高中生毕业 40 周年座谈会。与会人员达 210 人左右，大家济济一堂，畅叙同窗之情。会议隆重而热烈，会后结集出版了"江阴市澄西中学 1975—2015 毕业 40 周年庆聚会同学录"。

57. 2016 年 1 月，江阴市总商会授予张耀顺"爱心光彩会员"荣誉称号。

58. 2016 年 1 月和 2017 年 1 月，张耀顺被中共江阴市临港街道工作委员会、江阴市临港街道办事处评为"2015 年度、2016 年度江阴市临港街道先进工作者"。

59. 2016 年 7 月，张耀顺被中共江阴市临港街道工作委员会评为"2015—2016 年度江阴市临港街道优秀共产党员"。

60. 2016 年 12 月，张耀顺当选为江阴临港经济开发区机械装备产业园商会第一届理事会理事。

61. 宗谱是中化文明史上具有平民特色的特殊文献，是珍贵的人文资料。《张氏宗谱（江阴西石桥汉墩头百忍堂)》上一次修谱是 1947 年，时隔 70 年未曾修谱。2017 年，张耀顺出资 12 万多元并亲自主持修谱，耗时一年多，于 2018 年完成修编，发给族人并珍藏一份于江阴档案馆。宗谱的修编，对于历史学、人口学、民俗学和经济社会的研究具有重要历史价值。

62. 2017 年 7 月，张耀顺加入江阴张氏文化研究会，任副会长。

63. 2018 年 4 月，《岁月顺成》一书出版。这是一本关于张耀顺成长与创业的纪实文学，全书 35 万字，全国新华书店发行。正如该书引言："他的成功，留给人们太多的启示。"

64. 2018 年，为延川县永坪中学捐款 10 万元，并资助两名贫困学生从初中到高中毕业。延川县政府授予"千里送暖　情系延川"牌匾。

65. 2018 年 7 月，中共江阴市利港街道工作委员会，中共江阴临港经济开发区机械装备产业园委员会授予张耀顺"利港先锋"荣誉称号。

66. 2018 年 10 月，由江阴市顺成空气处理设备有限公司承办的中国畜牧工程协会理事会在江阴召开。张耀顺担任畜牧工程协会副会长、中国养猪协会副会长，中国家禽协会副会长。

67. 2019 年 11 月，中共江阴市委员会、江阴市人民政府向张耀顺颁发"江阴市捐资助学突出贡献奖"。

68. 2020 年，由无锡电视台、无锡太湖教育发展基金会举办的教育慈善人物颁奖典礼上，对张耀顺的颁奖词是："感念桑梓、三十年爱心绵延。搏击商海，终不忘奉献真义。在知识改变命运的故事里，有你最温暖的记忆。大德至善、奠基未来，教育慈善人物——张耀顺。"

69. 三年新冠疫情，他带头捐款。2020 年疫情暴发初期，他第一时间提议利港商会组织募捐，并率先捐款 10 万元。在以后的两年里，又多次向当地政府捐款捐物、上交特殊党费 3000 元，夫人王锡英通过女企业家协会捐款。通过种种方式，全家累计捐款 23 万元支持抗疫，并积极恢复生产，配合社区疫情防控，维护社会稳定。

70. 2020 年，他从收藏的数百幅字画作品中，遴选出二百多幅作品，分门别类逐个添加作者简介和作品注解，并刊印成册，分享给喜爱艺术收藏的朋友。

71. 2021 年，张耀顺任江阴市谱牒文化研究会副会长。

72. 2021 年，苍山路改造，张耀顺作为乡贤代表，共商改造方案，并带头捐款 18 万元。为此，苍山村立碑纪念，表彰捐款者心系桑梓的情怀。张耀顺在三十多年间先后为苍山村捐助 300 多万元。

73. 2021 年 12 月，为嘉奖在改善陕西延川永坪镇中小学教学设施过程中表现出的无私奉献精神，张耀顺被江阴张氏宗亲会授予"千里支教热心人"荣誉称号。

74. 2021 年 12 月，江阴张氏宗亲会授予张耀顺"2017—2021 年度公益事业热心宗亲"荣誉称号。

75. 2022 年 1 月，在江阴张氏文化研究会二届一次会议上，当选会长。为弘扬民族文化、构建交流平台、资助贫困家庭、鼓励优秀子弟、奖励贤德媳妇、开展交流合作而积极奔走，出钱出力。

76. 2022 年，江阴市张氏文化研究会组织编写《江阴张家人》，张耀顺任主编。该书已于 2024 年正式出版发行。

77. 平生喜爱收藏名人字画，并与国家一级美术师、著名画家祁峰等知名艺术家因字画而结缘，成为好朋友。2023 年他将自己收藏的价值 3700 多万元的字画捐赠给澄西中学。

78. 2023 年 10 月，在澄西中学新校区启用仪式上，他向澄西中学一次性捐赠奖学基金 150 万元，捐赠收藏多年的字画，设立"张耀顺字画收藏馆"。江阴市副市长向张耀顺授予"捐赠勋章"。

79. 2023 年 11 月，中共江阴市委教育工作领导小组向张耀顺颁发江阴市"捐资助学"贡献奖。

……

写在 2023 年的最后一天

  在 2023 年的最后一天，本书的写作已近尾声。从 5 月 1 日开始，至今已经 9 个多月，共 285 天。在这期间，我两下江南，聆听和记录张耀顺（以下称张总）的口述，听他讲少年的苦难、创业的艰辛、收获的喜悦、奉献的快乐。第一次去是初秋时节，我穿着短袖、吹着空调，身上还是起了一些小红疙瘩。而第二次去时赶上了难得的江南大雪，我们坐在客厅品茶对话。看窗外落雪无声，听他讲人生波澜，感怀岁月留痕、人间有情。

  回到西安，我很珍惜笔记里的每一个字、录音里的每段话。带回来的素材就这么多，如同以前太行山里的老乡，走几十里山路，就背回来这些年货。我想起在困难年代，母亲将仅有的两斤白面与平时舍不得吃的腊肉和干菜，做成了丰盛的年夜饭。于是，我撸起袖子，找来佐料，用我多年的厨艺，"煎、卤、炖、炸、煮、蒸"，写到苦难的时候，我泪眼模糊；写到精彩的段落，我兴奋不已。我以为是我的手艺，烹制了一桌丰盛的大餐。

千百年来，在浩瀚的文字典籍和影视作品中，从来不缺乏与苦难命运抗争的人，也不缺少艰苦创业成功的范例。奉献爱心的人有之，但几十年坚持奉献爱心的人却少之又少。当一段段文字跃然纸上的时候，我才发现自己并不是在写作，更不是所谓的"厨师"，而是张总记忆的剪辑者。剪切他过往的人生画面，粘贴在时代的背景上，真实而又多彩。如果说本书有作者的话，那这个伟大的作家就是他本人。

我与张总相识在十多年前。我们都在畜牧行业从事设备制造，他做空气处理设备，我做畜禽饮水设备，业务的原因，我们便有了交集。

2014 年的冬天，他到陕西延川（如今才知道他是去延川县捐资助学）顺道来看我，这是我们第一次见面。晚上我设宴招待他，酒席间他说他这一生最大的愿望是出一本个人传记。我也是乘着酒兴夸口说出书的事我可以帮他。他很当真，从延川县返回西安时，我们再次见面，就出书的事进行了长时间的交谈。

酒桌上的话，我并没有立即行动，因为写书出版是费力费钱的"工程"。第二年的春天，在重庆召开的第十三届中国畜牧业博览会上，我们坐在展位上聊行业、聊生意。关于出书的事我记在心里，他若不提我也不会主动提的，我想看看他对出书的态度是否还那么坚决。这次，他认真而迫切："你再不帮我，就不算兄弟了。"

我第一次感受到张总做事是很有耐心和毅力的。既然他这么当真要出书，那我必须兑现承诺。2016 年 9 月，我和董安宏一起到江阴，与张总商谈写书之事，这是我第一次到他的公司。

2018 年 4 月《岁月顺成》出版了。这本书的出版费了一些周折，也让张总经受了好多焦虑，我也深感内疚。《岁月顺成》文学味道很浓，侧重描写了张总的苦难与创业，没有充分展示他捐资助学、奉献爱心的全部人生。

2019 年 5 月，第十七届中国畜牧业博览会在武汉举行。我们再一次坐在一起，聊行业、聊养鸡和养猪。他说他想再写一本《张耀顺传》，把他这一生的经历都真实地记录下来，给子孙、给后人也给自己留一点纪念。我说这次我可以亲自帮你写，不过得等到我退二线或是退休之后，现在上班工作压力很大，没有精力写书。他说可以等。

2021 年的最后几天，我被宣布"退二线"了。我把这个消息告诉了张总，因为我们之间有一些业务往来，以后的事就由以后的人来处理。

他没有在意业务上的事，而是回了一句，"我们的事可以开始了"。

我哪有心情开始专心写书。退二线尽管是预料之中，但还是有些落寞，毕竟改变了生活状态。我在那个企业当总经理 15 年，从一个小厂做到现在这个规模，培养了一大批人才，这期间付出了太多的心血，有着过命的情感。有人说国有企业的领导就像保姆，把孩子养大了，主人要换一个用人，老保姆只好提着包袱，悄悄地从后门走出去。

我从后门出来的那段日子，正好是疫情期间，这为我的冷清找到了很恰当的理由。

因为新冠疫情，小区隔三岔五地封控，没有人来，我也出不去。出去也不知道去哪。行程码一变绿，我就去了北京，在女儿那里待了将近一年。我偶尔也想回西安，女儿说："你回去想见谁？一家三口都在这里。"女儿怀孕，正需要我开车接送她。

也不是完全没有挂念的人。比如一起喝过酒的，一起吃过茶的，一起念过高中的，还有血浓于水的亲情和老屋后边长满荒草的坟茔。于是，外孙女满月后，在疫情管控放开前，我跑回了西安。

在厂区后边有一座破旧的小楼，那里曾经是技校。自从技校不让招生之后，小楼也就废弃了。在我退下来的初期，年轻的继任者说你还是坐在原来的办公室吧，有事我们也好随时请教你。我知道这是客气话。于是，我让他们在后边的小楼上装修了一间办公室。外边很破烂，楼道很凄惨，但室内却是别有洞天。这不正是我曾经向往的日子吗？有朋友来，就在这里喝茶、聊天。没有朋友的时候，写字、看书、刷手机。阳光打在玻璃窗上，心也就在太阳下温暖着。放下执念，看朝阳东起，望白云悠度，听飞雨落花，清闲的日子挺好。

同事敲门进来，是以前的销售总监。他说前几天在一个会议上见到张总。"张总给你捎来一幅字，并问你关于写书的事，是不是可以启动了。"

曾经承诺的事情，也该兑现了。于是，我与张总沟通好传记的写作方案，那时已经是 2023 年的 5 月 1 日了。夏天已经来临，张总说江阴的夏天很热，建议我天凉了再来采访。我知道我只有一年多的时间完成初稿，此后的日子，可能要去北京带娃。于是，我第一次全面认真地阅读《岁月顺成》这部书，为采访做点准备。

《岁月顺成》的书名是我起的，我对这个书名很满意。我当时在想，"顺成"是张总公司的商号，同时也包含着人生哲理，隐含着自然法则。我那时候还是"在商言商"，希望《岁月顺成》对张总的生意能起到促进作用。

这次读起来，我是在寻找故事中的真实事件。《岁月顺成》是一部传记文学，情感太丰富，如同毛巾里的水，一拧"哗哗"地流。里边的很多故事需要重新考证，我必须依靠张总的口述和有关的文献资料。

之所以选用"向善而行"这个书名，是因为"向善而行"更贴合张总的为人处世。在做企业方面，他向善而行，以优质的产品和满意的服务赢得客户的信赖。做塑机配件，他成了"塑机配件大王"，做湿帘产品，他把"耀顺"品牌做到国际一流。在社会责任方面，他竭尽全力，出资修路，造福桑梓。从1988年开始，他踏上了旷日持久的注资澄西中学"张耀顺奖学基金"之路；他与张纪清等爱心人士为友，惺惺相惜，在向善之路上结伴而行。远赴陕、晋贫困地区捐资助学，并认领贫困学生资助至其高中毕业。他担任张氏文化研究会会长，教化宗亲子孙，弘扬家庭美德，传播社会正能量。

无论经历怎样的风雨和坎坷，都无法阻止他向善而行的步伐。本书记录的是张总向善而行留下的足迹。当回望那一行行脚印，是如此的沉稳与欣慰。只有向善而行，才有岁月顺成。

张总这大半生可以用六个字概括："苦难、励志、爱心。"少年失去母爱，没娘的孩子很可怜。他从小就自强自立，无论是跑步到学校还是后来的艰辛创业，他的进步是独特的励志故事。捐资助学，造福桑梓、奉献爱心是他人生最精彩的华章。所以，这部书中，苦难是人生铺垫，创业是爱心基础，行善是人生升华。

他的苦难在《岁月顺成》一书中作者尽情发挥，读哭了很多人。我在传记中只是讲述了一小部分。

创业贯穿了张总整个人生。因为创业的成功，赚了很多钱，他要感谢那个时代，回报社会。也只有创业成功，他才有能力回报社会、奉献爱心。所以，创业和奉献爱心是相互依存的。我用了很大的章节去写他的创业过程，说明没有人能随随便便成功。张总的钱也不是大风吹来的，而是用血汗换来的，赚钱不容易，花钱就更舍不得。他对自己节俭，捐款却很大方。他的爱心温暖而厚重。

创业和办厂的过程，写起来容易些。我对企业的运作和经营很熟悉，特别是张总在 2001 年后进入湿帘的开发和生产，我们都在同一个行业，与行业的事和行业里的人都有交集，写起来也就得心应手。只要他提纲挈领我就知道怎样穿针走线。我在这个行业十几年，两个最好的朋友，一个是张耀顺，另一个是广兴集团的赖成幕。他俩都大我 10 岁，我们成了忘年之交。赖总每到西安，我们总要在一起聊行业、聊产品、聊生意。有时间了他还到我的公司与技术人员座谈，教他们如何做事做人。我几乎每年首次出差必须是到广州，去广兴集团拜访赖总。两家企业的人像亲戚一样走动，我们像兄弟一样相处。不幸的是赖成幕先生于 2021 年 10 月 5 日去世，噩耗传来，我很悲痛。我不顾一切地奔到广东新丰县石教村他的老家吊唁，在路上我给张总打电话，告诉他赖总去世了，随后，张总也赶到了石教村。无论是赖成幕还是张耀顺，他们都在为中国畜牧设备行业负重前行，用单薄的身躯，躬身推动着行业的发展，志同而道远。从产品的引进与开发，从满足市场需求到行业标准的制定，他们为中国养殖行业提供了最先进的设备设施。所以，我在本书里有一章描写了关于这个行业里默默奉献的人，包括峪口禽业的孙洁。这个行业还有更多的人在不断改进人们所需要的产品，完善客户适用的方案。正是他们的努力，才使得老百姓的餐桌日益丰富，中国人的饭碗才能在自己的手上端得更牢。各个行业都是这样，是那些殚精竭虑的企业家和普通的劳动者共同汇聚起来的力量推动着国家向前发展。

张总的确是商业奇才，1982 年以 50 元起家（白手起家），从一个小小的弹簧做起，到"塑机配件大王"，再到现在的江阴市顺成空气处理设备有限公司。从一个赤脚医生到企业家，从一个赚钱的商人到社会爱心人士，从一个"文化大革命"时期没怎么学到知识的高中生到字画收藏家、江阴工商会常执委、江阴张氏文化研究会会长，还有行业协会的一堆头衔，我一直努力寻找他成功背后的逻辑。不仅希望本书展示他的人生历程，更想为读者提供一部商业成功的秘籍。

可惜，他的成功是不可复制的。企业的核心在于文化，任何企业都不可能成功复制别人的模式。个人的核心在于修行，每个人只能成为自己，而不可能完全成为别人。

当然，张总也有失败或者说是失误的教训。中国的市场经济经历了"摸着石头过河"的探索过程；中国企业经历了自由萌动、野蛮生长到木秀于林的过程；中国的企业家也是经历了自我闯荡和逐渐成熟的过程。他们那一代人付出的代价是后来人值得借鉴的宝典。

张总最大的善举是为澄西中学捐赠资金，设立"张耀顺奖学基金"。从1988年至今，35年来从未间断奖学金的发放。这是一件很了不起的事，他能做到这一点难能可贵，我很敬佩。我很想对这项跨世纪的爱心捐赠工程大书特书，也希望这在本书中占有更多的分量，但怎么写呢？他年复一年捐赠，是他人生的信念。一年又一年地受到政府的褒奖和社会的认可，是他的荣光。可是，我不能一章又一章地写他捐款。他做了那么多的好事，我只用了一两个章节就写完了。就如同他挣钱是一分一角地挣，而捐钱却是一把就出去了。他的每一个故事都很精彩，但他的爱心更加可贵，我把这个章节放在了本书的核心部位。

很感谢这部书给了我一段充实的光阴。冬天的阳光从窗外静静地投进来，乖乖地铺在地板上。我沏好一壶茶，坐在桌前，便开始敲打键盘。西石桥、苍山村、汉墩头、澄西中学，这些以前从未听说更没有去过的地方，我仿佛在那里与张总共同生活了四十多年。张裕生、王锡英、张网娣、张耀宏、梅伟南、梅彩芹、吴隆奎、王滨、祁峰等人物，见面与不见面，我们都成了朋友。

我很感谢这部书治愈了我内心的恐慌。我们很多人的一生都在追求成功，追求生活得更好，一路向上，一路风景。最终有一天，我们从山上下来，谷底没有阳光，河水淡淡，世界有些薄凉。我睡不着的时候起来整理书稿，走进张总的故事。款款地敲键，带着深深的敬意浅浅地欣赏，渐渐地释怀，心中的繁花又重新锦簇起来。

我写书的时候，妻子很安静。两个人的饭、所有家务她全包了。饭桌上我给她讲张总的故事，她说："张总太了不起了，我们做不到。"妻子闲下来的时候，在客厅精心地给她的外孙女织毛衣，织着织着又翻看起宝宝的视频，这是她最开心的时刻。"所谓的岁月静好，只不过是有人在负重前行。"究竟谁在负重，大多数人认为是自己。我因为本书而两下江南，认识了"感动中国十大人物"之一的张纪清，还有更多张氏的爱心人士——张澄清、张文宝、张震球等，只有走近他们，才能真正读懂江南的好。

我该用什么方式来结束这部书呢？该写的已经写进书里了，而结尾又怎样呈现一个高潮呢？苦难的岁月已经过去，创业的艰辛已经遥远，而张总的爱心奉献还在路上。他一直在关心和资助教育，而且还在延续。他热心谱牒研究，弘扬传统文化。如今，他似乎忘记了赚钱，而忙于捐款，积极奔走。他会一直忙下去，这是一部没有结尾的传记。

一大早，张总给我发来了他捐赠150万元澄西中学"张耀顺教育发展基金"签约仪式上的照片和汇款的发票，还有新年祝福。故事还在延续，传记仍在更新中……

午间新闻在播放这一年的成绩，告诉人们这个国家是怎样走过2023年的。而我们也在盘算这一年自己的辛劳与得失。原来，我们每个人努力吃饭、努力生娃、努力让自己的生活好一点，汇聚起来就是国家前进的动力。努力让别人生活得好一点，就是冬天最温暖的阳光。

当我补充和修改这篇后记的时候，已经是大年三十了。腊月荒天，人们脚步匆匆，购买年货，回家过年。楼下有小孩在燃放爆竹，岁月在无缝地更替与衔接中。

我不知道，来年的春天，张总向善而行的脚步又走到了哪里。

2023 年 12 月 31 日初稿

2024 年 2 月 9 日修改

致　谢

感谢王峰，他是张总的司机，也是顺成公司的老员工。在江阴采访期间，王峰每天负责接送我，而且提供了很多关于顺成公司发展的史料。我有不清楚的地方找王峰去核实，他为这本书的撰写提供了很多帮助。

感谢《岁月顺成》的作者，也是我的老兄董安宏。《岁月顺成》的故事为我提供了一条采访的脉络，让我知道从哪里开始寻找、到哪里去核实，又到哪里去补充。

感谢张建春、徐家志二位老师对书稿的审核和校对，他们提出了许多宝贵的建议。感谢顺成公司办公室主任梅珍凤，对书稿进行了文字修改。

张总一再叮咛我，要感谢为"张耀顺印象"提供稿件的领导和朋友：於燕华校长、张富裕宗亲、办公室副主任魏海燕、初中同学梅齐明、何祖幸老师、秦娜、孙和材、章文照以及12岁小朋友张未来，等等，是他们的真情描述，呈现出张耀顺总体印象。

感谢张震球老师、梅伟南先生接受采访，并提供珍贵的史料。张震球老师以 85 岁高龄，亲自为"张耀顺印象"撰文，并对书稿进行了审阅。

当然，最应该感谢的是张耀顺先生本人对我的信任。我根据他的口述整理出了初稿，张总又进行了反复认真的审核，增减部分内容。我两次采访，共计半个多月的时间，张总向我敞开心扉，讲述他的人生过往。若没有充分的信任，又怎能和盘托出？我把绝大部分内容写进书里，还有一小部分长在我的心里。

感谢张总夫人王锡英以及家人们。在采访期间，我们一起吃着家常饭，聊着平凡事。饭桌之上，无意之间流露的都是人生阅历的沉淀，聊着聊着便成了一家人，这段时光很愉快。